普通高等教育土建学科专业"十一五"规划教材
高等学校工程管理专业规划教材

建筑企业管理学

（第三版）

哈尔滨工业大学　　田金信　主　编
　　　　　　　　　王　洪　副主编

中国建筑工业出版社

图书在版编目（CIP）数据

建筑企业管理学/田金信主编. —3版. —北京：中国建筑工业出版社，2009

普通高等教育土建学科专业"十一五"规划教材.高等学校工程管理专业规划教材

ISBN 978-7-112-10867-1

Ⅰ.建… Ⅱ.田… Ⅲ.建筑企业-工业企业管理-高等学校-教材 Ⅳ.F407.96

中国版本图书馆 CIP 数据核字（2009）第047391号

本书系统地阐述了市场经济条件下建筑企业管理的基本理论、基本知识和基本方法，并介绍了企业管理理论研究的最新成果和企业管理改革实践的新发展。主要包括建筑企业管理概论，建筑企业管理组织，建筑企业文化，建筑企业战略管理，经营预测和决策，投标承包和合同管理，建筑企业计划管理、技术管理、质量管理、人力资源管理、机械设备与材料管理，建筑企业财务管理等内容。

本书是高等学校工程管理专业教材，可作为土木工程专业的教学参考书，亦可供建筑经济及管理学科研究生，建筑企业、政府建设主管部门、建设单位、工程咨询及监理单位有关管理人员学习、参考。

为更好地支持相应课程的教学，我们向采用本书作为教材的教师提供教学课件，有需要者可与出版社联系，邮箱：cabpkejian@126.com。

* * *

责任编辑：张　晶
责任设计：赵明霞
责任校对：兰曼利　梁珊珊

普通高等教育土建学科专业"十一五"规划教材
高等学校工程管理专业规划教材

建筑企业管理学
（第三版）

哈尔滨工业大学　　田金信　主　编
　　　　　　　　　王　洪　副主编

*

中国建筑工业出版社出版、发行（北京西郊百万庄）
各地新华书店、建筑书店经销
北京红光制版公司制版
北京建筑工业印刷厂印刷

*

开本：787×1092毫米　1/16　印张：$20\frac{3}{4}$　字数：518千字
2009年7月第三版　　2015年7月第三十二次印刷
定价：36.00元
ISBN 978-7-112-10867-1
(18109)

版权所有　翻印必究
如有印装质量问题，可寄本社退换
（邮政编码 100037）

第三版前言

本教材自 2004 年 2 月再版以来，受到各兄弟院校和广大读者的普遍欢迎，至今已印刷 21 次。2006 年入选普通高等教育土建学科专业"十一五"规划教材。本次修订主要是按照"十一五"规划教材的要求，力求做到内容全面、新颖，理论联系实际、实用性强，以适应我国建筑企业改革与发展的形势，满足教学和实际工作的需要。

本书第三版主要对第三章建筑企业领导体制与管理组织、第五章建筑企业战略管理、第六章建筑企业经营预测与决策、第七章建筑企业投标承包和合同管理、第九章建筑企业技术管理、第十章建筑企业质量管理、第十一章建筑企业人力资源管理的内容作了较大改动，第十三章建筑企业财务成本管理改为建筑企业财务管理。其他章节也作了一定的修改。

本教材此次修订由哈尔滨工业大学管理学院田金信教授担任主编，王洪副教授为副主编。绪论、第一、第二章由田金信教授编写，第三、第八章由田金信教授、杜朝晖副教授编写，第四、第十一章由陈建副教授编写，第五、第十章由田金信教授、鞠航博士（哈尔滨工程大学经济管理学院）编写，第六、第九章由王洪副教授编写，第七章由刘仁辉副教授编写，第十二章由王丹讲师编写，第十三章由陶萍副教授编写。

本书电子课件由哈尔滨工业大学管理学院周爱民教授、田金信教授和鞠航博士研制。

此次修订过程中，参考了有关教材、论著和资料，在此谨向编著者表示衷心的感谢。

编者

2009 年 3 月

第二版前言

本教材自 1998 年 6 月第一版问世后，承蒙各兄弟院校师生与广大读者的厚爱，纷纷采用本书作为工程管理专业本科学、研究生、工程硕士及各类在职管理干部进修班的教材，至今已连续印刷九次。随着国内外企业管理实践和理论研究的不断发展，以及我国建筑企业管理改革的逐步深入，特别是我国加入 WTO 以后，企业将进一步与国际惯例接轨。我们感到必须对本教材的相关内容进行修改和补充。

本教材此次再版，主要做了如下修改：第五章建筑企业战略管理和第十一章建筑企业人力资源管理取代了原来的建筑企业经营战略和建筑企业劳动人事管理；增加了第十三章建筑企业财务成本管理；对建筑企业资质、社会责任、现代企业制度、企业领导体制、企业管理组织、施工生产计划、招投标和合同管理、质量管理体系、建筑工程施工质量验收等内容进行了修改；将原书第十二、十三章合为第十二章建筑企业机械设备与材料管理。

此次修订由哈尔滨工业大学管理学院田金信教授担任主编，杜朝晖副教授、王洪副教授为副主编。绪论、第一、二、八章由田金信撰写，第三、六章由王洪撰写，第四、十一章由陈健副教授撰写，第五、十章由杜朝晖撰写，第七章由刘仁辉讲师撰写，第九章由邓蓉辉讲师撰写，第十二章由王丹讲师撰写，第十三章由陶萍副教授撰写。

此次修订过程中，参考了大量有关教材、论著，在此谨向编著者表示衷心的感谢。

编者
2004 年 2 月

第 一 版 前 言

本教材是根据全国建筑与房地产管理学科专业指导委员会1995年5月南京会议制订的建筑管理工程专业四年制本科培养方案对建筑企业管理学课程的基本要求以及会上讨论通过的建筑企业管理学课程教学大纲编写的。1996年7月经建设部有关专家、教授评审，将该教材列为建设部"九五"重点建设教材。

本教材的主要特点是：①内容和体系新。系统地阐明市场经济条件下企业管理的基本理论、基本知识，并尽量纳入了企业管理理论研究的最新成果和企业管理改革实践的新发展。如现代企业制度、企业经营战略、企业文化、企业质量体系等。②力求理论联系实际。一是管理的理论联系我国的实际，突出中国特色；二是联系建筑企业管理实际。③贯彻了"少而精"的原则，突出了重点内容。同时考虑到课程的分工，为避免重复，有的内容如成本管理、财务管理就没有写入。④定性和定量分析相结合。有的章节不但介绍了基本概念、原则、程序等，还着重介绍了定量分析方法。⑤每章都附有复习思考题。

本教材由哈尔滨建筑大学田金信教授主编，东南大学杜训教授担任主审。绪论、第一、二、三、十三章由田金信撰写，第四章由哈尔滨建筑大学陈健、田金信撰写，第五章由华南建设学院庞永师撰写，第六、九章由哈尔滨建筑大学王洪撰写，第七章由哈尔滨建筑大学杜朝晖撰写，第八章由哈尔滨建筑大学刘力、杜朝晖、田金信撰写，第十章由杜朝晖、刘力、田金信撰写，第十一章由杜朝晖、陈健撰写，第十二章由重庆建筑大学严治仁撰写。本书的作者都是长期从事建筑企业管理学教学科研的教师。

由于作者水平有限，本教材中难免有不妥和错误之处，恳请给予批评指正。

本教材在撰写过程中，参考了大量的有关教材、论著和资料，在此谨向编著者和担任本书主审的杜训教授表示衷心的感谢。

编者
1998年2月

目 录

绪论 1

第一章 建筑企业 3
 第一节 建筑企业的概念和分类 3
 第二节 建筑企业的任务和社会责任 6
 第三节 建筑企业素质 9
 复习思考题 12

第二章 建筑企业管理概论 13
 第一节 企业管理的概念、性质和任务 13
 第二节 企业管理职能 15
 第三节 企业管理的发展及其现代化 17
 第四节 建筑企业管理观念和管理原理 22
 第五节 建筑企业生产经营管理的特点 26
 第六节 现代企业制度 29
 复习思考题 37

第三章 建筑企业领导体制与管理组织 38
 第一节 企业领导体制 38
 第二节 企业管理组织 41
 第三节 建筑企业管理基础工作 53
 复习思考题 56

第四章 建筑企业文化 57
 第一节 企业文化概述 57
 第二节 建筑企业文化建设 62
 第三节 企业精神和企业形象 67
 复习思考题 72

第五章 建筑企业战略管理 73
 第一节 企业战略管理概述 73
 第二节 建筑企业战略形势分析 78
 第三节 建筑企业的总体战略、经营战略和职能战略 86
 第四节 建筑企业战略的制定、实施与控制 92
 复习思考题 98

第六章 建筑企业经营预测与决策 99
 第一节 建筑企业市场调研 99
 第二节 建筑企业经营预测 102

第三节　建筑企业经营决策 ……………………………………………… 113
　　复习思考题 …………………………………………………………………… 127
第七章　建筑企业投标承包和合同管理 …………………………………… 129
　　第一节　建筑企业的经营方式 …………………………………………… 129
　　第二节　工程招标投标 …………………………………………………… 132
　　第三节　工程估价与报价 ………………………………………………… 136
　　第四节　工程承包合同管理 ……………………………………………… 140
　　第五节　工程索赔 ………………………………………………………… 143
　　复习思考题 …………………………………………………………………… 148
第八章　建筑企业计划管理 ………………………………………………… 150
　　第一节　计划管理概述 …………………………………………………… 150
　　第二节　建筑企业的计划体系和计划指标体系 ………………………… 151
　　第三节　建筑企业的经营计划 …………………………………………… 155
　　第四节　建筑企业的施工生产计划 ……………………………………… 163
　　复习思考题 …………………………………………………………………… 175
第九章　建筑企业技术管理 ………………………………………………… 177
　　第一节　技术管理概述 …………………………………………………… 177
　　第二节　建筑企业技术管理的主要工作 ………………………………… 179
　　第三节　技术开发与企业自主创新 ……………………………………… 185
　　第四节　标准化管理和工法制度 ………………………………………… 189
　　复习思考题 …………………………………………………………………… 192
第十章　建筑企业质量管理 ………………………………………………… 193
　　第一节　质量管理概述 …………………………………………………… 193
　　第二节　建筑企业质量管理体系 ………………………………………… 202
　　第三节　质量管理统计分析方法 ………………………………………… 210
　　第四节　建筑工程质量检查与验收 ……………………………………… 231
　　复习思考题 …………………………………………………………………… 240
第十一章　建筑企业人力资源管理 ………………………………………… 242
　　第一节　人力资源管理概述 ……………………………………………… 242
　　第二节　建筑企业人员招聘、录用、培训及考核 ……………………… 244
　　第三节　建筑企业人力资源的优化配置和能力开发 …………………… 252
　　复习思考题 …………………………………………………………………… 256
第十二章　建筑企业机械设备与材料管理 ………………………………… 257
　　第一节　建筑企业机械设备管理 ………………………………………… 257
　　第二节　建筑企业材料管理 ……………………………………………… 271
　　复习思考题 …………………………………………………………………… 288
第十三章　建筑企业财务管理 ……………………………………………… 289
　　第一节　建筑企业财务管理目标及内容 ………………………………… 289
　　第二节　建筑企业资金筹集 ……………………………………………… 291

第三节　建筑企业资产管理 …………………………………………………… 300
第四节　建筑企业收益管理 …………………………………………………… 309
第五节　财务报表分析 ………………………………………………………… 313
复习思考题 ………………………………………………………………………… 322
参考文献 …………………………………………………………………………… 324

绪 论

（一）

建筑企业管理学是系统地研究建筑企业生产经营管理活动的客观规律及其方法的一门科学。它由一系列的管理理论、原则、形式、程序、方法和制度等组成，是企业管理学的一个分支，是建筑企业管理实践活动在理论上的概括和反映。

建筑企业管理学的研究内容主要包括以下三个方面：一是研究合理组织生产力的问题。即研究如何根据市场的需要和企业目标的要求，合理配置和充分利用企业中的人、财、物及各种资源，以求得最佳的社会经济效益的问题。二是研究改善生产关系的问题。即研究如何正确处理企业中人与人的相互关系问题，研究如何建立和完善企业领导体制和组织结构等问题，研究如何教育、激励企业内员工，从而最大限度地调动各方面的积极性和主动性，为实现企业目标而服务。三是研究上层建筑方面的问题。即研究如何使企业内部环境与其外部环境相适应的问题，研究如何使企业的经营方针政策、规章制度、价值标准、道德规范等与社会的政治、经济、法律、道德等上层建筑保持一致的问题，从而维护正常的生产关系，促进生产力的发展。上述几方面是密切结合，不可分割的。

建筑企业管理学的任务是：总结我国建筑企业管理的实践、思想、理论和丰富的经验，研究和借鉴国外有益的企业管理理论和方法，建立具有中国特色的企业管理理论，指导建筑企业生产经营管理活动，促进建筑企业管理现代化和国际化。

（二）

建筑企业管理学是一门综合性的边缘学科，它的主要目的是指导企业管理实践活动。而现代企业管理活动是十分复杂的，影响因素有生产力、生产关系等基本因素，还有政治、法律、社会、心理等社会因素以及自然因素等。因此，要搞好企业管理工作，必须考虑企业内外错综复杂的因素，要利用工程技术学、经济学、数学、运筹学、系统工程、统计学、心理学、行为科学、电子计算机等的研究成果和最新成就，对企业管理进行定性和定量的分析，从中研究出行之有效的管理理论，并用以指导企业管理的实际工作。所以，从建筑企业管理学与许多学科的相互关系来看，它是一门交叉学科或边缘学科，但从它要综合利用上述许多学科的成果才能发挥自己的作用来看，它又是一门综合性的学科。

建筑企业管理学既是一门应用科学，又是一门艺术。建筑企业管理学是企业管理实践活动的理论总结，它来源于实践，接受实践的检验，反过来指导管理实践。它指导企业管理者按客观规律从事生产经营管理活动，它是理论和实践相结合的应用科学。但由于管理活动的复杂性和多因素性，客观因素有许多是无法定量的，因而，它常常不像有的学科那样可以单纯通过数学计算去求最佳答案，它也不能为管理者提供解决问题的标准模型和答案。它只能阐述企业管理的一般规律，要求管理者必须从实际出发创造性地进行管理。从这个意义上讲，建筑企业管理学不仅是一门科学，而且是一门艺术，是企业管理者应用企业管理理论，结合企业实际，发挥聪明智慧和领导技巧的艺术。

建筑企业管理学是一门软科学。软科学是和硬科学相对应的，这是借用计算机技术中的软件和硬件这两个术语含义的一种说法。拥有了计算机，能否充分运用硬件，发挥其全部功能，取决于软件的优劣。管理的情况与计算机的情况相类似。如果把企业中的人、财、物看成硬件的话，管理就是软件，充分调动人的积极性和主动性，有效地利用财力和物力，用较少的消耗取得较大的效益正是企业管理的任务。这是把建筑企业管理学看成软科学的第一层意思。第二，管理必须借助于被管理者和其他条件，并通过他们来体现管理的价值，其本身究竟创造多大的价值是模糊的。第三，通过管理提高的效益只能经过较长的时期之后才能看出来，且在选择评价管理措施时，总会有各种不同的看法，并往往主要取决于管理者的主观判断。根据这些实际情况，人们把建筑企业管理学看成软科学。

（三）

建筑企业管理学是工程管理专业的一门专业主干课。房屋建筑学、工程结构、施工等课程为学习该课程提供技术基础；应用统计学、运筹学等课程为学习该课程提供理论方法和手段；管理学原理、工程经济学、工程估价等课程是建筑企业管理学的先行课。以上这些课程都与建筑企业管理学密切相关，是学习该课程的重要基础。

学习和研究建筑企业管理学必须采用唯物辩证法、系统方法和理论联系实际的方法。唯物辩证的学习和研究方法，就是要坚持实事求是，深入企业管理实践，进行调查研究，总结经验，并上升为理论；就是要用全面历史的观点去观察和分析问题，考察企业管理的过去、现状和发展趋势。系统的学习和研究方法，就是用系统的观点来分析研究和学习企业管理的原理和管理活动。理论联系实际的方法，就是要进行企业案例调查和分析、企业实习、开展课堂或小组专题讨论等，以提高学习运用管理的基本理论和方法去发现问题、分析问题和解决问题的能力。在学习和研究国外企业管理理论和经验时，要从我国国情出发，要考虑社会制度、生产力发展水平、自然条件和民族习惯、传统的不同，并结合建筑企业管理改革的实际，有分析有选择地学习和吸收，通过实践，在不断研究总结自己的管理实践经验的基础上，形成和发展具有中国特色的建筑企业管理学。

第一章 建 筑 企 业

第一节 建筑企业的概念和分类

一、企业概述

（一）企业的定义

企业是从事商品生产、流通、服务性等经济活动，为满足社会需要并获取盈利，进行自主经营、独立核算、自负盈亏，具有法人资格的经济组织。

企业必须具备如下条件：拥有一定数量的从事经济活动所需的生产要素（人力、物力、资本、技术和信息等）；具有健全的组织和独立财产；依法进行登记注册并得到批准，具有法人资格。

（二）企业的基本特征

企业必须具备如下基本特征：直接为社会提供产品或服务；提供产品或服务的直接目的是追求利润；必须实行独立核算、自负盈亏；必须照章向国家纳税；拥有经营自主权；行使企业应有的对生产经营活动的计划、组织和控制等职能。

现代企业具有所有者与经营者相分离、拥有现代技术和拥有现代管理方法三个显著的特征。

企业作为国民经济的基本单位或细胞，对社会的发展、国家经济的繁荣、人民生活的改善都起着十分重要的作用。

（三）企业的法律形式

在实行市场经济的世界各国，企业主要有三种法律形式：

1. 个人业主制企业

个人业主制企业是指个人出资兴办，完全归个人所有和控制的企业，在法律上称为自然人企业，也称个人企业或独资企业。个人业主制企业是最早产生也是最简单的一种企业，流行于小规模生产时期。在现代的经济社会中，这种企业在数量上也占多数。

个人业主制企业的优点有：开设、转让与关闭等行为，仅需向政府登记即可，手续简单；利润为个人所得，不需与别人分摊；企业在经营上的制约因素少，经营方式灵活多样，处理问题机动敏捷；技术、工艺和财务易于保密；企业主可获得个人满足。

个人业主制企业的缺点有：企业主必须对企业的全部债务负无限责任；个人资金、信用和管理能力的限制，决定了企业的规模有限；企业的寿命有限。

2. 合伙制企业

合伙制企业是由两个以上出资人共同出资，共同经营和控制的企业。合伙人出资可以是资金或其他财物，也可以用权利、信用和劳务等替代。总的来看，合伙制企业不如独资和公司制企业数量多。这种企业形式在广告事务所、会计事务所、零售商店和股票经纪行等行业中仍为主要形式。

合伙制企业的优点有：扩大了资金来源和信用能力；集合伙人之才智与经验，提高了合伙制企业的竞争能力；增加了企业扩大和发展的可能性。

合伙制企业的缺点有：产权转让必须经所有合伙人同意方可进行，较为困难；承担无限连带责任；企业的寿命仍不容易延续很久；合伙人皆能代表公司，因此对内对外易产生意见分歧，从而影响决策；企业规模仍受局限。

3. 公司制企业

公司制企业是由两人或两人以上集资联合组成经济实体的经济组织。两人可以是自然人，也可以是法人。在法律上具有独立人格，这是公司制企业与个人业主制企业、合伙制企业的重要区别。个人业主制企业和合伙制企业都是自然人企业。我国《公司法》规定：公司制企业主要是指有限责任公司和股份有限公司两种。

有限责任公司是指由一定数量的股东组成，股东只以其出资额为限对公司承担责任，公司只以其全部资产对公司的债务承担有限责任，具有法人资格的企业。

股份有限公司是指由一定数量的股东组成，公司全部资本分为等额股份，股东以其所认股份为限对公司承担责任，公司以其全部资产对公司的债务承担有限责任，具有法人资格的企业。股份有限公司并不一定是上市公司。

公司制企业的优点有：股东对债务只负有限责任，故公司股东的风险小；公司可以通过发行股票、债券等筹资，且股票、债券等易于转让，较适合投资人转移风险的要求；发行股票和有限责任制制度，使得公司具有很强的吸收游资并将其转变为资本的能力，从而能够筹集到巨额资本，使企业有可能发展到相当大的规模；公司具有独立寿命；管理效率高。

公司制企业的缺点有：创办手续复杂，组建费用较高；政府对公司制企业的限制较多，由于公司的资本由多数股东享有，政府必须以严格的管制来保障股东的权利；公司不仅要向政府报告经营状况，而且上市的股份有限公司还要定期将公司的财务状况公布于众，公开自己的财务数据，所以不能严格保密；双重缴纳所得税，公司的利润要缴法人所得税，企业税后利润分红时股东还要缴纳个人所得税。

二、建筑企业的概念及其基本条件

（一）建筑企业的概念

建筑企业是指从事建筑与土木工程、线路管道设备安装工程、装修工程等新建、扩建、改建活动或提供建筑劳务的企业。具体讲：建筑企业是从事铁路、公路、隧道、桥梁、堤坝、电站、码头、机场、运动场、房屋（如厂房、剧院、旅馆、医院、商店、学校和住宅等）等土木工程建筑活动，从事电力、通信线路、石油、燃气、给水、排水、供热等管道系统和各类机械设备、装置的安装活动，从事对建筑物内、外装修和装饰的设计、施工和安装活动的企业。建筑企业又称建筑施工企业。它通常包括建筑公司、建筑安装公司、机械化施工公司、工程公司及其他专业性建设公司等。

建筑企业是为社会提供建筑产品或建筑劳务的经济组织。由于建筑产品及其生产的特点，因此，建筑企业有与其他企业不同的管理特点（详见本书第二章第五节）。

（二）建筑企业的基本条件

建筑企业必须具备以下基本条件：

(1) 有独立组织生产的能力和独立经营的权力；

(2) 有与承担施工任务相适应的经营管理人员、技术人员和生产技术工人；
(3) 有与承担工程任务相适应的注册资本；
(4) 有健全的会计制度和经济核算办法，能独立进行经济核算；
(5) 有保证工程质量和工期的手段和设施。

三、建筑企业的分类

建筑企业可以按照以下标准进行分类。

(1) 按企业资产组织形式和所承担的法律责任不同分：个人业主制企业、合伙制企业、公司制企业。

(2) 按经济类型不同分：国有企业、集体企业、私营企业、联营企业、股份制企业、外资企业、港澳台投资企业、个体企业和其他建筑企业。

(3) 按经营范围不同分：综合性企业、专业性企业和劳务性企业。

(4) 按企业规模不同分：大型、中型和小型建筑企业。

大、中、小型建筑企业的划分标准，见表1-1所列。

建筑企业大、中、小型划分标准　　　　　表1-1

类　别	指标（万元）	大　型	中　型	小　型
土木工程建筑企业	建筑业总产值	≥5500	1900～5500	<1900
	生产用固定资产原值	≥1900	1100～1900	<1100
线路、管道和设备安装企业	建筑业总产值	≥4000	1500～4000	<1500
	生产用固定资产原值	≥1500	800～1500	<800

(5) 按企业资质条件不同分：施工总承包、专业承包和劳务分包3个序列。

企业资质是指企业的建设业绩、人员素质、管理水平、资金数量和技术装备等。

原建设部2001年制定施行的《建筑业企业资质管理规定》中指出："建筑业企业应当按照其拥有的注册资本、净资产、专业技术人员、技术装备和已完成的建筑工程业绩等资质条件申请资质，经审查合格，取得相应等级的资质证书后，方可在资质等级许可的范围内从事建筑活动。"

获得施工总承包资质的企业，可以对工程实行施工总承包或者对主体工程实行总承包。承担施工总承包的企业可以对所承接的工程全部自行施工，也可以将非主体工程或者劳务作业分包给具有相应专业承包资质或者劳务分包资质的其他建筑企业。

获得专业承包资质的企业，可以承接施工总承包企业分包的专业工程或者建设单位按照规定发包的专业工程。专业承包企业可以对所承接的工程全部自行施工，也可以将劳务作业分包给具有相应劳务分包资质的劳务分包企业。

获得劳务分包资质的企业，可以承接施工总承包企业或者专业承包企业分包的劳务作业。

施工总承包资质、专业承包资质、劳务分包资质序列按照工程性质和技术特点，分别划分为若干资质类别。各资质类别按照规定的条件划分为若干等级，（参见原建设部会同铁道部、原交通部、水利部、信息产业部、民航总局等有关部门组织制定的《建筑业企业资质等级标准》），并同时规定了不同等级企业的承包工程范围，见表1-2所列。

建筑企业资质序列、类别及等级分类　　　　　　　表 1-2

企业资质序列	资 质 类 别	资质等级分类
施工总承包（12）	房屋建筑工程、公路工程、铁道工程、水利水电工程、电力工程、矿山工程、市政公用工程	特级、一、二、三级
	港口与航道工程、冶炼工程、化工石油工程	特级、一、二级
	通信工程	一、二、三级
	机电安装工程	一、二级
专业承包（60）	地基与基础工程、土石方工程、建筑装修装饰工程、建筑幕墙工程、园林古建筑工程、钢结构工程、高耸构筑物工程、消防设施工程、防腐保温工程、金属门工程、起重设备安装工程、机电设备安装工程、爆破与拆除工程、建筑智能化工程、环保工程、电信工程、电子工程、公路路面工程、公路路基工程、铁路电务工程、铁路电气化工程、港口与海岸工程、航道工程、通航建筑工程、水工建筑物基础处理工程、水工金属结构制作与安装工程、水利水电机电设备安装工程、河湖整治工程、堤防工程、水工大坝工程、水工隧洞工程、火电设备安装工程、送变电工程、化工石油设备管道安装工程、管道工程、无损检测、城市及道路照明工程、体育场地设施工程	一、二、三级
	电梯安装工程、附着升降脚手架工程、桥梁工程、隧道工程、铁路铺轨架梁工程、机场场道工程、机场空管工程及航站楼弱电系统工程、机场目视助航工程、港口装卸设备安装工程、通航设备安装工程、核工程、炉窑工程、冶炼机电设备安装工程、海洋石油工程	一、二级
	预制商品混凝土、混凝土预制构件、建筑防水工程、预应力工程	二、三级
	公路交通工程（分为交通安全设施、通信系统工程、监控系统工程、收费系统工程和通信、监控、收费综合系统工程5个分项）、水上交通管制工程、城市轨道交通工程、特种专业工程	不分级
劳务分包（13）	木工作业、砌筑作业、钢筋作业、脚手架搭设作业、模板作业、焊接作业	一、二级
	抹灰作业、石制作、油漆作业、混凝土作业、水暖电安装作业、钣金工程作业、架线工程作业	不分级

第二节　建筑企业的任务和社会责任

一、建筑企业的任务与作用

（一）建筑企业的任务

总的来说，建筑企业的任务就是在不断提高工程质量、缩短工期和增进效益的基础上，全面完成承担的建设任务，并为满足社会扩大再生产、改善人民生活条件作出贡献。具体来讲，其任务包括以下两个方面。

第一，从使用价值的生产而言，建筑企业应满足社会生产、生活对建筑产品的需要。一是社会需求者即用户的新建、扩建、改建或维修的需要；二是社会的建设和环境保护的需要。

第二，从价值的生产而言，建筑企业应不断提高经济效益，保证盈利。一是为国家提供积累；二是为企业发展创造更多的经济收益；三是为生产者即职工的物质文化生活水平的提高提供收益。

建筑企业这两方面的任务都不能忽视，它们是不可分割的。提供满足社会需要的建筑产品是建筑企业的首要任务，是第一位的；保证企业盈利，是第二位的。实际上，企业只有首先为社会需要提供物质产品，才能实现盈利，这两者是统一的。

（二）建筑企业的作用

建筑企业在国民经济中发挥着重要作用。

（1）肩负着国民经济各部门的新建、扩建工程和技术改造工程的施工任务，为不断完善我国的国民经济体系，改善人民物质文化生活条件作贡献。

（2）为社会创造比较长久性的文明和财富，提供相当的国民收入。

（3）为国家提供税收，是为国家赚钱的一支重要力量。

（4）建筑企业大多属于劳动密集型企业，能容纳大量劳动力，是重要的劳动力就业场所。

（5）能消耗大量的物资，对建筑材料生产、机器制造、交通运输的发展，具有积极的促进作用。

（6）能进入国际建筑市场，通过工程承包或提供劳务而赚取外汇。

二、建筑企业的社会责任

（一）社会责任的定义

在 20 世纪 60 年代前，企业的社会责任问题很少引起人们的注意。时至今日，社会责任问题已引起人们的普遍关注。管理者在管理实践中经常遇到与社会责任有关的决策，如是否为慈善事业出一份力、如何确定产品的价格、怎样处理好和员工的关系、如何保护自然环境、怎样保证产品的质量和安全等。那么什么是社会责任呢？如果企业在承担法律上和经济上的义务（法律上的义务是指企业要遵守有关法律，经济上的义务是企业要追求经济利益）的前提下，还承担追求对社会有利的长期目标的义务，那么，就应该说该企业是具有社会责任的。

为了更好地理解"社会责任"这一概念，有必要对它和社会义务、社会反应两个概念作一比较。社会义务是企业参与社会活动的基础。如果一个企业仅仅履行经济上和法律上的义务，可以说该企业履行了它的社会义务，或达到了法律上的最低要求。只履行了社会义务的企业只追求那些对其经济目标有利的社会目标。与社会义务相比，社会责任和社会反应超出了基本的经济和法律标准。有社会责任的企业受道德力量的驱动，去做对社会有利的事而不去做对社会不利的事。社会反应则是指企业适应不断变化的社会环境的能力。

（二）建筑企业社会责任的具体体现

1. 企业对环境的责任

企业既受环境的影响又影响着环境。从自身的生存和发展角度看，企业有承担保护环境的责任。企业对环境的责任主要体现在：

（1）要采取切实有效的措施，积极防治施工生产所引起的公害和污染，要治理环境。

（2）要以"绿色产品"为研究和开发的主要对象。企业研究并生产"绿色产品"既体现了企业的社会责任，推动了"绿色市场"的发展，也推动着环保宣传教育，提高了整个社会的生态意识。

（3）要在环境保护方面发挥主导作用，特别要在推动环保技术的应用方面发挥示范作用。有社会责任的企业有着强烈的环境保护意识，它们会积极采用生态生产技术。

2. 企业对员工的责任

员工是企业最宝贵的财富。企业对员工的责任主要体现在：

（1）定期或不定期培训员工。有社会责任的企业不仅要根据员工的综合素质，把他安排在合适的工作岗位上，做到人尽其才，才尽其用，而且在工作过程中，要根据情况的需要，对他们进行培训，如送到国外或国内的学校、科研机构和兄弟单位学习深造。这样做既满足了员工的自身需要，也满足了企业的需要，因为通常情况下，经过培训后的员工能胜任更具挑战性的工作。

（2）营造一个良好的工作环境。工作环境的好坏直接影响到员工的身心健康和工作效率。企业不仅要为员工营造一个安全、关系融洽、压力适中的工作环境，而且要根据本单位的实际情况为员工配备必要的设施。

（3）善待员工的其他举措。例如，推行民主管理，提高员工的物质待遇，对工作表现好的员工予以奖励，等等。

3. 企业对顾客的责任

"顾客是上帝"，忠诚顾客的数量以及顾客的忠诚程度往往决定着企业的成败得失。企业对顾客的责任主要体现在：

（1）提供安全的建筑产品。安全的权利是顾客的一项基本权利，企业不仅要让他们得到所需的产品，还要让他们得到安全的产品。产品的安全越来越受到企业的重视。

（2）提供正确的建筑产品的信息。企业要想赢得顾客的信赖，在提供产品信息方面不能弄虚作假，欺骗顾客。

（3）提供售后服务，搞好工程的回访和保修。企业要重视售后服务，要把售后服务看作对顾客的承诺和责任。在保修期限内，建筑企业要定期回访用户，对出现的质量问题，要及时组织施工力量进行维修及处理。

4. 企业对竞争对手的责任

在市场经济下，竞争是一种有序竞争。企业不能压制竞争，也不能搞恶意竞争。企业要处理好与竞争对手的关系，在竞争中合作，在合作中竞争。有社会责任的企业不会为了暂时之利，通过不正当手段挤垮对手。

5. 企业对投资者的责任

企业首先要为投资者带来有吸引力的投资报酬。此外，企业还要将其财务状况及时、准确地报告给投资者。企业错报和假报财务状况，是对投资者的欺骗。

6. 企业对所在社区的责任

企业不仅要为所在社区提供就业机会和创造财富，还要尽可能为所在社区作出贡献。有社会责任的企业能够意识到通过适当的方式把利润中的一部分回报给所在社区是其应尽的义务。它们积极寻找途径参与各种社会活动，通过此类活动，不仅回报了社区和社会，还为企业树立了良好的公众形象。

第三节 建筑企业素质

一、建筑企业素质的概念及内容

（一）企业素质的概念

素质通常是指事物内在的特性。所谓企业素质，就是组成企业的人力、物力、技术和组织等各种因素有机结合所形成的企业生存和发展的能力。企业素质从其内在因素看，包括人员素质、技术素质和管理素质；从其外在表现看，具体表现为企业的生存与发展能力。内在因素和外在表现，是企业素质的两个方面，二者紧密联系，相互制约，是不可分割的统一体。建筑企业素质是个整体的概念、质量的概念，它是动态和不断发展变化的。

建筑企业素质决定企业综合施工能力、管理水平和经济效益。建筑企业素质的高低，说明了建筑企业获取工程建设任务可能性的大小，说明了建筑企业施工生产能力的大小和施工管理水平的高低，说明了建筑企业降低成本增加盈利的水平，说明了建筑企业技术开发水平的高低，说明了建筑企业扩大再生产能力的大小。

（二）建筑企业素质的内容

1. 内在因素

（1）领导班子素质

领导班子素质，包括领导者个人素质和领导班子整体素质两个方面。

领导者个人素质，是指领导者个人的政治思想觉悟、政策水平、文化程度、专业知识、业务能力、组织领导能力以及年龄、健康状况等。其中企业主要领导人的个人素质尤为重要。

领导班子整体素质，一是指班子结构，包括年龄结构、知识结构、专业结构和智能结构是否合理；二是指班子的集合力，能否形成集合力，关键在于班子能否团结合作、相互支持。

（2）职工队伍素质

职工队伍指除领导班子外的工人、技术人员和管理人员。职工队伍素质，包括职工队伍的比例结构，职工的思想觉悟，文化、技术业务水平，处理技术和业务工作的能力。职工队伍素质是企业素质的基础。

（3）技术素质

技术素质是指企业的技术装备程度和施工工艺水平等。技术素质是搞好企业生产经营的物质基础。

（4）管理素质

管理素质包括管理思想、组织、方法和手段的科学化及现代化程度和企业管理基础工作的质量。管理是一种生产力，在现代化生产过程中，管理不仅是保证生产顺利进行的必要条件，也是充分发挥生产力要素的作用，提高生产能力和经济效益的推动力和创造力。

2. 外在表现

（1）竞争能力

即企业在质量、成本、工期、服务、信誉等方面的水平和竞争地位，以及在竞争中取胜，赢得市场的能力。

(2) 应变能力

即企业在瞬息万变的经营环境中，根据条件变化迅速作出反应，采取恰当对策的能力。

(3) 盈利能力

即企业有效利用人力、物力和财力，获得预期利润的能力。

(4) 技术开发能力

即企业在开拓市场，开发新产品、新技术、新工艺、新材料，开发管理技术等方面的创新能力。

(5) 扩大再生产能力

即企业依靠自身的力量进行技术改造、增添设备、改善管理、扩大生产规模的能力。

二、提高建筑企业素质的意义和途径

(一) 提高企业素质的意义

为什么要提高企业的素质呢？首先，提高建筑企业素质是适应国家大规模经济建设和社会发展的需要。我国的建设任务十分巨大，同时，现代的建设项目具有规模大、工艺先进、技术复杂、配套建设项目多、施工难度大等特点，客观要求建筑企业应具有较高的素质。如果企业素质不提高，是难以完成国家的建设任务的。其次，提高建筑企业素质，才能在激烈竞争的国内、国际建筑市场中生存发展。如果企业不从根本上提高素质，在竞争中就有被淘汰的危险。第三，为了提高国民经济的宏观经济效益，也要求提高作为国民经济细胞的企业的素质。

(二) 提高企业素质的途径

如何提高企业的素质？企业的素质是一个整体。提高企业素质，从内部讲，要建立提高企业素质的战略，要年年抓，坚持不懈。不仅要从质的方面提高各种因素的水平，而且要求各种因素能够形成最优化的结构，主要途径有以下几种。

1. 提高领导班子素质

提高领导班子素质是提高企业素质的关键。

(1) 提高领导者个人的素质

作为现代企业的领导者，必须具备包括政治、知识、技能、身体、心理五个方面的基本素质：有强烈的事业心和责任感，勇于改革、勇挑重担、不怕个人担风险，能密切联系群众、有民主作风，大公无私、作风正派；懂得基本经济理论，理解国家的各项方针、政策，掌握企业管理的基本原理方法和现代建筑科技知识，善于洞察形势，有远见、有战略头脑，能因势利导，驾驭企业健康发展；有决策、组织、指挥、控制和协调的能力，有善于处理人际关系的能力，有用人能力和创新能力；要身体健康、精力充沛；要有敏锐的认识力、健康的情感、坚强的意志和良好的个性等。

(2) 提高领导班子的整体素质

提高领导班子整体素质的中心问题是要有一个合理的结构。这样，不仅能使各个领导成员人尽其才，而且还能通过有效的结构组合，迸发出新的巨大的集体能量。

什么样的领导班子结构才是合理的呢？一般应考虑以下四个方面的结构：

1) 年龄结构。合理的年龄结构是指不同年龄的领导成员在领导班子中应有一个合理的比例，并处于不断发展的动态平衡之中，以发挥成员的最优智力和效能。现代生理科学和心理科学的研究表明，一个人的年龄与智力有一定的定量关系。以知觉而言，最佳年龄是 10～17 岁；以记忆、动作和反应速度而言，最佳年龄是 18～29 岁；以比较和判断而言，最佳年龄是 30～49 岁。可见领导年轻化，是完全符合科学规律的。合理的年龄构成应当是老、中、青合理搭配，形成梯形的年龄结构。

2) 知识结构。现代企业的领导成员必须具有足够的知识水平，特别是企业高层次的领导，总是面对着全局的、复杂变化的现实，必须具有更高的知识水平。科学研究结果表明，在现代社会，一个人的知识只有约 10% 是靠正规学校教育获得的，约 90% 的知识是在以后的工作实践和职业学习中获得的。因此，在选任干部时，除了要注意学历外，还必须考察实际的知识水平。

3) 专业结构。是指在领导班子中，各类专业人才的比例。作为企业的领导班子，比较理想的应是根据它所担负的职能，配备相应的各类专业人才，使整个班子成为具有综合业务领导能力的群体。现代企业领导班子一般应由工程技术、经营管理、政工和行政四个方面的专业人才组成。

4) 智能结构。智能指的是人们掌握和运用知识的能力。主要包括自学能力、研究能力、思维能力、表达能力、组织能力和管理能力。合理的智能结构，应由具有高超创造能力的思想家、高度组织能力的组织家和"一步一个脚印"的实干家共同构成。

综上所述，领导班子结构是考虑多因素的、动态的综合体。为了提高领导班子整体素质，必须全面考虑年龄、知识、专业和智能结构。同时必须注意，一个合理的结构必然是自适应、自控制、自调整的，并不是一次成功、永恒不变的，必须在不断运动中，逐步求得平衡和合理。只有这样，才能使领导班子内的"摩擦"和相互抵消力量转化成为动力，形成高效能的领导集体。

2. 提高职工队伍的素质

提高职工队伍素质必须做到：

(1) 制定各类人员（管理人员、工程技术人员、工人）的素质标准。一般包括政治素质、文化素质、技术业务素质、身体素质等。并采取各种形式进行全员培训。

(2) 讲求企业职工合理比例结构。一般主要指：企业的生产、管理、服务三类人员的合理比例；生产人员中，基本生产、附属生产、辅助生产之间，各工种构成的合理比例；管理人员中如政工、经营管理、技术人员之间的合理比例；职工的技术职称和等级的构成的合理比例。

3. 提高企业的技术素质

提高建筑企业技术素质的途径有：积极采用建筑施工新工艺、新技术；进行技术改造、采用先进的施工机械设备；积极进行技术开发及应用；形成和完善企业的适用技术体系，并不断提高其水平。

4. 提高企业的管理素质

提高建筑企业的管理素质的途径是：按照市场经济的要求，建立现代企业制度；加强企业管理的基础工作；结合企业实际，实行现代科学管理。

提高企业素质，上述从企业内部努力是最重要的方面。除此之外，也应在企业外部创造相应的客观条件，如建立和完善市场体系，政企完全分开，彻底转变政府职能，建立和健全有关经济法规等。

复习思考题

1. 什么是企业？应具备什么条件？有何特征？
2. 什么是个人业主制、合伙制、公司制企业？各有何优缺点？
3. 什么是建筑企业？应具备哪些基本条件？
4. 建筑企业如何分类？
5. 什么是企业资质？施工总承包、专业承包、劳务分包企业各有何特点？
6. 简述建筑企业的任务、作用和社会责任。
7. 什么是建筑企业素质？包括哪些内容？
8. 试述提高企业素质的意义和途径。

第二章 建筑企业管理概论

第一节 企业管理的概念、性质和任务

一、企业管理的概念

企业为了完成自己的任务,就要做好企业管理工作。企业管理是按照生产资料所有者的利益和意志,对企业的生产经营活动所进行的决策、计划、组织、控制以及对职工的领导和激励等,以期实现企业目标的活动过程。企业管理是企业经营和管理的简称。

企业的经营是企业为满足社会及用户的需要,根据其外部环境和内部条件,制定所应采取的目标、方针与策略等一系列具有全局性战略意义的活动。其目的在于不断提高企业的经济效益,保证企业的生存和不断发展。企业的经营是面向市场、面向未来,时刻研究外部环境的变化,不断寻求新出路、新目标的总体思考与战略行动。企业经营活动范围主要是社会市场,涉及商品流通领域,其工作内容主要包括:市场调研、预测、决策、规划、工程招标、投标承包、材料设备采购、筹资、人员招聘、交工(销售)和售后服务等等。

企业的管理是指为了实现企业的经营目标,执行经营确定的方针和策略,对企业的生产活动及人、财、物、信息等资源所进行的计划、组织、控制等一系列工作活动,即生产管理。其目的是不断提高生产和工作效率,保证企业生产经营活动正常进行。企业生产管理,是以生产为对象的管理,其活动范围主要是企业内部的生产领域,其工作内容主要包括:施工生产、技术、质量、安全、机械设备、劳动、材料、财务等具体管理业务。

企业的经营和管理,二者是密切联系、相辅相成的。经营的核心是决策,而管理则是实现决策的手段,是为实现决策目标而进行的计划、组织和控制活动。但经营和管理的最终目的都是充分利用企业的经营资源,以尽可能少的劳动消耗,生产出更多的符合社会需要的产品和服务,取得最佳的经济效益,实现企业的发展目标。没有明确的目标和正确的决策,企业就会陷入盲目生产,管理就失去了方向;同样,没有科学的管理,再好的决策也不能有效实施,也收不到好的经济效益。同时,企业的经营活动和管理活动是交织在一起、互相渗透的。经营活动中有管理活动,管理活动中又有经营活动。它们都是为实现企业的目标而进行的有组织的活动。因此,企业的经营和管理是一个统一的有机整体,这个有机整体称之为企业管理。企业经营和管理的区别与联系,见表 2-1 所列。

经营与管理的比较　　　　　　　　　　　　　　表 2-1

项　　目	经　　营	管　　理
基本任务	根据社会和用户的需要确定企业的经营目标和战略	充分合理利用企业人、财、物和信息,协调企业生产过程和各部门、环境间的关系
追求的目标	最大的经济效益,使国家、企业、职工都能增加收益	企业更高的生产和管理工作效率
工作重点	制定企业对内对外的方针、策略,保证企业的活力,即适应能力和自我改造、自我发展的能力	执行制定的方针、策略,保证企业生产经营活动的正常顺利进行
核心职能	决策	组织和控制

二、企业管理的性质和任务

（一）企业管理的二重性

企业管理的二重性是指任何社会的企业管理活动都具有自然属性和社会属性。一方面，具有同生产力、社会大生产相联系的自然属性；另一方面，具有同生产关系、社会制度相联系的社会属性。这种管理的二重性是客观存在的。

企业为了提供满足社会及用户需要的产品并获取盈利，为了其自身的生存和发展，必须根据市场的需求，按现代化大生产的客观要求，按生产技术经济规律的要求，对生产经营过程合理地进行决策、计划、组织和控制，有效地利用企业的一切资源，提高企业的经济效益。这种由合理组织和发展生产力引起的管理的需要，就是企业管理的自然属性。它是没有阶级性的，对于任何社会中的企业都是相同的。

企业的生产经营活动都是生产资料的所有者按照自己的利益和意志来进行的，企业管理就是要维护和完善一定的生产关系，实现特定的目的。生产资料所有制不同，生产目的、人们的相互关系、分配制度也就不同，这就决定了企业管理的社会属性。它是有阶级性的，生产资料所有制不同的企业其社会属性也是根本不同的。

正确认识企业管理的二重性，有着重大的现实意义。

首先，企业管理的二重性体现着生产力和生产关系的辩证统一关系。在重视企业管理对维护和完善社会主义生产关系作用的同时，更要重视企业管理在发展生产力方面的作用。要提高企业的生产水平，必须着重抓好企业经营和合理组织生产力方面的工作。

其次，外国的企业管理理论、技术和方法是人类长期从事生产经营管理实践的产物，是人类智慧的结晶，是不分国界的。在学习、引进国外先进的管理经验时，要有鉴别和分析，要根据我国的国情和特点，积极研究，融合提炼，加以改造，为我所用。

第三，企业管理的制度、方法和技术，既受生产力发展水平的制约，又受社会制度、民族文化传统的制约和影响。要建立有中国特色的企业管理的科学体系，必须认真总结、继承和发展我国企业管理的经验，吸取外国的先进经验。

（二）企业管理的任务

企业管理的任务取决于企业管理的性质，服从于企业的任务。企业任务的完成是通过管理任务的完成来实现的。企业管理的任务主要包括以下几个方面：

1. 树立正确的经营思想

经营思想是指企业在整个生产经营活动中的指导思想。它是人们对在生产经营全过程中发生的各种关系的认识和态度的总的反映。它决定着企业的经营目标、方针和经营战略。企业管理的首要任务，就是要确立企业正确的经营思想，其核心就是为社会、用户、职工、出资者服务，提高整个社会经济效益。为此，企业必须遵守国家的方针、政策、法律、法规，讲求社会主义经营道德，反对生产经营中的违法乱纪、唯利是图、投机取巧、损人利己、破坏国家经济、妨碍社会发展的各种不正当行为。

2. 根据企业的外部环境和内部条件，正确制定企业的发展目标、经营方针和经营战略

企业的发展目标或经营目标是企业在一定时期内，在生产、技术和经济等方面应达到的规模、水平和发展速度。它是按照企业经营思想，在分析经营环境和经营要素的基础上确定的。

企业的经营方针是指导企业生产经营活动的行动纲领。它是按照企业的经营思想，为达到企业的经营目标而确定的，它反映了企业在一定时期内的经营方向。

企业的经营战略或发展战略，是为实现其经营目标，通过对外部环境和内部条件的全面估量和分析，从企业全局出发而作出的较长期的总体性的谋划和活动纲领。它涉及企业发展中带有全面性、长远性和根本性的问题，是企业经营思想、经营方针的集中表现，是确定规划、计划的基础。

3. 合理组织生产力

合理组织生产力，就是要使劳动力、劳动手段、劳动对象达到优化配置和充分利用，以取得企业的综合经济效益。

要合理组织生产力，必须正确处理生产力诸要素同生产工艺技术的关系。只有把劳动力、劳动手段、劳动对象与严格的工艺规程和熟练的操作技术结合起来，才能形成既定的生产力。此外，合理组织生产力，还必须做好一系列的生产组织工作，包括生产计划工作、生产准备工作、技术工作、物资供应、劳动力组织和经济核算等工作。只有全面做好这些工作，并且使它们密切配合，才能保证企业的生产顺利进行。

4. 不断调整生产关系，以适应生产力发展的需要

企业中的生产关系包括三个方面：生产资料所有制形式，生产过程中人与人的关系，产品分配关系。生产关系必须适应生产力的发展，才能促进生产的发展。

建筑企业调整生产关系的内容包括：正确处理企业和国家之间的关系，正确处理企业与企业之间的竞争与协作关系，正确处理企业内部人与人的关系和分配关系，以及企业与消费者（用户）、出资者和地区社会间的关系。

企业管理的过程就是协调生产关系的过程，用以调动各方面的积极性和创造性。

5. 不断调整上层建筑，以适应生产关系的改善和生产力的发展

这就要根据实现企业的经营目标、提高企业经济效益的需要，不断调整和改革管理体制和规章制度，改进领导方法等。

第二节　企业管理职能

一般来说，职能是人、事物、机构应有的功能或作用。企业管理职能是指为了完成企业的任务和目标，实现有效管理，企业管理业务工作必须具备的功能或应起的作用。

国外最早系统地提出企业管理职能的是法国的高级经理人员法约尔（Henri Fayol），他在1916年发表的《工业管理和一般管理》一书中给管理下的定义是：管理，就是实行计划、组织、指挥、协调和控制。在法约尔之后，许多管理学者对管理职能进行了探讨，从不同的角度提出了不同的看法。例如，随着行为科学、系统理论、决策理论的形成，人们在管理中十分重视人的因素，因此把原属组织职能中的领导、激励内容加以丰富和发展而独立出来；决策问题在企业管理中的作用日益突出，便把决策从计划职能中分离出来，成为独立的职能等等。但是，计划、组织和控制是各管理学派一致公认的基本职能。

我国的许多管理学者借鉴国外的理论，根据我国的情况，对企业管理职能进行了深入的探讨和研究，对管理职能给予了不同的划分和解析，但不管如何划分，它们的基本含义是一致的。表2-2所列的是国内外管理学者对企业管理职能的划分。

企业管理职能的划分　　　　　　　　　表 2-2

年份	国外学者及国内著作	决策	计划	组织	指挥	协调	控制	领导	教育	激励	人事	人员配备	沟通
1916	法约尔		✓	✓	✓	✓	✓						
1937	古利克		✓	✓	✓	✓	✓				✓		✓
1947	厄威克		✓	✓			✓						
1955	孔茨和奥唐奈		✓	✓			✓				✓		
1964	梅西	✓	✓	✓			✓				✓		
1972	特里		✓	✓			✓						
1973	西斯克		✓	✓			✓	✓					
1986	工业企业经营管理学（复旦大学）	✓	✓	✓	✓					✓			
1987	施工企业管理学基础（中国人民大学）		✓	✓			✓						
1987	建筑企业管理学（原哈尔滨建筑大学）	✓	✓	✓			✓			✓			
1989	管理学（清华大学）		✓	✓			✓	✓					
1994	管理学原理（中国人民大学）		✓	✓			✓	✓				✓	

注："✓"表示各管理学者主张的管理职能划分。

本教材将阐述决策与计划、组织与指挥、控制与协调、领导与激励四个方面八项基本职能。

一、决策与计划

市场经济中的企业是一个开放系统，市场需求的迅速变化和竞争的加剧，使决策成为企业管理的核心和最基本的职能。所谓决策，就是对市场环境进行分析，确定生产经营目标，从拟定的多种可行方案中选择一个最佳方案的过程。决策的对象主要是企业的生产经营发展方向、战略目标以及由此产生的一系列重大问题。企业的最高领导作出的战略性决策正确与否，是企业成败的关键。决策是在计划制定之前或制定过程中作出的，因此，决策的好坏对企业生产经营管理效果的好坏影响甚大。

计划是对企业生产经营活动的事先安排。它是为了保证决策目标的实现，科学地编制出的中长期计划和短期计划，包括确定企业生产经营活动的目标、方向和程序，有效的执行方法，完成的时间，所需人、财、物等资源的合理分配和组织等。计划职能要求把握未来的发展，有效地利用现有资源，以获得最大的经济效益。

要作出正确的决策和计划，必须要有市场调研和科学的预测。预测是决策和计划不可缺少的前提。

二、组织与指挥

组织是保证实现预定目标和计划的一项重要管理职能。科学的组织就是把生产经营活动的各要素、各环节和各个方面，从劳动分工与协作上，从生产过程的空间和时间的相互联结上，组织成一个有机整体，以使生产经营活动协调有序地进行。为此，就要建立合理的管理组织机构，明确各单位、各部门、各岗位的责任和权力，以及它们之间的相互关系，按照各机构的具体要求挑选和配备人员，并对其进行严格考核和培训。

指挥职能就是为保证企业的生产经营活动按计划、有组织地运转起来，运用组织的权力，对下属发出命令、指派任务、提出要求、限期完成的管理活动。现代企业的内部分工精细、协作复杂、连续性强，必须有统一的指挥使人们步调一致，才能保证企业生产经营活动的正常进行和既定目标的实现。为了提高指挥活动的效率，企业的经营管理者要熟悉生产经营情况，广泛收集掌握各方面的信息，建立起统一的、有权威的、强有力的生产经营指挥系统，把各方面工作有效地协调配合起来，及时处理生产经营活动中的各种问题。

三、控制与协调

控制职能是指在企业计划的执行过程中，接受企业内外的信息，经常监督、检查计划的执行情况，把企业生产经营活动的实际情况与原定的目标、计划、标准进行对比，发现差异，找出问题，查明原因，采取措施，予以解决，并防止再度发生，使企业的活动符合预定计划目标的一系列管理活动。控制与计划是不可分割的，计划是控制的前提和依据，控制是保证实现计划的手段。没有控制就无所谓管理。

协调也就是调节，是指通过企业各部门、各单位的工作，对生产经营活动的各个环节加以统一调节，使之配合得当，保持平衡，不发生矛盾和脱节，以有效地实现企业的目标的管理活动。协调包括外部协调和内部协调。外部协调指企业与市场、政府及其他市场主体间的协调。内部协调又分为纵向协调（上下级领导人员之间和上下级职能部门之间活动的协调）和横向协调（同级各单位、职能机构之间活动的协调）。协调工作要借助交谈、会议、计划图表、信息系统等手段来实现。

四、领导与激励

领导职能是指领导者根据企业的目标或要求，在生产经营活动过程中对被领导者进行引导和施加影响，使之自觉自愿地为完成计划和任务而努力工作。为此，领导者要了解并尽可能满足员工的需要，要充分发挥个人素质的影响力和职位权力的影响力。

激励是激发职工动机，鼓励员工的合理行为，以形成追求企业目标动力的工作。现代管理理论认为，管理的本质是人对人的管理，要实现企业的目标，核心是调动人的积极性和创造性。为此，就要做好职工的物质激励和精神激励。要把企业内各单位和个人付出的劳动与他们得到的报酬紧密联系起来，正确地进行奖罚，重视职工参与企业管理，对有成就的职工进行表彰、授予称号、提级升职等等。

图 2-1　企业管理职能之间相互关系及其循环图

上述企业管理的四个方面八项职能，是不可分割、相互联系的统一体，是相互渗透和交叉发挥作用的。同时管理职能的各个方面也存在一定的程序关系。如，决策计划要先行，组织指挥作保证，控制协调要及时，领导激励在其中。进行企业管理就是执行这些职能并且使之环环相扣，无限循环，促使企业管理向更高水平发展。这种循环也反映了管理工作的运动状况及其规律。管理职能之间的相互关系及循环，如图 2-1 所示。

第三节　企业管理的发展及其现代化

一、企业管理的发展

（一）国外企业管理的发展

随着社会生产力的发展和科学技术的进步，西方资本主义企业管理的发展大体上经历了三个阶段，并逐步形成较系统的企业管理理论。

第一阶段是传统经验管理阶段（约从 18 世纪到 20 世纪初）

这一阶段社会生产力水平还比较低，由工厂代替手工业工场的大生产的企业正在开始建立和逐渐发展，企业的规模还不大，企业管理主要是靠资本家或其代理人的经验和直观判断来进行的，没有制定完善的操作规程和严格的规章制度，工人的培养也是采取师傅带徒弟的办法来传授经验和知识。实际上，这一时期沿用的是小生产的管理办法，还没有形成专门的管理理论和学派。

第二阶段是科学管理阶段（约从 20 世纪初至 20 世纪 40 年代）

这一阶段，随着生产力的发展，生产规模不断扩大，生产技术更加复杂，分工协作更加严密，劳资矛盾也日益深化。同时，市场竞争范围扩展，竞争对手增多。这一切使得单凭经验进行管理已经不能满足需求，必须提高企业管理水平，用科学管理来代替传统经验管理，实现管理的科学化，从而进入科学管理阶段。

为适应这种需要，出现了"科学管理"的理论，其创始人是美国的泰罗。他主张一切管理问题都应当而且可能用科学的方法去加以研究和解决，实行各方面工作的标准化，使个人经验上升为理论，不能单凭经验办事。他在企业里长期进行生产管理方面的试验研究，总结形成了科学管理理论。其主要内容有：操作方法、机具材料、作业环境标准化；工时利用合理化；实行有差别的计件工资制；按标准对工人进行挑选和培训；把计划职能和执行职能分开；能力与工作相适应等。科学管理的中心问题是提高效率。科学管理理论的其他代表人物有，与泰罗亲密合作的巴思、甘特及吉尔布雷思夫妇等。

在这个阶段作出重大贡献的主要代表人物还有法国的法约尔和德国的韦伯等。法约尔首次系统地把管理活动分为计划、组织、指挥、协调和控制五项职能活动，提出了管理的 14 条原则：分工、职权与职责、纪律、统一指挥、统一领导、个人利益服从整体利益、人员报酬要公平、集权、等级链、秩序、公正、保持人员稳定、主动性、集体精神。韦伯提出了理想的行政组织体系理论。任何组织都必须有某种形式的权力作为基础，才能实现其目标。

第三阶段是现代管理阶段（20 世纪 40 年代至今）

第二次世界大战之后，资本主义经济发生了许多变化，科学技术不断进步，企业规模进一步扩大，市场竞争更趋激烈，生产社会化程度越来越高，许多复杂的新产品和大型工程需要极大规模的协作，需要极其高度的组织和控制，这些都对企业管理提出了许多新的要求，促使企业从科学管理走向现代管理。现代管理是在科学管理不断发展的基础上，以经营决策为中心，以电子计算机为手段，应用运筹学、统计学和系统理论的方法，结合行为科学的应用，把企业看成是由人和物所组成的完整系统而进行的综合管理。

现代企业管理发展中涌现出了许多理论，主要有行为科学理论和管理科学理论。行为科学理论前期代表人物是原籍澳大利亚的美国人梅奥。他负责著名的霍桑试验，提出了人际关系学说。后来有许多学者对行为科学进行了研究，主要是对工人在生产中的行为以及这些行为产生的原因进行分析研究，认为人的行为是企业管理的关键因素，主张从人的本性和需要、行为的动机，特别是以人与人之间的关系为中心来研究和解决管理问题。管理科学理论是以现代科学技术的最新成果（如先进的数学方法、电子计算机技术以及系统论、信息论、控制论等）为手段，运用数学模型，对管理领域中的人力、物力、财力进行系统的定量分析，并作出最优规划和决策的理论。这一理论的代表人物是美国研究管理学和现代生产管理方法的著名学者伯法等人。

随着行为科学和管理科学理论的继续发展，又出现了许多新的管理理论和学说，形成了许多学派。主要有：巴纳德所倡导的社会系统学派，西蒙的决策理论学派，杜拉克等人的经验或案例学派，特里斯特等人的社会技术系统学派，李维特等人的沟通（信息）中心学派，卡斯特·罗森茨威克和约翰逊的系统管理理论，伍德沃德等人的权变管理理论等。这些学派都是在已有的管理理论的基础上，从不同的角度来探索管理的原理和方法的，都对管理理论有所贡献。尤其是系统管理理论和权变管理理论为现代管理理论的形成作出了巨大贡献。系统管理理论是应用系统理论，全面分析和研究企业的管理活动和管理过程，侧重于对企业组织结构和模式进行分析，并运用系统观点考察管理的基本职能。权变管理理论则强调在管理中要根据企业所处的内外条件随机应变，根据不同的具体条件采取适宜的管理模式和方法。

20世纪80年代初产生了一种新的企业管理理论——企业文化。这种理论认为，在企业这样一种经济组织的运作中，存在着大量的非经济因素，亦即文化因素。作为一个卓越的管理者，应该不仅仅限于采用经济的手段和技术性的措施来实施企业管理，而应清醒地认识到建立一种优秀企业文化的重要性，注重用种种文化的手段来建立一种全新的管理模式。例如用优秀的价值观来指导员工的行为，用独具特色的经营理念来弘扬企业的宗旨，用良好的行为规范来保持企业的运行秩序，用全新的企业形象来提高企业的知名度和拓展市场，提高市场占有率等等。

（二）我国建筑企业管理的发展

1949年以前，我国的企业管理基本上属于传统经验管理，也有一些科学管理的内容。1949年以后，国有建筑企业管理经历了一个曲折的发展过程，正走向现代科学管理。

从20世纪50年代到70年代末，我国一直实行的是高度集中的计划经济体制，国有建筑企业实际上是国家经营，政府主管部门直接指挥和管理，任务和指标以指令性计划下达，人、财、物等资源统一调拨，企业以单纯追求生产效率、降低消耗、完成国家任务为目的，在企业内部进行工厂或车间式的生产管理。在这一阶段，先是全面、系统学习和引进前苏联的企业管理办法，后来在总结"一五"时期企业管理经验和"二五"、"文革"时期教训的基础上，建立并推行了一整套生产计划、技术、质量、安全、劳动工资、材料、机械、财务成本、经济核算等管理制度和方法，使企业管理走上了科学的轨道。

20世纪70年代末，党和国家的工作重点转移到社会主义现代化建设上来，实行了改革开放的政策，经济体制由计划经济向有计划的商品经济发展，政企职责逐步分开，企业自主权有了不同程度的扩大。随着工程招标承包制的推行，建筑企业率先进入了市场，其生产任务从单纯国家指令性计划，改变为根据市场需求并通过竞争获得，企业要根据国家计划和市场需要组织生产经营。企业管理从单纯生产型管理向生产经营型管理转变，同时积极学习引进国外先进的管理理论、技术和方法。

进入20世纪90年代，经济体制由有计划的商品经济向社会主义市场经济过渡，企业管理思想、组织、方法、手段都发生了很大变化，建筑企业要面对市场组织生产经营活动。由于指令性计划取消了，企业的产、供、销、人、财、物，都要由自己面向市场解决，经营问题变得很突出。建筑企业为真正成为自主经营、自负盈亏、自我发展、自我约束的商品生产者和经营者，成为市场竞争主体，正在转换企业经营机制，进行建立产权明晰、责权分明、政企分开、管理科学的现代企业制度的试点。目前，已有许多建筑企业建立了现代企业制度。

改革开放以来，特别是我国加入 WTO 后，建筑企业管理发展非常迅速，但总的来说还是比较落后的，还没有形成具有中国特色的管理理论。要改变管理的落后面貌，除了在管理体制上进行深入改革外，其根本途径就是实现企业管理现代化。

二、企业管理现代化

（一）企业管理现代化的概念

所谓企业管理现代化，是指根据客观规律，为适应现代生产力发展的客观要求，运用科学的思想、组织、方法和手段，对企业的生产经营活动进行有效的管理，使之达到或接近国际先进水平，创造最佳经济效益的过程。

企业管理现代化也就是企业管理科学化。它是在企业管理中不断吸收和应用科学的管理理论和方法，以及把自然科学和社会科学的新成果应用于管理之中，推动企业生产发展的过程。企业管理现代化是一个综合的整体，它包括紧密联系的企业管理思想、组织、方法和手段四个方面，不能认为某一方面现代化就是管理现代化。企业管理现代化是一个动态的、不断发展和完善的过程，不同的时期对现代化的内容有不同的要求。它与现代化管理不同，现代化管理具有时间性，而企业管理现代化是随着历史的进程而不断向前发展的。企业管理现代化是一个国际化的概念，要和国际接轨，其水平要达到或接近国际水平。企业管理现代化的目的是提高企业的素质，对企业实行有效的管理，最终是要创造出最佳的经济效益。

（二）企业管理现代化的内容

企业管理现代化是从企业管理的整体来说的，它包括管理思想、管理组织、管理方法、管理手段的现代化四个方面。

1. 企业管理思想现代化

企业管理思想现代化，是指企业从事生产经营管理活动的指导思想要符合现代市场经济和技术活动的规律，也就是要有科学的管理思想，按科学管理原理办事。重要的是要树立现代企业管理观念，如战略观念、市场观念、竞争观念、用户观念、效益观念、时间观念、变革观念、创新观念等，并要遵循现代的管理原理，如系统原理、分工协调原理、反馈原理、能级原理、弹性原理等。

2. 企业管理组织现代化

企业管理组织现代化是指企业要建立和健全能适应现代生产力发展的组织体制。企业管理组织现代化的主要标志是企业管理工作的高效率。

管理组织现代化主要体现在：

（1）领导体制方面。企业领导层的职责分工、权力划分及其决策、执行、监督机构的设置要合理化。

（2）企业组织结构方面。要正确确定企业的类型和规模，采用适合的组织结构形式，科学地划分管理层次、职能部门、职位岗位，明确其责、权、利关系，制定合理的责任制和规章制度，使企业能够形成一个有机整体，以保证管理工作的高效率。

（3）企业生产组织形式方面。应能适应外部环境的需要，具有不同程度的专业化和联合化形式。

企业的组织体制决定企业的经营机制，企业管理组织现代化也就是企业转换经营机制的过程。

3. 企业管理方法现代化

企业管理方法现代化就是在管理方法中应用现代科学技术成果，包括自然科学和社会科学的研究成果，并合理运用各种具有不同特征和作用的具体管理方法。其中心问题是方法的有效性。

按照对管理对象施加影响的性质和内容的不同，管理方法可分为经济、行政、法规、数学和教育方法等。经济方法是指按照客观经济规律的要求，正确运用工资、分红、奖金、津贴、罚款、利润、价格以及经济责任制等经济手段来管理的方法；行政方法是指依靠企业各级行政管理机构的法定权力，通过指令性计划、任务、指标、命令、指示、决定、规章制度等行政手段来管理的方法；法规方法是指企业依靠国家制定的经济法规来管理企业经济活动的方法；数学方法是指企业应用数学工具对生产经营活动进行管理的方法；教育方法是指企业对职工进行激励、教育、培训的方法等。这些方法在企业管理中都是必要的，它们各有其不同的作用，应当互为补充、相辅相成、综合应用、力求完善。

管理方法现代化具有以下特点：①标准化。指管理工作内容的程序化、条理化和规范化。②定量化。指管理方法从定性发展到定量，从单凭经验发展到"让数据说话"，运用数学方法进行管理。③系统化。指各项管理方法综合应用，以获得综合效果。④民主化。指在管理中运用全员参与的管理方法等。上述这些特点体现了现代管理方法的系统性、最优性、综合性和民主性，最终反映在方法的有效性上。

4. 企业管理手段现代化

企业管理手段现代化是指为了适应管理工作高效率的要求而采用现代化的技术手段和设备。主要包括：管理信息（包括文字、图表、语言等的传输、收集）手段的现代化，如采用电传设备、工业电视、自动显示装置、自动收录记录装置以及计算机控制系统等；管理信息处理手段的现代化，主要是电子计算机及其系统的应用，如管理信息系统的开发和应用等；还有检测、计量手段的现代化。

上述企业管理现代化的四个方面是密切联系、互相促进、缺一不可的，它们构成了一个统一的整体。其中，管理思想现代化是其核心，管理组织现代化是其保证，管理方法现代化是其措施，管理手段现代化是其工具。只有管理思想现代化，也就是企业管理的指导思想上的改革创新，才能促成管理组织、方法和技术手段的不断进步。特别是企业领导人的企业管理观念的现代化尤为重要。

（三）实现企业管理现代化的途径

管理现代化是一个不断发展、完善的过程。由于我国计划经济体制下传统的管理思想影响很深，实现管理现代化是一项很艰难、很复杂的工程，需要不断的探索、开拓，是逐步推进的过程。结合我国当前管理实际，实现管理现代化应从如下几个方面着手。

1. 提高认识

从思想上认识到企业管理现代化的重要性和迫切性。管理现代化和科学技术现代化是发展生产力不可缺少的两个方面。我国同发达国家相比，生产技术水平固然落后，但管理水平更加落后。因此，企业在推进技术进步的同时，必须十分强调管理现代化，迅速提高管理水平。

2. 加强组织领导

需要有一个结构合理、勇于改革创新、能够开创新局面的企业领导班子,这是实现管理现代化的关键。要针对企业的特点和管理上的关键问题,确定目标,搞好管理现代化的规划,组织企业各单位、各部门分工协作,使管理现代化工作多层次的发展,逐步完善和提高。

3. 建立现代企业制度

包括:国有建筑企业进行产权多元化改造;确定企业资产投资主体,确立法人财产权;建立完善的公司治理结构;深化公司内部劳动、人事、工资三项制度改革,完善项目管理体制;建立现代企业财务会计制度;发挥党组织的政治核心作用;改善工会工作和职工民主管理;建立与现代企业相适应的具有建筑行业特色的企业文化。

4. 加强管理基础工作

要推动企业管理现代化的步伐,必须加强企业管理基础工作,包括建立健全各项规章制度、标准化工作、定额工作、计量工作和信息工作等。

5. 提高人员素质

进行人才培训和智力开发,不断提高管理人员的素质,使其具有实现管理现代化的观念、知识和能力,这对推进管理现代化具有决定性的作用。

6. 实现计算机辅助管理

要建立和完善计算机管理系统,不断提高计算机开发应用水平,市场预测、工程投标、预算、施工组织设计、工程管理和企业日常管理工作,都应用计算机进行管理。要积极参与全国以及国际性的信息网络,以适应国内国际市场竞争的需要。

7. 学习和借鉴

总结自己的、学习和借鉴外国的先进管理经验和方法。要结合我国实际,结合本企业的条件,深入进行改革,认真进行管理现代化试点和探索,不断总结经验,及时加以推广,丰富我国的企业管理理论。同时要注意学习引进外国的管理理论、技术和方法,加以消化改造,提高和创新,形成有中国特色的建筑企业管理理论体系。

第四节 建筑企业管理观念和管理原理

一、建筑企业管理观念的形成

企业管理观念是指企业为了有效地运营,实现企业的经营目标,在经营管理上所具有的基本观念,也就是企业在整个生产经营管理活动中的指导思想。它是企业对生产经营全过程中发生的各种关系的看法和态度的综合体现,是企业管理的灵魂。

企业管理观念的形成首先是由所处的社会经济制度决定的,同时也受企业领导人的政治思想觉悟、科学知识、实践经验、思想方法、工作作风等主观因素和企业所处的经营环境的客观因素影响。企业管理观念应是以提高社会经济效益为核心,正确处理企业对社会、用户、竞争对手和企业内部职工之间的关系。

为了进一步理解我国社会主义企业管理观念和它的形成,我们可以从企业自身角度出发,观察与企业有关的四个方面,即消费者、生产者、出资者和企业所在地区的人们及其各自的要求。

(一)消费者(用户)

对建筑企业来说，消费者就是建设单位或用户，它们订购或购买建筑企业生产销售的建筑产品或服务，予以使用。由于消费者的存在，才能有企业的生产、销售商品或提供服务，企业才能回收再生产的资金，才能支付劳动者的工资，购买材料、设备。如果没有消费者，企业就不能生产经营。为了满足消费者需求，企业生产的商品或服务，在质量、价格、期限上就必须达到国家的有关规定和消费者所期望的要求，主要有：

（1）质量好、使用方便、物美价廉；
（2）满意的服务；
（3）新产品的要求等。

（二）生产者（企业职工）

生产者是指企业中进行生产、销售商品或提供服务的人们，包括企业的工人、工程技术人员、经营管理人员、各级领导者。有的企业还包括工程分包者和采购供应者。如果没有生产者，企业也就不存在，当然也就没有企业的商品和服务。因此，企业管理观念应反映生产者的要求，诸如：

（1）企业要盈利，增加生产者的收入；
（2）企业要有前途，职工工作、生活有保障；
（3）企业要有信誉，职工有荣誉感等。

（三）出资者

出资者是指为企业提供资金的个人或组织机构，包括国家（国有企业的主要出资者是国家）、地方或集体、个人（股东）、银行、外商等。要开办企业或扩大经营，必须具有一定的资金、土地、房屋、机械设备、材料、构配件及职工所需的各种费用。这些费用将由企业销售回收的资金补偿。没有资金，企业就办不成。为此，企业经营必须考虑出资者的要求，诸如：

（1）多生产社会需要的商品，为繁荣国民经济作出贡献；
（2）提高社会效益、经济效益，企业稳定成长；
（3）提高质量，不断贡献新产品；
（4）给出资者以合理的报酬（纳税、付利息、分红等）。

（四）企业所在地区（社会）的人们

企业所在地区的人们是指为企业生产经营活动提供必需的水、电、物资、劳动力及交通服务的人们，受企业排放废弃物等影响的人们，以及地区居民等。因此，企业必须对所在地区的人们承担责任和义务。企业所在地区（社会）人们对企业的要求主要有：

（1）为繁荣地区经济作出贡献；
（2）为地区服务；
（3）保护环境等。

上述与企业密切相关的四个方面各有各的希望和要求，企业管理观念必须反映四个方面的要求，使得四者都能接受。如果这四个方面的要求不能协调地考虑，企业也就无法经营。所以，只有四个方面共同接受的观念，才是企业正确的管理观念。

二、企业管理的基本观念

现代建筑企业管理的基本观念主要有：

（一）战略观念

企业要根据本身的特点和内外环境的变化，从长远的、全面的、发展的观念来进行管理。为此，企业要面向未来，高瞻远瞩，审时度势，随机应变，制定经营战略（主要包括战略目标、战略重点、战略方针和策略、战略规划等），实施战略经营，以求得企业的发展。

（二）市场观念

企业必须根据社会及用户的要求来组织生产经营活动。市场是企业存在的前提。要具有市场观念，首先要求企业了解研究市场，明确社会及用户的需求情况。其次，要正确确定对策去占领市场，赢得市场。

（三）竞争观念

在商品生产和市场经济条件下，企业间的竞争是客观存在的。企业就是要在竞争环境中求得生存和发展。社会主义建筑企业的竞争主要表现在：质量以优取胜，工期以快取胜，价格以廉取胜，服务以好取胜。企业竞争是经营管理与技术水平的竞争，实质上是人才的竞争。通过竞争必然会大大促进企业改善经营管理，提高产品和服务质量，降低成本，缩短工期，提高企业经济效益，适应社会的需要。

（四）用户观念

市场是由实行交换的供需双方构成的，用户是市场需求的主体。企业必须以用户的需求作为经营生产的出发点，牢固树立一切为用户的思想，生产用户满意的产品，提供一流的服务，以获得企业良好的信誉。

（五）效益观念

社会主义建筑企业的效益观念是以经济效益为中心，同时考虑和社会效益、环境效益相结合的综合效益观念。追求好的效益是企业生产经营活动的基本出发点。建筑企业要获得好的经济效益，要求对外要赢得市场、扩大市场，多承包工程，多完成工程；对内要充分利用资源、降低成本，以最少的投入取得最大的产出。

（六）时间观念

"时间就是金钱"。企业赢得了时间，就赢得了效益。为此，首先，企业经营决策要把握时机。即使是正确的决策，如果贻误了时机，也是没有效果的。其次，要努力缩短施工或生产周期，加速资金周转，提高资金利用效果。再就是在企业的一切生产经营活动中要讲求效率，这是企业赢得时间最为重要的途径。

（七）变革观念

要求企业保持对外部环境的适应性。企业的外部环境包括政治、经济、技术等方面各种因素，是经常变化的。对企业各种业务活动要进行相应的调整，对企业的技术、设备进行相应的改造或更新，对企业管理的方针、策略、组织形式、制度、措施和方法要适时调整和变革。对此，事前要有预测，环境变化时要有对策，领导人要不断修正自己的想法。

（八）创新观念

要求企业开拓新领域，运用新技术，开创经营管理的新局面。这样才能适应环境变化，在竞争中获胜。为此，要在市场上发现新的需求、新的用户、新的机会；在生产上要广泛采用新工艺、新技术、新材料、新设备；在经营管理上要出新点子、新路子，运用新的管理经验和方法。也就是要制度创新、技术创新、管理创新。

还有以人为本、竞争成败关键在于人的观念；诚实、守信、依法经营的观念。

上述十条管理观念,既有区别,又有联系。它们既体现了商品生产的要求,又体现了现代企业管理的特征。

三、现代科学管理原理

现代科学管理原理主要有如下几种。

(一)系统原理

系统原理就是利用系统观点,来剖析企业,把企业看成为一个系统;剖析企业的经营管理,也把企业管理视为一个系统,从而对企业实施系统管理。

对企业实施系统管理,第一,要求按照系统的整体性原则,从全局综合考察企业内部和外部的三种关系:企业与外部环境的适应关系;企业与其组成部分之间的关系;企业内部各组成部分之间的关系。第二,要按照事物间的内在联系,而不要相互割裂、孤立地、就事论事地处理问题,要注意综合治理,要动态地进行管理。第三,在上述系统分析的基础上运用定量分析方法,研究管理系统的最优设计和实施。

(二)分工-协调原理

高效率的管理必须在了解整体运动过程的前提下实行明确的专业分工,在专业分工的基础上进行有效的综合(即协调)。

合理的分工,必然要求强有力的协调活动。这样,才有高度的生产效率和工作效率,也才能创造出新水平的生产力。

不讲专业分工,必然是"小而全"、"大而全",企业办成小社会;在管理工作上就是职责不分,工作范围不清。

当然,专业分工应该有个合理的界限,不是分工愈细愈好。这个合理的界限也是动态的,衡量的尺度是能否获得高的工作效率和最优的经济效果。

(三)反馈原理

所谓反馈,就是控制系统把信息输送出去,又把其作用结果返送回来,并对信息的再输出施加影响,起到控制的作用,以达到预定的目的。

任何活动过程,在达到预定目标的过程中,往往会发生偏差。将这一偏差反映回原控制(或计划、决策)部门,使它影响活动过程,从而使活动沿着预定的计划目标进行,达到预期的效果,这就是反馈原理的应用。没有反馈,就不能达到有效的控制,也就不能达到有效的管理,更谈不上科学管理。

综上所述,反馈就是对客观变化作出应有的反应。面对着不断变化的客观实际,管理是否有效,关键在于是否有灵敏、准确、迅速、有力的反馈。

(四)能级原理

能是指能量,这里是指管理的能力。能力有大有小,可以分级。分级就是确定一定的规范、一定的标准。

要使管理顺利进行并得到最佳的效益,必须建立合理的管理能级。其主要内容有:

第一,管理能级的确定必须保证管理结构具有最大的稳定性。

第二,对于不同的管理能级应授予与其责任相适应的权力、物质利益和精神荣誉。做到责、权、利的统一,体现为在其位,谋其政,行其权,尽其责,取其值,获其荣,同时惩其误,以形成一种能促使职工自觉做好本职工作的机制。

第三,人与岗位动态地对应。各种管理岗位有不同的能级,每个人有不同的才能。现代管理要求管理人员动态地处于与其才能相对应的能级岗位。这就叫人尽其才，各尽所能。这种管理才能有高效率。为此，现代管理必须知人善任，保证人们在各个岗位上不断地流动，通过各个层次岗位的实践，发展、锻炼和检验人们的才能，使其各得其所。另外，岗位的层次必须是有序的，而人员的流动必须是无序的。不能终身制，不能只上不下。

（五）封闭原理

所谓封闭原理是指企业内的管理过程和管理环节，必须构成一个封闭的环路，这样才能形成有效的管理。

例如，若指挥中心下达计划指令而不管执行与否，下达得再多有何作用？对执行过程不施监督，执行有何效果？对监督中发现的问题不予处理，则这样的监督又有何作用？所以，在指挥、执行、监督、处理之间应形成封闭的环路。又如，推行责任制而不进行严格考核，就会流于形式；而若考核不与奖惩制联系起来，责任制终究也不能巩固。所以，在责任制、严格考核、奖惩制之间必须形成封闭的环路。

根据封闭原理，在采取任何管理措施和制度时，都要考虑到可能产生的后果，看后果是否符合预期的目的，有无副作用。如有副作用，就要采取对策加以封闭。

如何进行封闭？基本方法是从后果出发，循踪追迹，对后果采取针对性措施，直到达到预期目的。

当然，封闭只是相对的，一劳永逸的封闭是没有的。要在管理中通过检查，不断反馈，不断修正，不断采取封闭的对策。

（六）弹性原理

根据管理活动的特点，管理必须保持充分的弹性，以及时适应客观事物各种可能的变化。

管理活动涉及因素多，变化大，百分之百地反映客观规律的管理是不存在的。再有，管理不同于科学研究，可以排除次要因素，只抓主要矛盾。在研究管理问题时，可从主要矛盾考虑，但在管理实践中，主次矛盾又往往交叉在一起。所以，管理要尽可能把正反两面、左邻右舍、前因后果都照顾到。即使这样，也还可能有遗漏疏忽。所以，管理必须留有余地，保持弹性。

弹性有两种。一种是消极的弹性，就是把留有余地看成"遇事留一手"。因此，计划指标定得低，人员、材料、设备多多益善，"打埋伏"。另一种是积极的弹性，就是"遇事多几手"。为此，要有预见，要进行科学预测，要有应变打算等。

第五节 建筑企业生产经营管理的特点

建筑生产不同于一般的工业生产，所以，在研究建筑企业管理问题时，必须了解建筑产品和生产的特点及其对企业管理的影响。

一、建筑产品的特点

（一）建筑产品的固定性

任何建筑产品都是在选定的地点建造和使用的，它直接与土地连在一起不能移动。许多建设工程，如地下建筑、道路、隧道等本身就是土地不可分割的一部分。

（二）建筑产品的多样性

首先是使用功能的多样性。使用功能不同，建筑产品的类型也就不同，这是由于社会对建筑产品的用途和功能要求是多样的。其次，即使使用功能、建筑类型相同，但在不同地区建造，也因建筑地区条件不同而表现出差异。

（三）建筑产品体形庞大

无论是综合的建筑产品（建设项目），还是单项工程，其体形和工程量都很大，占用广阔的空间，需要大量的物质资源。

（四）建筑产品使用寿命长

工程建成竣工交付使用后，使用寿命很长。一项建筑物或构筑物，无论是钢结构、钢筋混凝土结构，还是砖混结构的工程，交付使用后，少则使用十几年，多则几十年、甚至上百年，才会丧失使用价值。

二、建筑产品生产的特点

建筑产品的特点，导致建筑生产的组织、技术和经济产生如下一些特点。

（一）建筑生产的流动性

这是由于建筑产品的地点固定决定的。建筑生产流动性表现为：第一，各工种工人在同一建筑物或构筑物的不同部位流动；第二，工人在同一工地现场的不同施工项目上流动；第三，施工队伍在不同工地、不同的建筑地区间辗转流动。

（二）建筑生产的单件性

这是由于建筑产品的固定性和多样性决定的。建筑生产需要针对具体的建设工程，因地而异、因时而异地单独编制施工组织设计，单独组织施工；即便是同一类型的工程或采用标准设计，由于在不同地点进行建设的特定的自然和社会条件，往往也需对基础、施工组织和施工方法等作出适当的修改，从而也会为工程施工带来一系列单件性的特点。

（三）建筑生产周期长

这是由于建筑产品体形庞大和地点固定所引起的。体形庞大，占用和消耗的人力、物力和财力就多；地点固定，约束条件就多。因此，生产周期长。

（四）建筑生产多系露天作业

建筑产品位置固定、体形庞大，其生产一般多在露天进行，受季节、气候等自然条件变化的影响，对此需采取相应的防寒、防暑、防雨、防风、防洪以及高空作业等特殊措施。

（五）建筑生产的均衡性较差，机械化、自动化水平较低

这是由于建筑产品本身的特点所引起的。建筑生产需要多工种配合作业，工程量也不均衡，故难以实现均衡生产；建筑生产机械化、自动化发展较慢，至今还保留大量的手工作业，劳动强度大，劳动条件艰苦。因此，要推进建筑工业化。

（六）建筑生产涉及面广，社会协作关系复杂

建筑生产需要同建设单位、勘察与设计单位、专业化施工企业以及材料、运输、公用事业、市政设施、环保、劳动和银行等部门和单位的协作配合，具有广泛的社会综合性。建筑企业必须重视协作关系。

三、建筑企业生产经营管理的特点

建筑生产的特点，直接影响着建筑企业的生产经营管理，使其具有以下特点。

（一）生产经营业务不稳定

由于建筑产品的多样性，同一时期不同用户对建筑产品的种类需求是不同的，对一个建筑企业来说，其生产经营的对象和业务将是不固定和不稳定的。因此，就要求建筑企业善于预测社会经济发展趋势，以及固定资产投资规模、方向和产品种类构成比例，具有适应社会需求的应变能力。

（二）管理环境多变

由于建筑产品的固定性和生产的流动性，使得企业管理环境变化大，可变因素多。管理环境可分为自然环境（包括地形、地质、水文、气候等）和社会环境（包括市场竞争、劳动力供应、物资供应、运输和配套协作条件等），这些环境是经常变化的。在大城市承包工程，组织分包、劳务、材料、运输等比较方便，而在边远地区或新开发地区就有许多不便。如果承包国外工程，则环境更为复杂、更为特殊。因而使建筑企业生产经营的预见性、可控性比较差，许多工作要因地因时即因环境制宜。

（三）特定的投标承包方式

建筑产品生产多是预约生产，以合同形式承包的。建筑企业首先需要通过投标竞争获得承包工程任务，并通过工程承包合同与用户建立经济法律关系。在招标投标中，往往是一家用户多家竞争，而且十分激烈。因此，必须讲究竞争策略。建筑企业要根据用户的委托，按合同要求完成预定的任务，并在工程进行过程中接受用户的监督。

（四）基层组织人员变动大

由于产品多样、生产流动、任务不稳定、环境多变等原因，引起直接领导生产经营活动的企业基层组织结构和人员，随工程对象的规模、性质、地理分布不同而适时变化和调整。在建设过程中，不同工程、不同季节，职工的需要量波动很大，工种的配合比例也会有较大的差异。因此，建筑企业内部的管理组织结构适宜采用项目管理制。

（五）计划管理复杂

在计划管理方面，建筑企业的计划包括两类，一类是以企业为对象编制的生产经营计划，一类是以工程项目为对象编制的工程施工组织设计。这两类计划是相互依托、密切联系的，一般计划期较长的前一类计划由后一类计划去落实，而计划期较短的后一类计划受前一类计划的指导。

（六）劳动用工有弹性

在劳动用工方面，由建筑施工生产的流动性和均衡性较差等因素所决定，建筑企业不宜保持庞大的固定工队伍，只宜拥有精干的经营管理人员、工程技术人员和适量的技术工人骨干，工程需要时，再雇用合同工和临时工。

（七）产品价格计价方法特殊

在建筑产品价值确定方面，有其特殊的计价方法，即需因工程而异，对每件产品编制其预算文件，作为投标报价的基础或结算的依据。

（八）资金占用期长量大

在资金占用方面，由于建筑产品生产周期长、占用资金多，所支付的贷款利息也大，在计量、支付方面有其特定的要求。

上述这些特点，说明建筑企业生产经营管理比一般工业企业更复杂，要研究和认识建筑企业生产经营管理的这些特点，运用企业管理的基本原理，有针对性地采取措施，解决建筑企业管理中的问题。

第六节 现代企业制度

一、现代企业制度的含义

要了解现代企业制度,必须先了解企业制度。企业制度是指以产权制度为基础和核心的企业组织和管理制度。它包括企业的产权制度、企业的组织制度、管理制度,以及所有者、经营者、生产者之间的关系,企业与国家、企业与社会的关系等方面的内涵。企业制度不只是企业内部的组织管理制度,而且是涉及企业内部机制和外部环境各方面的制度体系。

现代企业制度是指现代市场经济条件下,以规范和完善的企业法人制度为主体,以有限责任制度为核心,以公司制企业为主要形式,以产权明晰、权责明确、政企分开、管理科学为特征的新型企业制度。在现代化大生产和市场经济体制下,每个企业既是国民经济的细胞,又是独立的商品生产者和经营者。企业要完全面向市场,按照市场供求关系、价值规律进行生产经营,拿自己生产的产品到市场上去交换,交换的结果造成盈利或亏损,由企业自负盈亏。这就说明,现代企业制度要求,企业应当是一个独立的经济实体,能够自主经营、自负盈亏、自我发展、自我约束。从法律方面看,现代企业主要是法人企业而非自然人企业,应当是依法成立、依法享有民事权利和承担民事责任的独立法人实体。所以现代企业制度从法律上看也就是企业法人制度。从上述分析不难看出,现代企业制度是社会化大生产和市场经济的发展以及随之而来的法制完善的产物。

二、现代企业制度的特征

(一) 现代企业制度是产权关系明确的企业制度

企业设立必须有明确的出资者,必须有法定资本金,依法登记成立。出资者享有企业财产的所有权,企业拥有出资者投资形成的全部法人财产权。在确定法人财产权过程中,同时需要理顺产权关系,实行出资者所有权和法人财产权相分离。出资者所有权在一定条件下表现为出资者拥有的股权,并以股东身份依法享有资产收益、重大决策和选择管理者等权利。法人财产权表现为企业依法享有法人财产的占有、使用、收益和处分权,以独立的财产对自己的经营活动负责。对国有企业来说,确认法人财产权不会改变国家所有者地位,改变的只是国家对国有资产管理的方式,也就是由资产的实物形态的管理转变为资产的价值形态管理。在这种管理形态下,国有资产总量并未减少或流失,这是因为企业国有资产增值和收益均属国家所有,对企业的经营风险,国家只以出资额为限承担有限责任。这样国有企业就成为独立的利益主体,拥有相应的财产权利,并承担其财产责任,同时又受到财产的约束,从而真正成为自主经营、自负盈亏的法人实体,也具备了作为市场竞争主体的基本条件。

(二) 现代企业制度是法人权利责任关系明确的企业制度

企业有了法人财产权,企业以其全部法人财产,依法自主经营、自负盈亏、照章纳税,对出资者承担资产保值增值的责任,也就是企业法人有权有责。出资者和企业法人是一种平等的民事主体关系。在传统的企业制度下,企业不具有法人财产权,只是上级行政机关的附属物,没有自主经营、自负盈亏的条件,从而形成无人真正对国有资产负责的局面。现代企业制度要求国家所有的资产一旦投资于企业,就应成为法人财产,企业法人财产权也随之确立。这部分法人财产归企业使用,使用中的企业财产必须保值增值,形成法人权责统一。任何一个现代企业,一旦权责关系明确以后,就必须以其所拥有的全部财产为依托,动员一切力量,想尽一切办法,在合法经营范围内,努力使企业创造更多的价值,并依法向国家纳税。确定企业法人财产权,是在企业内部建立制约和激励机制,主动依法维护所有者权益,实现国有资产的不断增值的一条好途径。

(三)现代企业制度是有限责任的企业制度

一方面,企业的资产是企业经营的基础,是由出资者依法投资的。所以,出资者所投资本不能抽回,只能转让。出资者以其投入企业的资本额享有所有者的权利,但是不直接干预企业的生产经营活动;出资者以其投资比例对企业积累所形成的新增资产也拥有所有权。另一方面,当企业亏损时,包括国家在内的所有出资者按投入资本额的多少承受损失,承担亏损。当企业亏损到资不抵债、依法破产时,出资者以其投入资本额为限承担有限责任。有限责任的企业制度真正体现了利益责任的统一,体现了权利和风险对称的原则。

(四)现代企业制度是政企职责分开的企业制度

政企职责分开的目的是使企业彻底摆脱政府机构附属物的地位。它包含两层含义:一是政府行政管理职能和企业经营管理职能分开。政府和企业的关系体现为法律关系。政府依靠政策法规和经济手段等宏观措施调控市场,引导企业经营活动;企业按照市场需求生产经营,以提高劳动生产率和经济效益为目的;政府不直接干预企业的生产经营活动,企业与政府之间没有行政隶属关系,企业不定行政级别,企业员工不纳入国家公务员序列进行管理;建立政府与企业间的社会管理者与被管理者的关系,企业不再承担应该由政府和社会组织承担的社会职能。二是政府的社会经济管理职能和国有资产所有权职能分开。确立国有资产产权主体,形成国有资产产权主体与企业的产权关系。

(五)现代企业制度是具有科学的组织管理制度的企业制度

科学的组织管理制度由两部分组成:一是科学的组织制度。现代企业制度有一套科学、完整的组织机构,它通过规范化的组织制度,使企业的权力机构、决策和执行机构、监督机构之间各自独立、权责分明,形成相互制约关系,并以法律和公司章程加以确立和实现。二是现代企业管理制度。就是要求企业适应现代生产力发展的客观规律,按照市场经济发展的需要,建立高效的科学管理制度。如具有正确经营思想和能适应企业内外环境变化,推动企业发展的经营战略,新型的企业领导体制,新的财务会计制度,劳动人事分配制度,以企业精神、企业形象、企业规范等内容为中心的企业文化等。通过建立科学的组织管理制度来调节所有者、经营者和职工之间的关系,形成激励和约束相结合的经营机制。

三、现代企业制度的形式

公司制是现代企业制度的最主要的形式。我国目前的公司制,通常被称为"有限责任公司"和"股份有限公司"。

(一)有限责任公司

有限责任公司是由一定人数的有限责任股东集资所组成的公司。这类公司有以下特点:

(1) 公司股东以其出资额为限对公司承担责任，公司以其全部资产对公司的债务承担责任。

(2) 公司的资本无需划为等额的股份，也不发行股票。股东各自的出资额一般由他们协商确定，并在交付其应付的股金之后，由公司出具股份证书，作为股东在公司中享有权益的凭证，但不能自由买卖。

(3) 公司的股份一般不得任意转让，万一发生特殊情况需要转让，必须取得其他股东的同意。经股东同意转让的出资，在同等条件下，其他股东有优先购买权。

(4) 公司的股东人数较少。公司法对有限责任公司股东人数都有最高限额。如我国公司法规定为 50 个。

(5) 在有限责任公司中，董事和高层经理人员往往具有股东身份。大股东亲自经营企业。大部分股东积极参与管理公司的业务活动，使所有权和经营权分离程度不如股份有限公司那样高。

(6) 有限责任公司成立、歇业、解散的程序比较简单，管理机构也简单，同时公司账目无需向公众公开披露。

由于有限责任公司自身所具有的上述特点，许多中小型的企业往往都采用这种公司形式。这样，既可享受政府对法人组织所给予的税收等优惠和法人制度所带来的其他好处，又能保持少数出资人的封闭式经营。所以，在一些西方国家中，有限责任公司的数目均大大超过股份有限公司。

(二) 股份有限公司

股份有限公司又称为股份公司，是指由一定人数以上的股东所设立的，全部资本分为等额的股份，其成员以其认购的股份金额为限对公司承担责任的公司。

1. 特点

(1) 公司的股东必须达到法定人数。如法国、日本规定股份有限公司的最低人数为 7 人，德国为不少于 5 人。我国公司法规定："设立股份有限公司，应当有 5 人以上发起人。"

(2) 公司的总资本是由若干均等的股份所组成的。股票是一种有价证券，具有可以自由认购、自由转让的特性。这是股份有限公司区别于其他公司形式的重要特征之一。股份公司可以通过向社会发行股票而筹集资本，人们可以通过认购股票而取得相应的股份。股东不能要求退股，但可以通过买卖股票而随时转让股份。

(3) 公司的财务状况必须向公众公开。为了保护投资者的利益，各国公司法一般都规定，股份有限公司必须在每个财务年度终了时公布公司的年度报告，其中包括董事会的年度报告、公司损益表和资产负债表。

2. 优点

股份有限公司与有限责任公司比较有以下优点：

(1) 它是筹集大规模资本的有效组织形式，为企业提供了筹资渠道，为广大公众提供了简便、灵活的投资场所。

(2) 股份有限公司有一套更为严密的管理组织，能够保证大规模企业的有效经营。

(3) 股份有限公司有利于资本产权的社会化和公众化，把大企业的经营置于社会监督之下。由于股份公司具有上述诸多优点，使它成为现代市场经济中大型企业的主要组织形式。

3. 缺点

股份有限公司较之其他形式公司的缺点是：

(1) 股份有限公司作为公众公司，开设和歇业的法定程序较为复杂。

(2) 所有权和经营权的分离程度更高，经理人员往往不是股东，因此产生了出资者与经理人员之间复杂的委托代理关系。

(3) 公司经营情况必须向公众披露，难于保守经营秘密。

四、国有建筑企业制度的改造

(一) 建立健全市场体系

1. 产权交易市场

现代企业制度是法人财产权制度。在这一制度中，出资者对法人行为的制约，除了行使重大决策和管理者选择权外，还有一个重要的权力——"退出"的权力。由于当初投入的资本金已形成法人财产，所以这种"退出"实际上是产权的退出。企业法人依法享有法人财产的占有、使用、收益和处置权，其中处置权也是以产权交易和转让方式进行处置的。这两个机制得以发挥作用的条件，便是产权交易市场。

我国产权交易市场起步较晚，正处于发展之中。目前产权市场的交易范围主要是企业兼并、闲置调剂和小型企业拍卖。交易方式有契约式交易、竞价拍卖、租赁和托管。为了使产权交易市场尽快发展，应该制定统一的政策法规，规范交易行为，还应建立全国产权交易信息网络系统，建立有效的企业产权交易的监控、管理体系，这样才能拓展产权交易市场的功能，扩大交易范围，增加交易形式，从而适应现代企业制度发展的需要。

2. 股票市场

现代企业制度的运作不仅要依托间接融资渠道，更要立足于直接融资的资本市场，尤其是实行股份制的现代企业，更直接依赖于股票市场。股票市场不仅是股份公司筹资、接受市场评价和约束的场所，也是实现产权重组、产业结构调整的有效途径。因此，股票市场的发展与完善，也是现代企业制度得以确立的一个重要的市场基础。

我国的股票市场取得了很大的成就，推动了我国股份制的进程和产权制度的改革。应该进一步使股票市场运作走向规范化，促使股市走向成熟，进入良性发展的轨道。

3. 经理人市场

在现代企业制度中，由于出资者所有权和法人财产权相互分离，因此形成了资产所有者与资产使用者之间的委托-代理关系。这种关系实际上是一种经济契约关系，其核心是形成对代理人（经理）的有效激励和约束机制，从而保证代理人尽可能按委托人的利益和意志行事。要形成这一机制，很重要的一点是，应该通过市场来选择经理。只有通过市场选择机制，"经理"才会形成一种专门化的职业；只有通过市场竞选，才能使经理承担竞争风险，同时享有高薪。因此，经理人市场也是现代企业制度的一个重要的市场基础。

为了适应现代企业制度的建立与发展，我国应尽快培育和发展经理人市场，其间首先要解决两大问题：一是观念转变；二是干部任免制度。观念转变就是正确认识和理解企业家在企业和社会中的地位和作用。在市场经济条件下，从事企业经营管理的企业家是社会分工的产物，是一种专门从事的职业。全社会应充分认识到，企业家是先进生产力的组织者和代表者，是实现国家现代化的中坚力量，他们的地位和作用是无法取代的，这就为经理人市场的建立创造了条件。同时，还要逐步减少和废除上级直接任命企业负责人的制度，形成以社会招标为主的市场化的职业企业家竞争就职的用人制度。这一制度的参加者为职业企业家，在全社会公开招聘，通过公平竞争，凭其过去的业绩、知识水平和经验，以及对企业发展构想的优劣进行选聘。在任期内，他要对任期目标负责，目标完成的好坏将直接影响到是否续聘。这种企业家市场竞选制度，将促进经理人市场的运作。

4. 劳动力市场

风险型就业制度是现代企业制度的一个重要组成部分，其基本的经济含义在于增强劳动力的流动性。这种流动是建立在劳动者个人偏好最大化基础上，以劳动者与企业双向选择为条件的。这不仅使整个社会劳动力资源配置优化，提高就业选择效率，而且通过就业的有效竞争，为企业有效配置经济资源创造条件，并激励职工提高劳动效率。这种风险型就业制度的市场基础就是劳动力市场。

为了使劳动力市场进一步发展，必须根据我国特点，将培育劳动力市场与解决就业问题相结合。

(二) 进行产权制度改革

国有建筑企业建立现代企业制度的关键是明晰产权，分离企业出资人所有权和法人财产权。现代公司制企业应最终实现股东享有终极所有权、董事会行使法人财产权、董事会聘任总经理行使生产经营权的"三权分离"。

根据建筑业的实际，在企业产权制度问题上必须坚持有进有退，有所为有所不为，集中力量，加强重点，循序渐进的方针，充分利用国有经济形成的优势，分步推进，分层搞活。使绝大部分国有建筑企业都要通过多种途径推进股权多元化，积极发展多元投资主体的股份有限公司和有限责任公司，尽快形成建筑行业多种所有制并存、优势互补、共同发展的格局。

(1) 国有建筑业大中型企业

一般不宜采取国有独资形式，少数已获得或将获得国有资产授权经营的国有独资公司，要进一步深化改革，积极吸纳其他资本，尽快形成多元化投资主体。同时，有能力的要争取上市。大多数国有大中型建筑骨干企业应多方吸收社会股本和企业法人股，实行国有股、社会法人股及企业职工股等并存的多元化资本结构，以改为规范的股份有限公司或有限责任公司。一般国有大中型企业可由内部职工全部买断或购买部分净资产，根据企业情况，可改制为股份制或股份合作制，促进资产的所有权和经营权分离。要建立出资人制度，明确出资人的责、权、利关系，认真做好国有资产的界定和评估，防止国有资产流失。

单一国有资产的企业难以适应激烈的市场竞争，要争取改造为多元投资主体交叉的有限责任公司。省、市级建筑总公司（建工集团）可以在取得授权为国有资产主体的基础上，向多元股东的有限责任公司或股份有限责任公司过渡。同时，明确纵向的资本纽带，分层次、有计划地对子公司进行改组，凡条件适宜的子公司或劳务层，应该改为股份制或股份合作制。

(2) 国有小型和集体建筑企业

要因地制宜，因企制宜，采取联合、兼并、租赁、承包经营、股份合作制、出售、转让等多种经济成分共同发展。根据企业具体情况，可采取以下几种方式：

1) 有专业优势，市场潜力和负债率不太高，职工承受能力较强的企业，可采取"售股转制"的办法改造为股份合作制企业。

2) 对规模不大或规模较大但负债率较高，净资产较小的企业，经过深入的思想发动，可由企业全员、部分职工或其他企业、个人出资买断，对原公有净资产进行置换。

3) 对净资产较大的企业，职工难以全部买断的，可采取部分置换的办法，同时保留部分公有股权。

（三）建立高效率的组织结构

企业内部建立高效率的组织结构，是保证企业具有竞争实力的重要条件。根据建筑企业的特点，应实行董事会、经营管理层、项目经理部三级治理的组织结构。

董事会是代表资产所有者行使资产管理和处置的决策机构，其主要职能就是要使公司的资产保值、增值、积累、发展、扩张，站在长远利益上为公司制定发展战略规划，选拔和聘用优秀的经营管理者，并进行授权、监督和检查。

经营管理层受命于董事会，执行公司的发展战略，对日常的企业活动进行经营管理，实行总经理负责制。建筑企业的管理特点是以项目管理为出发点和立足点，因此，经营管理层对外面向市场，搜集信息，参与工程投标，为企业承揽更多的施工任务，同时还要不断寻找市场机会，开拓经营业务，使企业获得更多的发展机会。对内主要是根据施工任务组建项目经理部，向项目经理授权，由项目经理作为企业经理的代理，全权负责施工项目的管理。经营管理层和项目经理部可以采用矩阵式组织结构，两者在施工承包中各自承担风险，自我约束，按照市场的供求关系和价值规律谋求经济效益最大化，实现企业的最大发展。

项目经理部是代表企业履行工程承包合同的主体，是在项目经理的领导下，负责施工项目从开工到竣工的全过程施工生产的管理层。同时还有选择作业层，对作业层进行直接管理与控制的双重职能。

建筑企业的所有活动都是围绕工程开展的。因此，可以采取虚拟组织的形式，即工程建设的虚拟组织。要建立虚拟组织，需要对工程建设的虚拟组织环境进行分析。

（1）越来越多的大型工程项目中，包括业主、设计单位、承包商、供货商在内的各参与单位可能来自不同地区，甚至不同国家。由于项目参与方处于不同的地理位置，因而在工程建设中需要进行大量的信息共享，而这离不开信息技术尤其是通信技术的强有力支持。

（2）项目参与方之间的合作，既可以包括整个公司，也可以是某些公司内部的子公司，甚至还可以是个人，而且它们之间是通过提供彼此的核心竞争力和共享资源来进行合作的。如设计院擅长工程设计、施工单位主要承担施工任务等。

（3）工程项目在不同的建设阶段，需要有不同的参与方。例如，施工阶段的参与方主要是各专业工种的分包单位，一旦某分包单位完成施工任务，它就可以退场。如果在施工过程中紧急需要某施工单位，也同样可以迅速加入。而所有参与方的最终目的都是该工程项目的完工，之后，整个工程建设组织也就随之解散，若有新的工程项目又可以迅速重新组合。

虚拟组织可以把建设项目的各参与单位通过公共的信息网联系在一起，改变了当前建设项目各参与单位之间的纵向信息传递模式，能充分、准确、及时地掌握工程建设动态信息，相互协调，缩短建设周期，提高工程质量。虚拟组织除了能够有效地支持信息沟通，还有许多明显的优越性。比如，在全球化竞争的今天，通过虚拟组织形式进行跨地区合作，能够为项目参与方提供更多的合作机会。而中小型的项目参与方通过虚拟组织的形式联合在一起，可以使它们所掌握的资源（包括人力资源和知识资源）互相补充，使它们更加集中运用固有资源，发展自身主导业务。

（四）建立健全科学的领导体制

1. 调整好"新三会"与"老三会"的关系

所谓"新三会"与"老三会"之间的关系即现代企业制度下公司法人治理结构中股东大会、董事会、监事会与中国传统企业制度下领导制度中党代会、职代会、工会之间的关系。

应按照《公司法》对股东会、董事会、监事会及总经理的职能进行确定，而党组织对改制后企业的领导主要体现在政治思想路线上的领导。职代会的主要职能应是选举加入董事会、监事会的职工代表；讨论涉及职工切身利益的重大事件；听取企业经营者在"厂务公开"等方面的报告以及健全民主管理和各项民主监督制度的落实情况。

2. 完善公司治理结构

公司治理结构是现代公司制的核心，其目标是在产权关系明晰和责、权、利统一的基础上，实现对公司控制权的合理配置，在公司所有者和经营者之间形成相互制衡的机制，以最大限度地提高公司的运营效率。

公司治理结构完善与否对建立现代企业制度有着重要影响，国有建筑企业向现代公司改制的过程中要注意解决好以下问题。

（1）股权过分集中。国有建筑企业公司制改造过程中，要注意合理配置股权，使投资主体多元化，并形成多元产权主体制衡机制。同时，要注意加强股东大会的职能，健全股东大会制度，使在行政干预下"有名无实"的股东大会真正成为最高权力机构。

（2）"内部人控制"问题。国有建筑企业公司制改造过程中，一是要强化监督机制，国家委派专职监督人员成为公司监事会人员，建立公司信息披露制度，对弄虚作假的人员给予严厉制裁，建立财务信息监测体系，通过计算机分析和人工分析发现企业财务的异常现象；二是要完善董事会制度，正确发挥董事会的决策功能，选择得力的领导班子，优化董事会的构成，从制度上保证董事会职权由董事会集体行使，而不是董事长一人说了算；三是加强职工参与民主管理，完善职工民主管理形式。

（五）完善企业内部管理

1. 引进先进管理模式

（1）引进方式。先进管理模式的引进方式一般有三种：一是拷贝方式。一般由管理咨询公司组成设计小组，以某公司管理模式为蓝本，设计出目标企业的管理模式文件，企业按管理模式文件逐步推行。这种方式时间短，见效快，但容易脱离企业管理的实际情况，因而引入的成功率较低。二是专家咨询方式。企业成立模式设计小组，在模式设计专家的指导下，由企业内部成员根据企业实际情况进行模式设计。采用专家咨询的方式引入管理模式，由于设计来自企业内部成员，切合企业实际情况，在企业内容易推行。但企业内部人员会过多地考虑企业原有模式，易于使模式设计流于形式，再加上缺少专家的外在推动力，容易使模式设计最终失败。三是共建方式。即采用设计公司与企业共同设计模式的方式，咨询公司与企业内部人员共同组成设计队伍，量体裁衣，根据先进企业的管理模式设计一套适合企业自身情况的管理模式。

(2) 精干的企业管理机构控制项目法人机构的管理模式。建筑企业具有生产流动性、产品多样性和人员松散性等特点，应采用精干的企业管理机构控制广泛的项目法人机构的管理模式。所谓项目法人机构，就是指以工程经营技术管理人员为主体的小的经营集团。其功能是能建立自己的资本聚合，发挥自己灵活机动的经营管理才能，自主地进入市场竞争，以自己的资本聚合承担市场风险，去追求市场份额和项目施工的优秀成绩。而建筑企业的管理机构应以自己的资质、信誉和严格的管理、优化的服务尽可能地把多个项目法人组织吸引到自己企业中来，利用其资本聚合扩大企业资本金，也利用其资本聚合解决项目包盈不包亏的矛盾，同时根据其项目管理的水平和业绩进行优化选择，优胜劣汰，解决企业人员能进不能出的矛盾。具体的运作方式是：松散的项目法人机构自主与企业联合去招揽施工任务，并以自己的资本聚合抵押给公司作为项目亏损的风险资金。而公司则以对项目法人的严格管理去实现公司的经营生产目标，利用项目施工中取得的收益确保国家税费上缴和项目人员的教育培训，确保持证上岗，不断提高项目法人机构的素质。在相互依存的契约化管理中，国家取得企业的税费收入，企业也要以自己的严格规范管理和良好的服务求得项目法人机构的拥护和支持，帮助项目法人机构在市场竞争中不断提高上岗档次。

2. 推行自我改善的柔性管理

自我改善的柔性管理是以科学管理为目标，把"创造无止境的改善"作为经营理念，坚持创新，不断把企业的管理发展提高到一个新的水平。柔性管理与传统的依靠"铁腕"和权力的刚性管理相比，其根本区别在于以下几个方面。

(1) 柔性管理从塑造价值观和企业精神入手，用启发和诱导的方式，动之以情，晓之以理，最大限度地激励和发挥员工的积极性、自主性和创造力，并形成全员的"自我改善"精神和"创造无止境改善"的经营理念。

(2) 采用"柔性"的管理组织。强化计算机网络的管理手段，灵活设置组织机构，倡导员工一专多能，实施立足本岗位自我管理的基础组织管理，以使企业形成一种能适应市场复杂多变的"快速反应"能力。

(3) 推行一种"虚拟化"的企业经营。以各参与方的资源为依托，以技术、品牌为结合点，实行优势互补，从而形成强大的产品力、市场力和形象力，在竞争中获得超常的经济效益和社会效益。

3. 建立完善的企业内部管理制度

在采用适合于本企业管理模式的基础上，要进一步建立完善的企业内部管理制度，包括财务会计制度、人事制度、分配制度、施工管理制度等，使企业在完善的制度下规范化地运转。要探讨现代企业制度下的项目管理制度，落实项目经理负责制和项目成本核算制，促进企业生产要素的优化配置与动态管理；要树立高度的质量意识，建立完善的工程质量管理体系。

(六) 搞好企业文化建设

建筑企业是劳动密集型企业，大多是手工操作，劳动条件艰苦，人员素质参差不齐，工人的操作质量直接影响工程质量和企业效益。因此，要建立以人为本的企业文化制度，强化现场文明施工和安全生产，建立起统一的价值观，以增强企业的凝聚力。要注意培养和造就优秀企业家,尽快完善企业经营者的激励和约束机制。

(七)健全法律制度并建立社会保障体系

1. 健全法律制度

市场经济和市场法制有着内在的联系。公平竞争、等价交换是市场经济的本质要求。竞争就需要有规则。市场本身就是一种全方位开放的竞争场所,现代企业制度的确立将使这种竞争更加激烈,如果没有规则将会使市场发生混乱。市场经济中经济主体之间的契约化、经济主体的多元化、经济活动自主化、公平竞争有序化、宏观调控间接化以及经济管理制度化,都必须通过系统、完备、成熟的法律制度来调节、制约和规范。因此,市场经济的发展,现代企业制度的建立,必须要有健全的法律制度。其主要内容如下:①确立市场主体的法律制度;②确立市场运行规则的法律制度;③确立宏观调控机制的法律制度;④确立社会保障方面的法律体系;⑤有关特定的经济行为立法。

2. 建立社会保障体系

社会保障享有"安全网"和"减振器"之美誉,它既是对公民基本生存权利的保障,也是对社会经济体制运行的一种保障。要建立现代企业制度,就要为企业创造一个良好的社会环境。其中,最重要的内容之一就是要建立和健全有效的社会保障体系,包括建立失业保险制度、养老保险制度、工伤保险制度、医疗保险制度以及死亡保险制度等。

复习思考题

1. 什么是企业管理?建筑企业管理工作包括哪些基本内容?
2. 试述企业经营与管理的区别与联系。
3. 正确认识企业管理的二重性有何意义?
4. 简述企业管理的任务。
5. 什么是决策与计划、组织与指挥、控制与协调、领导与激励职能?相互关系如何?
6. 企业管理的发展大体经历了哪几个阶段?各阶段的主要代表人物及其所倡导的理论是什么?
7. 什么是企业管理现代化?包括哪些基本内容?
8. 试述实现企业管理现代化的途径。
9. 什么是建筑企业管理观念?说明它是如何形成的?
10. 简述企业管理的基本观念。
11. 简述现代科学管理原理。
12. 建筑企业管理有何特点?如何针对这些特点搞好管理?
13. 什么是现代企业制度?包括哪些内涵?有何特征?
14. 有限责任公司和股份有限公司各有何特点?各适用于什么企业?
15. 试述建筑企业制度改造的途径。

第三章　建筑企业领导体制与管理组织

第一节　企业领导体制

一、企业领导体制的概念

企业领导体制是指企业领导层中各个方面的职责分工、权力划分、相互关系和工作机构设置的规定的总和，是企业所有者、经营者和劳动者之间组织协调系统的根本制度。它既是保证企业经营目标、经营方针和经营战略有效实施的内在机能，又是一定法人产权关系在企业内部的必要体现。

企业领导体制是一个十分复杂但又是一个必须解决好的问题。一方面它同生产力的发展和科技进步相联系，要与生产力水平和企业规模相适应；另一方面又与生产关系和社会制度相联系，要受社会政治制度、经济体制和企业形式的制约。所以，一个企业具体实行什么样的领导体制，应从上述两个方面并结合实际加以考虑和确定。

二、公司制企业法人治理结构

在公司制企业中，领导体制的内容应包括股东（大）会作为最高权力机构、董事会作为常设决策机构、高级管理人员组成工作班子作为执行机构、监事会作为监督机构的四个方面。所以，公司制企业的领导体制是由股东（大）会、董事会、高级管理人员、监事会组成的法人治理结构。法人治理结构明确划分股东（大）会、董事会和经理人员各自的权力和责任范围，形成相互间的制衡关系，如图3-1所示。股东（大）会与董事会之间是信任托管关系，董事会与经理人员之间是委托代理关系，监事会与董事会成员和经理人员是监督关系。

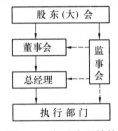

图3-1　公司治理结构之间关系

（一）股东（大）会

股东（大）会是公司的权力机构。股东（大）会由全体股东或股东代表组成。它行使下列职权：

(1) 决定公司的经营方针和投资计划；

(2) 选举和更换由职工代表担任的董事、监事，决定有关董事、监事的报酬事项；

(3) 审议批准董事会的报告；

(4) 审议批准监事会或监事的报告；

(5) 审议批准公司的年度财务预算方案、决算方案；

(6) 审议批准公司的利润分配方案和弥补亏损方案；

(7) 对公司增加或减少注册资本作出决议；

(8) 对发行公司债券作出决议；

(9) 对公司合并、分立、解散、清算或变更公司形式作出决议；

(10) 修改公司章程；

(11) 公司章程规定的其他职权。

股东（大）会是资产所有者的代表，以维护股东权益为宗旨，保持着对公司的最终控制权。它从资产关系上对公司的董事会形成必要的制约。同时股东（大）会无权干预公司的经营活动，由此其权力也受到制约。

股东（大）会会议分为定期会议和临时会议。由董事会负责召集，董事长主持，董事长不能履行职务或者不履行职务的，由副董事长主持；副董事长不能履行职务或者不履行职务的，由半数以上董事共同推举一名董事主持。

（二）董事会

公司董事会是股东（大）会选举产生的，是公司的常设决策机构，是公司的法定代表。董事会代表全体股东利益，负责制定或审定公司的战略性决策并检查其执行情况，一般为公司的实际权力机构。董事会设董事长一人，可以设副董事长。董事长一般为公司的法定代表人。董事会应遵照国家法律、法规、公司章程及股东（大）会决议履行职责，向股东（大）会负责。董事会行使下列职权：

(1) 负责召集股东（大）会会议，并向股东（大）会报告工作；
(2) 执行股东（大）会的决议；
(3) 决定公司的经营计划和投资方案；
(4) 制定公司的年度财务预算方案、决算方案；
(5) 制定公司的利润分配方案和弥补亏损方案；
(6) 制定公司增加或者减少注册资本以及发行公司债券的方案；
(7) 制定公司合并、分立、解散或者变更公司形式的方案；
(8) 决定公司内部管理机构的设置；
(9) 决定聘任或解聘公司经理及其报酬事项，并根据经理的提名决定聘任或解聘公司副经理、财务负责人及其报酬事项；
(10) 制定公司的基本管理制度；
(11) 公司章程规定的其他职权。

董事会组成，有限责任公司为三人至十三人，股份有限公司为五人至十九人。

股份有限公司董事会每年度至少召开两次会议。董事会会议由董事长召集和主持；董事长不能履行职务或者不履行职务的，由副董事长召集和主持；副董事长不能履行职务或者不履行职务的，由半数以上董事共同推举一名董事召集和主持。董事会实行集体决策，采取每人一票和简单多数通过的原则。我国公司法规定董事会决议必须由全体董事过半数通过。并且每个董事会成员对其投票要在案并承担责任。

（三）高级管理人员

公司高级管理人员包括总经理、副总经理、总会计师、总经济师、总工程师等。由高级管理人员组成的工作班子被称为公司执行机构。高级管理人员受聘于董事会，在董事会授权的范围内拥有对公司事务的管理权和代理权，负责处理公司的日常经营事务。高级管理人员组成公司最高行政管理机构，其负责人为总经理。总经理由董事会聘任，对董事会负责，是企业法定代表的代理人。公司总经理行使下列职权：

(1) 主持公司的生产经营管理工作，组织实施董事会决议；
(2) 组织实施公司年度经营计划和投资方案；

(3) 拟定公司内部管理机构设置方案；

(4) 拟定公司的基本管理制度；

(5) 制定公司的具体规章；

(6) 提请聘任或解聘公司副经理、财务负责人；

(7) 决定聘任或解聘除应由董事会决定聘任或解聘以外的负责管理人员；

(8) 董事会授予的其他职权。

总经理有权列席董事会会议。总经理在行使职权时，不得变更股东（大）会和董事会的决议或超越授权范围。

(四) 监事会

公司监事会是由股东（大）会和公司职工选举产生的监事组成的对董事会及其成员和高级管理人员行使监督职能的机构。通过监督形成对董事、经理行为的制约，以防止董事、经理滥用职权，保护公司和股东的利益。公司监事不得兼任董事、经理及其他高层管理职务。公司监事会行使下列职权：

(1) 检查公司财务；

(2) 对董事、高级管理人员执行公司职务的行为进行监督，对违反法律、行政法规、公司章程或者股东（大）会决议的董事、高级管理人员提出罢免的建议；

(3) 当董事、高级管理人员的行为损害公司的利益时，要求董事、高级管理人员予以纠正；

(4) 提议召开临时股东（大）会会议，在董事会不履行公司法规定的召集和主持股东（大）会会议职责时召集和主持股东（大）会会议；

(5) 向股东（大）会会议提出提案；

(6) 依照公司法第一百五十二条的规定（董事、高级管理人员执行公司职务时违反法律、行政法规或者公司章程的规定，给公司造成损失的），对董事、高级管理人员提起诉讼；

(7) 公司章程规定的其他职权。

监事会向股东（大）会负责并报告工作。

股份有限公司监事会成员不得少于三人。监事会每六个月至少召开一次会议。

三、公司法人治理结构的内涵

公司制是现代企业制度的一种有效组织形式，公司法人治理结构是公司制的核心。公司法人治理结构是一组联结并规范所有者（股东）、经营者（董事会、经理）、使用者（职工）相互权力和利益关系的制度安排，是建立在出资者所有权与法人财产权相分离的基础上，企业股东会、董事会、监事会、经理人分权制衡的企业组织制度和企业运行机制。公司法人治理结构具有以下内涵：

(一) 公司法人治理结构是一种制度安排

公司法人治理结构是有关所有者、董事会和高级管理人员三者之间权力分配和制衡关系的一种制度安排，表现为明确界定股东（大）会、董事会、监事和高级管理人员职责和功能的一种企业组织结构。从本质上看，公司法人治理结构是企业所有权安排的具体化，是有关公司控制权和剩余索取权分配的一整套法律、文化和制度性安排，这些安排决定了公司的目标和行为，决定了公司利益相关者中在什么状态下由谁来实施控制、如何控制、风险和收益如何分配等有关公司生存和发展的一系列重大问题。

（二）公司法人治理结构是一种权力制衡机制

有权力就有制衡，公司法人治理结构明确规定了公司的各个参与者和责任者的权力分布。在企业内部，通过公司章程、董事会议程规则、决策权力分配等规定，明确所有者、董事会和高级管理人员等利益相关者之间权力分配和制衡关系。股东（大）会决定董事会和监事会成员，行使最终控制权；董事会选择经营管理者，对公司的重大决策行使经营决策权；高级管理人员执行董事会的决策，行使经营指挥权；监事会履行对董事会和高级管理人员的监督，行使监督权。以上各种权力相互独立，相互制约，有机组合，使其既在各自的一定范围内独立行使权力，承担相应责任，享有相应利益；又彼此制约，谁都没有无限的权力。从而形成权力机构、决策机构、监督机构和经营管理者之间的制衡机制。

（三）公司法人治理结构是一种经济关系

公司法人治理结构中的出资者、经营者、管理者、监督者之间，均是一种经济关系，这种经济关系是财产权利的直接体现。基于一定的产权，公司法人治理结构的各方有各自的经济利益，它们的经济关系是以公司法和公司章程加以保障的。出资者投入资本，承担有限风险，并由此获取剩余收益；经营者代表出资者经营企业，承担经营责任，行使法人财产权，并分享剩余收益；管理者接受有偿聘用，行使法人代理权，并获得相应报酬；监督者代表出资者行使对企业经营监督权，维护出资者的利益，监督者的利益与出资者的利益相一致。

（四）公司法人治理结构是一种契约关系

公司法人治理结构的各方实际上是通过契约关系联结起来的。出资者（股东）授权董事会经营企业，是基于对董事会的信任，并以契约的形式订立双方的责、权、利，这是一种信任托管的契约关系；董事会对高级管理人员通过委托代理合同明确双方的责任和权利，代理人在委托人的授权范围内行使法人代理权，这是一种委托代理关系；监事会按照公司章程的规定行使监督权，董事会和高级管理人员按照相应的契约接受监督，各方均有明确的权利边界。这些契约的行使包括公司法、公司章程和有关的聘用合同、委托书、股东（大）会决议、董事会决议等。

第二节　企业管理组织

一、管理组织的基本概念

（一）管理组织的含义

组织的概念有两个含义：一是指组织体，如企业、学校、医院或政府机关等都称为组织。二是指组织工作或活动，它是管理的一项职能，是为了实现企业的共同任务和目标，对人们的生产经营活动进行合理的分工和协作，合理配备和使用企业的资源，正确处理人们相互关系的管理活动。

企业的组织工作按其对象来划分，可分为生产组织、劳动组织、管理组织。生产组织或生产过程组织是指合理组织产品生产过程各阶段、各工序在时间上和空间上的衔接协调。劳动组织是指在生产过程组织的基础上，合理组织劳动，正确处理劳动者相互之间的关系以及劳动者与劳动工具、劳动对象之间的关系。管理组织则是根据企业管理对象、任务和目标,将企业划分为若干层次和若干单位或部门,为每个管理层次、单位或部门配置一定数量和质量的人员,明确他们之间的分工协作关系,以及各自的职责和权限,并规定他们之间的信息沟通方式,以求提高管理效率,实现企业的目标。

管理组织这一概念有以下几层含义:它是管理职能中的一个职能,是实现企业目标的一种手段;它要建立企业组织系统,主要表现为人与人、人与事关系的相对稳定的结合形式;它所追求的目标是以最大的管理效率实现企业的目标,要求整个企业人员分工协作,共同努力,达成组织的高效行为。

(二)管理组织工作的内容

管理组织工作的内容,包括组织系统设计、组织运行和组织调整三个环节。具体包括以下几个方面。

(1)根据企业任务和经营目标的要求,建立合理的组织结构,包括管理层次的划分,部门或单位的设置。

(2)根据管理业务性质和责权对等的原则,规定各个管理层次、部门或单位,各个职位或岗位的职责范围和相应的权限,并建立必要的规章制度。

(3)根据分工协作的要求,明确各层次、单位、管理人员之间的相互关系,建立各种信息沟通的渠道。

(4)根据才职相称的原则,配备符合工作要求的管理人员,使他们在各自的岗位上履行职责、行使权力、交流信息,正确开展管理活动。

(5)对管理人员进行培训、考核和激励、奖惩,以提高其素质和士气,通过共同努力实现企业目标。

(6)根据企业外部环境和内部条件的变化,分析原组织的缺陷、适应性和效率性,适时调整和改革组织结构和组织行为,促进组织发展。

(三)管理组织的作用

1. 保证作用

通过企业管理组织便于对企业的生产经营活动进行计划、组织、指挥、控制和协调,使企业的人财物资源得到合理配置和充分利用,供产销活动能够协调进行。因此,管理组织是合理组织生产力,顺利进行生产经营活动的必要手段,是实现企业目标,完成企业计划的重要保证。

2. 凝聚作用

管理组织能够将分散的个别的企业员工,通过组织制度和激励措施,凝聚成一个强大的整体,使全体员工的工作紧紧围绕企业的任务目标进行,从而产生巨大的群体效应,促进企业经济效益的不断提高。这是管理组织的凝聚作用和群体效应。

3. 协调作用

企业要使自己适应不断变化的外部环境,能够充分利用外部环境提供的机会,就必须通过组织搜集各种信息,及时做出相应的反应和正确的决策,才能得以生存和发展。因此,管理组织在协调企业与外部环境的关系并与其适应求得发展方面起着重要的作用。

二、企业管理组织系统的设计

(一)设计企业管理组织所考虑的因素

设计一个健全完善的管理组织系统,是管理组织工作的关键。设计企业管理组织必须根据企业的经营战略、企业的内外环境、企业的任务与规模等因素的变化来规划和构造，使企业管理组织的功能和协调达到最优。

1. 企业的发展战略

企业发展战略是企业对其在不断变化的环境中长远发展的认识和规定，必然要求企业的组织与之相匹配，以保证战略的实施。企业管理组织必须服从企业的发展战略，组织最重要的功能就是为贯彻发展战略提供一个协调的机制，企业不同的发展战略要求不同的组织与之相匹配，企业新的发展战略的产生会导致新的组织结构与管理方式的出现。

2. 企业的内外环境

企业是一个开放的系统，它的生存与发展都直接受到其所处环境的影响。企业外部环境对于企业来说是不可控的因素，企业组织对于环境的变化只能去设法适应。权变组织理论认为，没有一个最好的组织结构形式，企业的组织结构与外部环境"适当地配合"，组织才有效率。组织的内部环境，如企业文化、企业各种资源条件对组织结构也会产生一定的影响。

3. 企业规模

企业规模增长意味着人数的增加，管理组织中劳动的分工就越多、越细，企业规模的扩大，使高层管理者难于直接控制其下属的一切活动，就势必要委托他人来加强管理，这样就造成分权。

（二）设计企业管理组织系统的原则

1. 适应企业战略目标的原则

企业组织系统的确立是为实现企业发展战略与经营目标服务的，要做到与目标相一致，与任务相统一。

管理组织结构的建立必须有利于企业目标的实现和任务的完成。目标要明确，离开了战略目标，管理组织的改革就会成为单纯的机构增减、人员增减、人事安排，达不到预期的效果。

2. 统一领导、分级管理的原则

即集权与分权的原则，这是组织系统设计的基本原则。统一领导就要恰当的集权，分级管理体现为适当的分权，要正确处理集权和分权的关系。

企业内部的集权主要是指生产经营的决策指挥权、评价奖惩权必须相对集中于相应的领导者手中。不论是全企业范围，还是企业内各个层次、各个部门，凡是一个单位都只能由一个领导人来运权，一切副职都是他的助手。集中领导不仅能够提高工作效率，而且可以提高各级各部门领导人的责任感，使他们能够独立负责，敢于负责，有利于培养企业家和管理人才。但是，由于现代建筑企业承担的工程任务、技术及经济情况十分复杂，为了防止指挥失误和失灵，一是要加强咨询、参谋机构的作用，或者配备得力的助手，二是要形成一个指挥等级链，实行逐级授权。这两者就要求把集权和分权结合起来。

集权和分权同样都是组织社会化大生产和现代企业经营管理的需要。分权要通过授权来实现。授权要有适当的程度。授权程度是指授予下级可以自己做主不需要事先请示的权力范围。授权程度取决于企业规模大小、施工地区分散情况、工程技术复杂程度、业务渠道多少、上层控制手段和健全程度、各级领导能力的强弱等。

3. 分工与协作的原则

专业分工是社会化大生产的特点，不但生产要分工，企业管理工作也要实行专业分工，以提高管理工作的质量和效率，有利于创新。分工是把企业的任务作垂直和横向分解，并配备适当的人员从事工作。企业的分工包括：部门或单位的划分、职位或岗位的设置、地区的分工、按施工或生产的专业分工、按工程任务分工等。分工要适当，过细的分工往往造成机构重叠，各自为政，不利于互相配合，共同完成任务。

协作是指在分工基础上的协调和配合。要达到分工基础上的良好的协作，首先，必须有高度的集权，没有高度的集权就没有统一的意志和行动。其次，必须进行目标管理，使部门、岗位、层次的分目标，成为总目标的有机组成部分，然后促成企业总目标的实现。其三，责任界限划分要明确，否则出现问题容易互相推诿，贻误企业目标的实现。同时，还必须明确各不同部门、岗位、层次之间上下左右的关系，关系不明确也协调配合不好。

4. 合理管理幅度和管理层次的原则

管理组织的指挥系统是在划分管理层次的基础上建立起来的，而管理层次的划分在组织规模相对稳定的情况下，又是根据适当的管理幅度来确定的。

所谓管理层次是指将企业内最高领导到基层员工之间划分成的隶属关系的数量，或者说是企业纵向管理系统从最高管理层到最低管理层的划分的等级数量。管理层次应适当，不应过多，层次多，所需人员设施多，费用就多；层次多，信息上下传递慢，指令常常走样，而且增加协调上的困难。由于企业的规模、生产技术情况、管理基础和管理人员的素质等条件不同，管理层次也不同。

所谓管理幅度是指一个领导者直接有效地指挥下属的人数。管理幅度应适当。如果过大，领导者由于时间、精力等原因可能管不过来；如果过小，又会造成人才浪费和管理层次的增多。如何选择适当的管理幅度呢？根据一些管理学者的研究，影响有效管理幅度的大小取决于多种因素：有领导者方面的因素，如领导者的知识、能力、经验等；也有被领导者方面的因素，如被领导人员的素质、业务熟练程度和繁重程度等；此外，还有管理业务本身方面的因素，如管理业务的复杂程度、所担负任务的绩效、要求、工作环境的约束条件以及信息沟通的手段和技巧等。因此，在选择有效管理幅度时，必须考虑上述各种因素才能最后确定。合理规定管理幅度大小，即要定量描述管辖人数究竟以多少为佳，这是一项非常困难的任务。

管理幅度和管理层次之间具有相互制约的关系。在企业总人员不变的情况下，管理幅度大，管理层次就少；幅度小，层次就多。

5. 精干高效的原则

在组织系统设计时，不论是部门、层次、岗位的设置，上下左右关系的安排，各项责任制及规章制度的建立，都必须有明确的目的。要因事设职，因职设人，尽量减少管理层次。只有机构精简、人员精干，管理工作效率才能提高。如一件工作，首先应考虑实现目标是否需要，如果需要，是否需专门设置一个职位，能不能合并到别的职位上去。这样才能避免因人设事，达到精干的目的。只要能实现目标，结构最简单的组织就是最好的组织。

6. 责权对等、才职相称的原则

职责是在一定职位上对完成工作任务所负的责任。为了保证任务的完成，必须授予管理者一定的职权。职权是指一定职位上的管理者所拥有的权力，主要是指决策或执行任务时的决定权。职责和职权对等是指根据一定职位上的管理者所承担的责任,应在相应的程度上授予他保证完成任务的权力。职权大于或小于职责都是不恰当的,职权大于职责会产生不恰当干涉职责范围以外的活动,职权小于职责不能保证完成职责范围内的工作。因此要求责权对等。

管理者在一定职位上履行职责完成任务,不仅需要相应职权的保证,而且还需要管理者本身的才智、能力和责任心的保证。这就要遵守才职相称的原则。如果管理者才大于职,会有屈就之感而产生消极情绪,影响本职工作;如果管理者才小于职,会产生力不从心或无能为力之感,影响任务完成和目标的实现。因此,要做到才职相称,既不能大才小用,也不能小才大用。

7. 均衡与稳定的原则

均衡原则是指同一级机构、人员之间在工作量、职责、职权等方面要大致均衡,不宜偏多或偏少。否则,苦乐不均、忙闲不均等都会影响管理人员的积极性和工作效率。

稳定原则是指组织系统一旦形成,便应保持相对稳定,不要轻易变动。这和组织随内外条件变化作出相应的调整和改革并不矛盾。组织系统没有相对的稳定性,容易造成人心浮动,也不利于提高工作效率。

8. 有利于信息沟通的原则

信息沟通包括信息的交流、传递、下达、反馈、汇集等活动。及时准确地沟通信息是使企业各项生产经营管理活动协调一致的基本手段。只有这样,各级各部门主管人员才能依据它作出正确的决策和决定,进行有效的控制。为此,就必须设计有效的信息沟通系统。信息沟通系统包括:沟通方式,如会议制度、文件收发制度、请示报告制度等;传递渠道,如上下垂直的传递、平行交流;信息的分类,如计划信息、控制信息、业务信息等。

(三) 企业管理组织系统设计的程序

1. 收集和分析有关资料

一是收集企业外部环境资料,如国家政治、经济政策对企业发展的影响,本企业在市场中的位置,行业技术的发展状况等;二是收集同类企业管理组织结构的形式、先进的管理思想和人员配置情况等方面的资料;三是本企业内部的状况,如人力、物力、财力资源状况,组织的形式、运行情况及存在的问题等。通过这些资料的收集和分析,就可以基本确定企业的发展趋向和基本的组织结构框架。

2. 管理部门或单位的划分

根据企业的任务和目标,将企业的生产经营管理活动按其性质划分为若干相对独立的单元,并规定出它们的业务范围和工作量,这就是管理部门或单位的划分。划分常见的方法有:一是按职能划分,二是按产品划分,还有按地区划分的。

3. 绘制组织结构图

按管理组织设计的要求将上述部门、单位有序地排列起来,形成层级化的组织结构系统。组织结构图的设计是组织系统设计的主要步骤,决定着管理组织的效能。因此,必须认真处理好管理幅度和管理层次的关系、纵向协调和横向协调的关系,还要便于信息的上下传递和反馈。

4. 确定职务、岗位、权限和责任

首先确定组织各层级部门的职责,然后对部门内部的业务进行分工,并以此为基础确定相应的职务、岗位和相应的权限、责任等。一般使用职务说明书或岗位职责等文件形式。

5. 设计组织运行的工作程序和信息沟通的方式

规定出组织内部各部门、单位的工作程序,它们之间的协作关系和信息沟通方式。

6. 选择和配备人员

按职务、岗位的要求,选配适合的管理人员,关键是选配各部门、单位的主管人员。

7. 评价和确定组织系统设计方案

根据组织系统设计原则和要求,组织有关人员,对组织系统设计方案进行审查、评价和修改,最后经企业最高领导审查批准,确定为正式方案颁布实施。

三、管理组织结构的类型

管理组织结构的类型是指企业管理组织机构的具体形式或模式,亦可称为管理组织的各个要素相互联结的框架的形式。管理组织结构的类型是多种多样的,现将不同的管理组织结构的类型及其特点分述如下。

(一)直线制组织结构

直线制组织结构是从古代军队移植而来的,在管理权和所有权完全一致的早期企业一般运用这种形式。其特点是企业的生产行政领导者直接行使指挥和管理职能,不设专门的职能机构,一个下属单位只接受一个上级领导者的指令。如图 3-2 所示。

这种组织结构具有机构简单、权责分明、命令统一、决策迅速、指挥及时、工作效率高等优点。其缺点是要求企业领导者是"全能式"人物,要亲自处理公司的所有业务,有时会顾此失彼,产生失误。这种组织结构一般适用于那些产品单一,生产技术简单,无需按职能实行专业化管理的小型企业,或者是现场的作业管理。

(二)职能制组织结构

职能制组织结构是泰罗最早提出的。其特点是在公司经理之下,设置专业分工的职能机构和职能人员,并授予相应的职权。这些职能机构和专业管理人员,在协助经理工作的同时,又在各自的业务范围内有权向下级单位或人员下达命令和指示。因此,下级领导人或执行人除接受经理的领导外,还必须接受上级各职能机构或人员的领导和指示。如图 3-3 所示。

这种组织结构由于采用按职能实行专业分工的管理方法,适应了企业生产技术和经营管理复杂化的特点,有利于发挥职能机构的专业管理作用和专业管理人员的专长。但突出的缺点是,由于实行多头领导,下属常常无所适从,妨碍了企业的统一指挥,容易造成管理混乱,不利于责任制的建立。因此,在实践中这种管理组织结构并未得到推广应用。

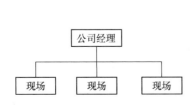

图 3-2　直线制组织结构

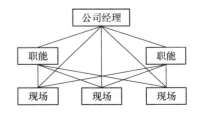

图 3-3　职能制组织结构

(三) 直线参谋制组织结构

直线参谋制组织结构的特点是将企业管理机构和人员分为两类：一类是直线指挥人员，他们拥有对下级指挥和命令的权力，并对主管的工作全部负责；另一类是参谋人员和职能机构，他们是直线指挥人员的参谋和助手，无权对下级发布命令进行指挥。如图 3-4 所示。

直线参谋制组织结构吸收了直线制和职能制的优点，克服了两者的缺点。一方面它保持了直线制权力集中、统一指挥的优点；另一方面，各级行政领导又有相应的参谋和助手，可以发挥专业管理职能机构和人员的作用。问题是这种组织结构过多地强调直线集中指挥，而专业职能机构的作用未能充分发挥；同时，各专业职能机构之间横向联系较差，不利于职能机构之间意见沟通，不利于协同解决问题。这种组织结构对中小型企业比较适用。

(四) 直线职能参谋制组织结构

直线职能参谋制组织结构结合了直线参谋制和职能制的优点，是在保持直线指挥的前提下，为了充分发挥专业职能机构的作用，直线主管授予某些职能机构一定程度的权力，如对生产调度、经营销售、人事财务、质量检验部门授予相应的职权，以提高管理的有效性。直线职能参谋制组织结构如图 3-5 所示。

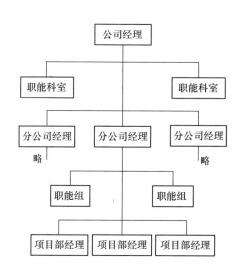

图 3-4 直线参谋制组织结构

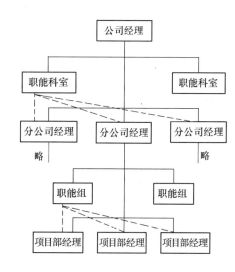

图 3-5 直线职能参谋制组织结构

图 3-5 中，实线表示直线指挥，虚线表示业务指导与部分决定权、控制权和协调权。

总的来说，直线职能参谋制组织结构比直线参谋制更加完善和有效。因此，各国企业采用这种组织结构比较广泛，采用时间也较长，但是仍不能克服原直线参谋制的某些缺点。这种组织结构在企业规模不大，产品简单，生产技术不复杂，市场较稳定的情况下，能够显示其优点。但是，随着市场经济的不断发展，企业规模不断扩大，特别是大型企业产品多样、业务复杂，这种把企业管理权力高度集中在企业最高领导层的"集权式"管理组织结构的缺点就会越来越突出，"集权式"管理向"分权式"管理方向的变革，就成了一种客观的必然要求。

(五)事业部制组织结构

在规模大、产品多样、分布地区又广的企业里,如果过多强调集权,往往延误决策的时间,丧失机会,有时也会脱离实际而失误,因而产生了事业部制组织结构。它首创于20世纪20年代的美国通用汽车公司,第二次世界大战后被日本松下电器公司采用,目前在欧美国家及日本已被广泛采用。

事业部制组织结构又称分权组织结构,是从直线职能参谋制转化而来的。其特点是:在总公司领导下,按产品或地区设立经营事业部,各事业部都是相对独立的经营单位。总公司只负责研究和制定全公司的方针政策、企业发展总目标和长期计划,规定财务利润指标,对事业部的经营、人事、财务实行监督,不管日常的具体行政事务。各事业部在公司统一领导下实行独立经营,独立核算,自负盈亏。每个事业部都有一个利润中心,都对总公司负有完成利润计划的责任,同时在经营管理上拥有相应的权力。实际上事业部相当于一个小公司。这种组织结构如图3-6所示。

事业部制组织结构的优点是:有利于总公司领导摆脱日常行政事务,集中精力于企业战略决策和长远规划;有利于增强各事业部领导的责任心,发挥其搞好本单位生产经营管理的主动性和创造性,积极研究开发市场,提高企业对环境变化的适应能力;有利于培养经营管理人才。它的缺点是:各事业部独立性较强,不利于事业部之间的横向联系和协作;职能部门重复设置,管理人员增多而增加了管理费用。

(六)矩阵制组织结构

矩阵制又称项目管理制组织结构,如图3-7所示。其特点是:把按职能划分的管理部门和按产品或项目划分的小组结合起来形成了像数学上的矩阵;每个产品或项目小组由项目经理和从各职能部门抽调的专业管理人员组成,项目完成后仍回原所属单位;每个项目经理在公司经理领导下进行工作,具有一定的责、权、利;各项目小组的成员受双重领导,既接受项目经理的领导,又同原职能部门保持组织和业务上的联系。

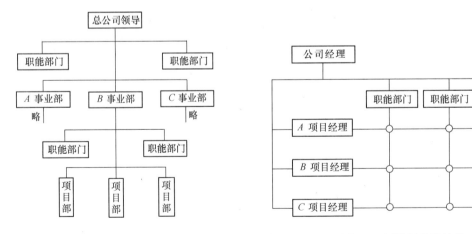

图3-6 事业部制组织结构　　　　图3-7 矩阵制组织结构

矩阵制组织结构的优点是:比较富有弹性,适应性较强,特别适合建筑企业项目管理;实行了集权和分权较优的结合,有利于调动项目管理人员的主动性和积极性,有利于项目的统一指挥和协调;加强了各职能部门的横向联系,有利于发挥专业人员的才能和潜力。它的缺点是：由于这种组织结构实行纵向、横向的双重领导，处理不当，会由于意见分歧而造成工作中的扯皮现象和矛盾；由于项目人员流动性大，在培训考核上产生特殊问题；另外还具有临时性特点，也易导致人心不稳。

以上介绍了几种主要的和基本的组织结构的类型，就其本身来说各有其优点和缺点，企业在选择其组织结构形式时，必须根据企业的规模、生产技术复杂程度和专业化水平、工程分布情况、企业管理水平、外部环境等因素采用适当的形式。一个大中型企业往往不能单独采用其中一种，而是选择不同的形式加以组合运用。

四、职能部门的设置

企业无论采用何种组织结构形式，都应在建立有效的纵向管理系统的同时，分别根据各个不同管理层次的任务、职责和权限，建立相应的横向的职能系统，即设置职能部门。

（一）职能机构的重要作用

1. 参谋作用

从隶属关系看，职能机构是各级行政领导的得力参谋和助手，经常向领导提供生产经营活动的信息情报，提出组织和改进生产经营活动的决策建议和方案，贯彻实施各级领导的指示和命令等。

2. 管理作用

从管理业务活动看，职能机构在各自的业务范围内担负着供、产、销、人、财、物等管理业务活动，例如，市场调查和预测、经营计划、技术开发、生产组织、交工验收、物资供应、人事调配、经济核算等。通过这些业务活动，使企业的生产经营活动能够有效地协调运行。

3. 指导作用

从业务指导关系看，在相应两个管理层次上，职能机构发挥着对下级职能的指导作用。

4. 联系沟通作用

从外部联系看，职能机构通过企业领导层的授权，发挥生产经营方面的对外联系和信息沟通作用。在企业经理授权下，职能机构可以对外代表企业，开展正常的业务往来，如经营部门对外签订工程承包合同，财务部门向银行办理信贷业务等。通过这些外部业务联系，对于开创良好的生产经营环境，加强信息的沟通，增强企业的活力等都具有重要作用。

（二）职能部门的划分方法

划分职能部门的方法很多，通常有以下几种。

1. 按管理职能（或管理业务性质）划分

典型的按职能划分的部门有生产部门、销售部门和财务部门等。这是建立职能机构、组织企业管理工作最广泛采用的一种基本方法。企业管理组织担负着决策、计划、组织、指挥、协调、控制、激励等职能，就业务性质而言，包括计划管理、质量管理、技术管理、劳动管理、材料管理、机械设备管理、财务管理等，这些管理业务是分别通过具体专业职能机构来执行的。

按管理业务划分职能机构的优点在于：从组织上保证了各项管理职能的实施；符合职能专门化的原则；有利于集中领导和控制。其主要缺点是：主要人员过分专业化和观点狭隘；职能部门之间协调困难。

2. 按产品划分

按产品划分，有生产专业产品的分公司、生产综合产品（几种产品）的分公司等。这种方法适合于多品种经营的大型企业和采用事业部组织结构形式的分权化企业。它的前提条件是，要求公司最高管理层授予按产品划分的分公司比较广泛的职权，也要求各分公司对利润承担相当程度的责任。

按产品划分职能机构的优点在于：使领导和管理人员的注意力集中在产品上；把提高盈利的责任放在分公司一级；有利于产品和劳务的发展和更新；改善职能工作的协调。其主要缺点是：要求更多的人具有统率全面的能力；为管理部门的集中服务造成了困难；增加了主管部门的控制难度。

3. 按地区划分

对于地理上分散的企业来说，按地区划分职能机构是一个较普遍的方法，适用于采用事业部制组织结构形式的分权化大中型企业。

按地区划分职能机构的优点在于：能把重点放在当地市场和主要问题上；能与本地区的有关单位更好地直接联系；改善地区内的协调，改善地区经营的经济效益；为总经理人才培训提供场所。其主要缺点是：需要更多具有总经理能力的人员；不利于人员节约和集中服务；增加了主管部门的控制问题。

（三）职能部门设置应考虑的主要因素

一个企业应当设置什么职能部门以及设置的数目和规模等，都要从适应本企业生产经营的需要出发。其影响因素主要有：

1. 企业生产规模和生产技术特点

一般说来，大型企业里职能部门专业分工可以较细一些，职能部门数目也可以多一些；而中小型企业里，它的分工就相对粗一些，数目也相对少一些。

2. 职能专业化和综合管理

在组织结构里，一定的专业管理组成相应的专业职能部门，这种管理职能专业化是社会化大生产的客观要求，有利于职能部门的合理分工，提高管理效能。但是从系统论的观点出发，在实行管理职能化的同时，也要重视职能部门的有效综合，把二者结合起来。综合管理可以是对全企业所有专业管理的综合，如全面质量管理；也可以是对有直接联系的若干专业管理的综合，如经营管理、施工生产管理、财务管理、劳动人事管理。对专业管理如何进行综合，这要根据企业的实际情况而定，如企业规模很大，事业部制、矩阵制都是不同类型的综合管理。

3. 职能机构的平行协调和侧重

企业职能机构之间的协调，表现在组织结构上，目前有两种形式：一是采取有形的有职有权的组织机构以加强结合部的管理的形式；二是采取以调整领导分工和职能科室隶属系统的形式，不设新机构，出现矛盾时，可通过联合办公的形式予以协调。企业职能机构在考虑平衡协调的同时，对与企业成效关系重大的职能部门，还应考虑强化和侧重的措施。

4. 职能机构的经济性

在设置职能部门时，必须考虑降低管理费用，做到以最低的人力、物力、财力的投入，发挥最大的管理效能。要注意克服机构臃肿，部门林立，甚至单纯上下级对口等现象。

5. 职能机构的动态调整

企业职能机构的设置不是一成不变的，当企业处于成长发展时期、新的技术成果不断运用、管理人员出现重大变动或社会经济环境发生重大变化时，都必须注意职能机构的调整，始终保持职能机构的适应性。

五、管理组织的变革与创新

组织变革是指由于环境的变化使得企业原有的组织系统不再适合，企业为求得生存而在组织技术、结构、人员等方面作出的变化。企业管理组织设计好后，并不是一成不变的，必须随着环境的变化不断进行调整与改革，才能提高组织的效能。

（一）引起组织变革的因素

1. 外部环境因素

（1）技术的迅速发展。当代科技发展日新月异，新材料、新工艺、新技术、新结构、新设备等对管理组织形成了强大的冲击，组织如不适时地加以改革，就会落后于时代的发展，被飞速发展的形势所淘汰。

（2）市场竞争的日益激烈。随着市场经济的发展，企业之间的竞争愈加激烈，为了适应竞争，在竞争中取胜，企业不得不对组织进行变革，企业的跨国、跨地区经营以及由此产生的全球经营战略，都要求企业在组织方面作出变革。

2. 内部环境因素

（1）现代管理手段的应用。随着现代化管理手段在企业中的应用，企业的各项管理职能大大加强，计算机、信息技术的应用使管理效率迅速提高。就组织理论而言，企业管理跨度加大，管理层次减少，传统的管理组织就需要变革。

（2）新的管理思想的产生。新的管理思想的产生丰富充实了组织理论，如权变理论要求组织的结构更加灵活，而控制论的应用则要求组织结构具有更强的有效性。

（3）人员素质的提高。组织内人员的心理的变化，如希望从事使个人能更快成长的挑战性工作，希望组织公平相待，人格尊严和对组织的责任感增强，要求人际间的坦诚沟通等，都要求组织相应变革。

外部环境因素一般会引起组织大的变动，内部环境因素一般引起企业内部组织的局部变动。

（二）管理组织变革的方法

管理组织变革的方法可分为组织结构变革、技术变革、人员变革。

1. 组织结构变革

组织结构变革包括对组织设计、权力分散层次、组织沟通渠道等方面进行的变革。如改变各职能机构之间的权责关系，精简某些纵向层次，拓宽管理跨度，使组织扁平化；对原组织结构设计作出大的改变，如从直线职能制组织结构变为事业部制或矩阵制。

2. 技术变革

技术变革是与生产工艺有关的变革，其结果是生产效率的提高。技术变革包括对组织为生产产品和提供服务所必需的所有工具、设备、工艺、活动、物料等其中一个或几个的改变。如某项施工生产活动由以人为主进行生产改为以机械为主进行生产，这一变革不但改变生产设备，还要对人员进行培训，对人员构成进行调整。

3. 人员变革

人员变革是指在组织成员行为、态度、技巧、期望等方面的改变。人员变革一般可以通过人员培训、团队建设、绩效考评等方法实现。

（三）管理组织变革程序

管理组织变革一般按以下步骤进行：

（1）分析和提出问题。分析企业所面临的形势，提出组织需要改变的问题和目标。

（2）制定变革方针。确定组织变革的原则、方针、策略。

（3）提出变革方案。制定几个可供选择的变革方案，通过分析、比较，确定变革方案。

（4）制定实施计划。制定具体的变革步骤，试点和推行。

（5）组织实施。组织实施具体变革计划。

（6）信息反馈评价效果。及时反馈，对计划实施的效果和存在的问题进行检查分析，对改革方案进行修改和完善。

（四）组织结构的发展

1. 扁平化的组织结构

随着信息技术在企业中的广泛应用，管理效率大大提高，管理人员的管理跨度大幅增加，管理层次相应减少，组织结构趋向扁平化。而且，由于企业所处环境复杂多变，需要企业迅速对市场作出反应，使决策者和执行者快速沟通，这也需要减少管理层次，未来的组织结构必将向着扁平化的趋势发展。

2. 虚拟化的组织结构

虚拟企业的"虚拟"主要体现在功能上不完整、组织上非永久和地域上分散性。在虚拟建筑企业中，虽然它具有建筑企业运行所必需的各种基本功能，如招投标、采购和工程现场管理等，但对组成虚拟企业的具体成员来说，并不需要具备所有的功能，而是仅贡献最关键的专业和功能，其他功能可以敏捷地、不分地域地由组织中的其他成员补充。在虚拟建筑企业中，原有组织模式可以打破，通过信息和网络技术，企业各项职能活动可以分散在不同地区乃至不同国家，使虚拟企业可以根据市场快速结合和重组，业务各方通过网络直接接触，将不属于本企业的人员或设备与企业相连，实现资源共享。

虚拟企业具有以下主要特点：

（1）以网络信息技术为基础，实时地、分散地共享资源。

（2）分担市场、技术等研究开发成本和经营风险。

（3）联结了具有互补能力的各方实体，如研究机构、设计单位、联营单位、分包单位和供应商等。

（4）提高了建筑企业的市场竞争能力和生产能力。

（5）分享市场的客户。

（6）具有动态的生命期。因发现市场机会而组成，当市场机会实现后，虚拟企业自行解体或重新组合。

3. 网络组织结构

随着生产力水平的迅速提高和社会分工的日益细化，企业内各个部门之间、相关企业之间的联系与依存越来越紧密，协作与沟通越来越重要。自 20 世纪 80 年代以来，世界经济全球化的推进、科技的飞速发展、信息的指数化增长，使得传统的组织形式在一定程度上不能适应外部环境的快速变化和进行有效的内部沟通，网络组织结构作为一种新型企业组织形式应运而生，并受到了广泛的关注。

网络组织是由多个独立的个人、部门和企业为了共同的任务而组成的联合体。它的运行不靠传统的层级控制，而是在定义成员角色和各自任务的基础上通过密集的多边联系、互利和交互式的合作来完成共同追求的目标。

网络组织根据组织成员身份和相互关系不同，可分为内部网络、垂直网络、市场间网络和机会网络。

（1）内部网络。在企业内部通过减少管理层级、打破部门间的界限，使得信息和知识在水平方向上更快地传播，有助于企业及时准确地识别顾客的需要，围绕顾客配置资源，为顾客提供全方位的服务。

（2）垂直网络。是在特定行业中由位于价值链不同环节的企业共同组成的企业间网络型组织。上下游企业间不仅进行产品和资金的交换，还进行技术、信息等要素的交换和转移。

（3）市场间网络。是由出自于不同行业的企业组成的网络。这些企业间有着业务往来，在一定程度上相互依存，如股权上相互关联，管理上相互参与，资源上共享，在重大战略上采取集体行动等，各方之间保持着长期和紧密的联系。

（4）机会网络。是围绕顾客组织的企业群。这个群体的核心是一个专门从事市场信息搜集、整理与分类的企业，它在广大消费者和生产者之间架设了沟通的桥梁，使得消费者有更大的选择余地，生产者能够面对更为广泛的消费者，有利于两个群体间交易的充分展开。

网络组织结构是顺应知识经济时代环境变化而产生的一种新型企业组织形式，它无疑具有强大的生命力。但由于对其实践应用和理论研究时间不长，还有许多未完全明晰和解决的问题，有待于进一步探索和研究。

第三节　建筑企业管理基础工作

一、企业管理基础工作的概念及其意义

企业管理的基础工作是指为了顺利而有效地进行管理活动，对建立正常的管理秩序提供资料数据、共同准则、基本手段、前提条件的必不可少的各种工作。它既是企业管理工作的重要组成部分，又是实施各项专业管理工作的重要前提。所以它对整个企业管理工作的好坏具有十分重要的意义。

（1）企业管理基础工作是进行企业管理工作的条件。如在一定的企业组织系统中进行各项管理工作，必须按事先规定的工作范围、内容、职责、权限进行，需要有大家共同遵守的规章制度，否则就会造成管理混乱、生产中断、人身伤亡等，建立健全企业的规章制度是进行企业管理工作的基本条件。

（2）企业管理基础工作是进行企业各种决策和编制计划的依据。决策必须掌握内外信息，编制计划，定额是基本依据。

(3) 企业管理基础工作为企业进行组织和控制提供手段和标准。如企业的技术规范是进行生产组织的重要手段，技术标准是对生产技术进行控制的标准。

总之，企业管理基础工作不仅是进行企业管理工作的基础，更重要的是提高管理水平和技术水平的基础，是向现代化管理过渡的必要前提。

二、建筑企业管理基础工作的主要内容

（一）建立健全以责任制为核心的各项规章制度

规章制度是指对企业各部门和职工在生产经营管理活动的例行性工作中所应遵守的有关要求、程序、方法和标准所作的规定。它是企业职工的行为规范和标准，是企业的法规。健全的规章制度，能维护生产经营活动的正常秩序，保证其顺利进行。它是指挥的基础、监督的依据、控制的标准，是促进生产经营发展的有力工具。

企业的规章制度大致可分为责任制和各项管理工作制度。

责任制是规定企业内部自上而下各部门、各类人员的工作范围、所担负的责任和相应的权力、考核标准以及相互协作要求的制度。这种制度能使各部门和全体人员按自己的职责有秩序、协调地工作，以保证实现共同的目标。责任制是制定各项管理工作制度的基础。责任制主要有各级领导、职能人员、生产工人等的岗位责任制和生产、技术、成本、质量、安全等管理业务责任制。建立责任制必须明确由谁承担责任、对谁负责、负什么责、衡量标准四个问题，这样才能做到有效和有序管理。

管理工作制度包括：经营管理方面有市场调查预测制度、合同管理制度、交工验收及工程回访技术服务制度等；施工生产管理方面有生产计划管理制度、施工调度制度、统计报告制度、技术管理制度、质量管理制度、安全管理制度；物资管理方面有入库验收制度、库存保管领发制度、回收利废制度、机械设备管理制度等；劳动人事管理方面有职工考勤制度、职工工资及奖惩制度、培训制度、劳保制度等；经济管理方面有财务管理制度、成本管理制度、经济核算制度等。总之，凡是企业内部各项专业管理，都必须按照生产技术活动的客观要求建立必要的规章制度，作为管理的准则和依据。

在企业的生产经营管理工作中，要认真贯彻执行上述各项制度，同时要严格检查、考核、评比、奖罚，并且在执行中根据客观情况的变化发展，不断修订和完善各项规章制度。

（二）标准化工作

标准化工作是指技术标准、技术规程和管理标准的制定、执行和管理工作。推行标准化工作可以使企业的生产技术、经营管理活动科学化、规范化和制度化。它是保证企业各项工作的正常秩序、提高效率、获得良好经济效益的重要手段。

推行标准化工作要求做到：

(1) 建立健全并严格执行技术标准和技术规程。技术标准通常是指产品的技术标准。技术标准通常有国家标准、行业标准、地方标准、企业标准。建筑安装工程的技术标准是对建筑安装工程的质量、规格及其检验方法所作的技术规定。如建筑工程施工质量验收统一标准、工程施工及验收规范、建筑材料及半成品的技术验收标准等。技术规程则是为了执行技术标准，保证生产有秩序地进行，对工艺过程、操作方法、设备机具的使用、安全技术的要求所作的技术规定。建筑生产中的技术规程有：施工工艺规程，用以规定各类工程的施工工艺、步骤和方法；操作规程，用以规定进行某种工艺或使用某种机械设备必须

遵守的操作方法或注意事项；设备维护和检修规程，用以规定机械设备的维护、修理的要求和方法；安全技术规程，规定在生产过程中保证人身安全和设备安全运行的要求和应采取的防范措施。没有统一的技术标准和技术规程，工程质量、产品质量的检验控制就缺乏统一的依据，生产的配合协作也就无法进行，安全生产就受到影响。所以，建立技术标准和技术规程，是企业在技术管理、质量管理、机械管理、材料管理、安全管理等方面重要的基础工作。

（2）建立健全并严格执行一套严密的经营、生产、技术、质量、劳资、材料、机械、财务等管理标准。管理标准是指对企业生产经营管理活动中反复循环出现的例行性管理业务工作的职责、程序、方法、质量标准等所作的规定。这样可使得企业各项管理工作合理化、规范化和高效化。

（3）企业应建立由经理直接领导的标准化管理机构，负责技术标准及管理标准的制定、执行、考核和修改工作。

（三）定额工作

定额工作是指各类技术经济定额的制定、执行和管理工作。定额是在一定的生产技术组织条件下，完成各种生产经营工作所规定的人力、物力、财力、时间和空间的利用和消耗方面应遵守和达到的数量标准。它是用数量控制和促进生产经营活动的一种手段，是编制计划的基础，经济核算的依据，是贯彻责任制的标准、按劳分配的重要依据。所以，没有定额，也就没有科学管理。

定额工作要求做到：企业应建立健全各类技术经济定额，要求定额齐全配套，具有先进性。建筑企业管理中需要的定额很多，按用途分有消耗定额、状态定额和效率定额。消耗定额是用以规定劳动的消耗量，如时间定额或产量定额、工资定额、材料消耗定额、机械台班定额、设备修理定额等。状态定额是与期量标准有关的定额，如库存量定额、设备有效工时定额等。效率定额是用以反映劳动产出成果的定额，如劳动生产率、产品合格率、优良率等。

凡是能用定额考核的劳动、物资、机械、资金、工期等都应实行定额管理。企业要配备劳资、材料等专职的定额人员，专门负责定额的制定、执行、考核、修订、补充等工作。

（四）计量工作

计量工作是指计量检定、测试、化验分析等方面的计量技术和计量手段的管理工作。主要是用科学的方法和器具对生产经营活动中的各种物质要素的数量和质量进行控制和管理。企业的计量工作是获得生产经营活动各种信息的重要手段，加强计量工作，提高其水平，及时准确全面地提供检测计量数据，对确保工程质量、节约能源和降低消耗都有十分重要的作用。

计量工作要求做到：企业应建立由经理和总工程师直接领导的计量检测管理机构，配备相应的计量检测人员，建立健全计量检测管理制度；要配备齐全的计量器具，不断提高能源、大宗材料、施工工艺过程、工程质量主要参数的检测率；要加强计量技术素质，积极改革计量器具和计量检测方法，逐步实现检测手段和计量技术的现代化。

（五）信息工作

信息工作主要是指企业生产经营管理活动所必需的资料数据的收集、处理、传递、储存等管理工作。信息是企业生产经营决策、制定计划、进行施工、技术、财务活动的可靠依据,是实行有效控制的工具,也是联系企业各职能部门和各方面工作的纽带。

信息工作基本要求是全面、准确、及时,并有统计分析。要收集整理分析企业生产经营活动全过程,供、产、销各个环节的有关信息,即企业内部和外部的一切有关信息。如企业外部市场动态、行业情况、用户要求及反映等,企业内部的资源、生产经营能力,以及原始记录、凭证、统计报表、经济技术情报、技术经济档案等。

要建立和完善企业管理信息系统。建立一个与企业管理组织系统相对应的信息机构,落实其信息职能,沟通信息传递渠道,形成反馈系统,能及时准确地向各管理层次、各部门提供需要的信息。

(六)教育与培训工作

教育与培训是使企业的每个成员具备从事本职工作、履行岗位责任所必需的知识和技术业务能力而进行的基础知识教育和基本技能训练的管理工作。教育和培训的内容包括思想、职业道德教育、文化教育、生产操作和管理知识技能等基本功的训练等。

复习思考题

1. 什么是企业领导体制?
2. 公司制企业领导体制由哪些方面组成?其性质、作用及相互关系如何?
3. 简述公司法人治理结构的内涵。
4. 什么是企业管理组织?其工作内容有哪些?
5. 设计企业管理组织系统应遵循哪些原则?
6. 简述企业管理组织系统设计的步骤和内容。
7. 企业组织结构类型有哪些?各有何特点、优缺点?适用于什么样的企业?
8. 建筑企业在选择组织结构形式时应考虑哪些因素?
9. 简述职能部门划分方法。职能部门设置时应考虑哪些因素?
10. 简述企业组织结构的发展。
11. 什么是企业管理基础工作?包括哪些内容?
12. 什么是规章制度?有何作用?建筑企业应建立哪些管理工作制度?
13. 什么是责任制?建立责任制应解决哪些问题?

第四章 建筑企业文化

第一节 企业文化概述

一、企业文化的含义

在20世纪80年代，美国哈佛大学教授特伦斯·狄尔和管理顾问艾伦·肯尼迪合著出版了《公司文化——企业生存的习俗和礼仪》一书，标志着企业文化理论的正式诞生。他们通过研究发现，管理成功且业绩突出的企业都具有明确的经营哲学，员工有共同的价值观念，有共同遵守并不见诸于文字的行为规范，并有各种渲染和强化这些文化内容的礼仪和习俗。每个企业都有自己的文化，它潜移默化地对企业时时事事发挥着重要的作用，从企业的决策、人事的升迁，到员工的行为举止和衣着爱好等都渗透着企业文化的影响。成功的企业必定有先进的企业文化，企业文化是企业制胜的法宝。

要阐明企业文化，首先要了解"文化"的概念。广义的文化指人类在社会历史发展过程中创造的物质文明和精神文明的总和，即物质文化和精神文化。这种物质文化和精神文化体现了该群体（一个国家、一个组织或一个企业）在某个历史阶段内生产力发展水平及其与之相适应的科学技术水平和意识形态。狭义的文化可以称之为次文化、亚文化或软文化，是一种群体意识形态的文化，即精神文化，一般指群体的意识、思维活动和心理状态。

我们知道，劳动创造了人类，人类通过劳动创造了文化。文化与人类共生，是人类存在和历史发展的表现。企业文化如同文化一样，存在于一定的劳动活动之中。文化作用于企业生产经营活动，就形成了企业文化。企业文化是指在一定的社会历史条件下，企业及其员工在生产经营的实践中逐步形成的具有本企业特色的共同的思想、作风、价值观念和行为准则。体现了企业及其员工的共同信念、精神风貌、经营哲学、道德伦理、行为规范及凝聚力。其中，价值观念在企业文化中处于核心地位。它们相互影响、相互作用，共同构成企业文化整体。

众多学者从不同角度归纳了企业文化的概念。主要包括：①五因素说。美国的狄尔和肯尼迪在《公司文化》一书中指出：企业文化是由五个因素组成的系统。其中：价值观、英雄人物、习俗仪式和文化网络是它的四个必要的因素，而企业环境则是形成企业文化的又一个、同时也是最大的影响因素。②两种文化总和说。这种学说认为：企业文化是企业中物质文化与精神文化的总和。物质文化是显形的文化，主要指企业中的设施、工具、机器、材料、技术、设计、产品、包装和商标等；精神文化是隐形文化，主要指企业的价值观、信念、作风、习俗、传统等。③群体意识说。这种学说认为：企业文化是指企业员工群体在长期的实践中所形成的群体意识及行为方式。所谓群体意识是指员工所共有的认识、情绪情感、意志及性格风貌。④精神现象说。这种观点认为：企业文化是企业在运转和发展过程中形成的包含企业最高目标、共同价值观、作风和传统习惯、行为规范、思维方式等在内的有机整体，以物质为载体的各种精神现象，是企业的"意识形态"。由此可见，企业文化实质上是企业内部的物质、制度和精神诸要素间的平稳、最佳和动态的结合。它的精髓是提高人的文化素质，重视人的社会价值，尊重人的独立人格。企业文化是以物质文化为载体的精神文化，以精神文化为核心的大众文化，以理论文化为指导的应用文化。

二、企业文化的特征

企业文化作为观念形态具有共同的特性，是现代管理理论与文化理论的综合，它具有以下的本质特征。

（一）整体性

企业文化是一种综合、立体、全方位的文化。它以企业作为整体，反映企业内部各个子系统之间的内在联系。以整体的力量支配每个员工的行为方式和追求的目标，形成整体的信念和企业形象。

（二）内聚性

企业文化在企业管理过程中起着"粘合剂"的作用，企业通过各种形式的文化活动，把团结友爱、合作互助、奋发进取的价值观念逐步渗透到广大员工的工作和交往之中，把内部分散的力量凝聚在完成企业经营目标上来，形成一致的巨大的合力。

（三）稳定性

企业文化的形成总是与企业的发展相联系的，是一个长期渐进的过程。企业一旦形成具有自身特点的文化之后，就必然相对稳定地存在，不会轻易消失，不会因企业领导人的更换、组织制度、经营策略和产品方向的改变而发生大的变化。

（四）人本性

企业文化重视员工的主体性，要求员工把企业的发展与个人的发展联系起来。它强调人的理想、道德、价值观、行为规范等在企业管理中起核心作用。在生产经营管理过程中，尊重人、关心人、信任人，使全体员工互相尊重，团结奋进，积极参与企业管理，推动企业发展。大量调查研究表明，对员工的尊重、信任，能够提高员工的积极性，激发员工的创新精神。当企业领导者不尊重、不信任员工，将他们视为无关紧要的人员时，他们会按无关紧要人员的要求给你回报；但当企业领导者把他们看作核心人员时，他们便会更自尊、自强，以核心人员的要求，尽最大的努力实现企业的愿景，为企业作出优异的成绩来。

（五）时代性

企业文化受时代政治、经济、文化、社会形势的影响，在生产经营过程中形成的企业文化必然带有时代特色，体现时代的精神。因而，必须以新的思想观念来丰富企业文化的内容，并紧跟时代步伐，使企业文化具有鲜明的时代特征。

（六）民族性

不同的民族有着不同的历史文化背景，每个民族都有着自己独特的传统背景与文化特征。企业文化作为生存于民族文化体系中的亚文化，必然受到民族文化的影响，表现出企业文化的民族特性。日本企业文化受"忠、孝、悌"三位一体的儒教的影响，而美国企业受自我意识、尊重个性的影响，便形成其各具特色的企业文化。

三、企业文化的载体、内容和功能

（一）企业文化的载体

企业文化不是无源之水，无本之木，空中楼阁，它是在一定物质实体上的表现形式，也是附着在特定的文化载体——赖以存在和发挥作用的物质结构和手段——之上的。企业文化的载体可以分为四大类：主体载体、组织载体、制度载体和物质载体。

1. 主体载体

人是企业中的最大资源，也是企业文化最主要、最活跃的载体。人不仅创造了文化，使用着文化，享受着文化，还是文化的承载体，人的一言一行，一举一动都是其所承载文化的具体体现。

2. 组织载体

在企业文化建设中，组织是联系社会文化和企业文化之间的中介载体。它反映社会文化的基本性质，反映其具有共性的内容。同时，它根据自身环境，在遵循社会文化普遍要求的条件下，在吸收、容纳和改善社会文化的基础上，通过对其内部成员进行文化整合和长期积累，形成了个性化的企业文化。社会文化对企业文化的影响和企业文化对社会文化的反作用，就是通过组织这一中介载体来完成的。

3. 制度载体

企业制度是企业及其成员共同的行为规范，也是企业协调员工的力量，实现企业目标的基本手段。制度作为企业生产经营实践经验的总结，既是企业的价值观、道德规范、经营哲学的反映，也是企业管理民主化、科学化的制度体现，既构成企业文化的一个重要的内容，也是企业文化的载体之一。

4. 物质载体

企业文化的物质载体是指企业文化赖以存在和发挥作用的物化形态。它包括生产资料、企业产品、企业名称和企业象征物，它们都是企业文化的可视性象征，充分体现了企业的个性和企业的文化风格。

（二）企业文化的内容

1. 企业目标

企业目标是企业观念形态的文化，具有对企业的全部经营活动和各种文化行为的导向作用。每个企业为了自己生存的目的和所要完成的任务，都会制定相应的目标，确定企业的使命和宗旨，激发员工共同向目标奋进。

2. 企业哲学

企业哲学是企业全体员工所共有的对客观事物的看法，是指导企业生产、经营、管理等活动及处理人际关系的原则。

企业哲学是企业家最高层次的管理理念，它是企业中各种活动规律的正确反映，它主导着企业文化其他内容的发展方向。人们处于不同的生产方式、不同的社会环境和不同的社会群体，就会形成不同的思想意识。而不同的哲学思想，必然决定企业不同的发展道路。

3. 企业价值观

企业价值观是以企业中的个体价值观为基础，以企业经营管理者价值观为主导的群体价值观念。企业价值观是企业文化的核心，它决定和影响着企业存在的意义和目的、企业各项规章制度的价值和作用、企业中人的各种行为和企业利益的关系。企业价值观为企业的生存和发展提供基本的方向和行为指南，为企业员工形成共同的行为准则奠定了基础。

4. 企业精神

企业精神是企业文化的精髓和灵魂，企业精神是企业员工对企业的信任感、自豪感和荣誉感的集中体现，是企业在经营管理过程中占统治地位的思想观念、立场观点和精神支柱。它是企业发展、员工创业历史的写照，具有强大的凝聚力、感召力和约束力。

5. 企业道德

企业道德是调整企业与社会、企业与企业、企业与员工、企业员工与员工之间关系的行为规范的总和。企业道德是企业文化之根本。企业道德以善与恶、公正与偏私、诚实与虚伪、正义与非正义评价为标准，以社会舆论、传统习惯和生活信念来维持，是道德原则、道德规范和道德活动的总和。

6. 企业制度

企业制度是企业文化的重要内容，是企业文化中一种量化的存在形式。企业在生产经营管理过程中的一定文化成果需要以制度的方式巩固下来，构成了企业文化中不可缺少的组成部分。

任何企业制度都与一定的社会文化相联系，但并不意味着任何企业制度都代表着企业制度文化，它强调的是在企业活动中，应该建立一种能够使广大员工的自觉性、能动性得以充分发挥的制度机制。在这种制度下，能促使员工实施自我管理。

7. 企业文化活动

企业文化活动是指企业根据企业经营、发展的需要，结合企业员工的需求和特点，所开展的各种文化活动。包括学习培训、技术创新、文学艺术、文化娱乐、体育竞技和思想教育等活动。通过上述活动，增进员工对事业的热爱、对组织的依恋，增强员工的使命感和责任感，鼓励员工主动积极地做好本职工作。

8. 企业环境

企业环境是企业文化的一种象征，它体现了企业文化个性特点。每个企业都存在于一定的环境之中，在环境中发展，同时又改造和创造着环境。

企业环境是企业生存和发展的最基本条件。一方面，要能适应企业外部环境，使它的积极因素作用于企业，促进企业形成良好的外部环境。另一方面，要搞好企业内部环境，以良好的小环境促进大环境的改善。

9. 企业形象

企业形象是由企业的思想、信念、策略、方针、准则、价值观等构成的，是企业文化的可视性象征，是企业文化的载体。

企业文化和企业形象是内容和形式的统一，没有良好的企业文化就不可能有良好的企业形象。企业形象不仅由企业内在的各种因素决定，而且需要得到社会的广泛认同。

10. 企业创新

企业创新实质上是指企业文化的创造力，是企业文化的一个制高点。企业创新是企业持续发展的动力源泉，是企业实现跨越式发展的关键。

企业创新是以人为中心的，也最能表现出人的主体性。企业创新又引导着人们的思维方式、价值观念和行为方式，提高企业员工的创造力素质，提高企业的竞争力，为企业开辟新的发展机遇、掌握企业在市场竞争中的主动权提供服务并作出贡献。

（三）企业文化的功能

企业文化作为一种理性和自觉的文化，具有其特定的功能。今天的文化是明天的效益，企业文化对企业经营的成败关系重大。优秀的企业之所以优秀，是因为它们具有独特的文化特质。先进的企业文化促进了企业树立良好的形象，促进员工发挥潜力、集中智慧、同心协力、开创未来，使企业文化的功能得到充分的发挥。

1. 凝聚功能

通过重视人的价值，珍惜和培养人的感情，促进员工内部团结，增强集体观念，把企业的每一个成员紧紧联结在一起，形成一个统一体。企业文化能使企业员工逐步形成一致的价值取向，能在企业经营管理中起黏合作用，统一企业员工的信念和意志，激发企业员工的积极性和创造力，形成共同的价值观念和思维、行为方式。因而，它可以促进企业形成凝聚力，使全体员工把自己的切身利益与企业的生存发展紧密联系起来，把个人目标与企业目标统一起来，把自己的感情和行为同企业整体精神联系起来，凝聚成企业活力的源泉。

2. 激励功能

通过奋发向上的价值观的熏陶和良好文化氛围的引导，企业的宗旨和目标被确立起来并加以具体化。有了共同的目标，在榜样和模范人物的示范作用下，全体员工的使命感和责任心进一步增强。企业文化的激励功能可以在员工行为心理中持久地发挥作用，避免了员工的各种短期行为。

3. 协调功能

企业的员工队伍来自于各方面，由具有不同知识和不同技能的人所构成。员工们从事许多不同种类的工作，带有各种各样的个人动机和感受。企业文化能在员工间起到沟通协调的作用，通过各种正式、非正式的交往，管理人员和员工加强了联系，传递了信息，沟通了感情，不仅能改变人们头脑中的等级观念，而且能使人们协调地融合于集体之中。

4. 约束功能

企业文化通过共有价值观念，把职工引导到确定的企业目标方向上来。通过厂规厂法、厂风厂貌、伦理道德、人际关系原则等一些企业的"法规"形成对每个员工思想和行为的有效约束。企业文化建设中的这种功能，特别表现出一种由内心心理约束而起作用的对行为的自我管理，用发自内心的动力替代强制压力，从而使工作行为更具自觉性和主动性。

5. 辐射功能

企业文化不但在本企业中发挥作用，而且还会通过各种渠道对社会生活产生作用。企业员工在同社会各方面的交往过程中，会反映出一个企业的文化特征。企业良好的精神面貌会起到示范作用，形成良好的社会氛围，达到社会信誉与企业效益及推进管理相关方面的多重效果。

6. 育人功能

企业文化建设有利于加强员工的思想教育，促进社会主义精神文明建设。通过这项工作，培养企业职工热爱企业、关心集体、积极工作、热情服务的工作态度和良好的职业道德，提高他们的精神素质和思想觉悟。从培养热爱企业、热爱本职工作的员工开始，最终把员工培养成适应祖国现代化建设需要的"四有"新人。

第二节 建筑企业文化建设

企业文化建设是企业经营管理战略中的一项长期、艰巨、细致的系统工程。现代企业如同具有意识和生命的机体一样，它的活力不但依靠物质的代谢，也与精神文化活动紧密相连。要把建设企业文化置于生产经营活动的先导地位，在企业文化的构建过程中，既需要领导者的积极倡导、身体力行，也需要广大员工的认同，还需要适当协调各方面的利益关系。

一、企业文化建设的原则、目标和层次

（一）企业文化建设的原则

各个企业素质不同、所处的环境不同，企业文化构建的过程也不一样，然而它们应当共同遵守一定的建设原则。

1. 企业文化建设要与完成企业目标相一致

每一个企业都有一个明确的经营目标，如要占领某一地区某类建筑市场，或要通过质量的提高赢得用户等，这些目标都要依靠企业员工来完成。因此，必须把企业目标传达给员工，把企业的宣传、文化活动与企业目标联系在一起，并使企业员工在工作中和企业文化活动中得到肯定，获得心理的满足，为自己完成的工作业绩而自豪。

2. 企业文化建设要促成员工建立正确的价值观念

每个企业都应具有共同的价值观念，它是企业全体员工的共同信仰和遵循的价值标准，企业文化建设要有意识地把员工的行为规范到这个标准上来。积极承担应尽的社会责任，始终奉行高水准的商业道德，充分尊重员工的价值，遵循以人为本的价值理念，积极构筑发挥每个人价值的社会平台。

3. 企业文化建设要增强员工的凝聚力

每个员工都有社会交往的需要，并且主要是通过劳动及休息间隙获得彼此的交往和相互的信任。企业文化建设要积极促进这种关系，提倡互助共赢，密切领导者、管理者与群众的关系，减少对立和矛盾，让施工现场不仅是在一种井然有序的文明管理条件下，也在一种亲密合作、气氛和谐的人际关系条件下，使每个集体都成为团结能战斗的集体。

4. 企业文化建设要促进员工积极参与管理

员工参与管理不应仅是在工作中提倡，而是在职工的文化生活中就应积极培养和体现的。在工作和文化生活中的每一个场合，员工既是企业文化的实践者，也是企业文化的创造者。只有把员工的积极性调动起来，让他们自觉主动地为企业发展出主意、想办法，才能实现企业的快速成长。

5. 企业文化建设要激励员工积极向上的精神

一个企业不论经营状况多么艰难，都不能悲观和不求上进。企业的员工有积极向上的进取精神，是一个企业的财富和希望。为此，在企业文化建设中，就要灌输这种精神，让每个员工都关心企业的命运，都来为企业发展作贡献，追求卓越，勇攀高峰。

（二）企业文化建设的目标

企业文化建设的目标包括：

(1) 培育每一名员工的敬业精神；
(2) 激发每一名员工的工作热情；
(3) 支持每一名员工的创新行为；
(4) 促使每一名员工为企业负责，为他人（包括社会）负责，为自己负责；
(5) 鼓励每一名员工不怕艰险，克服困难；
(6) 鞭策每一名员工全心全意地完成所承担的责任和任务；
(7) 激励每一名员工自觉自愿地实现企业目标和共同的愿景。

走进一个优秀的企业，你能感受到一种气氛和活力，感受到鼓舞人心的力量。对于每一个员工来说，没有人规定其应该如何去做，而他却自然而然地去身体力行；企业文化让每一位员工都相互尊重、相互谅解、相互关爱，能心情舒畅地工作，从而在某种程度上达到自主管理的境界。

（三）企业文化建设的层次

建筑企业文化建设包括三个层次，外层为物质文化，中间层为制度文化，内层为精神文化。

物质文化是指可见之于形、闻之于声的文化形象，即所谓外显部分。具体可以表达为：①文明施工。如果施工现场环境状况出现"脏、乱、差"，将极大地损害施工企业的社会形象。所以，文明施工是企业文化的物质体现和外在表现。②建立传播文化，对外树立企业形象。通过新闻媒体、内部刊物、建设网站等渠道宣传项目采用"新技术、新工艺、新材料"的优势，宣传打造精品工程，确保安全生产的好经验，在社会上为企业造舆论、造声势、造影响。

制度文化是指介于外层、内层之间的文化层次，包括企业的规章制度、组织机构等。通过建立人才开发机制，拓宽纳才途径，广招贤才，全方位整合人才，实现"以人为中心"的管理，满足企业不同层次、不同时段对各类人才的需要。要优化人才结构，建立"留才"机制，健全分配体系，完善激励措施。构建"人企合一"的文化氛围，在用事业留人、用感情留人、用良好待遇留人的基础上，还要用优秀的企业文化留人。

精神文化是指积淀于企业及其员工心灵中的意识形态，如理想信念、道德规范、价值取向、行为准则等，即所谓内隐部分。它决定和制约着企业文化的其他两个层次。它的内容包括：①诚信互动。要构建企业管理者、领导团队同员工之间的诚信互动；构建企业同业主之间的诚信互动；构建企业与协作队伍（分包商）、供应链等各主体之间的诚信互动。②培养企业员工正确的价值观。建立团体精神，培养企业与员工"荣辱与共"的价值观念，建立企业与员工"血浓于水"的深厚感情，树立"企业就是我的家"的主人翁意识；要凝聚企业员工的思想，抓好精神文化层建设，合作互信；坚持诚信经营，树立"品质第一"的精品意识，从而规范企业员工的工作行为。

二、企业文化建设的步骤

企业文化建设不能一蹴而就，也不能照搬照抄，而是要结合企业的特点，按照科学的步骤，有目标分阶段地进行。企业文化建设通常经过以下几个步骤。

（一）分析内外因素，选择价值标准

首先应全面收集资料，对企业现存的文化进行系统的分析，归纳企业已经形成的传统作风、行为模式和特点，分析在市场竞争中本企业的地位，明确本企业拥有什么，缺少什么，应当发扬什么，摒弃什么，进而确定适于本企业实际情况的、负责的、有利于社会的、积极向上的价值观念作为企业文化建设的根基。

（二）组织调查研究，明确企业文化建设的目标

组织调查研究要遵循客观事实，要全面、综合、重点调查企业内在机制、人员素质、发展环境等方面的内容。

根据对企业的综合分析，提出既适于企业又具有个性的企业文化建设的目标。这一目标既要有针对性，又要现实可行，进而为企业目标的实现创造环境与条件。

（三）将企业文化建设目标条理化和具体化

就是把企业最优秀的文化内容用富有哲理的语言表达出来，形成制度规范、口号、守则。如北京城建集团提出的："建一项工程，树一座丰碑"，"盖一座大楼，育一批人才"，"踏一方热土，留一片美名"，内容生动形象，内涵丰富。

（四）设计企业文化体系

在文化体系、实施内容上，发动企业广大员工提方案、拟措施。从企业到施工现场，从上到下，处处体现企业文化，做到目标明确，井井有条，设计规划，论证实践，与管理工作相协调。

（五）倡导、强化、提高

通过各种企业文化活动，大力提倡和传播企业文化，把企业精神渗透到生产经营管理的全过程中，形成认同—强化—提高—再认同—再提高的循环过程。从感性到理性，从实践上升为理论，不断提高企业文化的层次。

（六）适时发展

在企业不同的发展阶段，企业文化应有不同的内容，不同的风格。要根据企业发展的需要，使企业文化在不断更新的过程中优化、发展和创新。

三、企业文化建设的途径和方法

（一）企业文化建设的途径

每个企业在发展企业文化过程中，都有自己的实际情况和经验，但总的都是沿着两条主线展开：一是创建和树立优秀的企业精神；二是把企业文化建设寓于企业内部各项工作与活动中。其主要途径有以下几种。

1. 加强企业文化建设的前提是领导重视、作出榜样

企业文化与精神风貌的培育，首先要提高企业领导者的认识，制定出企业文化发展规划，采取切实有效的措施才能出成效。

2. 创建和树立优秀企业文化

（1）要有意识地培养积极负责任的价值观（如开展"假如我是一个用户"的讨论），从而使员工自觉从我做起，对用户负责，对企业信誉负责，同时也是对自己负责。进一步可以让员工献计献策、改进管理、优化企业形象，培养员工的归属感，在攻克管理及施工技术难关中获得自豪感。

（2）企业文化要十分注重员工的集体意识，把集体的荣誉摆在首位，处处注意维护集体的利益。要使每个员工都认识到，在经营工作中或在工地上，自己代表的是自己所在的企业，自己的形象就是企业形象的一部分，强化集体意识。与此同时，要积极发挥非正式组织的作用。

(3) 领导要以身作则，要首先让自己的行为符合企业价值标准，通过自己的言行和影响力向广大员工灌输企业价值观念；另一方面，企业对员工的情感也要通过领导行为体现出来，领导应经常与员工沟通信息，增进感情，帮助员工排忧解难。这样，才能有更多的合作，更少的逆反心理。

3. 以多种形式宣传和推行企业文化

企业根据自身情况，可以运用多种形式和手段，宣传、推行和创建企业文化。这些形式包括：

(1) 通过标语、现场广播、板报、内部刊物为广大员工提供传播和扩散企业文化的阵地。

(2) 奖励先进，批评落后，强化员工行为。先进职工的行为是企业价值标准和企业精神最直接的体现，表彰先进的本身就是宣传企业文化。

(3) 把QC小组（即质量管理小组）活动、合理化建议活动都与企业文化建设活动一致起来。通过这一形式，沟通员工与管理部门之间的联系，缓冲企业内部矛盾，培养员工的主动精神，提高员工的自信心、责任感。

(4) 开展各种文化活动，传播企业文化，深化企业文化。这些企业文化活动就是企业文化的创造、培养、建设、传播和产生影响的企业管理活动。

1) 思想教育型文化活动。即企业为向员工灌输文化信息、企业精神，提高员工素质的思想觉悟而开展的各种活动。如文化教育、技术培训、观念宣传等活动。

2) 生产技术型文化活动。即由企业组织或自发组织的围绕生产经营问题而展开的各种群众性技术活动。如技术攻关、技术合作、操作比赛、QC小组、生产节能活动等。

3) 文体娱乐型文化活动。即文体及带有文体娱乐性质的庆典活动和传统风俗活动。如运动会、球赛、棋赛、联欢晚会等。

4) 生活福利型文化活动。即企业从物质生活、福利保健等方面关心员工的各种活动。如改善工作和生活环境、美化厂区、为员工提供优良的医疗保健及其他服务设施和项目等。

5) 帮助新员工熟悉和了解企业。通过介绍和参观等形式，让新员工了解企业发展史、企业现状、企业的优良传统和作风，目的是为了使新员工尽快适应企业环境，消除陌生感，接受企业的价值观念，成为企业合格的成员。

(二) 企业文化建设的方法

1. 领导牵引法

企业领导是企业文化的倡导者和最具权威的指挥者。一个企业塑造什么样的企业文化模式，往往是由企业领导首先提出和决定的。所谓领导牵引法，就是指企业领导人在企业文化模式的塑造上，开阔视野，拓宽思路；用心谋划，提出建议；积极协调，严密组织；舍得投入，科学运作；追求一流，以身作则。

2. 更新观念法

要塑造良好的企业文化，首先要做的就是观念的更新。所谓更新观念法，就是指在塑造企业文化模式之前，首先确立正确的企业文化的理论方针，针对企业的不同人员，运用各种传媒手段、各种形式及丰富多彩的活动，分层次、有系统地进行宣传引导，统一思想认识，实现企业文化观念上"汰旧纳新"。

3. 突出中心法

人是企业文化建设的中心，塑造企业文化模式必须突出以人为中心。所谓突出中心法，就是指真正把企业员工作为中心加以重视和尊重，围绕人来做文章，使一切工作服从于人，服务于人，激发员工的热情，关心员工的需求，重视和调动企业员工搞好企业文化的积极性、主动性和创造精神，使企业员工自觉成为有益于企业和社会的主体人群。

4. 优化载体法

企业文化载体是企业文化模式赖以生存和发挥作用的物质结构和手段，是企业文化模式的物化形态。所谓优化载体法，就是指在塑造企业文化模式的同时，优化主体载体、组织载体、制度载体、物质载体。即提高人的素质，健全组织，完善制度，搞好物质建设和保障，使各种载体充分作用于企业文化，成为企业文化模式的良好物质实体。

5. 稳定结构法

企业文化模式的结构由基础部分、主体部分和外在部分三部分组成。所谓稳定结构法，就是指正确把握企业文化各结构部分之间的关系，有效控制和促进各结构相互之间的影响和作用，紧紧抓住基础部分这个核心，区分层次，强化主体部分，不断改善外在部分，使其成为一个完整稳定的系统体系，确保企业文化模式的正常运作。

6. 训练培养法

良好的企业文化离不开对企业员工的训练培养。所谓训练培养法，就是指企业根据企业模式要求，运用上课、技术表演、操作实习、集体活动等形式，对企业员工进行教育训练，使其了解企业的历史、立场、方针、未来，掌握工作条件和规则，知道遵循或遵守什么，具有正确的工作态度、精神面貌、礼节以及应具备的形象，有正确的人生观、价值观，有协作精神、责任感强、积极性高，成为有素质的企业员工。

7. 民主驱动法

企业民主既是企业文化的目的，也是搞好企业文化的手段。所谓民主驱动法，就是指企业依据一定的企业文化模式，把每个员工都看成是企业共同体中不可缺少的一员，真正确立员工的主体地位，从制度上保障员工的合法权益，密切领导与员工的关系，让员工在企业的经营管理等一系列重大问题上有发言权、参与权和监督权，畅通民主渠道，健全民主机制，注意发挥职代会、工会等组织的作用，使员工的积极性充分调动起来，促进企业文化的发展。

8. 目标管理法

企业目标具有对企业文化的导向作用。所谓目标管理法，就是指企业根据本企业文化所要达到的目的，制定相应的目标，包括战略性目标、策略性目标以及方案和任务，把企业文化和内容用目标加以量化和细化，要求、鼓励和吸引企业全体人员为实现目标努力工作并承担责任，把计划、实施、考核、评价等都纳入目标管理体系之中，确保企业文化模式内各要素功能的充分发挥。

9. 职责挂钩法

各司其职、各负其责，确定企业文化的责任内容，对于企业文化建设具有独特的作用。所谓职责挂钩法，就是指在企业文化模式的运作中，将内容寓于每个人的职务之中，将责任落实到每个人，使每个人的积极性得以调动和激发，责任感和主动性得到充分发挥，打破企业文化中的"大锅饭"现象，解决"大家负责，无人负责"的问题。

10. 轻重缓急法

塑造企业文化，需要企业根据自己的实际情况而定。所谓轻重缓急法，就是指企业将影响企业文化模式形成的各种因素分类排队，分清轻重缓急和难易，按照先重后轻、先急后缓、先易后难的次序来安排塑造企业文化模式的步骤。

11. 机构作用法

塑造企业文化模式固然离不开员工群众的作用，但专业人员和专门机构的作用也不可忽视。所谓机构作用法，就是指企业为保证塑造企业文化模式的顺利进行，建立专门的组织机构，制订规划，培训骨干，组织实施，对员工进行企业文化方面的教育，向领导提出建议，组织企业文化模式的试点等等。

12. 优势发挥法

塑造企业文化模式，要认识和发挥自身优势。所谓优势发挥法，就是指在塑造企业文化过程中，充分发挥优势，保证企业文化模式沿着正确的方向健康发展，保证塑造企业文化模式的各项活动顺利有效地进行。

四、建筑企业文化建设的特殊性

建筑企业文化建设的特殊性源于建筑生产的人员、过程和生产场地的特殊性。

（一）生产人员的特殊性

建筑企业多是劳动密集型企业，生产力构成中人的因素比例大，劳动者个人的质量意识、协作意识、责任意识都直接对产品质量构成直接影响。建筑产品质量问题较多，而人为的质量问题占绝大部分。因此，建筑企业文化建设工作亟待加强。

（二）生产过程的特殊性

建筑产品的生产过程是各工序、工种协同合作的过程，大量的隐蔽工程除靠有限的检查把关而外，主要靠员工的负责精神和自觉性。在这个问题上，员工的主动与被动是造成工程质量优与劣的根源，必须通过建筑企业文化建设杜绝那些"明明能干好却不好好干"的不良现象，重点在职业道德上做好工作。

（三）生产场地的特殊性

施工现场的分散性造成企业文化建设的离散性。由于临时用工较多，异地施工较多，工作强度大，使建筑企业文化建设难度更大，需要企业文化建设工作更灵活，更有声势，更富感染力。因此，必须把企业文化建设工作做到施工现场去。

近年来，建筑市场竞争一直异常激烈，企业文化建设，特别是为外界树立的企业形象在企业竞争中起着很大的作用。一个建筑企业能艰苦奋斗，吃苦耐劳，科学管理，勇攀高峰，在不利的环境下建设起用户满意的优质工程，就能受到建设单位的好评，就能把企业文化的精神财富转化成物质财富。

第三节 企业精神和企业形象

一、企业精神

（一）企业精神的含义

企业精神是指企业在长期生产经营活动的实践中，为谋求企业的生存和发展而逐步形成的，并为企业员工所认同和信守的共同理想、价值观和基本信念。它代表着企业员工的精神风貌,渗透在企业的宗旨、战略目标、经营方针、职业道德、人事关系等方面,反映在厂风、厂纪、厂容、厂誉上。它是企业文化的核心和灵魂,是企业生机和活力的源泉。

一般地说,企业精神主要包括三个方面:一是对社会、国家、民族作出贡献的理想追求;二是企业的价值观;三是企业群体的信念。

企业精神是在企业长期生产经营活动中自觉培养形成的。企业是以人为主体的,人是企业中最活跃的因素,企业的生产经营活动表现为人的追求。这种追求开始以潜在的观念和外在的、不稳定的思想风貌形式存在。随着企业的长期发展,这种观念和思想风貌不断积累沉淀,逐步稳固下来,经过有意识的总结、概括、提炼、升华,最终形成一种共同的理想和信念,也是被员工认同并自觉地强化了内涵的意识和信念。它是企业员工的精神"核心",是企业文化建设的"尖端"部分。

企业精神是企业在实践中建立起来的共同的价值取向和心理趋向,它体现于企业道德规范、企业传统、企业作风、价值准则、生活信念等企业文化要素之中,反映着企业的共同理想。企业精神的内涵丰富,包容性强,是企业文化的精髓。

在企业文化诸项内容中,企业精神对其他内容有着一定的制约性和导向性。它对企业哲学、企业道德、企业规章制度的形成和建立有很大的影响力。这种制约性和导向性使企业精神成为企业文化的核心内容。

企业文化现象在企业诞生的同时就开始存在了,而企业精神作为企业有意识地培养的一种职工群体意识,是对企业的全部观念意识、风俗习惯、行为方式等积极因素进行总结和倡导的结果,它是企业文化发展到一定阶段上的产物。企业精神的成熟度是企业文化发展状况的标尺。

我们可以举出几个企业精神的实例,如:中建一局四公司的"用我们的智慧和承诺,雕塑时代的艺术品",南京二建集团公司的"用大地人的精神,营造大地上的精品",南京栖霞建设集团的"立广厦于天地,奉爱心于人间"。这些企业精神都反映了企业员工健康向上的精神,具有凝聚力、号召力和鲜明的个性。

(二) 企业精神的形成

企业精神有其自身形成、发展的规律,它是在企业生产经营活动的基础上,经过内部孕育、外部影响、长期实践、反复锤炼而成的。

企业精神的形成,首先要在企业内部经历一个不自觉的孕育过程。在生产实践的初始阶段,企业精神还处在比较零碎的、不系统的感性状态。随着实践的发展,人们的认识不断提高,经过集中、概括、升华,用语言表达出来,就成为理性观念。当这种观念形态的东西被广大群众认同并用以自觉指导和规范自己的行为的时候,就成为一种自觉的群体意识。

企业精神的形成离不开外部环境的影响。任何事物的发展,都有它的内部原因和外部条件,在企业精神的发展形成过程中,外部环境起到相当大的作用。实践证明,企业精神往往是在企业环境发生明显变化的情况下产生的,甚至是在企业最困难的时刻确立的。企业最困难的时刻也是最好地体现企业精神的时刻,也正是在这一时刻,可以充分体现企业精神作为企业的"灵魂"而发挥出的巨大作用。

(三) 企业精神的培育

一个健康向上的企业精神,要通过长期培育和发展才能形成。在培育企业精神过程中要突出以下几个重点内容。

1. 体现爱国主义精神

爱国主义精神表现为高度的民族自尊心和民族自豪感，它是维系和支撑一个民族生存与发展的精神力量，是一个民族对其自身存在价值和尊严的自我意识，是实现"四化"、振兴中华的精神支柱。培养爱国主义精神是每一个企业不容推卸的历史责任。

2. 体现集体主义精神

集体主义精神又是社会主义价值观念中的基本内容，它贯穿于人们一切活动和社会生活方式的一切方面，是衡量人们道德行为的一条重要标准。培养集体主义精神，必须大力倡导团结、互助、协作、友爱和爱厂如家的品质和作风，使企业成为协调、融洽、和谐的集体。

3. 体现对社会的奉献精神

表现为自觉努力为社会提供优质产品和服务，尽自己所能为国家多作贡献，而作贡献的同时，企业自身的价值才能得到体现，自身的生存与发展才更有意义。

4. 体现尊重科学、认真求实的精神

表现为实实在在地做有意义的事，不搞空架子，不弄虚作假，不欺骗用户，体现着按客观规律办事和实事求是的科学态度，它是社会主义企业精神的一项重要内容。

5. 体现竞争进取精神

在社会主义市场经济条件下，竞争力是企业管理与技术实力的综合体现。企业要想在复杂多变的市场风云中站稳脚跟，发展壮大，就要有竞争的意识，就要有不断创新的思想观念和过硬的管理工作，没有争先的意识，没有竞争的观念就建不成一流的企业，甚至会在竞争中被淘汰。

总之，要建立良好的、健康向上的企业精神，使思想政治工作具有更丰富的内容，促进其进一步科学化和被群众所接受。企业精神的培育，是思想政治工作的创新，为企业思想政治工作开辟了新的广阔的天地。

二、企业形象

（一）企业形象的含义

企业形象是指消费者、社会公众以及企业内部员工和企业相关部门与单位对企业、企业行为、企业的各种活动成果所给予的整体评价。它是企业文化对外界公众的直接表现，是直观可感的。如公众对企业产品质量的认可，对企业行为的评价，都反映出公众对企业的具体感受，从而在心中留下优或劣的印象。优秀的企业形象是企业长期努力的结果，恶劣的企业形象则易得而不易改。

企业形象一般由三个方面来确定，即产品形象、组织形象和企业领导的形象。它又可以通过美誉度和知名度两个指标来表现。

美誉度是指公众对产品、组织和企业领导的信赖和赞美欣赏的程度，以及社会影响的美、丑、好、坏。这些是可以构成评价企业好坏程度的指标。知名度是指公众对产品、组织和企业领导的了解和熟悉程度，以及社会影响的广度和深度。这些可以构成评价企业名声大小的客观尺度。两个指标的高低决定了企业形象的好与差。

对企业形象的评价，是通过对下列一些因素的评价而形成的。

（1）产品。包括质量、造价、工期、售后服务等方面。质量高、价格合理、按时交工、售后服务良好，那么企业形象就好。

(2) 企业工作质量。主要包括企业管理方式、企业创新活动、企业财务状况、文明施工、企业社会责任等。

(3) 企业领导。主要指董事长、总经理等领导在社会上的影响，包括公众宣传方面的知名度和领导个人的工作作风及品德素质。

对企业形象的评价，是通过下列一些方面形成的。

(1) 政府职能部门。主要指建设管理部门、质量监督部门及工商、金融部门对企业的评价，而这些部门提供给社会和用户的企业形象信息是举足轻重的。

(2) 用户和消费者。用户和消费者对产品质量以及售后服务情况、回访保修情况、及时处理质量问题情况的反映，是对企业形象的直接评述，如新房漏雨、墙皮脱落、排水不畅等现象的发生是对企业形象的直接损害。

(3) 社会邻里。主要包括是否文明施工、是否困民扰民、是否损害环境等。一些企业常通过建设位于城市中心地段的大型公共建筑，试图在社会公众中建立自己的企业形象和知名度，那么它同时也应该把文明施工和公众利益时时放在重要的位置上，不能只让用户对质量满意而不让公众对文明施工满意，可以说公众和社会是企业将来的客户。

(二) 企业形象的作用

企业形象是企业文化建设的重要内容，它不仅对团结职工努力工作有重要的心理作用，而且在企业的外部也能产生很大的社会心理效应。所以，许多企业都十分重视企业形象的树立，通过开展树立优秀企业形象活动来推动企业文化的建设。

良好的企业形象是一种无形的财富，企业形象好，用户就信赖，投标中标的可能性就大。从企业外部来看，良好的形象使公众充分信赖企业，为改善企业经营提供更多的机会；从企业内部看，良好的企业形象可以使全体员工在工作中产生同企业同呼吸、共命运的价值观念，从而最大限度地调动了员工的积极性，保证企业旺盛的生命力。

(三) 企业形象策划的内容、程序

1. 企业形象策划的内容

企业形象策划是指策划者为了达到企业的目标，尤其是达到树立良好企业整体形象之目的，在充分进行企业实态调查的基础上，对企业总体形象战略和具体塑造企业形象活动进行谋略、计划和设计的运作活动。企业形象策划可分为两个层次，即总体企业形象战略的策划和具体塑造企业形象活动的策划。企业形象广告策划、CI操作技术等属于具体塑造企业形象活动的策划；而CI总体策划、企业名牌战略、企业公关战略等属于总体企业形象战略策划。

CI (Corporate Identity System) 称企业识别系统，是一种经营管理策略。其基本构成要素有三个：一是企业理念识别（简称MI，包括企业经营信条、精神标语、座右铭、企业经营策略等，MI可称为CI的"想法"）；二是企业行为识别（简称BI，是CI的动态识别形式，包括对外回馈、参与活动，对内组织、管理和教育，BI可称为CI的"做法"）；三是企业视觉识别（简称VI，是CI的静态识别符号，是具体的、视觉化的传达形式，其项目最多、层面最广、效果最直接，VI可称为CI的"看法"）。三者相互作用，带动企业经营管理，塑造企业独特形象。

CI总体策划主要通过CI的设计，把标准统一的企业经营理念、行为规范和视觉形象,通过企业自身的或外界的媒体扩散出去,使社会大众或消费者对企业产生信赖、认同感和偏爱心理效应,达到提高企业知名度,最终占领和扩大市场的目的。通过独具特色的企业标志、色彩、音乐和口号(如企业的徽章、服装、旗帜、符号、图案、文字、报纸、广告和工程项目的名称、简介、纪念牌以及企业的歌曲、文体比赛、广播电视等),向社会展示企业自身与众不同的风格和形象。

2. 企业形象策划的程序

(1) 企业形象调查。通过调查,了解公众对企业的意见、态度和反映,对企业形象及其信誉作出自我反思与评价,寻找企业形象自我评价与公众评价的差距。根据这种形象差距,通过再度形象策划后对企业形象加以调整。调查的方法可以采用询问法、观察法、实验法等完成。

(2) 策划方案制订。详细确定人员分工、传播媒介、经费开支、工作途径、行动手段、效果检测以及运行结果等。为保证策划方案科学合理,可以采用诸如德尔菲法、头脑风暴法等,每一个方案都可以用几个前提假设作为依据,使问题讨论更加深入,还可以考虑把问题本身分为若干小问题,或者是通过提类似的问题,使参加讨论的专家畅所欲言,避免思想受问题局限。

(3) 策划后的实施。策划后的实施重点是:要注意选择形象策划活动的媒介和活动方式的有效性,要根据策划工作的目标要求、公众对象、传播内容、经济条件选择媒介,根据活动方式的侧重性、功能性,选择宣传性策划、交际性策划、服务性策划、社会公益文化策划、征询性策划等方式,边实施边反馈。

(4) 反馈与评估。通过反馈与评估,客观评价策划工作的成败,通过定性定量评价、公众与市场的反映,对形象策划的媒介、活动方式进行必要的调整。

企业形象策划的过程是一个循环往复的不断调整的过程。市场在变,环境在变,企业状况也在变。因此,企业形象策划的过程是不断优化的动态过程。

(四) 完善企业形象的策略

完善企业形象必须从企业形象的现状出发,根据其美誉度和知名度高低所处的不同状态,以高美誉度、高知名度为目标,进行策略的计划调整。

(1) 对美誉度和知名度都低的企业,其基本策略是:先提高美誉度,后提高知名度。从企业内部管理着手,狠抓产品质量,夺取几个优质工程金牌,再依靠新闻宣传及用户的舆论,从而打开工作局面。

(2) 对高知名度、低美誉度的企业,基本策略是:首先弄清造成这一状况的历史,一种可能是本来默默无闻的企业因发生大的事故而导致企业出名;另一种是企业本来有较高的美誉度和知名度,由于某些重大问题处理不当而使美誉度大大降低,这两种情况应区别对待。

第一种情况下,企业的中心工作应是先降低其已享有的知名度,通过企业联合或其他借用别的企业形象的办法,改名换姓,然后再采取措施,重新争取美誉度。

第二种情况,企业的中心策略应该是坦诚地向公众交代事故的原因,以及改善这方面工作的措施,以取得公众的谅解,恢复企业的美誉度。

(3) 对高美誉度、低知名度的企业,企业的工作重点应是提高企业知名度,扩大宣传范围,增强宣传力度。如在在建工程上悬挂标语,在有影响的工程招标中中标,在报刊杂志上进行企业宣传等。

（4）对美誉度和知名度都高的企业，企业的工作重点是保持企业具有的美誉度和知名度。要给公众留下持久的良好印象，必须具有鲜明的企业个性，重视企业文化建设。

企业文化的共同之处在于：重视社会效益，提倡集体主义为核心的价值观，提倡民主参与管理，遵守文明竞争、合法经营的道德观念，发扬节俭、文明、协作、创新的工作作风。应该说企业形象是通过企业自身的努力，用自己的行为塑造的，它是企业精神指导下的行为结果。

复 习 思 考 题

1. 什么是企业文化？有何特征？
2. 简述企业文化的载体、内容和功能。
3. 简述企业文化建设的层次。
4. 企业文化建设应遵循哪些基本原则？
5. 简述企业文化建设的途径和方法。
6. 什么是企业精神？如何培育企业精神？
7. 什么是企业形象？通过哪些因素对其进行评价？
8. 什么是企业形象策划？包括哪些层次和内容？
9. 简述完善企业形象的策略。

第五章 建筑企业战略管理

第一节 企业战略管理概述

一、企业战略的概念及特征

(一) 企业战略的概念

战略一词,原为军事用语。顾名思义,战略就是作战的谋略。《辞海》中对战略一词的解释是:"对战争全局的筹划和指挥。它依据敌对双方的军事、政治、经济、地理等因素,照顾战争全局的各方面,规定军事力量的准备和运用。"《中国大百科全书·军事卷》诠释战略一词时说:"战略是指导战争全局的方略。即战争指导者为达成战争的目的,依据战争规律所制定和采取的准备和实施战争的方针、政策和方法。"《韦氏新国际英语大词典》(第三版)定义战略一词为:"军事指挥官克敌制胜的科学与艺术。"随着人类社会实践的发展,战略一词被广泛用于军事之外的领域,从而被赋予了新的含义。而将战略思想运用于企业经营管理之中,就产生了企业战略这一概念。

什么是企业战略?在战略管理文献中没有一个统一的定义。美国哈佛大学商学院教授安德鲁斯认为,战略是要通过一种模式,把企业的目标、方针、政策和经营活动有机地结合起来,使企业形成自己的特殊属性和竞争优势,将不确定的环境具体化,以便较容易地着手解决这些问题。美国著名战略学家安索夫则认为,战略构造应是一个有控制、有意识的正式计划过程,企业的高层管理者负责计划的全过程,而具体制定和实施计划的人员必须对高层管理者负责,通过目标、项目、预算的分解来实施所制定的战略计划。而加拿大麦吉尔大学管理学教授明茨伯格提出了企业战略的 5P's,即计划、计策、模式、定位和观念,从五个不同角度对战略加以阐述。

综上所述,企业战略是以企业未来发展为基点,为寻求和维持持久的竞争优势而作出的有关全局的重大筹划和谋略。

(二) 企业战略的特征

(1) 全局性。以企业全局为对象,根据企业的总体发展的需要而规定企业的总体行动。从全局去实现对局部的指导,使局部得到满意的结果,最终使全局目标得以实现。

(2) 长远性。企业在制定战略时要着眼于未来,对较长时期内 (5 年以上) 如何生存和发展进行通盘筹划,站在长远的高度来实现既定目标。

(3) 整体性。按照事物各部分之间的有机联系,把企业整体作为研究的对象,立足于整体功能,从整体和局部相互依赖、相互结合的关系中,揭示整体的特征和运动规律,发挥战略的整体优化效应,以达到预期的目标。

(4) 风险性。企业的外部环境和市场机会都具有一定的风险性。这就要求企业迎接来自各方面的竞争、压力和困难的挑战,想办法适应环境,变压力为动力,把握可能的机会,避开可能的风险,寻求合理的行为方式去实现企业的经营目标。

(5) 社会性。建筑企业的战略虽有自己的直接目的性和倾向性，但其是社会整体发展战略的重要组成部分，所以它既要体现管理者和员工的利益，同时还要服从社会共同的长远的利益，正确处理社会、企业和个人三者的利益关系。

企业战略还有竞争性、创新性、适应性等特征。

二、战略与有关术语的区别和联系

(一) 战略与战术、策略的区别和联系

战略不同于战术，它们之间既有密切联系，又有明显区别。一般说来，战略与战术主要是全局与局部的关系。战略是指企业对所要达成的长期目标及对达成目标的途径和手段的总体谋划。而战术是指为达到战略目标所采取的具体行动。

战略与策略主要是目的与手段的关系。一般来讲，先有战略，后有策略，策略必须服从和服务于战略。例如，企业为达成某战略目标，在投资、技术改造、人才培训等方面采取的措施和办法，一般就叫投资策略、技术改造策略、人才培训策略等。

(二) 战略与规划、计划的区别和联系

从广义来讲，战略、规划、计划都是对未来的筹划，也可通称为计划。

从狭义来讲，战略、规划、计划既有联系又有区别。战略是规划、计划的灵魂，规划、计划必须体现既定的战略。因此，战略是规划的基础，规划又是计划的基础，应先有战略，再有规划，再定计划，使其成为可以布置可以检查的具体行动方案。从这个意义上讲，规划和计划又是战略的继续、深入和细化。

从实施范围看，企业战略是全面的，企业规划和计划可以是全面的，也可以是局部的；从实施的时间看，企业战略是长期的，企业规划一般是中期的，也可以是长期的，企业计划是短期的；从实施的内容看，企业战略是原则性的，企业规划是轮廓性的或粗线条的，企业计划是细线条的；从实施的方法看，企业战略以定性为主，企业规划是定性与定量并重，企业计划是以定量为主。

三、企业战略的层次

在一个企业中，战略分为三个层次：企业总体战略、竞争战略和职能战略。

(一) 总体战略

企业总体战略又称公司战略。总体战略是企业整体的战略总纲，是企业最高管理层指导和控制企业的一切行为的最高行动纲领。其研究对象是一个由一些相对独立的业务组合成的企业整体。

企业总体战略强调两方面的问题：一是需要根据企业的目标选择企业可竞争的经营领域，即企业应该选择经营哪些业务，为业主提供哪些服务；二是合理配置企业所必需的资源，使各项经营业务相互支持、相互协调。

(二) 竞争战略

竞争战略或称经营战略，是指战略经营单位（SBU）事业部或子公司的战略。它是在总体战略的指导下，经营管理具体经营单位的战略计划和行动，为企业的整体目标服务，是总体战略下的子战略。

竞争战略解决企业如何选择企业经营的行业和如何选择企业在一个行业中的竞争地位的问题。主要涉及如何在市场中竞争。其主要问题是关心应开发哪些产品和服务，以及将其提供给哪些市场，关心它们满足用户的程度，以达到企业的目标。因此，总体战略涉

企业的整体决策,而竞争战略则更关心整体内的某个单位。

(三) 职能战略

职能战略是为了实现企业总体战略和竞争战略,对企业内部的各项关键的职能活动作出的统筹安排,是企业内部主要职能部门的短期战略计划。它的重点是提高企业资源的利用效率,使企业资源的利用效率最大化。企业职能战略一般包括财务战略、技术发展战略、人力资源战略等。

四、企业战略管理的概念及意义

(一) 企业战略管理的概念

企业战略管理一词最初是由美国著名战略家安索夫在其1976年出版的《从战略规划到战略管理》一书中提出的。他认为:企业的战略管理是指将企业的日常业务决策同长期的计划决策相结合而形成的一系列经营管理业务。而战略管理专家斯坦纳在其1982年出版的《企业政策与战略》一书中则认为,企业战略管理是确定企业使命,根据企业外部环境和内部经营要素确定企业目标,保证目标的正确落实并使企业使命最终得以实现的一个动态过程。

企业战略管理的关键词不是战略而是动态的管理,它是一种崭新的管理思想、理念和方式。指导企业全部活动的是企业战略,全部管理活动的重点是制定战略和实施战略,而制定战略和实施战略的关键是在于对企业外部环境的变化进行分析,对企业内部条件和素质进行审核,并以此为前提确定企业的战略目标,使企业的外部环境、内部条件和企业目标三者之间达到动态平衡。

企业战略管理的任务,就在于通过企业的形势分析、战略制定、战略实施和战略控制等管理工作,在保持这种动态平衡的条件下,最终实现企业的战略目标。

综上所述,企业战略管理是指企业的高层决策者在企业内外部环境分析的基础上制定出明确的战略目标,为保证目标的实现进行全局性谋划,并将这种谋划和决策付诸实施,以及在实施过程中进行控制的一个动态管理过程。企业战略管理是企业制定战略、实施战略、控制战略等一系列的管理活动,其核心问题是使企业的自身条件和环境相适应,以求得企业的生存和发展。

(二) 建筑企业战略管理的意义

在市场经济条件下,建筑企业面临的外部环境,可以概括为顾客导向、变化快速和竞争激烈的3C(消费者、合作伙伴、竞争对手)环境。随着经济的全球化,建筑企业发展的新趋势是企业的兼并、多元化、集团化、国际化经营。在这样复杂的环境和新趋势面前,建筑企业必须通过战略管理,做好战略环境分析,未雨绸缪、高瞻远瞩、运筹帷幄,才能掌握主动,利用机会,取得生存与发展。因此,推行战略管理,对于进一步提高建筑企业管理水平,增强建筑企业竞争能力,推动我国建筑企业管理现代化,具有十分重要的意义。

1. 有利于建筑企业建立长远的发展方向和奋斗目标

战略管理的一个重要特点就是不断适应环境变化,调整企业战略或实施新的战略,从而把握企业未来的发展。它要求企业管理人员必须具有战略的思想和理念,通过一系列战略决策和行动,保证企业经营朝着有利的方向长期稳定的发展。目前,在竞争日趋激烈的建筑市场中,我国大中型建筑企业普遍面临缺乏竞争优势、包袱沉重等困境,在这种情况下，建筑企业只有放眼未来，把战略管理工作作为企业管理的重点来抓，才有可能提高建筑企业对外界环境的应变能力，使企业既能在短期内获得收益，又能在未来中得到发展。

2. 有利于明确建筑企业在市场竞争中的地位

实行战略管理有利于企业明确自己在市场中所处的地位，制定并实施有效的战略，强化企业的竞争能力。搞活企业运营是当前国民经济发展的重要问题，也是经济体制改革的难点。为了能使建筑企业不断适应市场需求和日益激烈的竞争局面，建筑企业应对关系到企业全局和长远发展的生产经营活动进行通盘谋划，及时捕捉、利用外部环境的有利变化给企业所提供的良好时机，在竞争中求得生存和发展。

为此，企业要正确地实行战略管理，用战略的理念把企业的市场营销、生产、技术、财务等各项工作组织好、协调好，发挥企业的整体功能，使企业在激烈的市场竞争中做到进可攻，退可守，不断增强企业的竞争能力。

五、建筑企业战略管理过程

战略管理是一个计划实施和评估的过程，共有九个步骤，它们是缺一不可的。如图 5-1 所示。

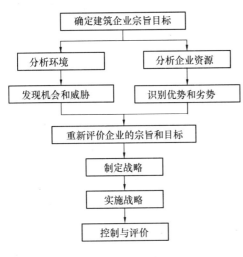

图 5-1 建筑企业战略管理过程

（一）确定建筑企业宗旨、目标

每一个企业都有一个宗旨，它规定了企业的目的和回答了这样一个问题：我们到底从事的是什么事业？定义建筑企业的宗旨是促使管理者仔细确定建筑企业的产品和服务范围，即生产能够满足社会和人们所需要的各类建筑产品并提供优质的服务。企业宗旨为企业高层管理者选择要达到的战略目标提供了方向和范围，这是建筑企业战略管理的起点。

（二）环境分析

分析建筑企业的战略环境，是要把握环境的现状及变化趋势，利用有利于企业发展的机会，避开环境可能带来的威胁，这是建筑企业谋求生存发展的重要问题。建筑企业的战略环境又分为宏观环境和经营环境两个层次。

（三）发现机会和威胁

环境的变化对建筑企业来说是机会还是威胁，取决于建筑企业所控制的资源。在分析了环境之后，建筑企业的管理者需要评估有哪些机会可挖掘，以及企业可能面临哪些威胁。

（四）分析企业的资源

无论具有多么强大竞争优势的建筑企业，都在资源和技术等方面受到某些限制，不可能具有绝对优势。分析建筑企业的资源，需要回答这样一些问题：企业的现金状况如何？施工人员的技术力量如何？新工艺、新技术、新材料开发和应用能力如何？施工质量和服务的水平如何？等等。

（五）识别优势和劣势

在分析建筑企业所拥有的资源的基础上，管理者应识别出本企业在与同行竞争中所具有的优势及所存在的问题。在充分发挥自己优势的同时，通过资源的有效整合弥补自身的劣势，提高自身整体的竞争能力。

（六）重新评价企业的宗旨和目标

把企业的优势和劣势、机会和威胁分析结合在一起，对企业的机会再评价，以便发现企业可能发掘的细分市场，进一步理清建筑企业的组织目标和宗旨，确定其发展的方向。

（七）战略制定

以能够充分利用建筑企业的资源和企业外部环境的机会为准则，制定符合要求且可供选择的战略方案。寻求企业的恰当定位，获取领先于竞争对手的相对优势。

（八）实施战略

实施战略是贯彻落实企业战略方案、完成战略目标并取得预期成果的过程。战略实施主要涉及以下一些问题：如何在企业内部各部门和各层次间分配和使用现有的资源？为了实现企业目标，还需要获得哪些外部资源以及如何使用？为实现战略目标，需要对组织机构作哪些调整？等等。

（九）战略的控制与评价

建筑企业的最高管理层要对战略的实施效果进行评价，找出战略计划的成功与不足之处，进一步总结经验，寻求调整方法，以便今后获得更大的成功。

六、企业战略管理的基本原理

（一）三要素平衡原理

人类在与自然奋斗的过程中，在悠久和丰富的实践活动中积累了许多宝贵的经验，并揭示了许多真理，对于管理活动具有重要的启示和指导意义。如在海上航行的帆船，向一个目标行驶，只要有船帆、水手就可以通过调整船帆的角度，利用风的力量向着目标前进。在这里帆船的航行有三个要素：船帆、风和目标，三者缺一不可。

企业的战略管理也是由三个要素所组成，即外部环境、内部条件和组织的方向目标。所谓三要素平衡原理就是指为了实现企业方向目标而谋求企业外部环境、企业内部条件和企业较低层（或短期）方向目标三者在动态上的平衡。

由于各种原因，上述三者的发展是不可能同步的，会常常出现不平衡。战略管理的实质就是要解决三者之间存在的不平衡，因为出现任何一种不平衡，都会影响企业的发展，甚至还会威胁企业的生存。

（二）局部优势原理

在中华民族的智慧宝库中，许多战略思想闪烁着永恒的光辉。例如人所共知的著名的田忌赛马。这个实例揭示了这样一个战略决策的重要原理：仅从战略的角度考虑，在一个有限的范围内，以强胜弱是绝对的。如果企业在某一个全局总体上处于劣势，可以将这个总体划分为若干局部，然后通过配置资源，在某些局部上取得优势，通过在一个个局部上的胜利，来取得全局的胜利。

从理论上说，任何企业的优势都是在有限范围内的。这个范围以国家反垄断的有关法律和政策为上限，以企业自身所要取得经济效益的最小规模为下限。这个原理的关键是：任何企业都要全力找到这样的范围。这个范围的大小、位置要适当。太小了效益低，太大了力所不能及；位置太正，会竞争激烈，经营成本高，位置太偏（如过分强调特色经营、满足少数人需求等），则顾客群太小。

（三）异轨超越原理

运动员在田径场上比赛长跑，后者若想超越前者，是不能完全步前者后尘的，必须错开跑道。

仅从战略的角度考虑，而不考虑其他因素，在竞争中的落后者，是不可能在同一条轨道上超越前者的。不在同一条轨道上与对手竞争，才有可能超越竞争对手，这也是弱者在强者众多、激烈残酷的建筑市场竞争中保持生存的战略。

因此，最好的竞争就是不在同一条轨道上竞争。正如我国传统经商所提到的人无我有、人有我好、人好我廉、人廉我转的理念。

异轨超越原理，与前面的三要素原理和局部优势原理结合起来，就是通过对外部环境和内部条件的分析，寻找社会需要、自己又能发挥优势的范围。在这个力所能及的范围内，做到比别人不同、比别人好或比别人廉。

第二节 建筑企业战略形势分析

一、建筑企业宏观环境分析

建筑企业宏观环境分析可分为经济、社会、政治法律、技术四个方面，这四个方面的影响是交互的。企业在制定战略前应对这些方面的情况进行认真的分析。而企业外部宏观环境分析的意义，是确认和评价经济、社会、政治、科技等宏观因素对企业战略目标和战略选择的影响。

（一）经济环境分析

经济环境是指构成企业生存和发展的社会经济状况及国家的经济政策，包括社会经济结构、经济发展水平、经济体制、宏观经济政策、社会购买力、消费者收入水平和支出模式、消费者储蓄和信贷等因素。衡量这些因素的经济指标有国内生产总值、就业水平、物价水平、消费支出分配比例、国际收支状况，以及利率、通货供应量、政府支出汇率等国家货币政策和财政政策。

一般说来，在宏观经济发展良好的情况下，市场扩大，需求增加，企业的发展机会就多，建筑等行业都会有较大的发展；反之，在宏观经济发展停滞或倒退的情况下，企业的发展机会就少。

企业在进行外部宏观环境分析时，应注意以下因素的搜集和分析：①国际、国内经济发展的趋势；②国家的建设投资变化情况及趋势；③国际外汇汇率的变化及商业银行贷款利率的变化；④能源、原材料价格的变化；⑤国际、国内工程建设（承包）中的风险情况；⑥治理污染占用资金的多少；⑦国际或地区经济政策的变化等。

（二）社会文化环境分析

社会文化环境主要是指所处的社会结构、社会风俗和习惯、信仰和价值观念、行为规范、生活方式、文化传统、人口规模与地理分布等因素的形成和变动。它对建筑企业的影响是不可忽视的。

建筑企业要通过社会文化因素来分析市场，尤其是国际市场，要了解经营地区的社会习俗、道德观念及其人口构成、生活方式以及他们的行为准则等。"只有从文化上把握一个民族，才有可能和一个民族做生意"。这方面的要素分析在我国建筑企业开拓国际市场时显得尤为重要。

（三）政治法律环境分析

政治环境包括国家的政治制度、权力机构、颁布的方针政策、政治团体和政治事件等因素。法律环境则包括了国家制定的法律、法规、条例以及执法状况等因素。

政治法律环境对建筑企业影响有以下一些特点：一是直接性。其直接影响着企业的经营和发展。二是难以预测性。对于企业来说，难以预测国家政治法律环境的变化。三是不可逆转性。政治法律一旦影响到企业，就会使企业发生十分迅速和明显的变化，而这一变化是企业自身驾驭不了的。

（四）科技环境分析

科技环境是指企业所处环境中的科技要素及该要素直接相关的各种社会现象的集合，包括社会科技水平、社会科技力量、国家科技体制、国家科技政策和科技立法等基本要素。

科技环境因素对企业的影响是双重的，一方面，它可能给某些企业带来机遇；另一方面，科技因素会导致社会需求结构发生变化，从而给某些企业甚至整个行业带来威胁。

当代科技日新月异，建筑企业是否拥有"四新"技术、专利技术和创新工法的能力，对顺利承揽工程项目、实现经营目标起着关键作用。因此，追踪全行业的科技发展水平和趋势，是建筑企业战略环境分析的重要内容之一。

二、建筑企业经营环境分析

建筑企业经营环境是指直接影响企业经营活动的各种外部因素的总和。它包括建筑行业和建筑市场两大部分。

（一）建筑行业结构分析

建筑行业结构主要内容是分析建筑行业中的企业竞争格局以及本行业和其他行业的联系。建筑行业结构及竞争性决定着建筑行业的竞争原则和建筑企业可能采取的战略，因此，行业结构分析也是建筑企业制定战略的最主要的基础。

按照迈克尔·波特（M. E. Porter）的观点，一个行业的竞争，远不止在原有竞争对手中进行，而是存在着五种基本的竞争力量。它们是：潜在的行业新进入者、替代产品的威胁、供应商讨价还价能力、用户讨价还价能力及现有竞争者之间的竞争。如图 5-2 所示。这五种基本竞争力量的状况及其综合强度，决定着行业的竞争激烈程度，从而决定着企业获利的最终潜力。

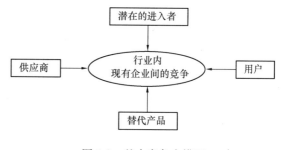

图 5-2 基本竞争力模型

1. 潜在进入者的威胁

这种威胁主要是由于潜在进入者加入建筑行业，会带来生产能力的扩大，带来对市场占有率的要求，必将引起建筑行业现有企业的激烈竞争，使建筑产品的价格下降；另一方面加剧了在建筑原材料、人才等资源方面的争夺而导致成本增加。

潜在进入者的威胁状况取决于建筑行业的进入障碍和原有企业的反击程度。建筑行业基本是属于劳动密集型行业，其行业的进入障碍较低，这也是目前建筑行业竞争日趋激烈的主要原因之一。

2. 现有企业之间的竞争

行业内现有企业之间的竞争采用的主要手段是价格竞争、广告竞争、加强服务保修竞争及企业形象竞争等。竞争的产生是由于一个或多个竞争者感受到了竞争的压力或看到了改善其地位的机会。显然一个企业挑起的竞争行为会迅速导致其他企业的报复性反应，从而竞争的结果可能会使彼此都无从得到益处，特别是竞争卷入者甚多时，竞争的激烈程度随建筑行业所处的阶段的不同而有所不同，在现今建筑行业成熟阶段，竞争往往显示出涉及面广、深入而持久的态势。

在对现有企业之间的竞争的分析中，最重要的是确定主要竞争对手，并制定相应的对策。主要竞争对手的短处就是企业的机会，而其长处则可能是对企业的威胁。

3. 用户的讨价还价能力

在建筑市场属于买方市场的条件下，业主往往压低承包工程价格，同时还要求高质量的施工和优质的服务，其结果是使得建筑行业内的竞争者们相互竞争残杀，导致行业利润下降。因此，建筑企业必须了解、分析用户的状况，预测市场规模的变化，充分了解用户需求的内容、趋势及特点，用户的规模结构、消费心理、习俗及层次，应用产品、价格、销售渠道及促销手段等营销组合来满足用户的要求。同时要借助国家法律、法规的力量，政府监督的力量，维护企业的合法权益。

4. 供应商的讨价还价能力

在建筑市场中，源于建筑原材料供应商的威胁手段是提高供应价格或降低供应原材料产品或服务的质量，从而使建筑企业的利润下降。

5. 替代品的威胁

替代品是指那些与本行业的产品有同样功能的其他产品。替代品的价格如果比较低，其投入市场就会使本行业产品的价格上限处于较低的水平，这就限制了本行业的收益。

(二) 市场结构与竞争对手分析

1. 市场结构分析

市场结构是指行业内企业间的市场联系特征，即构成行业市场的买者之间、卖者之间以及买者和卖者之间的商品交易关系的地位和特征。如何处理垄断与竞争的矛盾问题是行业组织研究的核心问题，而市场结构是决定行业组织垄断与竞争程度的基本因素。经济学家通常按竞争程度把市场结构分为完全竞争、垄断竞争、寡头垄断、完全垄断四类。充分了解这四种市场结构的特征，有助于建筑企业对市场竞争对手的性质进行正确的估计，进而采取合理的应对措施。

在不同的市场结构中，建筑企业的竞争着眼点也各不相同。在完全竞争市场上，建筑企业之间的竞争主要是通过价格来进行的。但在垄断竞争市场上，不仅存在价格竞争，还存在着产品差异化竞争。从某种程度上来说，只有提高产品的差异化程度，才能在垄断竞争市场获得更高的利润。

2. 竞争对手分析

竞争对手分析是企业战略环境分析的重要内容之一。竞争对手分析帮助企业了解对手企业当前的经营现状和动态，为企业的战略制定与调整提供依据。

建筑企业的竞争者主要有两类：一类是与本企业经营业务相同或类似的企业，如资质、业务范围等相似的承包企业；另一类是拥有相同或类似资源的企业，如机械设备、生产能力类似的企业。

对竞争对手的分析可以从对手的财务状况、战略决策、思想倾向、当前的战略和对手的能力等方面入手。

3. 建筑市场供求分析

（1）建筑市场需求分析。影响建筑企业需求量的主要因素有：建筑产品需求价格、利率、其他产品或服务的价格、收入、人口、兴趣和爱好、政府经济政策、对价格的预期，还有国外建筑市场等。

（2）建筑市场供给分析。影响建筑市场供给的主要因素有：建筑企业成本、建筑技术、建筑企业数量、建筑企业的发展目标、政府经济政策、建筑企业的预期等。

三、建筑企业内部条件分析

所谓内部条件分析，是在一定的外部环境下，分析本企业所具备的资源和能力，重点找出相对于竞争对手的优势和劣势，目的是制定出能够发挥企业优势、避免企业劣势的战略。

（一）建筑企业内部条件分析的内容

内部条件分析包括对建筑企业管理过程、市场营销、财务能力、施工生产、人员素质和研究与开发等方面的分析，分析其与竞争对手相比的优势和劣势。成功的战略管理要求来自企业内部所有职能领域的管理者之间的有效协调、沟通与理解，并了解本企业其他业务领域决策。不认识和理解企业各职能领域之间的关系对于建筑企业的战略管理是极为不利的。

1. 管理过程分析

管理过程渗透在建筑企业的一切工作之中，可分为计划、组织、指挥、控制、协调、领导及激励等职能。所以分析管理过程是否有效，重点是分析各项工作是否有效地支持战略，各职能部门是否可以有效地配合。管理过程分析要求对下述问题作出回答，以检验建筑企业的管理方面的优势与劣势。

①公司是否有明确的战略管理思想？②是否有一系列相互配合的近期和远期目标？③公司的战略是否分解为各层次、各部门的执行计划？④各层次、各部门的工作是否有效协调，共同支持战略的实现？⑤组织结构是否适应战略？⑥责任与权力的划分是否明确和规范？⑦利益分配是否合理并明确？⑧职工的积极性如何？⑨工作中的偏差是否及时被发现并得到纠正？

2. 营销分析

建筑企业的营销分析包括以下几个方面的内容。

（1）市场定位分析。主要是分析建筑企业的市场定位是否准确，产品和服务是否对准了目标市场，是否明确了企业的顾客群的特点等。

（2）营销组合分析。建筑企业的营销组合分析是指对建筑产品、价格、营销渠道和促销手段的组合是否合理有效而进行的分析。

(3) 市场调研。建筑企业市场调研一般应包括：本企业的市场占有率；本企业的市场份额与竞争对手的差别；企业的市场形象；当前市场的需求和潜在市场的需求；建筑行业的发展潜力；竞争者的营销策略；地区建筑市场的需求等。

3. 财务分析

建筑企业的财务分析一般分为两个方面：

(1) 建筑企业财务管理水平分析。根据建筑企业的战略要求，保证有效的资金来源、资金使用和资金控制，决定资金筹措的方法和资金分配。

(2) 建筑企业财务状况分析。判断建筑企业的实力和对投资者吸引力大小的最好办法是进行财务状况分析。了解企业在财务方面的状况，对于有效地制定建筑企业战略具有十分重要的意义，企业的偿债能力、销售利润率、现金流、负债比率等可能排除许多本来是可行的战略选择。企业的财务状况的恶化也会导致战略实施的中止和现有企业战略的改变。

4. 施工生产分析

建筑企业的施工生产过程是企业将投入（原材料、劳动、资本等）转化为建筑产品和服务的一系列过程。施工生产管理包括施工生产准备管理、施工生产过程管理、施工生产能力管理、库存管理和质量管理等。

施工生产活动是占有建筑企业人力和物力的最主要的部分，是施工成本和建筑产品的主要产生过程，所以对于建筑企业战略管理具有重要的意义。

进行施工生产分析需要回答如下问题：①原材料、构配件的供应是否质量可靠、低价合理？②施工生产流程是否合理，施工生产工艺是否先进？③施工生产能力与建安生产任务是否平衡？④建筑企业质量管理体系是否有效？⑤建筑材料库存是否合理？⑥施工生产设备运行是否良好？

5. 研究与开发分析

建筑企业的研究与开发包括新产品、新工艺、新技术及新材料等方面的研究与开发，其主要目的是为了提高工程质量或改进施工工艺以降低成本。

分析建筑企业的研究与开发状况需要回答如下问题：①企业是否有足够的研究与开发设施？②研究开发人员的能力如何？③现有的施工生产技术是否具有竞争力？④研究开发部门与企业的市场部门、施工生产部门是否有效的沟通？⑤是否建立了有效的管理信息系统？⑥研究开发的经费投入为多少？⑦研究开发的成本是否合理？

(二) 企业能力分析

所谓企业能力，就是能够把企业的资源加以统筹整合以完成预期的施工生产任务和目标的技能。企业能力是与企业资源密切联系的。能力是资源实现价值的手段，不同种类的资源都对应着不同的企业能力。企业的能力集中体现为管理能力，企业没有能力，资源就很难发挥作用，也难以增值。

建筑企业既要分析资源状况，更要分析能力水平。事实上，企业能力始终是相对于企业的施工生产经营活动所做的事而言的，企业的能力也只有在施工生产活动中才会逐步显现出来，任何企业都不具备无所不能的能力。

建筑企业能力可划分为经营管理能力、生产能力、财务管理能力、技术开发能力、市场开拓能力、人才引进与培育能力和品牌塑造与维护能力，见表5-1所列。

建筑企业能力分类表 表 5-1

建筑企业能力		主要内容	衡量方法
经营管理能力	高层管理者的能力	内部管理能力，对外部环境的判断与应变能力	定性分析
		决策能力，领导层的协调配合能力	
	企业战略管理水平	发展战略和经营管理是否适合自身发展需要	
		参与市场竞争的能力	
	组织管理完善程度	企业各部门工作之间的受控程度	
		企业各部门之间信息交流是否完全	
生产能力	目标管理能力	质量、进度、成本等目标的管理能力	由实际值与计划值进行比较得出
		计算机信息系统进行实时控制的实现程度	
	技术装备水平	生产能力设施的状况和技术水平	定性与定量分析相结合
		施工技术和设备是否安排恰当	
	施工工艺先进程度	现有状况下的生产效率有无剩余，生产效率的高低	
财务管理能力	筹资融资能力	开拓、掌握筹资渠道	定量分析
		正确分析不同渠道的筹资比例及筹融资成本	
		分析资金的长期或短期需要	
	财务控制能力	对人、机、材、管理等方面资金支出的控制	
		定期交纳财务报表，汇报资金的使用与控制情况	
	风险控制能力	通过财务实力和资金运用能力，规避或有效控制市场、经营、生产风险	
技术开发能力	研发人员素质和数量	技术创新的人力基础，研发人员比率越大，研发能力越强	研发人员数量占企业技术人员的比率
	研发经费的投入量	技术创新的物质基础	研发经费占企业收入的比重
	技术模仿创新转化能力	学习、应用先进技术的能力	新技术开发指数 新技术产值率 专有技术的实现程度
		研发新型技术、形成独特技术优势的能力	
		有效利用高新技术并将其转化为生产力的能力	
市场开拓能力	市场调研能力	掌握产品销售的重点地区和关键地区	市场占有率（反映主导建筑产品在市场的占有深度）、市场覆盖率（反映建筑产品在市场的占有广度）
		提出重点开拓的地区，加强宣传和品牌建设	
	信息及时获取能力	通过各种渠道及时掌握建筑产品的供求信息	
	社会资源协调能力	处理好各种社会资源（上、下游企业及政府和主管部门等）的协调关系	
	应变能力	对建筑市场或环境中出现的意外情况及时应变	

续表

建筑企业能力		主要内容	衡量方法
人才吸培能力	对人才的吸引能力	建立在规模经济、商誉、管理水平、薪酬等方面的优势	定性与定量分析相结合
	人才激励机制	建立、健全合理的人才激励机制和薪酬机制	
		表现优秀的员工，要给予精神、物质双重奖励	
	人才培育能力	鼓励、培育员工学习更多的知识和专业技能	
		鼓励、培育员工增强信任感和忠诚度	
品牌塑造能力	企业形象策划能力	依靠文化资源配合企业总体经济规模、技术水平，树立企业的商誉，建立产品品牌	定性分析
	企业文化塑造能力	树立明确的企业价值观、企业精神，全面打造企业文化形象	
	企业商誉维护能力	以高品质建筑产品作为企业的实物广告	
		良好、细致的保修服务	

四、综合分析

（一）建筑企业竞争优势分析

建筑企业竞争优势是指一个企业所具有的能够维持持续地比其他企业更有效地向市场提供产品或服务，并获得盈利和自身发展的综合素质。企业的竞争优势是建筑企业在竞争性的建筑市场中，依靠其战略资源、核心能力和核心产品，通过低成本或差异化等竞争性战略途径获取的在同行业中业绩出众的能力，或赚取的超过同行业平均利润率的能力。其竞争能力由先进的企业制度和企业运营机制、创新技术和工艺、资金优势、人才优势等要素组合而成。

企业竞争优势的确立往往与以下因素相关。

（1）企业在竞争过程中所发生的或者可以形成的各种关系。这种关系广义上可以理解为各方面的环境。

（2）企业所拥有的或者可以获得的各种资源。包括外部资源和内部资源，从而使企业具有某种优势。如人力资源、技术资源、组织资源，进而还有社会关系资源、区位资源等。

（3）能够保证企业生存和发展以及实施战略的能力。即企业对环境的适应性，对资源开发控制的能动性以及创新性等。

（4）不受物质资源约束而本身却能够物化为企业的资源和能力的知识或者学识。包括独特创意、理念、经营管理、团队合作等。

建筑企业在明确自身资源和能力的基础上，应该进一步研究如何把资源和能力转化为优势，并展开深入的分析。首先，应对企业资源和能力的稀缺性和相关性特征进行分析，这是关系到资源和能力是否可能转化为竞争优势的关键之处。资源和能力的稀缺性，会使拥有者的竞争地位大为提高。其次，还应注意资源和能力的稀缺性并不是静止不变的。随着科学技术的发展和普及，曾一度稀缺的资源和能力会被更多的企业所获得，因此竞争优势也会随之下降。相关性是指资源和能力与行业发展中的关键成功因素的关联。只有具备这种相关性，资源和能力才有可能转化为竞争优势。从根本上讲，资源和能力必须有助于企业创造对用户感兴趣的价值，企业才能获得真正的竞争优势。

为了使企业的竞争优势得以长久维持，还需要分析企业所拥有的资源和能力的持久性、灵活性和是否易于被模仿等特征。从持久性来分析，企业首先要关心实体形态的资源的持久性（如施工机械设备资源的持久性），其技术状况是否能够保持先进性。其次，要分析无形资产资源，特别是人力资源、企业信誉、专利等无形资产资源，这些对企业的竞争优势能否持久关系则更大，必须认真分析，若有重大变化，应认真掌握这些资源和能力的变化将会给企业的竞争优势造成何种影响，以便未雨绸缪，事先制定应对措施。所谓灵活性是企业的资源和能力可以被转移的灵活度。这一特征和易被模仿性特征相似，都会对企业的竞争优势能否持久造成很大影响，故应认真加以分析。

（二）建筑企业核心能力分析

自 20 世纪 90 年代以来，越来越多的研究人员和企业界人士开始热衷于企业能力理论的研究。企业能力理论之所以受到企业界的关注，主要是由于近年来企业联合、兼并的兴衰，使回归主业又一次成为众多企业的明智的选择，企业的内因成为企业竞争优势中的重要因素。产品和市场战略被看做是企业中相对周期短暂的决策，而企业的核心能力则被认为是企业竞争优势的持久源泉。这一重要理论随着产品生命周期的日渐缩短和企业经营日益国际化而迅速崛起。

企业核心能力理论的主要理论基础是：与企业外部条件相比，企业内部条件对于企业的市场竞争优势具有决定性作用；企业内部作用、能力和知识的积累，是企业获得超额收益和保持企业竞争优势的关键。

1. 核心能力的概念

所谓企业的核心能力，就是指企业中积累性的学识，特别是关于如何协调不同的生产技能和有机整合多种技术技巧。它是一组技能和技术的集合体，而不是单个分散的技能或技术。

建筑企业核心能力是企业在长期发展过程中形成的，使企业保持持续竞争优势、获得稳定收益、不易被竞争对手模仿的独特能力。它是企业科学的业务定位、先进的施工技术、良好的企业信誉、特有的营销能力、卓越的经营管理、独特的企业文化等整合的结果。一般认为，企业核心能力作为企业资源和能力的有机整合系统，主要由管理层面的管理能力、市场层面的营销能力和技术层面的创新能力构成。

企业核心能力具有以下特点：

（1）价值性。核心能力的价值性有两方面的含义，一是培养核心能力要花费很大的成本，核心能力的培养是一个长期的过程，需要巨额资金投入；二是核心能力能够提供某种特定的好处，有助于实现用户所看重的价值。

（2）独特性。一项能力要成为核心能力，还必须有独树一帜的能力。要么为企业所独有，要么比竞争对手做得更好。所有企业的基本能力都相同时，无法成为核心能力。

（3）不可模仿性。核心能力要能为企业带来利润，那么在一定时期内是不能被竞争对手所模仿的。

（4）不可替代性。核心能力建立的难度比较高，时间比较长，在一定时间内不易被替代。

(5) 延展性。核心能力不仅能维持企业现有业务的稳固地位，而且能引导企业进入新的领域，成为开拓新市场的基础。

(6) 动态性。核心能力并非一劳永逸、一成不变的。在社会发展日益加快的大环境下，替代技术、替代产品不断出现，过去的核心能力到今天不再是核心能力，竞争优势可能不复存在。

核心能力在战略制定中的重要意义在于：它能给公司带来具有某种宝贵竞争价值的能力；它具有成为公司战略基石的潜力；它可能为公司带来某种竞争优势。

2. 核心能力的分析

在一个企业构建核心能力，是一项长期而细致的工作，需要企业所有部门和人员的全力投入，坚持多年才能见效。因此，企业加强核心能力的分析和管理是十分必要的。

(1) 核心能力的确定。衡量一家企业对核心能力的管理水平，首先应看其对核心能力的定义和内容是否明确，以及全体员工对这个定义和内容的认同程度。虽然企业中的大多数管理人员对本企业的优势有所认识，但一般难以明确指出某些特定技能与最终产品和服务的竞争力之间的联系。在确定企业核心能力过程中，还应确定各项核心能力究竟由哪些因素构成。企业应将自己的核心能力与其他企业作比较。企业的高层领导应参与找出核心能力工作的全过程，并组织各层次管理人员和全体员工积极投入这一工作，以便提高他们参与构建核心能力的主动性和能动性，并为有效管理企业最宝贵的资源打下良好的基础。

(2) 制定获取核心能力计划。为了更好地获取企业的核心能力，有必要制定一个获取核心能力的计划，这个计划应根据市场的不同（现有的和新的）、核心能力的不同（现有的和新的），来明确本企业获取核心能力的区域范畴。

(3) 培养新的核心能力。企业在培养新的核心能力方面一定要有充分的预见能力，着眼于行业发展的未来。实践证明，建立世界领先的核心能力，必须在正确的预见力的基础上，花费5～10年甚至更长的时间，没有持之以恒的努力是完全不可想象的。而要做到这一点，首先企业内部对建立与支持哪些能力应该意见基本一致。其次，负责建立能力的管理班子应保持相对稳定。

(4) 部署核心能力。为了使一项核心能力在多种业务或者新市场上发挥作用，常常需要在企业内部重新部署这项能力——从一个部门或战略性单位转移到另一个部门或单位。

(5) 保护并保持核心能力的领先地位。核心能力的领先地位在许多情况下会丧失。例如，资金投入不够，可能会造成能力的萎缩；过于部门化，可能割裂能力；没有一位高层主管全权负责管理企业能力时，能力更易散失等。为了防止核心能力下降，高层管理人员应该保持警惕。企业要定期召开"能力总结会"，重点讨论对此能力的投资规模，强化构成能力的技能与技术的计划、内部部署能力的模式以及战略联盟与外购对能力的影响。

第三节　建筑企业的总体战略、经营战略和职能战略

一、建筑企业总体战略

总体战略是建筑企业对整体发展方向及实现方式的确定，主要包括三种类型，即发展型战略、稳定型战略和撤退型战略。如图5-3所示。每一种总体战略方式都是由若干部分

和内容组成，也都有其特定的适用范围。

（一）发展型战略

发展型战略是企业为了在原有基础上扩大范围，增强实力或为了进入新领域所采用的战略。其前提条件是有较大的资源投入、外部环境发生或将要发生明显变化或内部条件具有可利用外部机会的发展优势。

发展型战略又包括集中战略、一体化战略、多元化战略等多种形式。如图5-4所示。

图5-3　企业总体战略类型图　　　　图5-4　发展型战略的具体形式

1. 集中战略

集中战略也称集中生产单一产品或服务战略。是企业以快于过去的增长速度来增加销售额、利润额或市场占有率的战略。采取这种战略的企业将全部或绝大部分的资源集中使用于最能代表自己优势的某一技术、某一市场或某种服务上而获得发展。如建筑企业根据市场环境和企业自身条件的分析，将本企业的人力、物力、财力、研发等资源集中于某类建筑工程产品或某种服务领域，以取得相对的竞争优势，占领一部分稳固的市场。

建筑企业在采用集中战略时，还应根据外部环境和企业自身条件等因素，来选择是以市场渗透方式，还是以市场开发方式或是以产品开发方式等来实现自己企业的发展模式。

集中战略在执行中也会存在一些缺点，如可能会因环境变化而带来较大的风险，由于产品和服务单一，限制了企业进一步的发展，企业资源不能充分发挥作用等。

2. 一体化战略

是指企业在现有业务的基础上，充分利用自己在产品、技术、市场上的优势，或是进行横向扩展，实现规模的扩大，或是进行纵向扩展（前向一体化、后向一体化），进入目前经营的供应阶段或实用阶段，实现在同一产品链上的延长，以促进企业进一步成长和发展的战略。

采用这一战略的优势为：一是将关键的生产过程或阶段纳入本企业，可减少风险或增加获利的可能性（如建筑企业通过后向一体化可以使企业摆脱建筑原材料供应商的压力，减少供应商利用市场机会而给企业造成原材料供应的不稳定性等）；二是加强成本和质量的控制；三是发展规模经济和降低费用等。

采用一体化战略也会面临一些风险，如由于企业将业务链全部包括在企业内部而丧失了其经营的灵活性，增加了资本投资需求，企业内部的平衡也会出现问题，管理上的不协调会随之产生等。

3. 多元化战略

是企业从现有业务基础上分离出新的、与原有业务特性存在根本差别的业务活动种类的战略。企业同时提供两类或两类以上的产品或服务，是与集中战略相反的战略。

企业合理的多元化发展，特别是集中多元化的发展，可以充分挖掘企业的核心资源和核心能力，发展更多的业务，为企业提供更广泛的利润源泉。企业可以利用研发能力的相似性、原材料的共同性、施工生产技术及工艺等方面的关联性，充分发挥技术、资本等作用，取得良好的经济效益和社会效益。

实施多元化发展战略，同时也能分散企业的经营风险，提高企业的应变能力，加之由于技术进步的影响，导致一批以新材料、新技术、新工艺为特征的新兴产业的出现，这既为建筑企业向新的产业领域发展提供了机会，也为建筑企业实行多元化经营提供了丰富的物质基础。企业可以通过多元化发展战略，进入高增长、高收益、高附加值的新兴产业，以减轻日益严重的建筑市场的竞争压力。

与集中战略及一体化战略类似，多元化战略的实施也同样存在着风险，特别是当企业贸然采取不相关多元化战略时，这种风险很可能会增大到危及企业生存的境地。多元化战略实施所可能产生的风险主要是：资源的分散配置。企业的资源是有限的，如果分散使用，就有可能无法在各个经营领域中获得普遍的竞争优势，从而败给各个竞争对手。运营费用增加。企业在进入另一个或多个产业领域时，必然要增加运营费用，企业是否有足够的费用投资来维持费用的增加，是否会对企业的正常运营造成巨大的冲击？此外，产业选择的错误及缺乏必要的人才资源等都是造成多元化经营的风险。

（二）稳定型战略

稳定型战略也称维持战略。稳定型战略是在企业的内外部环境约束下，企业准备在战略规划期使企业的资源分配和经营状况基本保持在目前状态和水平上的战略。企业基本在原有战略的基础上保持稳定，不在战略上进行大幅度的调整。采用这种战略的建筑企业不需要改变战略方向和经营范围，只需按一定比例提高销售、利润等具体目标就可以了。

采用这种战略的企业，一般处在市场需求及行业结构稳定或者动荡较小的外部环境中，因而企业所面临的竞争挑战和发展机会都相对较少，但此时企业只要集中资源于原有的经营范围和建筑产品，并通过改进各部门、各项目经理部和员工的表现，就可保持和增加其竞争优势。

稳定型战略的优点主要表现在：企业经营风险相对较小；能避免因改变战略而改变资源分配的困难；能避免因发展过快而导致的弊端；能给企业较好的休整期，使企业积聚更多的"能量"，以便为今后的发展做好准备等。

稳定型战略的缺陷主要表现在：稳定战略的执行是以包括市场的需求、竞争格局在内的外部环境的基本稳定为前提的，一旦企业的这一判断没有被验证，就会打破战略目标、外部环境、企业实力三者之间的平衡，使企业陷入困境；特定细分市场的稳定战略往往也含有较大的风险；容易使企业的风险意识减弱，甚至形成惧怕风险、回避风险的企业文化，这就会大大降低企业对风险的敏感性、适应性和冒险的勇气，从而也增大了上述风险的危害性和严重性。

（三）撤退型战略

撤退型战略是指企业从目前的战略经营领域的基础水平收缩和撤退，且偏离战略起点较大的一种战略。这种战略是通过出让整个企业或企业的一部分，停止企业的全部或部分经营活动。实施撤退型战略的主要目的是通过有计划的退出过程，使企业能够更多地收回投资。

企业采用撤退型战略的原因很多，如退出前景不佳的经营领域、突出主营业务、改善财务状况、为进入新的业务领域作准备等。

撤退型战略的优点主要表现在：能帮助企业在外部环境恶劣的情况下，节约开支和费用，顺利地渡过当前所面临的不利困境；能在企业经营不善的情况下最大限度地降低损失；能帮助企业更好地实行资产的最优组合和配置。

同时，撤退型战略也存在着不利之处，如实行撤退的尺度较难把握，可能会引起企业内部人员的不满，从而引起员工情绪的低落，使企业的整体利益受到伤害等。

二、建筑企业的经营战略

建筑企业经营战略也称竞争战略。经营战略所涉及的问题是，在给定的一个业务或行业内，经营单位如何竞争取胜的问题，即在什么基础上取得竞争优势。对此，战略管理专家波特提出三种可供采用的一般竞争战略，它们分别是：成本领先战略、差异化战略和集中化战略。

（一）成本领先战略

成本领先战略是使企业的总成本低于竞争对手的总成本，甚至是在同行业中的最低成本，从而以低价赢得市场，增加收入，最终获得盈利。实施成本领先战略需要建筑企业有高效率的施工生产设备、先进的施工工艺和先进的高水平的成本控制工作。同时，为了和竞争对手相抗衡，企业在质量、服务及其他方面的管理也不容忽视，但降低建筑工程成本则是贯穿建筑企业整个战略的主题。

成本领先战略的理论基石是规模效益（即单位产品成本随生产规模增大而下降）和经验效益（即单位产品成本随积累产量而下降），它要求企业的产品必须具有较高的市场占有率。如果产品的市场占有率很低，则大量生产毫无意义，而不大量生产也就不能使产品成本降低。

成本领先战略实施的益处在于：企业处于低成本地位上，可以抵挡现有竞争对手的对抗；面对用户要求降低建筑工程发包价格，有更大的自主权，增强讨价还价的能力；面对建筑原材料供应价格上涨，可以有更多的灵活性来脱离困境；企业已建立起的巨大的生产规模和成本优势，使欲加入该行业的新进入者望而却步，形成进入障碍等。

保持成本领先战略地位的企业可能会遇到的风险是：施工生产技术的变化或新技术的出现，可能会使得过去的施工生产设备或施工经验变得无效，因而变成无效的资源；行业中新进入者通过模仿、总结前人经验或购买更先进的施工生产设备，使得成本更低而后来居上，从而使企业丧失原有的成本优势；由于采用成本领先战略的企业其力量集中于降低工程成本，从而丧失了预见建筑产品市场变化的能力；受外部条件影响，生产投入成本升高，从而降低了产品成本价格的优势，从而不能与采用其他竞争战略的企业相竞争。

因此，建筑企业在选择成本领先竞争战略时，必须正确地估计建筑市场需求状况及特征，努力使成本领先战略的风险降到最低限度。

（二）差异化战略

差异化战略是企业使自己的产品或服务区别于竞争对手的产品或服务，从而创造出独特的性能或价值、高水平的顾客服务、杰出的产品质量、顾客的独享或高档的感觉、迅速创新的能力等。如建筑企业在施工生产技术上和产品上的差异化、用户服务上的差异化等。应当强调的是，产品或服务差异化战略并不是讲企业可以忽视成本，只不过这时的主要战略目标不是降低成本而已。

企业要实施差异化战略,有时可能要放弃获得较高市场占有率的目标,因为它的排他性与高市场占有率是不相融合的。实施差异化战略,企业应具备的条件是:具有很强的研发能力,具有技术领先的声望,具备能够吸引人才的物质设施等。

企业通过差异化战略可以建立起稳固的市场竞争地位,从而使得企业获得高于行业平均水平的收益。

差异化战略的益处主要表现在:建立起用户对建筑产品或服务的认识和信赖,当其价格发生变化时,用户的敏感程度就会降低;用户对企业的信赖和忠诚形成了强有力的行业进入障碍;差异化战略产生的高边际收益增强了企业与原材料供应商的讨价还价能力等。

与其他竞争战略一样,建筑企业实施差异化战略也有一定的风险,主要表现在:生产成本很高,随着企业所处行业的发展进入成熟期,差异化产品的优点很可能为竞争对手所模仿,从而削弱产品的优势等。

(三)集中化战略

集中化战略是指企业的经营活动集中于特定的建筑产品或为某一地域上细分市场的顾客需求服务的战略。如同差异化战略一样,集中化战略也可呈现多种形式。成本领先战略和差异化战略是在整个行业范围内达到目的,而集中化战略的目的是很好地服务于某一特定的目标,其关键在于能够比竞争对手提供更为有效和效率更高的服务。因此,建筑企业既可以通过差异化战略来满足某一特定目标的需要,又可以通过集中化战略服务于这个目标。

尽管集中化战略不寻求在整个行业范围内取得低成本或差异化,但它是在较低的市场目标范围内来取得低成本或差异化的。

同其他战略一样,集中化战略也能使建筑企业在本行业中获得高于一般水平的收益。其主要表现在:集中化战略便于集中使用整个企业的资源,更好地服务于某一特定的目标;将目标集中于特定的细分市场,企业可以更好地研究与其有关的施工生产技术、市场及竞争对手等各方面的情况;战略目标集中明确,经济成果易于评价,战略管理过程也易于控制等。

集中化战略也有相当大的风险,其主要表现在:由于企业全部力量和资源都投入到了某一产品或某一个特定的市场,当用户偏好发生变化、技术出现创新等时,企业就会受到很大的打击;竞争者进入企业选定的细分市场,并且采取了优于企业的更集中化的战略等。

三、建筑企业的职能战略

建筑企业各个职能部门直接承担着相应完成企业战略目标的任务。建筑企业的战略目标必须分解至各个职能部门,通过各项职能活动,保证企业战略得以顺利实施。

把企业完成各项职能活动所采取的战略,称之为企业的职能战略。这种战略比企业总体战略具体,制定和实施战略的期限较短,主要涉及协同作用和资源配置等战略构成要素,如企业的人才战略、财务战略、施工技术发展战略等。

(一)人才战略

建筑企业人才战略,就是对建筑企业人才工作的全局性或决定性的策略与谋划,它是建筑企业管理的重要组成部分和重要内容。建筑企业市场竞争靠资金、靠技术、靠管理,但归根到底是靠人才。建筑企业是人才需求量大、专业人才需求多的企业,因此,人才资源是建筑企业首要的战略资源。

人才战略实施的目的,就是要使建筑企业明确人才在企业生存与发展中的特殊性和重要地位,把人才战略置于企业管理的核心,使企业能够识才、爱才、聚才,并且能够知人善用,使优秀人才脱颖而出,能够把个人发展与企业发展有机结合起来,有效地促进人才主观能动性与创造性的发挥,从而使企业在市场竞争中始终处于主动和领先地位。

建筑企业人才战略的主要内容是:明确人才战略在企业管理中的地位以及企业人才战略的目标,并对企业人才资源的历史、现状及未来的发展趋势进行分析,对企业发展环境的优势与劣势作出正确评估,确立企业人才选拔与任用的基本原则与基本思路,制定企业人才资源的发展计划,并制定企业使用人才的绩效评价、奖惩等一系列激励体系。

(二)财务战略

建筑企业财务战略就是在对现有的资金市场充分分析和认识的基础上,根据企业实际财务状况,选择企业的投资方向,确定融资渠道和方法,调整企业内部财务结构,保证建筑企业经营活动对资金的需要,以最佳的资金利用效果来帮助企业实现战略目标。

建筑企业财务战略的确定方法:一是外部财务环境分析。即企业从外部筹集资金和投资活动的可能性与影响因素,企业或其他机构之间的资金往来关系或资金市场状况等。二是企业内部资金条件分析。建筑企业内部资金条件分析是在对企业内部资金流动和积累及企业的财务结构和状况等进行充分分析基础上,为适应复杂的外部环境,在企业总体战略的指导下,制定出适合企业特点的财务战略。

建筑企业的财务战略的内容包括:

1. 筹资战略

筹资战略主要是根据建筑企业经营的实际需要量,针对现有的筹资渠道,选择资金成本最低的筹资方案。即在对筹资数额、期限、利率、风险等方面统筹考虑后,选出满意的方案。筹资战略的具体内容包括:资金成本分析、筹资结构分析、筹资方法选择、施工机械设备租赁分析等。

2. 投资战略

企业投资需要确定的是,决定企业基本结构的固定资产投资和维持施工生产所必需的流动资产的投资。投资战略内容的设定是基于一定假设的,即:各种备选的投资方案是可以预见的;各种投资方案预知的内容是分析决策的依据;决策的目标是最大限度地增加企业收益。其具体内容包括:投资战略决策方法的确定、固定资产投资策略的确定及流动资产投资策略的确定等。

3. 利润分配战略

建筑企业的税后利润按道理是归股东所有的,但这并不意味着股东们要按照自己占有的股份分享所有的利润,原因是股东(大)会或董事会有权决定利润部分或全部留在企业。有关利润分配政策,不同的建筑企业之间差别较大,是企业眼前利益和长远利益的矛盾所在。

利润分配战略所要解决的利润分配问题主要包括:利润的再投资、通货膨胀与股利、合理的利润留成、利润分配政策的制定、股利政策的制定、股票拆细政策、股票回购政策等。

4. 财务结构战略

财务结构是指企业全部资产的对应项目,即负债和权益的具体构成及它们相互之间各种比例关系的总和。

财务结构战略主要是在对建筑企业当前财务结构有正确估价的基础上,结合企业的经营现状,通过调整各种比率、杠杆,确定最有助于企业战略目标实现的财务结构。财务结构战略的主要内容应包括:流动性比率、资产管理比率、获利能力比率及保障比率等的分析,经营杠杆、财务杠杆及综合杠杆程度的分析等。

（三）施工技术发展战略

企业的发展应当依靠技术,因为技术是第一生产力。技术融会于各生产要素之中,各生产要素技术含量的增加可使生产水平提高。建筑企业的施工技术发展战略对于企业发展的作用是不言而喻的。

需要注意的是,建筑企业施工技术发展战略要全面、有效,因此,技术发展战略既要包括技术改造战略,又要包括技术引进战略,还要包括技术开发战略。只有各项分战略的成功实施,才能使建筑企业施工技术的综合水平得到提高,从而促进企业的不断发展。目前,我国建筑企业综合技术水平和发达国家相比,还很落后,技术发展战略的制定和实施是必不可少的。

1. 技术改造战略

施工技术改造战略实际上是走内涵发展企业的道路,是增强企业实力最有效的途径。

施工技术改造战略从改造落后的施工设备、提高装备水平,改进传统施工工艺、发展新工艺,改进原有产品、加快新产品的设计开发,改善施工项目管理手段、促进科技管理四个方面入手,充分贯彻国家的科技政策,把握技改方向,做好科技决策,安排合理的科技规划和攻关,并积极有效地推广普及技术改造成果,通过培训使技术改造成果为员工所掌握,真正转化为企业现实的生产力和竞争力。

2. 技术引进战略

施工技术引进战略是指企业由于提高施工技术水平的需要,从外部学习、购买或合作取得新技术,从而使企业的技术发展走上捷径。施工技术引进战略包括引进施工技术知识、施工技术装备,购买施工技术专利,学术交流和施工技术合作等,它可以有效地节省时间、人力和资金。施工技术引进应本着以下原则:适合本企业的实际情况;注重引进技术软件;注重引进内容的理解、消化,并在此基础上创新;促进自主开发等。

3. 技术开发战略

施工技术开发战略是指企业利用基础研究,应用研究成果或已有的知识,通过试验开发出新产品、新材料、新设备、新技术、新工艺,使企业拥有自主知识产权的施工技术。建筑企业的技术开发领域主要集中于:大型施工机械、混凝土搅拌及输送机械、高层建筑施工技术、钢结构技术、智能建筑技术、绿色生态节能建筑技术、地下施工技术、预应力技术、大型施工设备和特种结构安装技术、现代化管理技术等。

第四节 建筑企业战略的制定、实施与控制

一、建筑企业战略的制定

战略的制定是建筑企业战略管理的核心与关键问题,战略方案的正确与否,最终要由

以后的形势发展的实施来检验,其重要程度可用"失之毫厘,谬以千里"来形容。

(一)战略制定的过程

建筑企业战略制定过程模式如图 5-5 所示。

战略制定的重点在于对现有战略的分析,要求解决三个方面的问题:

(1)目前的战略及基本特点是什么?

(2)根据建筑企业外部环境的变化,企业的前景如何?目前的战略是否适用?

(3)是坚持或调整目前的战略,还是制定新的战略?

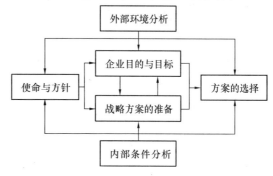

图 5-5 战略制定的过程模式

(二)企业使命、目的及目标的确定

1. 建筑企业使命的确定

建筑企业使命是企业管理者所确定的建筑企业发展的总方向、总目的、总特征和总的指导思想。它反映了建筑企业的价值观和企业力图为自己树立的形象,揭示出企业与其他企业在总体上的差异。企业使命实际上反映的是自身存在的特定理由,而不论其管理者是否清楚地认识到,或者是否用文字准确地表达出来。

从一个建筑企业来说,通过确定自身的使命,可以明确企业的整体定位,从而增加员工的自信心,明确企业的长期发展方向,突出主干业务,加强核心能力的建设和创新,使企业的"共同愿望"得到发展,增强全体员工的使命认同感,合理处理企业内部矛盾。

建筑企业正确地确定自身的使命,有利于确立企业的社会责任,正确处理企业与社会、企业与其他企业之间的关系。

企业的使命包括两个方面的内容,即企业的哲学和企业的宗旨。

所谓企业的哲学是指一个企业为其经营活动方式所确立的价值观、态度、信念和行为准则,是企业在社会活动及经营过程中起何种作用或如何起这种作用的一个抽象反映。企业哲学的主要内容通常由处理企业经营过程中的各种关系的指导思想、基本观点和行为准则所构成,如关于企业与社会关系的观点,关于企业与外部关系(用户、竞争对手、供应商等)的观点,关于企业与雇员关系的观点等。

所谓企业宗旨是指企业现在和将来应从事什么样的事业活动,以及应成为什么性质的企业或组织类型。明确企业宗旨的作用就在于,如果没有具体的宗旨,就不可能制定出清晰的战略目标和达成目标的战略。在确定企业宗旨时,企业的高层管理者要避免两种倾向:一种倾向是将企业宗旨确定得过于狭窄,另一种倾向是过于空泛。一个企业的宗旨不仅要在创业之初加以明确,而且在遇到困难或企业繁荣之时,也必须经常地予以确立。

一般来说,一个企业的哲学应保持稳定,而企业宗旨应定期进行分析,以决定其是否需要改变。因为竞争定位、高级管理层、新技术、资源的供给和消耗、市场人口统计特征、政府法规及消费者的需求等方面的变化,都会导致企业宗旨的改变。

2. 企业目的和目标的确定

目的是建筑企业根据自己的使命,在某方面要达到的宏观结果,这种结果指明了企业在某方面的努力方向。

目标是建筑企业为了实现某种目的，在未来一段明确的时间内所要达到的具体结果。目的是连接使命与目标的纽带，一般用文字表达，内容比较粗略一些；而目标是由目的分解而成，一般用数字表达，内容具体，是连接目的与企业日常经营活动的纽带。

建筑企业战略目标包括市场目标、创新目标、盈利目标和社会目标。

（三）环境、战略、能力的匹配

根据环境和战略的关系要求，不同的外部环境需要，建筑企业有不同的活动与其匹配。这样，环境便成了建筑企业制定战略的出发点、依据和限制条件。当环境发生变化时，为了适应这种变化，建筑企业必须改变战略，制定出适应新环境的新战略。

分析战略是否与环境相匹配，主要是看战略的进取性，即战略攻势或态势。战略攻势或态势主要表现在两个方面：一是创新攻势。主要是指建筑企业产品、市场和施工技术及工艺的组合上与原来低水平状况的偏离程度。偏离程度大，创新攻势就高。二是市场攻势，主要是指建筑企业市场战略的竞争性。其最低水平是使建筑产品适应市场的需要；最高水平是以开拓性的市场观念作为市场战略的指导思想。

以战略攻势的两个表现方面作为划分战略攻击水平的标准。与环境水平相适应，把战略攻势也可分为五个等级：稳定的战略、反应的战略、预见的战略、探索的战略和创新的战略。环境的变化需要企业采用相应的战略。如果战略的攻击性低于环境变化水平的要求，无论企业采用什么样的战略，也都难以满足起码的要求。相反，如果战略的进攻性超过了环境变化水平的要求，战略的发挥就要受到环境的制约，也可能要以失败而告终。

对于企业能力来说，它也是企业战略制定的出发点、依据和限制条件。因为企业的能力或条件是支持战略的基础，任何能够适应环境的战略，如果没有执行或实施战略的能力，其战略只能是空中楼阁。对于建筑企业能力水平的度量，可以用能力的开放性来表示。能力的开放性又可以从三个相互补充的方面来说明：一是企业怎样对待变化。随着企业对环境变化理解能力的提高，企业对变化也会逐渐由抵制变为开创。二是企业追求的目标。建筑企业是追求效率还是追求有效性。追求效率的企业其能力必然是内向的，集中于企业内部；而追求有效性的企业，集中注意的是企业未来的获利能力，其必然是外向的。三是对环境刺激的敏感性。建筑企业是对环境刺激非常敏感的开放系统。

综上所述，根据环境、战略与能力三者的关系，当环境发生变化时，为了适应这种变化，建筑企业必须改变战略，制定出适应新环境的新战略。同样，战略改变了，企业的能力也必须随着改变，使企业能力能够符合战略的要求，保证企业战略的实施。

（四）战略方案的准备和选择

1. 战略方案的准备

战略方案的准备，是要将一系列可行的战略方案都列出来，以备进一步选择。

（1）组织方法。与前述制定建筑企业目的与目标的方法相类似，一般由企业最高层负责，在充分搜集各方面信息、听取各方面意见的基础上，按民主集中制的原则进行。

（2）SWOT方法。是制定企业战略的最基本的思路和方法。建筑企业在制定企业战略时，要在对外部环境和内部条件进行充分分析的基础上，将外部环境与内部条件因素进行匹配，制定出企业可行的备选方案。

SWOT分析就是对企业所面临的机会和威胁、优势和劣势进行综合分析。其中S代表企业的优势，W代表企业的劣势，O代表企业的机会，T代表企业外部的威胁。

施工技术工艺、有形资产、无形资产、组织资产、人才资源、施工能力、市场等方面的影响的差异，使每个建筑企业具有不同的内部优势和劣势。建筑企业之间的这些差异就是企业在竞争中处于不同地位的因素。应当抓住外部的机会，发挥企业的自身优势，两者结合使企业的资源发挥出最大的能力，获取最佳绩效；回避外部的威胁，克服自身的劣势，把这两者对企业的影响减到最小。

进行SWOT分析，可以分为不同的方面来进行，也可有不同的侧重点。

1) 优势—机会（S-O）分析　将企业的内部优势与外部机会相组合进行分析。目的是为了制定进攻型战略。所有的企业都要千方百计地利用自己的内部优势去抓住和利用外部的发展趋势与事件所提供的机会。

2) 劣势—机会（W-O）分析　将建筑企业内部劣势与外部机会相组合进行分析。目的是通过利用外部机会来弥补劣势。适用这一战略的基本情况是，存在有外部机会，但企业有一些内部的劣势妨碍它利用这些外部机会。

3) 优势—威胁（S-T）分析　将建筑企业的内部优势与外部威胁相组合进行分析。目的是利用本企业的优势来回避或减轻外部威胁的影响。

4) 劣势—威胁（W-T）分析　将建筑企业的内部劣势与外部威胁相组合进行分析。目的是减少内部劣势，回避外部环境威胁。这是为了制定防御型战略而进行的分析。

SWOT分析的形式可以用表5-2的格式来进行。

SWOT 分析表　　　　　　　　　　　　　　　　　表5-2

	列出优势 1 2 3	列出劣势 1 2 3
列出机会 1 2 3	SO 分析 如何：发挥优势 利用机会 获得发展	WO 分析 如何：利用机会 克服劣势
列出威胁 1 2 3	ST 分析 如何：利用优势 回避威胁	WT 分析 如何：减少劣势 回避威胁 做好防御

通过SWOT分析方法只是选出企业可行的备选战略，而不是选择或确定的最终方案。在此基础上，建筑企业决策者通过战略制定过程来确定最终所采取的战略。

2. 战略方案选择的原则

根据战略管理的基本原理，在选择战略方案时必须综合考虑建筑企业的外部环境、内部能力和企业方向，使三者达到动态平衡，为此应遵循如下原则。

(1) 与外部环境相一致。建筑企业的战略方案首先要与外部环境相一致，符合外部环境的变化趋势，利用外部环境提供的机会，避免外部环境的威胁。

(2) 发挥建筑企业的内部优势。战略方案要能利用企业的核心专长，充分发挥企业的内部资源、企业文化、地理位置等竞争优势,并尽可能避免内部劣势。

(3)符合建筑企业的总方向。按照企业方向层次的概念,战略方案要符合建筑企业的使命,与企业目的和目标相互协调。

3. 影响战略选择的因素

所有战略的决定者都试图理性地选择最优的战略,但往往发现战略的方案并不是唯一的。这是由于在实际决定采用何种战略时,还要受到一些因素的影响,这些因素往往通过战略选择者的个人直觉、经验、关系、有关背景和情感等方面影响对战略的选择,所以也叫非理性因素。它包括:

(1)企业以往或目前所采用的战略。
(2)企业对外部环境的依赖程度。
(3)企业决策者对风险的态度。
(4)企业文化的影响。
(5)企业中层管理人员和职能部门人员的影响等。

由于这些因素会自觉或不自觉地影响决策者对战略的选择,而其中会有积极的影响,也会有消极的影响,所以企业对这些要加以认识和研究,这对建筑企业正确地选择战略而言是必不可少的。

二、建筑企业战略的实施

建筑企业战略实施过程一般包括以下步骤,如图 5-6 所示。

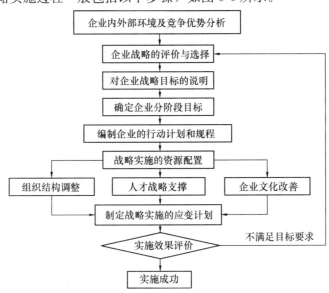

图 5-6 建筑企业战略实施过程

(一)企业战略的评价与选择

基于建筑企业内外部环境和竞争优势的分析,对企业的总体战略、竞争战略和职能战略进行评价和选择,并为战略的有效实施奠定合理和坚实的基础。

(二)对企业战略目标的说明

战略目标是企业战略的核心,表明企业的行动纲领和长期努力的方向,可以定量地加以描述,同样也可以定性地描述。然而,这种战略目标与具体的、分阶段目标有着本质的区别,它们应该是概括性的和非限制性的阐明。

(三)确定企业分阶段目标

分阶段目标是建筑企业向其总体战略目标前进时欲达到的、有时间限制的里程碑,如年度目标。一般需要对分阶段目标尽可能具体与定量地加以阐述,重点是保障实现总体目标。企业的分阶段目标常常与行动计划和规程联系在一起,而这些行动计划与规程是为达成企业总体目标而采用的具体工具和措施。

(四)编制企业的行动计划和规程

行动计划就是关于完成一项任务必须执行的行动或步骤的描述。在建筑企业战略实施阶段,这些行动计划常常包括经营布局、产业调整、人力资源、技术开发、市场开拓、投融资、现金流及资产负债计划等。规程是详细描述完成一项具体项目或工作所需的一系列步骤和技巧,有时被称为标准操作规程。这些活动是实现企业战略目标所必需的,因而规程必须在进度、质量、成本等方面满足战略目标的要求。

(五)战略实施的资源配置

企业战略资源是指企业用于战略实施的有形资源、无形资源和人力资源的总和。资源配置是指按照分阶段目标所确定的优先顺序对资源进行的重新配置,用以保证行动计划的顺利实施。

有形资源包括实物资源、财务资源和组织资源。无形资源包括技术资源、文化资源、信息资源和社会资源等。人力资源是介于有形资源和无形资源之间的一种特殊资源,包括企业拥有的人才的智慧、经验、知识和能力,反映了企业的知识结构、技能和决策能力。

(六)制定战略实施的应变计划

企业战略基本上是依据各种对环境的预测与假设进行推论而得出的,它们在某种程度上正确反映了客观现实,具有诸多可取之处,但它毕竟包含了相当程度的主观性。各种环境因素在一定时间内都可能发生突如其来的变化,与其仓促应战,还不如早备对策。假如将制定应变计划作为整个战略实施过程的一个正式部分的话,建筑企业就可以应对各种瞬息万变的环境,在错综复杂的竞争中独领风骚。

三、建筑企业战略的控制

战略控制是把战略执行过程中所产生的实际效果与预定的目标和评价标准进行比较,评价工作业绩,发现偏差,采取措施,以达到预期的战略目标。

建筑企业的战略控制是保证战略实施的一个重要的环节。战略控制作为一个调节的过程,一般有以下几个步骤。

(一)确定目标

建筑企业管理部门在战略方案执行以前就要明确而具体地指出企业的战略总目标和阶段目标,并将此目标分解给下属各职能部门、施工项目经理部,使其既具有一个确定的奋斗方向,又有一个阶段的分目标。

此外,在企业目标层次结构中,虽然将目标表述得越具体就越易于执行,但是总部仍然必须向各级管理者和员工宣布某些抽象的目标,以便使各级管理人员在执行任务时不忘企业长期的经营宗旨或经营哲学,从而能使局部战略与全局战略相协调。

(二)确定衡量工作成果的标准

衡量标准或评价标准是工作成果的规范,是从一个完整的战略方案中选择出的对工作成员进行计量的一些关键点，用来确定企业各级是否达到战略目标和怎样达到战略目标。评价标准应包括定性的标准，也应包括定量的标准。

（三）建立报告和通信等控制系统

报告和通信系统是建筑企业进行控制的中枢神经，是收集信息并发布指令所必需的。对于一个大型总承包企业尤为重要。没有一个报告和通信系统，企业就不可能获得进行分析和决策所需要的充足而及时的信息。

（四）审查结果

建筑企业要对收集到的信息资料与既定的企业评价标准和企业战略目标进行比较和评价，找出实际活动成效与评价标准的差距及其产生的原因。这是发现战略实施过程中是否存在问题和存在什么问题，以及为什么存在这些问题的重要过程。要做好这项工作，需要正确选择控制方法和控制机制，并在适当的时间、地点来进行。

（五）采取纠正措施

审查的结果如果达不到所期望的水平，则企业应采取纠正措施，纠正措施应视问题的性质和产生的原因而定，不一定是对问题所在部门采取责令其改变实施活动或行为，也可能是调整评价标准或企业目标以及该部门的分目标。

在企业战略的控制过程中，从着手纠正到完成纠正之间往往存在一个时滞，建筑企业的经营地域越分散，跨文化经营越多，组织规模越大越复杂，这种时滞越长。虽然计算机的应用，通信能力的提高，有助于控制的强化，但仍然不可能真正解决反馈控制的时间间隔。因此，建筑企业必须以不间断的方式来审查结果和采取纠正措施。

可见，在一个建筑企业中，战略的控制过程是一个周而复始的复杂的管理过程。

复 习 思 考 题

1. 什么是企业战略？有哪些特征？企业战略与战术、策略、规划有何区别？
2. 什么是企业战略管理？战略管理应遵循哪些基本原理？
3. 企业如何进行战略形势分析？
4. 什么是企业的竞争优势？企业竞争优势的确定应考虑哪些因素？
5. 什么是企业的核心能力？如何分析企业的核心能力？
6. 建筑企业总体战略应包括哪些内容？
7. 建筑企业经营战略应包括哪些内容？
8. 建筑企业的职能战略与总体战略、竞争战略的关系如何？包括哪些内容？
9. 什么是企业使命？如何确定企业的使命？
10. 影响战略选择的因素有哪些？
11. 企业战略的实施步骤如何？
12. 如何对企业战略的实施进行有效的控制？

第六章　建筑企业经营预测与决策

第一节　建筑企业市场调研

一、市场调研的概念及作用

1. 市场调研的概念

市场调研是企业运用一定的技术、方法、手段，对影响市场变化及发展的因素条件等所进行的收集资料、掌握客观情况、提供市场信息，为企业进行经营预测制定正确的经营方针和合理的经营决策提供可靠依据的一系列工作。

随着市场经济的发展，企业与市场的联系日益密切，对市场信息的需求日益增强，它迫使企业重视市场信息，开展市场调研。

2. 市场调研的作用

（1）市场调研是企业经营预测与决策的基础

在市场经济条件下，几乎所有的经营预测与决策都必须占有充分的市场信息，市场调研是获取市场信息的主要途径，无疑是预测与决策的前提和基础。

（2）市场调研为企业开展市场营销提供各类信息

市场调研是企业选择与确定目标市场的前提；为企业实行正确的市场定位、市场布局和价格策略提供信息；有利于企业正确选择营销渠道和营销策略；有利于企业实行正确的产品开发和竞争策略等。

（3）市场调研是使市场经营组合经常处于最佳状态的手段

企业市场经营组合是运用系统的方法对企业内部可控制的各种因素的综合运用。所谓市场经营组合的最佳状态，最根本的要求是，企业内部的经营组合要适应外部环境的发展，提高企业的应变能力。市场调研是掌握企业外部环境的唯一手段。

二、市场调研的程序

市场调研是一个复杂而细微的过程，市场调研的科学程序是保证市场调研的质量，提高工作效率的重要手段。市场调研的一般程序如图6-1所示。

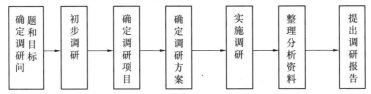

图6-1　市场调研的程序

1. 确定调研问题和目标

这是市场调研首先要解决的问题。一般可以考虑以下几种情况：①明显或潜在的与市场需求不相适应的营销因素；②企业的各种资源和面临的制约因素；③决策者的目标等。

2. 初步调查

是对所调研的问题作一般性的了解，它可以验证调研目标的准确性或使调研目标具体化。属探索性调研。

3. 确定调研项目

经过初步调查，使所要调研的问题更加清楚明白，就可以确定调研的具体项目。确定调研项目应根据其所需资料和费用情况，考虑其可行性和经济性。

4. 确定调研方案

确定调研方案的目的是为了使调研有秩序有目的地进行，对大型市场进行调研是十分必要的。调研方案应明确需要收集哪些信息资料、资料的来源和收集方法；调查的具体方法与技术；评价方案设计的可行性及核算费用；数据的分析及处理方法；方案进一步实施的准备工作等。

5. 实施调研

根据所确定的调研方案，组织有关调研人员进行实际调查。

6. 整理分析资料

对调研中收集的大量的、零散的、不系统的资料，进行整理分析，以达到由表及里，去伪存真的目的，揭示出各种现象的内在联系，找出规律性。

7. 提出调研报告

用实际材料分析说明调研的问题，得出结论，提出建设性的意见和建议。这是调研的最后成果。

三、建筑企业市场调研的内容

市场调研的内容比较广泛，既包括企业的外部总体环境、市场环境调研，也包括项目环境调研。概括起来，建筑企业的市场调研主要包括如下内容。

1. 市场需求调研

主要包括当前和潜在的用户、各种建筑类型的需求量、用户的分布情况、各种用户对建筑产品的评价等。市场需求调研可使企业掌握建筑市场的需求情况及发展趋势，了解用户的心态，从而为企业的经营方针和长远规划提供依据。

2. 市场供应调研

主要包括各种建筑类型的可供量，建筑材料、构配件、建筑机械设备、劳务市场等的供应情况，社会生产发展水平及技术水平等。市场供应调研有助于了解企业在市场中的地位，对制定战略目标是有益的。

3. 市场竞争状况调研

主要包括竞争对手的数量、分布情况及潜在竞争者的情况，竞争对手的工程质量、工期、服务态度及履约情况，各竞争对手企业状况及信誉等。市场竞争状况调研对于认识本企业在竞争中所处的地位，以便采取相应的竞争方法是十分有利的。

4. 建筑市场参与单位调研

主要包括对建筑设计院，建设单位主管部门，有关管理公司、咨询公司的调研。对建筑市场参与单位的调研，有利于企业和参与单位之间的协作和配合，以便为企业的市场经营战略提供更为翔实的依据。

5. 企业外部总体环境调研

主要包括党和国家的路线、方针、政策以及颁布的统一的规章制度,各种法律、法规,国民经济的发展,文化科学技术的发展,自然情况的变化等。企业外部总体环境调研对企业的战略、策略目标都有较大影响与制约,因此是十分重要的。

6. 工程项目情况调研

(1) 业主情况调研。包括业主的身份,业主的需求,业主的经济实力,业主的社会信誉等。

(2) 项目立项条件调研。主要调查分析项目当前所处的阶段以及办理了哪些审批手续。

(3) 项目资金来源调研。确定项目是哪一类投资项目,了解业主资金计划的落实情况,了解业主的资金实力与习惯的资金运作方式以及发生资金困难时的对策。

(4) 项目竞争对手情况调研。包括项目已有的竞争对手和可能参与的竞争对手,竞争对手的社会信誉、工程业绩、市场占有情况等,竞争对手的投标方式等。

(5) 承包该工程项目的利弊分析。

工程项目情况调研可列出调研表进行。表 6-1 为某建筑企业工程项目情况调研表。

工程项目情况调查表 表 6-1

编号: 填报日期:

	工程名称					
	工程地点					
工程基本情况	工 程 描 述					
	建筑面积		高度		层数	
	结构类型		用途		工期	
	主要工程量:					
	施工现场条件					
	水		电		道路	
	拆迁情况		有否扰民		周边环境	
	地质条件		通信情况		周边关系	
	投 资 情 况					
	资金组成		到位情况		金融信誉	
	设计进展情况					
	设计方案阶段		扩初阶段		施工图阶段	
	规划许可证编号					
	建设工程开工证					
	年度建设计划	批准件		工程质量监督登记文件		
	"四源"协议		电信协议		电力协议	
	设 计 情 况					
	设计单位		方案设计		施工图设计	
	监 理 情 况					
	监理单位					
业主情况	组成				上级部门	
	现场经理		联系电话		投标方式	
投标情况						

第二节 建筑企业经营预测

一、预测的概念、作用及分类

（一）预测的概念

预测是指根据过去资料和现时情况，运用已有的科学方法和手段，探索客观事物未来的发展，并作出定性或定量的估计和评价，以指导和调节人们的行动。预测研究的对象是未来，但它立足的是现在和过去。它是以变化、联系的辩证观点，研究事物的今天，预言它的明天。预测的目的在于作出决策，为未来的不确定因素提供信息和数据。

（二）预测的作用

预测在企业经营管理中起着重要作用。在市场经济条件下，企业经营条件瞬息万变，如何使企业具有弹性，适应环境，在竞争中取胜就变得至关重要。预测就是预见事物发展的未来趋向，为决策和计划提供依据的活动。只有经过适时精确的预测，才能抓住机遇，作出决策。具体地说，预测有如下作用。

1. 预测是决策的前提

通过预测，可以了解和掌握建筑市场的动态和发展趋势，提供一定条件下生产经营各个方面未来可能实现的数据，为决策提供依据。没有准确、科学的预测，要作出符合客观实际的决策是不可能的。

2. 预测是拟定企业经营计划的依据

通过预测，掌握建筑产品的投资方向、类型及构成比例，掌握企业的资源需求情况与供应条件，对企业未来的生产能力和技术发展有所估计，才能确立正确的经营目标，制定出切实可行的经营计划。

3. 预测有助于提高企业的竞争能力

在实行招标承包制的情况下，建筑企业的竞争能力主要表现为得标率的高低。企业依据科学的预测，充分了解竞争的形势和竞争对手的情况，才能采取合理的投标策略，在竞争中争取主动。

4. 预测能增强企业的应变能力

通过对外部环境、施工条件变化及各种不可控因素的充分估计，针对不同情况多准备几套应变方案，就可以提高企业对各种情况的应变能力。

（三）预测的分类

1. 按预测时间划分

（1）长期预测。一般指对预测对象在 5 年或更长时间内可能的状况所作的推测和预计，又称远景预测。

（2）中期预测。一般指 1 年以上，5 年以下的预测，是长期预测的具体化和短期预测的依据。

（3）短期预测。一般指年度、季度或月度预测，又称近期预测。

为了使长期预测、中期预测和短期预测在时间上协调一致，弥补各自的不足，减少差异，可在预测体系中制定一个滚动式的预测方案，不断修正预测结果，以保持预测结果的科学性和完整性。

2. 按预测范围划分

（1）宏观预测。即整个国民经济，一个地区、一个部门的预测。如固定资产投资方向、建筑产品的构成比例预测等。

（2）微观预测。即一个企业、一个单位的发展情况预测。如对企业经济活动状态的估计、资源需求预测等。

3. 按预测的方法划分

（1）定性预测。定性预测又称直观判断预测，是指通过直观材料或判断的方法对事物的未来发展变化趋势进行的分析。是在数据不足的情况下，或难以获得数据、或没有必要去收集详细的数据时，凭借个人的经验、知识或集体的智慧和直观的材料，对事物的性质和规定进行预测，而不是依靠复杂的数学工具进行的预测。

（2）定量预测。是根据历史的数据，采用相适应的数学公式或数学模型对事物未来发展变化趋势进行量的分析。它是在原始数据比较充足或数据来源多且稳定的情况下常采用的方法，比定性预测精确。

（3）综合预测。即综合采用两种或两种以上方法进行的预测。综合预测可以是定性与定量综合，定性与定性综合，定量与定量综合。但多数情况下是定性与定量的综合。

二、预测的基本原则

为了提高预测工作质量，在进行预测时，一般应遵循如下几项原则。

1. 科学性原则

在进行预测时要从实际出发，收集较完整的准确资料，采用科学的预测方法，经过反复预测，从而掌握其内在的规律性。

2. 系统性原则

任何客观事物均可以看作一个系统。作为一个系统，不但内部各子系统之间和组成要素之间存在着系统联系，它同外部因素之间也存在着相互联系和相互制约的作用。预测时要全面地考虑各种因素及其相互联系，并要注意协调预测工作内部各子系统之间的关系，协同动作，以提高预测的质量。

3. 相关性原则

任何事物的发展，都是互相联系、互相制约的，所以可以从已知的事物推测与之相关的未知事物的发展。

4. 动态性原则

任何事物都不是一成不变的，有其历史、现状，也会有未来，事物总是从历史演变而来，事物的发展会有变化，但这种变化总有其轨迹可循。预测者通过对事物历史和现状的了解、分析和研究，正确预测未来。

5. 类推的原则

许多事物的发展，存在着相似性或类同性。因此，掌握了某一类事物的发展变化规律，就可以推测出其他类似事件的发展变化规律。

三、建筑企业经营预测的内容

1. 建筑市场预测

在市场调研的基础上，对建筑市场的需求和供应进行预测；对建筑市场的竞争形势及竞争态势的变化趋势进行预测；对企业工程任务来源进行预测；对建设单位对建筑产品的质量要求、配套性要求进行预测。

2. 资源预测

对企业所需材料、资源的需求数量、供应来源、配套情况、满足程度和供应条件等进行预测。

3. 生产能力预测

对企业人员、机械设备的需求变化情况的估计，也包括对劳动力需求、劳动力供应条件的估计。

4. 企业的技术发展预测

包括建筑施工技术、管理技术、企业技术改造和设备更新的预测。即新产品、新技术、新工艺、新机械、新材料的预测。

此外还有利润、成本预测，多种经营方向预测等内容。

四、经营预测的基本程序

经营预测的基本程序如图 6-2 所示。

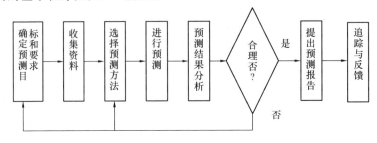

图 6-2　预测的基本程序

1. 确定预测目标和要求

预测目标的确定直接影响着预测对象、范围、内容以及预测方法的选择等一系列工作的安排。不同的预测目标有不同的要求，因此，确定预测目标和要求是预测全部工作的关键，对以下各步起指导作用。预测目标和要求应尽量详细具体，操作时才能具体实施。

2. 收集资料

预测资料的数量和质量直接关系到预测结果的精确度。因此，在收集资料时，一方面要考虑资料的准确性，另一方面还要考虑资料的相关性。对收集到的资料还要加工整理，去伪存真。

3. 选择预测方法

各种预测方法都有其不同的原理、特点和适用性，要根据预测目标和资料占有情况，综合分析。预测方法的选择标准有预测期的长短、信息资料的多少、历史数据的类型和预测费用、预测结果和精度要求以及预测方法的实用性等。

4. 进行预测

利用现有的资料和选定的预测方法进行预测。由于客观经济现象错综复杂，在预测时尽量同时采用几种预测方法，进行比较、验证，这样可以减少预测失误，提高预测的准确性。

5. 预测结果分析

对预测结果进行分析，检查是否达到预期目标，预测误差是否在允许的范围之内，预测结果是否合理等。如果得出否定的结论，则需重新确定预测目标或选择其他预测方法，再次进行预测。预测结果产生一定的误差是必然的，因此，这就需要一方面分析预测模型中所没有考虑到的因素，把它加到预测结果中去进行修正，另一方面还要根据自己的知识、经验、推理去判断预测结果是否合理并进行修正。有时在原来的模型不能如实地反映客观事物发展时，还需重新进行追踪预测。

6. 提出预测报告

预测结论得以确认后，便可以提出预测报告，供决策者参阅，预测报告中至少应包括预测结论及建议等。

7. 追踪与反馈

提出预测报告后，还要追踪预测报告的结论及建议是否被采用、实际效果如何等，对追踪的结果进行反馈，以便在下一次预测时，纠正偏差，改进预测方法。

五、经营预测方法及应用

（一）定性预测方法及应用

随着科学技术的发展，社会现象日益复杂，市场情况瞬息万变，企业在进行经营预测时，有许多问题无法定量化，或难以获得充足的数据资料作为依据，也有许多问题定量化的代价是昂贵的，对于此类情况，只能依靠人的主观经验和综合分析能力，对未来事物的发展状况作出判断。这就要应用定性预测方法。下面介绍几种常用的定性预测方法。

1. 个人判断法

个人判断法是凭借个人的知识、经验和综合分析能力，对预测对象未来发展变化趋势作出的推断。这种方法简便易行，能迅速得到预测结果，但有一定的片面性，且易受当时环境气氛的影响。实践中常和其他预测方法结合使用。

2. 专家会议法

专家会议法又称专家意见法。它是根据预测的目的和要求，向有关专家提供一定的背景资料，通过会议的形式对某一经济现象及其发展趋势进行推断。这种方法简便易行，占有的信息资料和考虑的影响因素较多，可以充分发挥集体智慧的作用，弥补个人知识和经验的不足。但因受专家个性和心理因素或其他专家意见的影响或左右，同时受参加人数和讨论时间的限制，会影响预测的科学性和准确性，为此要注意专家的选择和操作技巧。

3. 德尔菲法

德尔菲法又称专家意见征询法。是采用匿名的方法，就预测的问题，征询有关专家的看法和意见，然后将所得的各种意见加以综合、归纳和整理，再反馈给各个专家，进一步征询意见，经过多次这样的反复和循环，直到预测的问题得到较为满意的结果。

采用这种预测方法，专家互不见面，因而可以消除相互间心理上的影响，做到自由充分地发表意见；通过反馈，每个专家都知道持有的不同意见及原因，有机会修改自己的意见。这种方法不仅建立在集体判断基础上，也用了一定的统计方法。

4. 定性预测结论的形成

通过主观预测得到的结果大部分都是定性的，为了便于比较，有时要进行整理、加工，最后用定量的数据表示出来预测的结果。

（1）主观概率法。主观概率法是预测者对预测事件发生的概率作出主观估计，然后计算它的平均值，以此作为预测事件的结论的一种方法。

使用主观概率法，当持各种意见的专家人数不同或专家们的实际经验和知识不同时，可对于不同概率给予不同的权数，用加权平均法求其预测值。

（2）主观记分法。事先予以不同的事件或方案不同的计分标准，由调查者根据自己对事件的估计，按标准评定得出分值，这种方法叫主观记分法。对分数的整理和比较有许多方法，常用的有：平均值法、加权平均法、比重系数法等。

（二）定量预测方法及应用

1. 时间序列分析法

这是目前普遍采用的经济预测的基本方法。该方法是将历史资料和数据，按时间顺序排成一序列，根据时间序列所反映的经济现象的发展过程、方向和趋势，进行时间序列外推或延伸，以预测经济现象未来可能达到的水平。时间序列分析法有两个基本特点：其一，它承认在影响事物变动的基本因素未发生改变的情况下，其发展具有延续性。其二，承认事物发展的不规律性，所以采用各种方法对数据进行处理，消除不规律（偶然性）因素的干扰和影响。经济社会中的各种事物或现象的时间序列组成十分复杂，按它们作用的效果大致可分为：长期趋势、季节性变化、循环变动和偶然性波动等，相应的预测方法也有许多，这里简要介绍几种常用的方法。

（1）移动序时平均法

这种方法假定待预测事物的未来状况只与近期的状况有关，而与较远期的状况无关。因此，只要选用预测期前 N 期的 N 个数据平均即得预测期的数据。根据平均值的不同算法，移动序时平均法又分为简单移动序时平均法和加权移动序时平均法两种。

1) 简单移动序时平均法。是把过去数据对预测值的影响作用等同看待，采用简单算术平均法计算预测值。其预测模型为：

$$F_{t+1} = \frac{\sum_{i=t}^{t-N+1} V_i}{N} \tag{6-1}$$

式中　F_{t+1}——第 $t+1$ 期的预测值；

　　　V_i——第 i 期的实际值；

　　　N——与预测期有关的邻近期数。

2) 加权移动序时平均法。是考虑远近不同的历史数据对预测值的影响不同，而给予一定的权重，再移动序时平均的方法。一般来说，距预测期越近的数据，对预测值的影响作用越大，给予的权重也应越大。其模型为：

$$F_{t+1} = \frac{\sum_{i=t}^{t-N+1} W_{t-i+1} \cdot V_i}{\sum_{i=1}^{N} W_i} \tag{6-2}$$

或

$$F_{t+1} = \frac{W_1 V_t + W_2 V_{t-1} + \cdots + W_N V_{t-N+1}}{W_1 + W_2 + \cdots + W_N}$$

式中　W_{t-i+1}——与 V_i 对应的权数，可结合实际经验加以选择。

【例 6-1】 某构件加工厂某年 1～12 月份产品销售额见表 6-2 所列。试用简单移动序时平均法（$N=3$，$N=6$）和加权移动序时平均法（$N=3$，权值分别为 3，2，1）计算移动序时平均值。

【解】 根据式（6-1）、式（6-2），分别求出各种情况下的移动序时平均值，并将结果列于表 6-2。

移动平均预测计算表　　　　　　　　　　　　　　表 6-2

月份	销售额（万元）	F_{t+1} 简单移动序时平均法 N=3	F_{t+1} 简单移动序时平均法 N=6	F_{t+1} 加权移动序时平均法 N=3（权值3，2，1）
1	170			
2	200			
3	150			
4	230	173.3		170.0
5	210	193.3		198.3
6	280	196.7		206.7
7	300	240.0	206.7	248.3
8	260	263.3	228.3	278.3
9	250	280.0	238.3	276.7
10	230	270.0	255.0	268.3
11	250	246.7	255.0	241.7
12	180	243.3	261.7	243.3

移动序时平均法是一种修匀法，可以消除时间序列中由于偶然因素所引起的不规则变动，以反映事物发展的总趋势。只是这种反映程度取决于 N 值选择的大小，一般 N 取值较小，预测结果比较灵敏，能较好地反映数据变动的趋势，但修匀性较差；N 取值较大则刚好相反。因此，应根据预测事物变化的复杂状况、历史数据的多少和预测的目的与要求，适当地选择 N 值。移动序时平均法计算简便，但需大量的数据，适用于进行短期预测。

（2）指数平滑法

平滑法是以指数形式的几何级数作为权数来考虑不同时期数据的影响，并将这些数据加权移动平均的一种预测方法。其预测模型为：

$$F_{t+1} = \alpha V_t + (1-\alpha) F_t \tag{6-3}$$

式中　α——平滑系数（$0 \leqslant \alpha \leqslant 1$）。

由式（6-3）可推得：

$$F_{t+1} = \alpha V_t + \alpha(1-\alpha) V_{t-1} + \alpha(1-\alpha)^2 V_{t-2} + \cdots$$

从上式可以看出，指数平滑法就是对不同时期的数据给予不同的权数，既强调了近期数据对预测值的作用，又未完全忽略远期数据的影响。

【例 6-2】 现以表 6-2 的数据为例，应用指数平滑法，分别按 $\alpha=0.2$ 和 $\alpha=0.8$ 计算预测值。

【解】 计算结果见表 6-3 所列。

指数平滑预测计算表　　　　　　　　　　　　　　　　表 6-3

月份	销售额（万元）	F_{t+1}		月份	销售额（万元）	F_{t+1}	
		$\alpha=0.2$	$\alpha=0.8$			$\alpha=0.2$	$\alpha=0.8$
1	170	170	170	7	300	206.5	266.2
2	200	170	170	8	260	225.2	293.2
3	150	176	194	9	250	232.2	266.6
4	230	170.8	158.8	10	230	235.8	253.3
5	210	182.6	215.8	11	250	234.6	234.7
6	280	188.1	211.2	12	180	237.7	246.9

可以看出，α 的大小对时间序列的修匀程度影响很大。α 值越大，近期数据对预测值影响越大，当 $\alpha=1$ 时，平滑值就是本期实际值；α 值越小，远期数据对预测值影响越大，当 $\alpha=0$ 时，平滑值就是最初一期的实际值。因此，利用指数平滑法，关键在于正确选择 α 的值。

指数平滑法是移动平均法的一种改进型，能适应比较复杂的变化情况，要求的历史数据也较少，是进行短期预测经常采用的一种方法。

(3) 趋势预测法

一个经济变量在一定时期内大致沿某一趋势呈线性或非线性变化，以这类问题为研究对象，预测事物未来发展趋势的方法，称为趋势预测法。

1) 线性趋势预测。当经济变量在某一时间内近似呈线性趋势时，可把时间的序列数作为变量 x，把所研究的经济变量在各个时期的数值作为变量 y，则线性趋势预测模型为：

$$y = a + bx \tag{6-4}$$

式中　a、b——待定的系数。

利用最小二乘法，a、b 分别由下式确定：

$$b = \frac{N\sum x_i y_{ai} - \sum x_i \sum y_{ai}}{N\sum x_i^2 - (\sum x_i)^2} \tag{6-5}$$

$$a = \frac{\sum y_{ai}}{N} - b\frac{\sum x_i}{N}$$

式中　　　　　　　N——数据点数；

x_i，y_{ai} ($i=1,\cdots,N$)——第 i 期的实际数据点。

根据时间序列的特点，我们可以将时间序列数适当取值，使 $\sum x_i = 0$，从而使计算简化。由此上述计算公式简化为：

$$b = \frac{\sum x_i y_{ai}}{\sum x_i^2} \tag{6-6}$$

$$a = \frac{\sum y_{ai}}{N}$$

【例 6-3】　某企业某年前 8 个月的销售额的统计资料见表 6-4 所列，试用趋势预测法预测 9、10 月份的可能销售额。

销售额统计表 表 6-4

月份	1	2	3	4	5	6	7	8
销售额（万元）	42	43.83	45.83	48.03	50.6	52.8	54.3	56.3

【**解**】 首先根据统计资料绘出数据分布图（图 6-3）。

从图 6-3 可以看出数据点的分布呈线性趋势，建立预测模型：

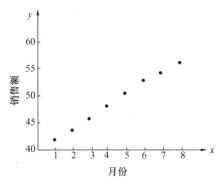

图 6-3 数据分布图

线性趋势计算表 表 6-5

月份	y_{ai}	x_i	x_i^2	$x_i y_{ai}$
1	42	−7	49	−294
2	43.83	−5	25	−219.15
3	45.83	−3	9	−137.49
4	48.03	−1	1	−48.03
5	50.6	1	1	50.6
6	52.8	3	9	158.4
7	54.3	5	25	271.5
8	56.3	7	49	394.1
合计	393.69	0	168	175.93

$$y = a + bx$$

列表计算，见表 6-5 所列。

则：

$$b = \frac{\sum x_i y_{ai}}{\sum x_i^2} = \frac{175.93}{168} = 1.05$$

$$a = \frac{\sum y_{ai}}{N} = \frac{393.69}{8} = 49.21$$

将 a、b 值代入预测模型：

$$y = a + bx = 49.21 + 1.05x$$

9 月份预测值 $y = 49.21 + 1.05 \times 9 = 58.66$ 万元
10 月份预测值 $y = 49.21 + 1.05 \times 11 = 60.76$ 万元

2）非线性趋势预测。如果某经济变量时间序列的增减变化不是等量，则其发展趋势就表现为非线性。对这种情况，一般要先将历史数据在图上标示出来，观察数据点的分布趋势，或者通过数据分析确定出变化规律，然后再拟合成似近的曲线方程进行预测。

例如指数曲线趋势预测，若经济变量在各时间序列的增长率大体相同，则其增长变化趋势表现为指数曲线规律，其方程式为：

$$y = ab^x \tag{6-7}$$

利用对数运算，并令：

$$y' = \lg y, A = \lg a, B = \lg b$$

则式（6-7）变为：

$$y' = A + Bx$$

(4) 季节性变动的预测

在建筑企业的生产经营活动中，经常会出现季节性变动的现象，为了适应生产的要求，搞好均衡生产，就有必要掌握这种季节性变动的规律。

季节性变动比较复杂，它既包括趋势性变化，又包括季节性变化，或者还有偶然性变化等。季节性变动预测的目的是要分析季节变动因素对趋势发展的影响作用，并以此来预测未来趋势。

【例 6-4】 某企业第 1~4 年各月的盈利水平，见表 6-6 所列，预测第 5 年该企业各月盈利水平。

【解】 ①绘制数据点分布图，确定变动性质

根据表 6-6 的数据，可绘出图 6-4，该企业的盈利水平是以年为周期的季节性变动，并呈递增的总趋势。

某企业各月的盈利水平统计表　　　　　　表 6-6

年序	月份												合计
	1	2	3	4	5	6	7	8	9	10	11	12	
1	10	12	14	18	20	22	17	18	16	18	14	12	191
2	11	14	16	21	23	21	18	20	18	19	16	14	211
3	13	15	18	24	27	26	23	18	19	22	18	15	238
4	16	16	21	25	30	27	28	20	19	21	19	17	259
合计	50	57	69	88	100	96	86	76	72	80	67	58	899
月平均	12.50	14.25	17.25	22	25	24	21.5	19	18	20	16.75	14.5	224.75
季节系数（%）	66.74	76.08	92.10	117.46	133.48	128.14	114.79	101.44	96.1	106.7	89.43	77.42	
预测值	15.71	17.9	21.68	27.65	31.42	30.16	27.02	23.88	22.62	25.14	21.05	18.22	282.5

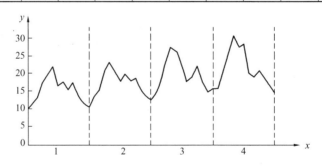

图 6-4 盈利水平季节性变动图

②确定季节系数

季节系数可由下式确定：

$$\text{季节系数} = \text{月平均值} / \text{总平均值} \tag{6-8}$$

月平均值的计算结果见表 6-6 所列。

$$总平均值 = \frac{\sum_{i=1}^{12} 月平均值}{12} = \frac{224.75}{12} = 18.73$$

季节系数的计算结果见表 6-6 所列。

③确定长期趋势变动

本例中长期趋势变动为线性趋势，其趋势预测模型为 $y=a+bx$。计算见表 6-7 所列。

趋势预测计算表　　　　表 6-7

年序	x_i	y_{ai}	x_i^2	$x_i y_{ai}$
1	−3	191	9	−573
2	−1	211	1	−211
3	1	238	1	238
4	3	259	9	777
合计	0	899	20	231

根据式（6-6）求得：

$$a = \frac{\sum y_{ai}}{N} = \frac{899}{4} = 224.75$$

$$b = \frac{\sum x_i y_{ai}}{\sum x_i^2} = \frac{231}{20} = 11.55$$

则　　　　　　　　　　$y = 224.75 + 11.55x$

第 5 年相应的 $x=5$，故第 5 年的盈利水平为 $y=224.75+11.55×5=282.5$。

④计算各月预测值

各月预测值可由下式确定：

$$月预测值 = 年预测值/12 × 季节系数$$

计算结果列于表 6-6 的最后一行。

2. 因果分析预测法

因果分析预测法就是根据事物内在的因果关系来预测事物发展趋势的方法。社会经济现象是普遍联系和相互依存的，通过分析各种原因或条件对现象变化的影响作用来推测未来情形。因果关系预测法常用的主要是回归分析法：依据自变量次幂的不同，可分为线性回归和非线性回归；按自变量个数不同可分为一元回归和多元回归。因果分析法一般适用于中长期预测。下面介绍几种简单常用的方法。

（1）一元线性回归预测法

一元线性回归预测法是当两个经济变量之间存在线性相关关系时采用的一种回归方法。

【例 6-5】　某建筑公司第 1~7 年间逐年的竣工面积与实现利润的统计资料见表 6-8 所列，如预计第 8 年竣工面积将比上一年增长 8%，试预测第 8 年的利润水平。

竣工面积与利润统计资料　　　　　　　　　　表6-8

年　序	1	2	3	4	5	6	7
竣工面积（万 m^2）	8.3	8.9	9.7	10.8	12.1	13.4	15.3
利润总额（万元）	410	446	485	530	570	620	709

【解】　①绘图确定相关关系（图6-5）

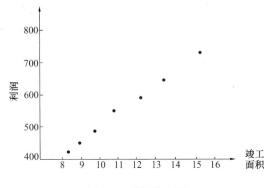

图6-5　数据分布图

从图6-5可以看出，数据点分布呈线性趋势，因此，可以用一元线性回归模型进行预测。

②建立预测模型

一元线性回归模型 $Y=a+bx$

式中　Y——年利润水平；

　　　x——年竣工面积；

　　　a、b——回归系数。

③参数估计

计算过程见表6-9所列。

一元线性回归计算表　　　　　　　　　　表6-9

年　序	x_i	y_{ai}	x_i^2	$x_i y_{ai}$	y_i	$(y_{ai}-y_i)^2$
1	8.3	410	68.89	3403.0	419.5	90.25
2	8.9	446	79.21	3969.4	444.0	4.0
3	9.7	485	94.09	4704.5	476.7	68.89
4	10.8	530	116.64	5724.0	521.6	70.56
5	12.1	570	146.41	6897.0	574.8	23.04
6	13.4	620	179.56	8308.0	627.9	62.41
7	15.3	709	234.09	10847.7	705.5	12.25
合　计	78.5	3770	918.89	43853.6	3770	331.4

根据式（6-5）

$$b=\frac{N\sum x_i y_{ai}-\sum x_i \sum y_{ai}}{N\sum x_i^2-(\sum x_i)^2}=\frac{7\times 43853.6-78.5\times 3770}{7\times 918.89-78.5^2}=40.86$$

$$a=\frac{\sum y_{ai}}{N}-b\frac{\sum x_i}{N}=\frac{3770}{7}-40.86\times \frac{78.5}{7}=80.36$$

则 $Y=80.36+40.86x$

④应用模型进行预测

已知第8年竣工面积比第7年增长8%，则第8年竣工面积为：$15.3\times 1.08=16.52$ 万 m^2，代入预测模型，可算出第8年利润为：

$$Y=80.36+40.86\times 16.52=755.37 \text{万元}$$

⑤分析预测结果的置信区间

一般认为，对一个自变量 x，y 的实际发生值按正态分布的规律波动。假设波动的标准差为 S，其计算公式为：

$$S=\sqrt{\frac{\sum(y_{ai}-y_i)^2}{N-2}}$$

式中 y_{ai}——实际发生值;

y_i——按回归方程计算所得的预测值;

N——数据期数。

由正态分布的理论可知,实际发生值取值范围在 $Y\pm S$ 之内的概率为 68.3%;在 $Y\pm 2S$ 之内的概率为 95.45%;在 $Y\pm 3S$ 之内的概率为 99.73%。我们一般取 $Y\pm 2S$ 为置信区间。计算过程见表 6-9 所列。

$$S=\sqrt{\frac{\sum(y_{ai}-y_i)^2}{N-2}}=\sqrt{\frac{331.4}{5}}=8.14$$

则概率为 95.45% 的置信区间为:

$$Y\pm 2S=755.37\pm 2\times 8.14=\begin{cases}771.65\text{ 万元}\\739.09\text{ 万元}\end{cases}$$

(2) 多元线性回归

客观经济现象是极其复杂的,往往受多种因素的制约或影响,如果这些因素难以分清主次,就需要进行多因素的分析。这时,仅用一元回归分析是不够的,需进行多元回归分析。多元回归是指两个或两个以上的自变量与一个因变量的变动分析。当变量之间存在线性关系时,称为多元线性回归分析。多元线性回归方程式为:

$$Y=a+b_1x_1+b_2x_2+\cdots+b_nx_n \tag{6-9}$$

式中 Y——因变量;

x_1,x_2,$\cdots$,x_n——自变量,即诸多影响因素;

a,b_1,b_2,$\cdots$,b_n——参数,即回归系数。

多元回归预测法在因素分析和计算上都远较一元回归预测法复杂。

(3) 非线性回归分析

在实际问题中,有时变量的关系并非线性变化,而是数据呈曲线分布。此时一般采用非线性回归分析进行预测。非线性回归分析经常采用的一种方法,是进行变量变换,把许多拟合曲线问题变换为拟合直线问题来处理,即非线性问题变换为线性问题来处理。例如数据分布类似于双曲线的形状,选双曲线 $\frac{1}{Y}=a+b\frac{1}{X}$ 为拟合曲线。令 $Y'=\frac{1}{Y}$,$X'=\frac{1}{X}$,则:

$$Y'=a+bX' \tag{6-10}$$

这样就把一个非线性回归问题变换为一元线性回归问题。

对于三个或三个以上自变量的多元线性回归预测以及非线性回归预测,计算要复杂得多,大都需用电子计算机处理,这里不作介绍。

第三节 建筑企业经营决策

一、决策概念及其分类

(一) 决策的概念

企业的决策是指为实现一定目标、解决一定问题,有意识地寻求多种实施方案,按决策者的智慧、经验、胆识和决策标准，进行比较分析，确定较理想方案，予以实施及跟踪的过程。

这个概念包括以下五层含义：

(1) 决策是一个动态过程。决策活动包括从确定目标、方案比选、方案实施跟踪到方案修正的全过程。没有这一系列过程，决策就容易陷于主观、盲目，导致失误。

(2) 决策的目的是为了实现企业的一定目标或解决企业发展中的某一问题。企业经营管理中每个时期都有它的目标，为实现企业的目标，要解决许许多多的问题，要想正确解决这些问题，使企业的经营有更好的经济效益，就必须进行科学的决策。

(3) 决策的核心问题是如何进行多方案的选择。凡是要作决策，都必须有意识地拟定不同的实施方案，然后根据决策的标准选出较理想的方案。只有通过比较、鉴定，才能作出正确的决策。

(4) 决策要有科学的标准和依据。决策要提倡用科学的数据说话，排除主观成见，但又要体现决策者的智慧、经验、胆识。这样才能做到大胆的开拓精神和实事求是精神的相互结合。

(5) 决策选择结果一般应是较理想的方案。影响一项事物发展的因素十分复杂，在有限时间内、有限条件下，不可能对所有因素都给予同样的考虑，因此，决策只能做到尽可能的圆满，而不可能做到完美无缺。

(二) 决策的分类

企业在生产经营管理活动中所进行的决策是十分广泛的，按不同的标志可将决策划分成多种类型。

1. 按决策重要程度及其分工划分

按决策重要程度及其分工可将决策划分为战略决策、管理决策和业务决策三类。战略决策是对企业全局性的重大问题所作的决策，如经营目标、产品结构、市场开拓等方面的决策。它是企业最高管理阶层所作的决策。管理决策又称战术决策，它以战略决策为指导，根据战略决策的要求，解决执行中的问题，结合企业内外条件，安排一定时期的任务，解决生产中存在的某些缺陷，进行企业内部的协调与控制，实现系统优化。这类决策主要由企业的中级管理层次负责制定。业务决策是为了提高企业日常工作效率的一种决策，主要是解决作业任务中的问题，其特点是技术性强，时间紧，一般由基层负责制定。

2. 按决策的形态性质划分

按决策的形态性质可将决策划分为程序化决策和非程序化决策两种。前者是指可按一套常规的处理方式进行的决策，主要适用于企业的例行性工作或经常反复出现的活动。后者是一种不重复出现的非例行性的决策，由于非例行性的事件往往变化大，影响因素多，突发性强，因此不可能建立起一个固定的决策模式，常常要依靠决策者的知识、经验、信息和对未来发展的判断能力来作出决策。

3. 按时间因素划分

按时间因素可将决策划分为长期决策和短期决策。长期决策往往与长期规划有关，并较多地注意企业的外部环境。短期决策是实现战略目标所采取的手段，它比前者更具体，考虑的时间也短一些，主要着眼于企业内部，通过生产要素的优化配置与动态管理，实现战略目标。

4. 按决策应用的方法划分

按决策应用的方法划分,可将决策划分为定性决策和定量决策。前者是不用或少用数据与模型,主要凭借决策者的经验和判断力在众多可行方案中寻找满意方案的过程。主要适用于缺乏数据或需迅速作出决定的场合。后者是借助于数据分析与量化模型进行决策的方法。

5. 按确定性程度划分

按确定性程度可将决策划分为确定型决策、风险型决策、不确定型决策三种。确定型决策是指影响决策的因素或自然状态是明确的,肯定的,某一行动方案的结果也是确知的,因而比较容易判断与选择。风险型决策又称随机型决策,是指某一行动方案的结果不止一个,即多种自然状态,究竟哪一种自然状态出现不能确定,但其出现的概率可知,在这类问题的决策中,企业无论采用何种方案都存在风险。不确定型决策是指某一行动方案可能出现几种结果,即多个自然状态,且各种自然状态的概率也不确知,企业是在完全不确定的情况下所进行的决策。

6. 按决策目标的数量划分

按决策目标的数量可将决策划分为单目标决策与多目标决策。前者是指决策所追求的目标只有一个,后者是指决策所追求的目标是多个。

7. 按决策阶段划分

按决策阶段可将决策划分为单阶段决策和多阶段决策。单阶段决策也称单项决策或静态决策,是某个时期的某一问题的决策,它所要求的行动方案只有一个。多阶段决策也称序贯决策或动态决策,是为实现决策目标而作出一系列相互关联的决策,前一阶段的决策结果直接影响后一阶段的决策,因此,多阶段决策追求的是整体最优。

二、经营决策的基本原则

决策是一项十分复杂的工作,为了实现经营决策的科学化,在决策时应当遵循以下原则。

1. 信息原则

决策必须把握大量的信息,信息是决策的基础。企业必须注重信息的搜集、整理与处理工作,把握信息的全面性、及时性及准确性。

2. 预测原则

经营决策必须建立在预测的基础上,没有科学的预测就没有科学的决策。

3. 系统原则

经营决策必须强调系统性,要考虑决策所涉及的整个系统和相关系统,这样才能实现决策的总体优化。

4. 可行原则

经营决策涉及的人力、物力、财力资源及技术水平等,要建立在可能得到的基础上,即拟定的众多的行动方案必须是切实可行的。

5. 选优原则

又称多方案原则。它是指为解决某一决策问题,必须结合企业内外条件,设计多种行动方案,并通过判断、分析、比较,选择出满意的行动方案。

6. 反馈原则

反馈就是对决策所导致的后果进行调整。由于环境和需要的不断变化，最初的决策必须根据变化了的情况作出相应的改变和调整，使决策更合理、更科学。

7. 集体决策原则

决策问题十分复杂，影响因素众多。作为决策者个体，由于受知识结构、经验等方面的限制，无法完全避免判断上的主观性和片面性。因此，发挥集体的智慧，互相启发，互相补充，对于提高决策的准确性是十分必要的。

8. 效益原则

决策的目的在于提高经济效益。进行决策时，要把企业效益和社会效益、眼前效益和长远效益结合起来，要尽可能争取花费小、收效大的决策。

三、经营决策的基本程序

决策工作是一项动态的完整的过程，一般包括确定决策目标、方案设计、方案选择、执行方案等四个阶段。其基本程序如图 6-6 所示。

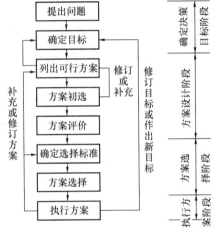

图 6-6 决策的基本程序

（一）确定决策目标

确定目标是决策程序的第一阶段，主要包括提出问题和确定目标两个环节。这一阶段的工作成效直接关系到整个决策的成败。

1. 提出问题

经营问题，一是指在企业经营管理中现存的问题。这种问题主要是企业在经营管理中实际达到的状况与应当或期望达到的状况之间的差异。二是指有关企业的发展问题。随着社会经济的发展，企业应发现企业经营现状与社会实际需要的差距，不断调整自己的经营方针与对策。

2. 确定目标

决策目标是经营决策的出发点和归结点，是根据决策所要解决的问题来确定的。把需要解决的问题的症结所在及其产生的原因分析清楚了，决策目标便容易确定下来。决策目标要和企业目标相一致，力求明确具体，解决问题实质。决策目标可能是单一的，也可能是多个，应分清主次。

（二）方案设计

1. 拟定备选方案

备选方案是指可供进一步选择用的可能方案，其数量和质量对于最后作出合理的选择有重大影响。企业应根据内外条件，拟定出众多的具备实施条件的可行方案。为保证备选方案的优良品质，防止遗漏，决策者必须拟定尽可能多的备选方案，注意方案的整体详尽性和相互排斥性。对于一些新问题，如有关企业发展的决策问题，一般属于非程序化决策，没有任何经验和案例可循，决策者必须充分发挥想象力和创造力，并发挥集体智慧，集思广益，才能取得最佳效果。

2. 方案初选

方案初选主要是通过对一些比较重要的限定因素的分析，比较各备选方案实现的可能性和效果，淘汰掉那些对解决问题基本无用或用处很小的方案以及那些客观条件不允许的方案，减少可行方案的数目，以便进行更深入的分析和比较。

3. 方案评价

方案评价是对方案执行结果的估计。进行方案评价时，应忽略各方案的共同问题，而专注于不同因素的分析。对一些无形因素，可以用预测方法将其定量化，与有形因素一起考虑。

（三）方案选择

方案选择是决策的关键阶段。

1. 方案选择标准

标准是衡量方案优劣的尺度，对方案的取舍关系极大。一个具有共性的标准是价值标准。在单目标决策情况下，价值标准是十分明确的，而对于多目标决策的情况，价值标准只有当各个目标的重要性明确后才能确定。

2. 选择方案

选择方案是在方案评价的基础上，按选择标准，进行执行方案的选择。进行方案选择时主要依据满意准则，即选择在目前情况下比较满意的适宜可行的方案。方案选定后，必须注意决策带来的影响，采取一些预防性措施或制定应变计划，以保证决策方案能按计划组织实施。

（四）执行方案

执行已选择的决策方案，是将决策变为现实的关键。在执行中要不断将执行结果与决策目标进行对比分析，寻找差异原因，并对决策作出必要的修改或补充。此外，在执行中还会发现新问题，从而需要作出新的决策后再付诸实施，这就开始了一个新的决策过程。

四、经营决策的定性方法

决策科学的发展，特别是电子计算机在决策中的应用，为用定量方法解决复杂的决策问题创造了条件，决策的科学性与可靠性不断提高，但这并未阻碍定性决策方法的发展。定性决策方法仍是经常使用的决策方法之一。这是因为：

（1）定性与定量相结合的分析方法，是人们正确认识事物发展内在规律的首要途径。进行定量决策时，任何模型都是对系统的抽象描述，不可能包容系统内的所有影响因素，而只能抓住问题的主要矛盾，因此定量方法不能离开定性分析而独立存在。

（2）迅速决策是企业经常面临的现实问题。定性决策主要凭借决策者的经验和判断力，因此，在企业的迅速决策方面实用性强。

（3）定量决策一般需大量的统计资料，当企业资料不全或遇到新问题时，进行定量决策往往难度较大，而定性决策则具有优势。

因为社会现象比较复杂，变化快，定性决策在企业经营管理中仍然占有十分重要的比重。即使是定量决策，也还需要决策者根据更多的限制条件作出最好的决定。

定性决策是充分发挥人们智慧进行决策的一种方法。在定性决策时，决策者的理论水平、经验阅历、能力素质往往起决定作用。但现代经营管理日趋复杂，所需各种专门知识越来越多，一个人的知识、经验往往是有限的，因此，定性决策常依靠专家的智慧进行集体决策。集体决策由于集思广益，互相学习，取长补短，考虑问题既广泛又深入，因此使决策具有充分的根据，保证决策的有效性。定性决策多用于外部环境变化大，影响决策的随机因素多且错综复杂,多种因素难以用数量表示的综合性战略决策。定性决策方法常用的有专家会议法、德尔菲法、小组决策法等。

总之,尽管定性决策很重要,但不能片面强调定性决策的重要性而忽略定量决策,两者是相辅相成,不可偏废的。一般凡是可以用数量来表示决策的条件及决策结果的问题,应当力求用定量决策来辅助决策者的决策;但定量决策不能取代决策者的观念和逻辑思维能力,两者结合使用,使决策更加符合实际。

五、经营决策的定量方法及应用

(一)确定型决策问题的分析方法

确定型决策问题具备如下四个条件:

(1) 存在决策者希望达到的一个明确目标;

(2) 只存在一个确定的自然状态;

(3) 存在决策者可以选择的两个或两个以上的行动方案;

(4) 不同的行动方案在确定状态下的益损值可以计算出来。

确定型决策的方法很多,如线性规划法、目标评分法、效益费用法等。人们对这类经营决策研究得比较充分,常使用运筹学的各种分支方法及其他数学方法。

(二)不确定型决策问题的分析方法

1. 不确定型决策条件

(1) 存在着决策者希望达到的目标(利益最大或损失最小);

(2) 存在着两个或两个以上的行动方案可供决策者选择;

(3) 存在着两个或两个以上的不以决策者的主观意志为转移的自然状态;

(4) 不同的行动方案在不同自然状态下的相应益损值(利益或损失)可以计算出来;

(5) 各种自然状态出现的可能性(概率)决策者预先无法估计或计算。

2. 不确定型决策特点

不确定型决策的特点是,通过决策者的主观判断进行决策。同一事物,站在不同的角度进行观察,将有不同的结果;同一决策问题,由于不同决策者的知识水平、观察能力、决策经验、感知力和判断力的不同,将有不同的决策结果。

3. 不确定型决策方法

不确定型决策所采用的标准,主要取决于决策者的素质和特点,下面分别加以介绍。

(1) 小中取大决策标准

又称悲观标准。持这种标准的决策者,对客观环境总是抱悲观态度,所以为了保险起见,总是从最不利处估计事情的结果,从最坏的情况中选择最好的方案。采用这种决策标准,首先从每一方案中选择一个最小的收益值,然后选取与最小收益值中的最大值相应的方案为最优方案。其模型为:

$$\max_i [\min_j (u_{ij})]$$

【例 6-6】 某预制厂要确定下一施工年度空心板的生产批量,空心板的需求量有多、中、少三种情况,可采取的生产方案也有大、中、小批量三种,各生产方案可能获得的效益值可以相应的计算出来,见表 6-10 所列。试采用悲观标准进行决策,选择最优方案。

【解】 采用悲观标准进行决策的过程,见表 6-10 所列。

小中取大决策标准决策计算表 表 6-10

收益值（万元） 方案	自然状态 空心板需求量			$\min_j(u_{ij})$
	N_1(多)	N_2(中)	N_3(少)	
S_1(大批量生产)	20	12	8	8
S_2(中批量生产)	16	16	10	10
S_3(小批量生产)	12	12	12	12
$\max_i[\min_j(u_{ij})]$				12
最 优 方 案				S_3

（2）大中取大决策标准

又称乐观标准。持这种标准的决策者，对客观环境总是抱乐观态度，不放弃任何一个获得最好结果的机会。决策时，首先把每一方案在各种自然状态下的最大收益值求出来，再选取与最大收益值中的最大值相应的方案为最优方案。其模型为：

$$\max_i[\max_j(u_{ij})]$$

采用乐观标准，对［例6-6］的问题进行决策，其最优方案为大批量生产。

（3）折中标准

这一标准是以上两种标准的折中，决策时，先确定介于0和1之间的乐观系数 α，再找到每个方案在各种自然状态下的最大收益值 $\max_j(u_{ij})$ 和最小收益值 $\min_j(u_{ij})$，则各个方案的折中收益值 $CV_i = \alpha \max_j(u_{ij}) + (1-\alpha) \min_j(u_{ij})$，最后比较 CV_i，选取与 $\max_i(CV_i)$ 相应的方案为最优方案。

【例6-7】 对表6-10给出的收益表，令乐观系数 $\alpha=0.7$。试采用折中标准进行决策。

【解】 计算过程见表6-11所列。

显然，乐观标准与悲观标准均是折中标准的特例。取 $\alpha=1$ 是乐观的情况，而取 $\alpha=0$ 则是悲观的情况。

α 的值应根据具体情况取定，取值不同，可能会得到不同的决策结果。

折中标准决策计算表 表 6-11

收益值（万元） 方案	自然状态 空心板需求量			$\max_j(u_{ij})$	$\min_j(u_{ij})$	$\alpha \max_j(u_{ij}) + (1-\alpha)\min_j(u_{ij})$
	N_1(多)	N_2(中)	N_3(少)			
S_1(大批量生产)	20	12	8	20	8	$0.7 \times 20 + 0.3 \times 8 = 16.4$
S_2(中批量生产)	16	16	10	16	10	$0.7 \times 16 + 0.3 \times 10 = 14.2$
S_3(小批量生产)	12	12	12	12	12	$0.7 \times 12 + 0.3 \times 12 = 12$
$\max_i(CV_i)$						16.4
最 优 方 案						S_1

（4）"后悔值"标准

后悔值是指某种自然状态下可能获得的最大收益与采用某一方案所实际获得的收益的

差值,即应当得到,但由于失去机会未能得到的那一部分收益。采用这种决策标准,需先找出每个方案的最大后悔值,再选取与最大后悔值中的最小值相应的方案为最优方案。其决策模型为:

$$\max_i \left[\max_j (u'_{ij}) \right]$$

u'_{ij} 为方案 i 在自然状态 j 下的后悔值。

【例 6-8】 对表 6-10 给出的收益表,试用后悔值标准确定最优方案。

【解】 计算出的后悔值列于表 6-12,由此可确定 S_1 和 S_2 均为最优方案。

"后悔值"标准决策计算表　　　　表 6-12

后悔值（万元）\方案	自然状态	空心板需求量			最大后悔值 $\max_j (u'_{ij})$
		N_1（多）	N_2（中）	N_3（少）	
S_1（大批量生产）		20－20＝0	16－12＝4	12－8＝4	4
S_2（中批量生产）		20－16＝4	16－16＝0	12－10＝2	4
S_3（小批量生产）		20－12＝8	16－12＝4	12－12＝0	8
最小最大后悔值 $\min_i \left[\max_j (u_{ij}) \right]$					4
最　优　方　案					S_1, S_2

(5) 机会均等标准

这个标准其基本出发点是不偏不倚地对待可能发生的每一状态,即假设各种自然状态发生的概率是相等的。当所面临的问题情报资料缺乏,无法说明某一状态比另一状态有更多的发生机会时,可应用这一标准。

例如,对于如上问题,由于需求状态未知,可假定各种状态发生的概率为 $\frac{1}{n} = \frac{1}{3}$,此时,我们就可以根据各方案的期望值确定最优方案。

(三) 风险型决策问题的分析方法

1. 风险型决策的条件

风险型决策也叫统计型决策,或称随机型决策。风险型决策的条件与不确定型决策条件相比,主要不同点体现在第(5)条,即风险型决策的决策者可以预先估计或计算出各自然状态的概率。

2. 风险型决策的方法

(1) 最大可能法。这种方法就是选择自然状态中概率最大的进行决策,而其他自然状态可以不管。其基本思想是将风险型决策化为确定型决策。根据概率论的知识可知,一个事件的概率越大,发生的可能性就越大,因此,此方法将风险型决策变成了在概率最大的自然状态下的确定型决策。

(2) 期望值法。期望值法是根据各种自然状态的概率,计算出不同方案的期望值,以期望收益值最大或期望损失值最小的方案为最优方案进行决策的方法。

期望值的计算公式如下:

$$E(x)_i = \sum_{j=1}^{n} p_j u_{ij} \tag{6-11}$$

式中 $E(x)_i$——第 i 方案的数学期望值；

p_j——第 j 种自然状态发生的概率值（$j=1$，2，…，n）；

u_{ij}——第 i 方案在第 j 种状态下的损益值（$i=1$，2，…，m）。

【例 6-9】 对［例 6-6］通过市场预测，空心板需求量为多、中、少的概率分别为 0.3、0.5 和 0.2。试确定期望效益值最大的生产方案。

【解】 各方案的期望收益值计算，见表 6-13 所列。最优方案为中批量生产。

期望收益决策计算表　　　　　　　　表 6-13

收益值（万元） 方案	自然状态　概率	空心板需求量			期望收益值 $\sum_{j=1}^{n} P_j u_{ij}$
		N_1（多） $p_1=0.3$	N_2（中） $p_2=0.5$	N_3（少） $p_3=0.2$	
S_1（大批量生产）		20	12	8	$0.3\times20+0.5\times12+0.2\times8=13.6$
S_2（中批量生产）		16	16	10	$0.3\times16+0.5\times16+0.2\times10=14.8$
S_3（小批量生产）		12	12	12	$0.3\times12+0.5\times12+0.2\times12=12$
最大期望收益值 $\max_i \left(\sum_{j=1}^{n} P_j u_{ij} \right)$					14.8
最　优　方　案					S_2

(3) 决策树法。决策树法是根据逻辑关系将决策问题绘制成一个树形图，按照由树梢到树根的顺序，逐步计算各结点的期望值，然后根据期望值准则进行风险型决策的方法。

它不仅可以解决单级决策问题，对于决策盈亏矩阵表不易表达的多级序贯决策问题，也不失为一种简单而有效的工具。

1）决策树的结构

决策树由结点、分支、概率估计和收益四个要素组成，按书写顺序从左向右横向展开。结点和分支有两类：决策结点、决策分支和机会结点、机会分支。决策结点通常采用方框表示，由此发源的分支表示各种行动方案，称为决策分支。决策分支上，应简要地说明行动方案的内容。机会结点通常用圆圈表示，由此发源的分支表示可能出现的自然状态，称为机会分支，机会分支上除要简要地注明自然状态的内容外，还必须标明它们各自的概率。决策树的末梢称为结束分支，在结束分支右端，应说明相应方案达到的结果，决策树的结构模型如图 6-7 所示。

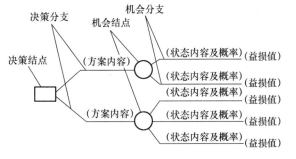

图 6-7　决策树结构模型

应用决策树进行决策的程序是从右向左逐步后退，根据益损期望值分层进行决策。在机会结点，应计算出各分支的累计期望值。而在决策结点，则要根据计算出来的各机会结点的期望值进行选优，并把选优值标注在结点上面，同时，在舍弃方案的分支上划上双截线。这样一直计算选优至第一个结点为止，就确定了最优行动方案。

2）决策树实例

【例 6-10】 某建筑企业现有三项工程可供承包选择，但由于其能力所限，只能参加一项工程的投标。对任何一项工程，企业都可以投以"高标"，也可以投以"低标"。"高标"的中标率为 0.4，"低标"的中标率为 0.6。若投标失败，其相应的损失，工程 A 为 2000 元，工程 B 为 4000 元，工程 C 为 8000 元。各项工程的预期利润及其概率已经估计出来。见表 6-14 所列，假如该承包企业想参加投标，且其目标是追求最大的利润，应对哪项工程投哪种标为宜？

投标工程预期利润与概率估计　　　　表 6-14

投标工程项目	标型	利润估计	概率	利润值（万元）	标型	利润估计	概率	利润值（万元）
工程 A	高标	乐观	0.3	100	低标	乐观	0.2	80
		期望	0.3	60		期望	0.6	40
		悲观	0.4	20		悲观	0.2	−20
工程 B	高标	乐观	0.3	80	低标	乐观	0.4	60
		期望	0.4	40		期望	0.3	20
		悲观	0.3	−20		悲观	0.3	−40
工程 C	高标	乐观	0.1	120	低标	乐观	0.2	80
		期望	0.7	80		期望	0.5	60
		悲观	0.2	40		悲观	0.3	10

【解】 这是一个包含两级决策（对哪项工程投标，投哪种标）的风险型决策问题，故宜采用决策树法进行决策，其步骤如下：

① 绘制决策树

在第一级决策点 1，包含三种行动方案：投工程 A、投工程 B 和投工程 C，由此引出三个决策分支。第二级决策有三个决策点，每一决策点又含投高标与投低标两种行动方案，故决策分支数为 3×2=6。相应于 6 个决策分支，有 6 个机会结点，每一结点又包含有中标与失标两种状态，故又引出 2×6=12 条机会分支。在中标状态，利润的获取又有乐观、期望、悲观三种情况，故结束分支数目为 3×6+6=24。决策树的构成如图 6-8 所示。

② 利用决策树进行决策

按决策树自右向左逆推计算的方法，首先计算机会结点 11～16 的期望收益值，继续向前逆推，再计算机会结点 5～10 的期望利润值，其计算结果见图 6-8 所示。在决策结点 2，比较高标与低标两种情况的期望收益值，可知高标情况下的利润值较高，故保留此分支，舍弃低标的分支。结点 3、4 也有同样的结果。

最后，在决策结点 1，分别比较三个方案的期望利润值，可以确定应投工程 C、投高标，期望利润值为 29.92 万元。

3. 风险型决策的几个问题

（1）敏感性分析

在决策分析中，由于自然状态发生的概率和益损值的计算并非十分准确，因而往往有必要对这些数据的变动是否影响最优方案的选择进行分析。所谓敏感性分析，是指通过测

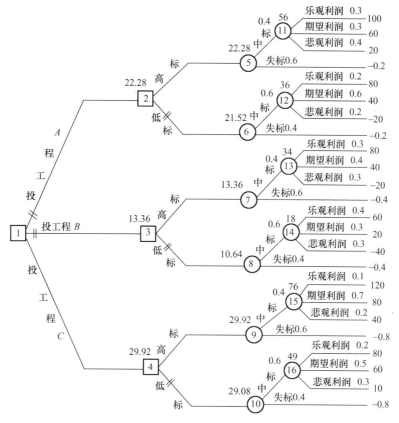

图 6-8 投标决策树构成

定一个或多个不确定因素的变化所导致的决策评价指标的变化幅度，了解各种因素的变化对实现预期目标的影响程度，从而对外部条件发生不利变化时投资方案的承受能力作出判断。敏感性分析包括单因素的敏感性分析和多因素的敏感性分析两种。

通过敏感性分析，可以断定原优选方案是否稳定。如果最优方案允许概率值和益损值的变动范围较大，则方案比较稳定。否则，如果最优方案允许概率值和益损值的变动范围小，即稍有变动就可能导致最优方案的改变，则这个方案就是不稳定的，就值得进一步分析。

（2）效用理论

1）效用和效用值。在前述的风险型决策分析的讨论中，都是以益损期望值的大小作为在风险情况下选择最优方案的标准。但在实际工作中，同样的决策问题往往只作一次或少数几次，因此，用益损期望值作为决策的标准并不一定合理。另一方面，在决策分析中需要反映决策者对决策问题的主观意图和倾向，反映决策者对决策结果的满意程度等，而决策者的这些意图和倾向又受着各种复杂的主、客观因素所决定。以价值单位出现的期望值是无法反映这些影响因素的。例如：有一个投资为 200 万元的工厂。该厂发生火灾的可能性是 0.1%。工厂的决策者面临的问题是要不要为资产投保。若投保，每年应支付 2500 元保险费，一旦发生火灾，保险公司可以偿还全部财产。若不投保，就不需要支付保险费，但发生火灾后，工厂的决策者要承担资产损失的责任。面对这一问题，若按货币益损期望值标准进行决策，决策者的结论应是不投保，因为工厂发生火灾而造成损失的期望值是 200×0.001=0.2 万元,小于保险费。但这种结论往往与实际情况不一致,工厂决策者一般都愿意投保,而不愿意承担火灾造成资产损失的责任。这说明,同一笔货币量在不同场合下,它的价值在人们的主观上具有不同值的含义。于是人们就应用效用这个概念来衡量同一笔货币的主观价值,从而给出了效用值的概念。

决策者在进行决策时,根据个人性格特点以及当时的处境、决策对象的性质以及对未来的展望等因素,对于某种利益和损失有他自己独有的感觉和反应,这种感觉和反应就叫做效用。效用实质上是代表了决策人对风险所抱的态度。应用效用概念去衡量人们对同一期望值的主观上的价值,即是效用值。

一般情况下,在所有行动方案中的最大效用值用 1 表示,而最小效用值用 0 表示,用效用值的大小来表示决策者对风险所抱态度、对某一事物的倾向、偏爱等主观因素是比较合理的一种指标。

2)效用曲线。在直角坐标系内,用横坐标表示益损值,用纵坐标表示效用值,将决策者对风险所抱态度的变化关系用曲线来反映,这条曲线叫做该决策者的效用曲线。

决策者对风险的态度一般有三种类型:即保守、中立和冒险。通过下例可看出三种态度的不同:设某企业决策者遇到经营中的一种风险情况,有 1/2 的机会得不到任何盈利,但也有 1/2 的机会获得 2 万元的盈利,因此他进行这一决策的期望利润为 1 万元。如果他认为此方案的盈利和他不冒任何风险的另一决策方案所获取的盈利情况相同,即都是 1 万元,则此人对风险的态度为中立。如果他认为冒风险的期望盈利,只等价于比它低的不冒风险的盈利,比如 0.5 万元,则他对风险的态度为保守。如果他认为冒风险的期望盈利等价于比它高的不冒风险的盈利,比如 1.5 万元,则他对风险的态度为冒险。

效用曲线可采用心理试验法画出。效用曲线大体有三种类型,如图 6-9 所示。

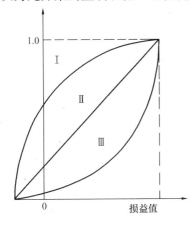

图 6-9 效用曲线的类型

曲线 I 代表保守型。反映决策者对肯定能得到的某一益损值的效用,大于带有风险的相同甚至更大的益损期望值的效用。这种类型的决策者对于利益反应比较迟缓,而对损失比较敏感,是一种不求大利,避免风险,谨慎小心的保守型决策者。

曲线 II 代表中立型。反映决策者对益损值的效用的大小与益损值本身的大小成正比,因此完全根据期望值的大小选择决策方案。

曲线 III 代表冒险型。反映决策者对损失反应迟缓,而对利益比较敏感,是一种不怕风险,谋求大利的追求型决策者。

大量调查研究表明,大多数决策者属于保守型。

3)效用曲线的应用。现通过一个例子说明效用曲线应用的方法。

【例 6-11】 某地为充分发挥人防工程的效能,欲将一人防工程改建为地下工厂,生产某种民用产品。为此提出了两种改建方案:一个是建设大工厂,需要投资 300 万元;一个是建设小工厂,需要投资 160 万元。两个方案的使用期均为 10 年,估计在此期间,产品销路好的可能性是 0.7,销路差的可能性是 0.3,两个方案的年度益损值见表 6-15 所列。试用效用曲线进行决策。

某人防工程改建方案数据表　　　　　　　　　　　　　表 6-15

自然状态	概　　率	建大厂年益损值（万元）	建小厂年益损值（万元）
销路好	0.7	100	40
销路差	0.3	−20	10

【解】　按期望值进行决策的最优方案是建大厂方案。

现在我们来考虑决策者对风险所持的态度。

首先，要求出决策者的效用曲线。

这个决策的最大收益为 700 万元，最大损失值为 −500 万元，故而我们以 700 万元的效用值作为 1.0，而以 −500 万元的效用值作为 0，向决策者提出一系列问题，找出对应若干益损值的效用值，就可以画出效用曲线，如图 6-10 所示。

得到这条曲线以后，就可以找出对应于各个益损值的效用值：240 万元的效用值是 0.82，−60 万元的效用值是 0.58。现在就可以以效用值作为标准进行计算了，其决策树如图 6-11 所示。

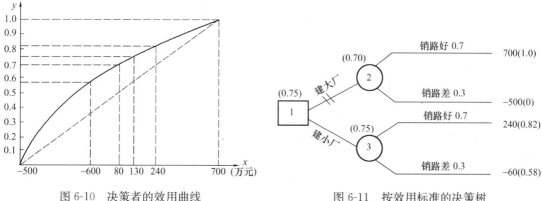

图 6-10　决策者的效用曲线　　　　　图 6-11　按效用标准的决策树

从计算结果可见，如果以效用值为标准，建小厂方案反而较好。之所以会出现这种情况，原因在于决策者是保守型的，他不想冒太大风险，从他的效用曲线上可以测出，效用值 0.7 只相当于益损值 80 万元，这大大小于原来的期望值 340 万元。效用值 0.75 相当于益损值的 130 万元，也小于原来的期望值 150 万元。

六、多目标决策

（一）多目标决策的基本思想

在决策分析中，往往需要同时考虑多个目标。例如建筑企业承揽工程任务时，不仅要考虑承包的产值，还要考虑利润、产品质量、工期、物资消耗等各个目标。这些目标既有主次之分，又可能相互抵触，必须统筹兼顾，这就是多目标决策问题。

多目标决策的基本思想包括以下几方面：

1. 减少目标

在不影响决策要求的前提下，对各个目标的情况作全面分析，并在此基础上进行分类、压缩和归并，尽量减少目标个数，简化工作。减少目标通常可以有几种方法：去掉无法实现的目标；裁减处于从属地位的目标；合并相似的目标；淘汰没有比较价值的目标。

2. 淘汰劣解

采用两两对比的方法，分析各可行方案，淘汰各方面均不占优势和达不到起码水平的方案，减少供最后选择的方案数目。

3. 综合判断

多个目标在同一问题中都达到最优值往往是很难的，这就要求决策者通过综合判断，权衡轻重，进行适当的处理。主要的处理方法包括：

（1）抓主要矛盾法。根据各目标的重要性，分清主次，把主要的列为目标，次要的降为约束条件，就可以把多目标问题转化为单目标的数学规划问题。

（2）综合目标法。将多个目标综合在一起，形成一个综合目标，从而可以根据综合目标值作出决策，综合目标可用数学形式表达为：

$$G = f(g_1, g_2, \cdots, g_n) \tag{6-12}$$

综合目标 G 是各目标 $g_1, g_2, \cdots, g_n$ 的函数。综合目标常用货币折成综合价值指标来描述。无法用货币表现的目标，也可用其他方面的指标，如工时、效用等来综合，还可用无量纲的指数、分数等来综合。在综合时，还可以根据各目标在决策考虑中的重要性而给予不同的权数。

（3）目标分层法。根据目标的相互关系，进行目标的分层处理，并按重要程度排列顺序，对相对重要的目标优先选择。

（二）多目标决策的基本方法

1. 使主要目标优化兼顾其他目标的方法

这种方法是将多目标决策问题转化为单目标决策问题。设有 n 个目标函数 $f_1(x), f_2(x), \cdots, f_n(x)$，但在 n 个目标中有一个是关键目标，例如为 f_1，且要求对该目标最大化，在这种情况下，只要使其他目标处于一定范围，仅仅对 f_1 进行最大化，就可以将多目标决策问题转化为单目标决策问题。

2. 综合评分法

其步骤为：

（1）按评分标准评价各目标在各可行方案中的得分 V_{ij}（$i=1, 2, \cdots, n$；$j=1, 2, \cdots, m$），n 为目标个数，m 为方案个数。

（2）根据各目标的相对重要性，分别赋予权重 W_i。

（3）计算各目标在各可行方案中的实际得分 $U_{ij} = W_i V_{ij}$。

（4）计算各方案的总分 U_j，并以总分最高为最优决策方案 $U_j = \sum_{i=1}^{n} U_{ij}$。

3. 线性加权法

设有 n 个目标函数 $f_1(x), f_2(x), \cdots, f_n(x)$，且这些目标均为求最大化或最小化目标，可以给每个目标一个相应的权系数 $\lambda_j (j = 1, \cdots, n)$，构成新的目标函数：

$$\max F(x) = \sum_{j=1}^{n} \lambda_j f(x) \tag{6-13}$$

从而采用单目标决策方法求解。

如果在多目标分析中，或由于各个目标的量纲不统一，或有些目标函数值要求最大，有的要求最小，则可把目标函数值变换成效用值或者采用其他无量纲化处理方法，再应用线性加权法。如何选用适当的权系数是一个较难解决的问题，一般只能根据经验或专家意见确定。

此外，多目标决策还有目标规划法、层次分析法等。

复 习 思 考 题

1. 简述建筑市场调研的内容及基本程序。
2. 什么是预测？建筑企业为什么要进行经营预测？
3. 建筑企业经营预测主要包括哪些内容？
4. 预测应遵循哪些基本原则？其基本程序如何？
5. 某公司某年各月份某种材料的实际使用量见表 6-16 所列。预测下一年 1 月份使用量为 52，运用指数平滑法，当 $\alpha=0.2$，$\alpha=0.5$ 和 $\alpha=0.8$ 时，列出下一年各月的预测一览表。

某种材料的实际使用量 表 6-16

月份	1	2	3	4	5	6	7	8	9	10	11	12
使用量	43	55	62	71	73	73	62	54	49	41	47	48

6. 某混凝土构件厂第 1～7 年各年的销售额见表 6-17 所列。试预测第 8 年销售额。

某混凝土构件厂各年的销售额 表 6-17

年 序	1	2	3	4	5	6	7
销售额（万元）	200	210	280	250	360	320	380

7. 某机械化吊装队第 1～3 年各月实际完成产值见表 6-18 所列。试预测第 4 年各月的产值。

某机械化吊装队 1～3 年各月实际完成产值 表 6-18

月份	1	2	3	4	5	6	7	8	9	10	11	12
第 1 年	60.1	60.0	65.6	64.0	64.9	71.9	61.1	63.4	69.3	88.9	74.5	72.6
第 2 年	63.0	60.8	63.2	67.6	67.6	83.0	75.7	70.3	72.9	91.8	79.5	80.7
第 3 年	67.1	69.4	68.1	73.9	74.2	72.2	71.5	73.6	76.0	92.0	90.1	87.1

8. 什么是企业决策？包括哪几层意思？
9. 简述经营决策的基本原则及基本程序。
10. 某企业欲进行某项投资，根据市场调查资料，未来市场可能出现三种自然状态：有利、一般、不利。其概率分别为 0.2，0.5，0.3，可行的投资方案有三种 A_1，A_2，A_3，不同的方案在各自然状态下的收益见表 6-19 所列。试分别用最大可能法、期望值法进行决策。

三种投资方案在各自然状态下的收益值 表 6-19

自然状态	有 利	一 般	不 利
概率	$P_1=0.2$	$P_2=0.5$	$P_3=0.3$
A_1	40	24	16
A_2	32	32	20
A_3	24	24	24

11. 某施工企业现有 A、B 两项工程可参加投标，但由于施工力量所限，只能承担一个项目。据分析，企业可采取的投标策略有两种，一是投高标，得标率为 0.4；二是投低标，得标率为 0.6。若投标不

中，A 项目损失 4 万元，B 项目损失 2 万元，未来自然状态有两种，即好、坏，概率分别为 0.5，见表 6-20 所列。问该企业应采用何种投标策略。

某施工企业投标拟投标情况表　　　　　　　　　　　　　表 6-20

投标项目	标　型	自然状态	益损值（万元）
A	高标	好	5000
		坏	−160
	低标	好	4000
		坏	100
B	高标	好	6000
		坏	−100
	低标	好	2500
		坏	150

12. 某建筑企业需对其预制加工厂的发展作出决策，有三种可行方案：新建、扩建和改造原车间。市场有三种自然状态：高需求、中需求和低需求。各种需求情况的概率无法估计。但各种方案在以后五年内的收益或亏损估算见表 6-21 所列。试用悲观标准、乐观标准、后悔值标准、折中标准（$\alpha=0.7$）及机会均等标准进行决策。

预制加工厂三种可行方案情况表　　　　　　　　　　　　　表 6-21

	高　需　求	中　需　求	低　需　求
新建	60	20	−15
扩建	40	25	0
改建	25	15	10

13. 什么是敏感性分析？有何意义？

14. 什么是效用及效用曲线？

第七章 建筑企业投标承包和合同管理

第一节 建筑企业的经营方式

一、经营方式的发展

建筑企业经营方式是指建筑企业向建设单位或服务对象提供建筑产品或服务的方式，也是建筑企业获得工程任务并组织其建设所采取的经营管理方式。经营方式作为经济活动的方式，随着社会生产的发展、科学技术的进步引起的社会分工和协作的变化而不断地演变。在国外，最典型的是英国，其建筑企业经营方式经历了五个阶段，见表 7-1 所列。

经营方式的发展　　　　　表 7-1

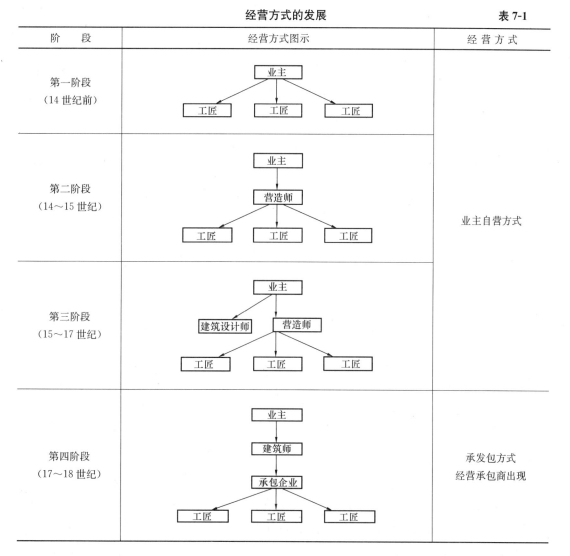

阶 段	经营方式图示	经营方式
第一阶段 （14世纪前）		业主自营方式
第二阶段 （14～15世纪）		
第三阶段 （15～17世纪）		
第四阶段 （17～18世纪）		承发包方式 经营承包商出现

阶　　段	经营方式图示	经 营 方 式
第五阶段 （19世纪～）	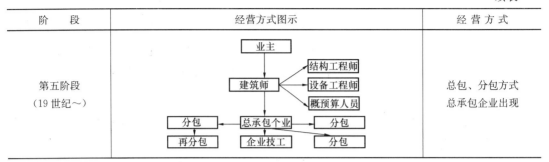	总包、分包方式 总承包企业出现

表 7-1 中前三个阶段是按业主自营方式进行建筑营造活动的。

第四阶段，出现了承包商。业主作为发包者，进行建设项目发包；建筑师、工程师作为业主顾问，负责建设项目规划调查、设计和施工监督；建筑企业作为承包商，负责建设项目的施工建设。三者相互独立又相互协作，用经济合同联系起来。承发包方式出现以后，自营方式在国外就几乎不存在了。

第五阶段，进入 19 世纪，又出现了总承包企业。到 20 世纪，它已具备了较完善的体系。逐渐形成了以承发包为主要特征的承包企业的多种经营方式。

近些年来，又出现了 CM、EPC 等承包经营方式，这些先进的经营方式的出现，改变了以往传统经营方式的单调、落后的局面。

二、经营方式的分类

（一）按承发包中相互结合的关系分类

1. 独家承包。是指承包企业完全利用自有的能力承包一项工程的全部施工。对于独家承包一般要求或是企业规模较大，或是承包工程的规模较小。

2. 总分包方式。是指将工程项目全过程或其中某个阶段（如设计或施工）的全部工作发包给一家资质条件符合要求的承包单位，由该承包单位再将若干专业性较强的部分工程任务发包给不同的专业承包单位去完成，并统一协调和监督各分包单位的工作。这样，业主只与总承包单位签订合同，而不与各专业分包单位签订合同，如图 7-1 所示。

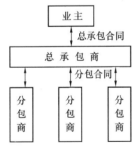

图 7-1　总分包方式

总分包方式有如下的特点：

（1）业主只与总承包商签订合同，合同结构简单，有利于业主方的合同管理。同时，由于合同数量少，使得业主的组织管理和协调工作量小，可发挥总承包商多层次协调的积极性。

（2）总承包合同价格可以较早确定，业主可以承担较少风险。

（3）由于总承包商与分包商之间通过分包合同建立了责、权、利关系，在承包商内部，工程质量既有分包商的自控，又有总承包商的监督管理，从而增加了工程质量监控环节。

（4）总承包商具有进度控制的积极性，分包商之间也有相互制约作用。此外，在工程设计与施工总承包的情况下，由于设计与施工由一个单位统筹安排，使两个阶段能够有机地融合，一般均能做到设计阶段与施工阶段的相互搭接。

(5) 对总承包商而言，责任重、风险大，需要具有较高的管理水平和丰富的实践经验。当然，获得高额利润的潜力也比较大。

3. 平行承包方式。业主将工程项目的设计、施工以及设备和材料采购的任务分别发包给多个设计单位、施工单位和设备材料供应厂商，并分别与各承包商签订合同。这时，各承包商之间的关系是平行的，如图 7-2 所示。

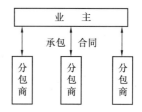

图 7-2 平行承包方式

平行承包方式有如下的特点：

(1) 由于合同内容比较单一、合同价值小、风险小，对不具备总承包管理能力的中小承包商较为有利，使他们有可能参与竞争。业主可以在更大的范围内进行选择，为择优选择承包商创造了条件。

(2) 整个工程经过分解分别发包给各承包商，合同约束与相互制约使每一部分能够较好地实现质量要求。如主体工程与装修工程分别由两个施工单位承包，当主体工程不合格时，装修单位不会同意在不合格的主体工程上进行装修，这相当于有了他人控制，比自己控制更有约束力。

(3) 由于设计和施工任务经过分解分别发包，设计与施工阶段有可能形成搭接关系，从而缩短整个项目的建设工期。

(4) 由于合同数量多，使项目系统内结合部位数量增加，要求业主及其委托的监理单位具有较强的组织协调能力。

(5) 由于总合同价不易短期确定，从而影响工程造价控制的实施；并且由于工程招标任务量大，需控制多项合同价格，从而增加了业主的工程造价控制的难度。

(6) 相对于总承包方式而言，平行承包方式不利于发挥那些技术水平高、综合管理能力强的承包商的综合优势。

4. 联合体承包方式。当工程项目规模巨大或技术复杂，以及承包市场竞争激烈，由一家公司总承包有困难时，可以由几家公司联合起来成立联合体（Joint Venture，简称 JV）去竞争承揽工程建设任务，以发挥各公司的特长和优势。联合体通常由一家或几家公司发起，经过协商确定各自投入联合体的资金份额、机械设备等固定资产及人员数量等，签署联合体协议，建立联合体组织机构，产生联合体代表，以联合体的名义与业主签订工程承包合同。其合同结构如图 7-3 所示。

图 7-3 联合体承包方式

联合体承包方式有如下的特点：

(1) 对业主而言，与总分包方式相同，合同结构简单，组织协调工作量小，而且有利于工程造价和建设工期的控制。

(2) 对联合体而言，可以集中各成员单位在资金、技术和管理等方面的优势，克服单一公司力不能及的困难，不仅增强了竞争能力，同时也增强了抗风险能力。

（二）按业务承包范围分类

1. 施工承包经营方式。施工承包又分为包工包料、包工不包料、专业施工承包或专项施工承包等几种。包工包料实际上全面承包施工全过程。包工不包料是劳务承包，多适用于综合管理力量相对较弱的施工企业。专业施工承包是指专业技术要求高或有特殊技术要求工程的承包（如安装工程等）。专项承包是指如基础、土石方等工程承包，适用于专业化程度较高的企业。

2. 设计—施工承包经营方式。这种经营方式取消了传统经营中的施工总包环节，由设计—施工一体化经营企业承担总包角色。企业不必等待设计文件成套齐备，就可以分项发包、分项施工。这种设计和施工一体化方式，可以减少中间合同的变更。由于采取了分项设计、分项开工，大大提前了开工日期，加大了工程进度。

3. 规划—设计—施工联合经营方式。又称项目管理承包、一揽子承包或交钥匙方式。名称不同，其方式上也略有所差别，但大体上都是指建设单位把工程项目发包给承包企业，由承包企业按建设单位的意图，进行工程项目可行性研究、方案优化论证、计划、设备采购、勘察设计、施工直至竣工、试运转。承包企业可以自己不拥有施工力量，不承担设计或施工，而是将其发包给其它企业，但它必须是精通设计及施工的专门性企业。这种方式可以实现对工程项目的系统管理，有效地控制质量、工期和成本，同时减少计划、设计、施工之间的矛盾。该方式适用于小区住宅建设开发。

（三）按合同取费方式分类

1. 总价承包。是指按设计图纸和说明书，由工程数量计算出工程总价进行承包。总价中包含工程预期利润。它适用于工程规模、技术要求和质量标准都明确的工程。采用这种方式，对建设单位来说，有利于控制和节约投资；对承包企业来说，虽要承担工程中的风险损失，但也可能获得较大的、稳定的盈利。因此，这种方式采用范围较广。

2. 单价承包。建设单位和承包企业按工程的一定计量单位议定固定单价，然后再按实际工程量汇总计算总价的办法，由此来结算工程款。这种方式适用于工程量事前不能准确计算、或变动较大等工程，如土石方、管道等工程。这种方式对建设单位来说，可简化招标工作，但不易于控制投资总额。对承包企业来说，只要能提高效率、降低单位成本，就能增加盈利。

3. 成本加酬金承包。建设单位要支付给承包企业工程实际成本加一定酬金。其中酬金由管理费、利润和奖金组成。该种方式适用于施工条件不正常的情况，如修复、改建等工程。根据酬金方式不同，其可分为：成本加固定百分比酬金、成本加固定数额酬金、成本加浮动酬金和目标成本加奖惩等形式。这种方式对建设单位来说，均不易于控制投资，对承包企业来说，可以确保其利润。

综上所述，承包企业不论采取哪种经营方式，都要通过招投标方式来获得工程承揽任务以实现企业的经营目标。

第二节　工程招标投标

一、招标投标的概念与特点

（一）招标投标的概念

招标投标是指业主提供工程发包、货物或服务采购的条件和要求，邀请众多投标人参加投标，并按照规定程序从中选择交易对象的一种市场交易行为。工程招标是指招标人用招标文件将委托的工作内容和要求告之投标人，让投标人按规定条件提出实施计划和价格，然后通过评审比较选出信誉可靠、技术能力强、管理水平高、报价合理的可信赖单位，以合同形式委托其完成相关工作的活动。工程投标是指各投标人依据自身能力和管理水平，按照招标文件规定的统一要求递交投标文件，争取获得实施资格的组织活动。

（二）招标投标的特点

1. 公正，程序规范

按照《招标投标法》，招标投标双方之间具有法律效力的规则一般不能随意改变。当事人双方必须严格按既定程序和条件进行招标活动。招投标程序由招标人和招标机构组织实施。

2. 公开，透明度高

招标是在尽可能大的范围内寻找合乎要求的中标者，一般情况下，邀请承包商或供应商的参与是无限制的。为此，公开招标时，招标人要在指定或选定的报刊或其他媒体上刊登招标通告，让所有潜在的投标人参加投标；提供给承包商或供应商的招标文件必须对拟采购的货物、工程或服务作出详细的说明，使投标人有共同的依据来编写投标文件；招标人事先在招标文件中规定评标标准；在提交投标文件的最后截止日公开地开标；严格禁止招标人与投标人就投标文件的实质内容单独谈判。这样，招标投标活动完全置于公开的社会监督之下，可以防止不正当的交易行为。

3. 公平、客观

招投标全过程自始至终按照事先程序和条件，本着公平竞争的原则进行。在招标公告或投标邀请书发出后，任何有能力或资格的投标者均可参加投标。招标方不得有任何歧视某一个投标者的行为。同样，评标委员会在组织评标时也必须公平客观地对待每一个投标者。

4. 交易双方一次报价成交

一般交易往往在进行多次谈判之后才能成交。招标采购则不同，禁止交易双方面对面地讨价还价。

二、招标方式

《招标投标法》规定招标方式分为公开招标和邀请招标两类。只有不属于法规规定必须招标的项目才可以采用直接委托方式，如涉及国家安全、国家秘密、抢险救灾，利用扶贫资金以工代赈，需要使用农民工的特殊情况，以及低于国家规定必须的招标标准的小型工程或标的较小的改扩建工程等。

（一）公开招标

招标人通过报刊、信息网络或其他媒介等新闻媒体发布招标公告，凡具备相应资质符合招标条件的法人或其他组织不受地域和行业限制均可申请投标。公开招标的优点是，招标人可以在较广的范围内选择中标人，投标竞争激烈，有利于将工程项目的建设交予可靠的中标人实施并取得有竞争性的报价。但其难点是，由于申请的投标人较多，一般要设置资格预审程序，而且评标的工作量也较大，所需招标时间长、费用高。

（二）邀请招标

招标人向预先选择的具备承担招标项目能力、资信良好的特定法人或其他组织发出投标邀请，一般以5~7家为宜，但不应少于3家。被邀请人同意参加投标后，从招标人处获取招标文件，按规定要求进行投标报价。为了体现公平竞争和便于招标人选择综合能力最强的投标人中标，仍要求在投标书内报送表明投标人资质能力的有关证明材料，作为评标时的评审内容之一。邀请招标的优点是，不需要发布招标公告和设置资格预审程序，节约招标费用和节省时间；由于对投标人以往的业绩和履约能力比较了解，减小了合同履行过程中承包方违约的风险。邀请招标的缺点是，由于邀请范围较小，选择面窄，可能失去了某些在技术或报价上有竞争实力的潜在投标人，因此投标竞争的激烈程度相对较差。

三、招标投标程序

招标是招标人选择中标人并与其签订合同的过程，而投标则是投标人力争获得实施合同的竞争过程，招标人和投标人均必须遵循招标投标法律和法规的规定进行招标投标活动。图7-4所示为招投标程序。按照招标人和投标人参与程序，可将招标过程概括划分成招标准备阶段、招标投标阶段和定标签约阶段。

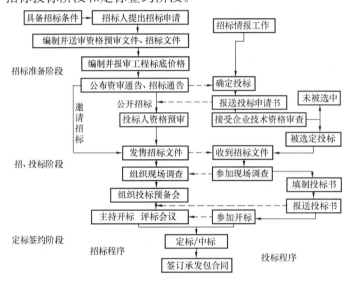

图7-4 招投标程序框图

（一）招标准备阶段

1. 申请招标

招标人向建设行政主管部门办理申请招标手续。申请招标文件应说明：招标工作范围；招标方式；计划工期；对投标人的资质要求；招标项目的前期准备工作的完成情况；自行招标还是委托代理招标等内容。

2. 编制招标有关文件

招标准备阶段应编制好招标过程中可能涉及的有关文件，保证招标活动的正常进行。这些文件大致包括：招标广告、资格预审文件、招标文件、合同协议书以及资格预审和评标的方法。

（二）招投标阶段

公开招标时，从发布招标公告开始，邀请招标，则从发出投标邀请函开始，到投标截止日期为止的期间称为招标投标阶段。在此阶段，招标人应做好招标的组织工作，投标人则按招标有关文件的规定程序和具体要求进行投标报价竞争。

1. 公布招标公告

招标公告的作用是让潜在投标人获得招标信息，以便进行项目筛选，确定是否参与竞争。招标公告或投标邀请函的具体格式可由招标人自定，内容一般包括：招标单位名称；建设项目资金来源；工程项目概况和本次招标工作范围的简要介绍；购买资格预审文件的地点、时间和价格等有关事项。

2. 资格预审

资格预审中对潜在投标人进行资格审查，主要考察该企业总体能力是否具备完成招标工作所要求的条件。公开招标时设置资格预审程序，一是保证参与投标的法人或其他组织在资质和能力等方面能够满足完成招标工作的要求；二是通过评审优选出综合实力较强的一批申请投标人，再请他们参加投标竞争，以减小评标的工作量。

3. 招标文件

招标人根据招标项目特点和需要编制招标文件，它是投标人编制投标文件和报价的依据，因此应当包括招标项目的技术要求、对投标人资格审查的标准（邀请招标的招标文件内需写明）、投标报价要求和评标标准等所有实质性要求和条件，以及拟签订合同的主要条款。国家对招标项目的技术、标准有规定的，应在招标文件中提出相应要求。招标项目如果需要划分标段、有工期要求时，也需在招标文件中载明。招标文件通常分为投标须知、合同条件、技术规范、图纸和技术资料、工程量清单几大部分内容。

4. 现场考察

招标人在投标须知规定的时间组织投标人自费进行现场考察。设置此程序的目的，一方面是让投标人了解工程项目的现场情况、自然条件、施工条件以及周围环境条件，以便于编制投标书；另一方面也是要求投标人通过自己的实地考察确定投标的原则和策略，避免合同履行过程中投标人以不了解现场情况为理由推卸应承担的合同责任。

5. 标前会议

投标人研究招标文件和现场考察后，会以书面形式提出某些质疑问题，招标人可以及时给予书面解答，也可以留待标前会议上解答。如果对某一投标人提出的问题给予了书面解答，则同时也必须将相同内容的解答函件发送给其他投标人，以保证招标的公开和公平。回答函件是招标文件的组成部分，如果书面解答的问题与招标文件中的规定不一致，以函件的解答为准。

（三）定标签约阶段

从开标日到签订合同这一期间称为定标签约阶段，是对各投标书进行评审比较，最终确定中标人的过程。

1. 开标

公开招标和邀请招标均应举行开标会议，体现招标的公平、公正和公开原则。开标应当在招标文件确定的提交投标文件截止时间的同一时间公开进行，开标地点应当为招标文件中预先确定的地点。所有投标人均应参加开标会议，并邀请项目有关主管部门、经办银行等代表出席，招标投标管理机构派人监督开标活动。

如果在开标会议上发现有下列情况之一，应宣布投标书为废标。

（1）投标书未按招标文件中要求密封；

（2）逾期送达的标书；

（3）未加盖法人或委托授权人印鉴的标书；

（4）未按招标文件的内容和要求编写、内容不全或字迹无法辨认的标书；

(5) 投标人不参加开标会议的标书。

2. 评标

评标是对各投标书优劣的比较，以便最终确定中标人，由评标委员会负责评标工作。评标委员会由招标人的代表和有关技术、经济等方面的专家组成，成员人数为5人以上单数，其中招标人以外的专家不得少于成员总数的2/3。对于小型工程，由于承包工作内容较为简单，合同金额不大，可以采用即开、即评、即定的方式由评标委员会及时确定中标人。大型工程项目的评标因评审内容复杂、涉及面宽，通常需分成初评和详评两个阶段进行。

(1) 初评。评标委员会以招标文件为依据，审查各投标书是否为响应性投标，确定投标书的有效性。检查内容包括：投标人的资格、投标保证有效性、报送资料的完整性、投标书与招标文件的要求有无实质性背离、报价计算的正确性等。若投标书存在计算或统计错误，由评标委员会予以改正后请投标人签字确认。

(2) 详评。评标委员会对各投标书实施方案和计划进行实质性评价与比较。评审时不应再采用招标文件中要求投标人考虑因素以外的任何条件作为标准。设有标底的，评标时应参考标底。

(3) 评标报告。评标报告是评标委员会经过对各投标书评审后向招标人提出的结论性报告，作为定标的主要依据。评标报告应包括：评标情况说明；对各个合格投标书的评价；推荐合格的中标候选人等内容。如果评标委员会经过评审，认为所有投标都不符合招标文件的要求，可以否决所有投标。出现这种情况后，招标人应认真分析招标文件的有关要求以及招标过程，对招标工作范围或招标文件的有关内容作出实质性修改后重新进行招标。

3. 定标

确定中标人前，招标人不得与投标人就投标价格、投标方案等实质性内容进行谈判。招标人应该根据评标委员会提出的评标报告和推荐的中标候选人确定中标人，也可以授权评标委员会直接确定中标人。定标后，招标人向中标人发出中标通知书，同时将定标结果通知所有未中标的投标人并退还其投标保证金或保函。中标通知书对招标人和中标人具有法律效力，招标人改变中标结果或中标人拒绝签订合同均要承担相应的法律责任。

第三节 工程估价与报价

一、工程估价和报价的概念

(一) 工程估价

工程估价就是计算完成工程所需的费用，实际上就是确定企业承包工程的成本，因此，工程估价又称工程成本估价，简称估价。

工程估价是投标竞争性的估价，因此，作为企业本身来说，工程估价的核心是挖掘工程成本各组成部分的潜力，为投标报价提供一个准确的依据。

工程估价是否具有竞争力取决于以下两个主要因素。

1. 工程量计算的准确性

工程量计算是一项专业性很强的工作，计算的准确性直接关系到工程估价的准确性，而工程量计算准确与否又取决于以下因素：计算方法的正确性；对设计图纸及说明书的熟悉程度；对施工现场自然环境的了解程度；获得招标文件到投标截止日期时间间隔等。

2. 资源量估算

资源用量是指直接用于工程量的人工、材料、机械、临时设施、能源等需要量。资源用量估算时所开列的消耗项目如果出现漏项和重复计算，就会导致用量估算准确性差，从而使工程估价不准确，使工程估价失去竞争力。决定资源用量的因素有：施工方案是否先进、合理；用工估算；材料消耗水平；施工机械配置及其需要量。

（二）工程报价

工程报价亦称工程标价，是各个投标企业以其工程估价为基础确定的承包工程价格。一般说来，工程投标报价是由工程估价、风险费和工程利润三部分组成。投标报价不仅反映承包企业为完成工程实际个别劳动消耗水平、生产技术和管理水平，同时也反映了投标企业的市场竞争策略。理想的报价是既能中标，同时又能使承包企业获得满意的利润。

（三）工程估价与工程报价的联系及区别

估价和报价是两个不同性质、不同要求，但又密切相关的工作，见表7-2所列。

估价和报价的对比表 表7-2

	估　价	报　价
目的	确定完成工程的全部费用	确定理想标价，要求既能中标，又能盈利
工作性质	细致、复杂的技术业务工作，要求计算准确	策略性工作，以科学预测和竞争策略为基础
参加人员	项目负责人及预算人员	经营决策人员
相互作用	是报价依据	以估价为基础

二、工程估价的基本程序

（一）分析和研究招标文件

通过对招标书、设计图纸等招标文件的分析和研究，了解工程规模、范围、工期、质量等要求和工程性质、类型、意图等。

（二）现场调查

收集与工程有关的技术经济资料，以便深入研究招标文件。

（三）确定工程整体施工规划方案

其主要内容包括：主要施工方案，进度安排，确定分包工程项目，确定主要资源的供应来源，主要临时设施等。

（四）计算工程费用

计算各项费用时主要考虑的是如何确定反映企业水平的工程成本。

(1) 施工方案要结合企业具体情况，因时、因地、因工程制宜，把企业的优势反映出来。

(2) 要有反映本企业水平的各类消耗定额。由于各个企业的经营管理和技术水平不同，各类消耗定额的水平也应不同。所以，不能用统一的预算定额来进行投标估价。

(3) 要有反映企业水平的预算单价。以材料预算单价为例，除材料出厂价格外，材料的采购、运输、加工、保管等项费用，也因各个企业经营管理水平不同而不同。此外，构成机械设备使用费的若干费用，如维护、修理费等，也因各企业而不同。

（4）要有反映企业水平的管理费计算办法和计算标准。各个企业由于管理层次和机构设置不同，管理工作效率不同，管理人员业务素质不同等，也应有不同的管理费计算办法和标准。

总之，估价是为了投标报价，要使报价有竞争力，构成报价核心部分的成本就必须充分反映企业各方面的优势。

三、工程报价构成与决策

建筑工程投标竞争，报价是关键。报价过低，无利可图，甚至中标后会导致承包企业亏损；报价过高，中标率就会降低，失去竞争性。因此，能否准确计算和合理确定报价，是力争夺标的重要前提。

（一）报价构成分析

在工程报价构成中，关于工程估价前已述及，下面仅就风险费和工程利润作简要分析。

1. 风险费估计

风险费又称不可预见费，是指承包企业对一项具体工程施工中可能发生的风险的估计。风险费估计太大会降低中标概率；估计太小，如一旦发生，会使企业盈利降低，甚至亏损。因此，确定风险费是非常复杂的问题。在确定风险费时，通常考虑以下几个因素：

（1）工程成本估价精确程度。工程估价不精确，则风险费应加大；反之，则减小。

（2）工程量计算精确程度。

（3）施工中自然环境的不测因素，如气候及其他自然灾害。

（4）市场竞争的风险，如材料供应、价格波动等风险。

（5）工程项目的技术复杂程度，对工程的熟悉程度。

（6）工期长短。工期愈长，不可预见和不可控因素愈多，风险亦愈大；否则反之。

（7）建设单位的社会和商业信誉及与其合作关系等。

2. 利润的确定

在投标报价中，如何确定利润，不能单纯考虑在投标竞争中获胜，还要考虑争取获得满意利润这个经营目标。承包企业在各项工程中所希望得到的利润，应结合承包企业的长期利润、近期利润以及单项工程的利润综合进行考虑。

长期利润的确定，不同企业具有不同的标准，它主要取决于建筑业全行业平均利润率的水平。但企业在对具体工程进行投标时，由于工程特点和投标企业在投标时的特殊情况和处境，也就不得不调整其长期利润，使之服从具体利润，显然这项利润也就是希望的近期利润。对其单项工程利润的确定，则要视投标企业对招标工程的"积极性"而定，根据积极性大小来调整其利润的高低。

此外，在承包企业确定工程利润率时，还要通过承包工程的预期利润率与机会利润率的比较，选择利润率超过向其他途径投资的利润率的工程来承包。

（二）投标报价决策

1. 投标报价定性决策

投标报价决策是在投标报价与工程估价相比较的基础上进行的决策，它研究的是如何求得中标与利润率之间的平衡。如果以社会平均利润率为基准，报价可分为高、中、低三种。

（1）高价决策。采用高价决策一般有两方面原因：①对工程具有垄断性的专业优势，或拥有施工技术专利权；②本企业有较多项目选择机会，或工程任务饱满。

（2）低价决策。这是微利或保本决策。采用低价决策通常有两方面原因：①企业面临开工不足，难以维持企业正常开支；②通过低价吸引力进入新市场，或开发新的专业技术领域。

（3）中间定价决策。一般在开标之前如获得竞争对手的报价信息临时决定提高或降低原报价，以求得中标或增加盈利机会。

2. 投标报价定量决策方法——具体对手法

具体对手法是已知竞争对手是谁和对手的数量时所采用的投标竞争方法。

采用这种方法进行投标报价决策，其标准就是在第六章中所提到的期望值标准。因为该标准既考虑了报价后中标获利能力，也考虑了投标获胜概率，从而满足企业实现长期稳定利润的要求。

（1）只有一个对手的情况

【例 7-1】 某企业在某项工程上与一确定的竞争对手甲投标竞争，并掌握了在过去投标时与之竞争的投标报价记录，即甲在历次投标中的标价与本企业估价的比率，见表 7-3 所列。如果企业拟按标价/估价低 0.05 来投标，那么应如何选择报价方案？

承包企业与对手的报价分析表　　　　　　　　　　　　　　　表 7-3

甲标价/企业估价	0.8	0.9	1.0	1.1	1.2	1.3	1.4	1.5	合计
频　数	1	3	10	18	29	25	8	3	97
概　率	0.01	0.03	0.10	0.18	0.30	0.26	0.08	0.03	1.00

【解】 ①计算不同投标比率发生的概率，结果见表 7-3 所列。

②计算企业按标价/估价低 0.05 的报价方案时，各标价低于对手甲的概率，即本企业与对手甲竞争中，某一标价的获胜概率。例如，承包企业所出标价与估价之比为 1.35 时，得标的概率是 0.11。它是甲按 1.5 的比率（甲的标价与承包企业估价的比率）投标的概率 0.03，和按 1.4 的比率投标的概率 0.08 之和，结果见表 7-4 所列。

承包企业获胜概率计算表　　　　　　　　　　　　　　　表 7-4

甲标价/企业估价	0.75	0.85	0.95	1.05	1.15	1.25	1.35	1.45
企业标价低于甲的概率	1.00	0.99	0.96	0.86	0.67	0.37	0.11	0.03

③计算企业投标各报价方案的预期利润。

承包企业利用这种获胜概率计算的方法，确定对竞争对手甲的竞争投标策略，并可以将投标获胜的概率和投标中的直接利润相乘，求得预期利润（直接利润是投标价格减去实际成本）。假设承包企业的估价等于实际成本 A，则投标工程的直接利润为投标价格减去 $1.0A$。例如，当投标价为 $1.35A$ 时，直接利润就是 $1.35A$ 减 $1.0A$，即 $0.35A$。各种标价的预期利润可用其直接利润乘以与对手甲竞争中获胜的概率得到。各种投标方案的预期利润计算见表 7-5 所列。

各种投标标价的预期利润　　　　表 7-5

投标价	预期利润	投标价	预期利润
$0.75A$	$1.0(0.75-1.0)A=-0.25A$	$1.15A$	$0.67(0.15)A=0.10A$
$0.85A$	$0.99(0.85-1.0)A=-0.15A$	$1.25A$	$0.37(0.25)A=0.09A$
$0.95A$	$0.96(0.95-1.0)A=-0.05A$	$1.35A$	$0.11(0.35)A=0.04A$
$1.05A$	$0.86(0.05)A=0.04A$	$1.45A$	$0.03(0.45)A=0.01A$

④根据预期利润作出报价决策。

从表 7-5 可以看出，采用标价 $1.15A$ 的投标方案，可以得到最大的预期利润 $0.10A$，这说明在同对手甲的竞争中，承包企业按标价与估价比为 1.15 进行投标，是最有利的。例如，工程估价是 100 万元，投标价格就应是 115 万元。考虑到失败的可能，承包企业在这项投标中的预期利润，应为 10 万元。

当然，日后再遇到对手甲时，本企业应采用的最好标价与估价比，要在分析其最近的投标报价资料并进行综合研究后才能确定。

(2) 有几个对手竞争的情况

如果承包企业投标时要与几个已知的对手竞争，并掌握了这些对手过去的投标信息，那么，该企业可用上述方法分别求出自己的报价低于每个对手的报价的概率 p_1、p_2、…、p_n。由于每个对手的投标报价是互不相关的独立事件，根据概率论可知，它们同时发生的概率，即投标企业的标价低于所有对手的报价的概率 P，等于它们各自概率的乘积，即：

$$P = P_1 \cdot P_2 \times \cdots \times P_i \times \cdots \times P_n = \prod_{i=1}^{n} P_i$$

求出 P 后，可按只有一个对手的情况，根据预期利润作出投标报价决策。

第四节　工程承包合同管理

一、工程承包合同的概念

工程承包合同即建设工程施工合同，是发包人与承包人之间为完成商定的建设工程项目，确定双方权利和义务的协议。在建设领域，习惯于将施工合同的当事人称为发包方和承包方，可以认定承包方与承包人、发包方与发包人具有相同的含义。依照施工合同，承包方应完成一定的建筑、安装工种任务，发包人应提供必要的施工条件并支付工程价款。工程承包合同在订立时也应遵守自愿、公平、诚实中信等原则。

承发包双方签订施工合同，必须具备相应资质条件和履行施工合同的能力。对合同范围内的工程实施建设时，发包人必须具备组织协调能力；承包人必须具备有关部门核定的资质等级并持有营业执照等证明文件。

二、工程承包合同的基本内容

原建设部、国家工商行政管理局于 1999 年 12 月 24 日印发了《建设工程施工合同示范文本》（以下简称《施工合同文本》），是各类公用建筑、民用住宅、工业厂房、交通设施及线路、管道的施工和设备安装的合同文本。

《施工合同文本》由《协议书》、《通用条款》、《专用条款》三部分组成，并附有三个附件：附件一是《承包方承揽工程项目一览表》、附件二是《发包方供应材料设备一览表》、附件三是《房屋建筑工程质量保修书》。

（一）《协议书》的内容

《协议书》是《施工合同文本》中总纲性的文件。虽然其文字量并不大，但它规定了合同当事人双方最主要的权利义务，规定了组成合同的文件及合同当事人对履行合同义务的承诺，并且合同当事人在这份文件上签字盖章，因此具有很高的法律效力。《协议书》的内容包括工程概况、工程承包范围、合同工期、质量标准、合同价款、组成合同的文件及双方的承诺等。

（二）《通用条款》的内容

《通用条款》是根据《合同法》、《建筑法》等法律对承发包双方的权利义务作出的规定，除双方协商一致对其中的某些条款作出修改、补充或取消外，双方都必须履行。它是将建设工程施工合同中共性的一些内容抽象出来编写的一份完整的合同文件。《通用条款》具有很强的通用性，基本适用于各类建设工种。《通用条款》共由十一部分47条组成。其内容包括：词语定义及合同文件、双方一般权利和义务、施工组织设计和工期、质量与检验、安全施工、合同价款与支付、材料设备供应、工种变更、竣工验收与结算、违约、索赔和争议等。

（三）《专用条款》的内容

考虑到建设工程的内容各不相同，工期、造价也随之变动，承包人、发包人各自的能力、施工现场的环境和条件也各不相同，《通用条款》不能完全适用于各个具体工程，因此配以《专用条款》对其作必要的修改和补充，使《通用条款》和《专用条款》成为双方统一意愿的体现。《专用条款》的条款号与《通用条款》相一致，但主要是空格，由当事人根据工程的具体情况予以明确或者对《通用条款》进行修改、补充。

《施工合同文本》的附件则是对施工合同当事人的权利义务的进一步明确，并且使得施工合同当事人的有关工作一目了然，便于执行和管理。

三、承包商的合同管理

在合同实施阶段，承包商的中心任务就是按照合同的要求，认真负责地、保证质量地按规定的工期完成工程并负责维修。具体到承包商一方的施工管理，又大体上分为两个方面，一方面是承包商施工现场机构内部的各项管理；另一方面是按合同要求组织项目实施的各项管理。当然，这两方面不可能截然分开。

承包商施工现场机构内部的各项管理指的是承包商的现场施工项目经理可以自己作出决定并进行管理的事宜，如现场组织机构的设置和管理；人力资源和其他资源的配置和调度；承包商内部的财务管理，包括成本核算管理；工程施工质量保证体系的确定和管理等。除非涉及到执行合同事宜，业主和工程师不应也不宜干预这些内部管理，当然可以对承包商提出建议，但应由承包商作出决策。

承包商的合同管理主要有：

（一）按时提交各类保证

如履约保证（有时在签订合同时即要求提交）、预付款保函等。

（二）按时开工

根据工程师的开工命令或合同条件规定的日期按时开工，否则会构成违约。

（三）提交施工进度实施计划

按合同的工作范围、技术规范、图纸要求在开工后规定时间内呈交的施工进度实施计划必须经工程师同意，根据此计划负责组织现场施工，每月的施工进度计划亦必须事先报工程师同意。

每周在工程师召开的会议上汇报工程进展情况及存在问题，提出解决办法经工程师同意执行。

如果工程师根据此施工进度实施计划进行检查后认为承包商的工程进度太慢，不符合施工期限要求时，工程师有权下令承包商赶工，由此引起的各种开支由承包商承担。如果承包商无视工程师的书面警告或不采取相应措施时，业主可认为承包商违约。

（四）保证工程质量

检验工程质量的标准是合同中的规范和图纸中的规定，承包商应制定各种有效措施保证工程质量，并且在需要时，根据工程师的指示，提出有关质量检查办法的建议，经工程师批准执行。承包商应负责按工程进度及工艺要求进行各项有关现场及试验室的试验，所有试验成果均须报工程师审核批准，但承包商应对试验成果的正确性负责。承包商应负责施工放样及测量。所有测量原始数据、图纸均须经工程师检查并签字批准，但承包商应对测量数据和图纸的正确性负责。

在订购材料之前，如工程师认为需要时，应将材料样品送工程师审核，或将材料送工程师指定的试验室进行检验，检验成果报请工程师审核批准。对进场材料承包商应随时抽样检验质量。

承包商应按合同要求，负责设备的采购、检验、运输、验收、安装调试以及试运行。

如果工程师认为材料或工程设备有缺陷或不符合合同规定时，可拒收并要求承包商采取措施纠正；工程师也有权要求将不合格的材料或设备运走并用合格产品替换，或要求将之拆除并适当地重新施工。如果承包商拒不执行这些要求将构成违约。

（五）设计

承包商应根据合同规定或工程师的要求，进行全部（采用设计/建造与交钥匙合同时）或部分永久工程的设计或绘制施工详图，报工程师批准后实施，但承包商应对所设计的永久工程负责。

如果工程按批准的设计图纸施工后暴露出设计中的问题，在工程师要求时，承包商应拆除并重新施工，否则会构成违约。

（六）分包

按照相关规定，不得将整个工程分包出去，在开工后进行工程分包之前，一定要取得工程师（或业主代表）的同意，否则将构成违约。

在签订分包合同时，承包商应将合同条件中规定的，要求在签订分包合同时写入的保护业主权益的条款包括在分包合同中，否则所造成的对业主权益的损害由承包商负责补偿。

（七）保险

承包商应按合同条件中的要求及时办理保险（包括对自己的工作人员和施工机械的保险）。在工程条件发生变化（如延期、增加新项目等）时，也应及时去补办保险以免造成意外的损失。

（八）安全

承包商应按合同要求和工程师批准的安全计划，全面负责工地的安全工作，包括安装各种安全设施，采取安全措施等。同时要在移交证书颁发前保护工程、材料和未安装的工程设备。

（九）其他

根据工程师的要求，每月报送进、出场机械设备的数量和型号；报送材料进场量和耗用量以及报送进、出场人员数。

按工程所在国有关主管单位（包括海关、项目所在州、省有关机构）、业主或工程师的要求，按时报送各类报表，办理各种手续。

负责施工机械的维护、保养和检修，以保证工程施工正常进行。

第五节 工 程 索 赔

一、工程索赔的概念、分类

（一）工程索赔的概念

工程索赔是当事人在合同实施过程中，根据法律、合同规定及惯例，对并非由于自己的过错，而是属于应由合同对方承担责任的情况造成、而且实际发生了的损失，向对方提出给予补偿的要求。索赔事件的发生，可以是一定行为造成，也可以是不可抗力引起，可以是合同当事人一方引起，也可以是任何第三方行为引起。索赔的性质属于经济补偿行为，而不是惩罚。索赔的损失结果与被索赔人的行为并不一定存在法律上的因果关系。它允许承包商获得不是由于承包商的原因而造成的损失补偿，也允许业主获得由于承包商的原因而造成的损失补偿。对于工程承包施工来说，索赔是维护施工合同签约者合法利益的一项根本性管理措施。对于施工合同的双方来说，索赔是维护双方合法利益的权利。它同合同条件中双方的合同责任一样，构成严密的合同制约关系。承包商可以向业主提出索赔，业主也可以向承包商提出索赔。在国际工程施工的实践习惯中，将承包商向业主的索赔简称为"索赔"，而把业主向承包商的索赔称为"反索赔"。

（二）工程索赔的分类

1. 按索赔的起因分类

可以导致索赔的原因很多，归纳起来主要有以下几种。

(1) 工程量变化索赔。

(2) 不可预见的物质条件索赔。

(3) 加速施工索赔。

(4) 工程拖期索赔。

(5) 工程变更索赔。

(6) 合同文件错误索赔。

(7) 暂停施工或终止合同索赔。

(8) 业主违约索赔。

(9) 业主风险索赔。由于施工中发生了应由业主承担的风险而导致承包商的索赔。

(10) 不可抗力索赔。

(11) 承包商违约索赔。

(12) 缺陷责任索赔。

(13) 其他索赔。如汇率变化、物价上涨、法令变更、业主拖付款等引起的索赔。

2. 按索赔目的分类

按索赔目的划分，索赔有两种。

(1) 工期索赔。承包商向业主要求合理顺延合同工期。由于合理的工期延长，可以使承包商免于承担误期罚款（或误期损害赔偿金）。

(2) 经济索赔。也称为费用索赔。承包商要求取得合理的经济补偿，即要求业主补偿不应该由承包商自己承担的经济损失或额外费用，或者业主向承包商要求因为承包商违约导致的业主的经济损失补偿。

3. 按索赔的主体分类

合同的双方都可以提出索赔，从提出索赔的主体出发，将索赔分为两类。

(1) 承包商索赔。由承包商提出的向业主的索赔。

(2) 业主索赔。由业主提出的向承包商的索赔。

4. 按索赔的依据分类

(1) 合同规定的索赔。也叫合同内的索赔，指索赔事项所涉及的内容在合同文件中能够找到明确的依据，业主或承包商可以据此提出索赔要求。这些明文规定常称为"明示条款"。

(2) 非合同规定的索赔。也叫合同外的索赔，指索赔事项所涉及的内容已经超过合同规定的范围，在合同文件中没有明确的文字描述，但可以根据合同条件中某些条款的含义，合理推论出有一定索赔权。这些隐含在合同条款中的要求，常称为"默示条款"。

二、工程索赔的程序

(一) 承包商提出索赔要求

1. 发出索赔意向通知

承包商应在索赔事件发生后的 28 天内向工程师递交索赔意向通知，声明将对此事件提出索赔。该意向通知是承包商就具体的索赔事件向工程师和发包人表示的索赔愿望和要求。

2. 递交索赔报告

索赔意向通知提交后 28 天内，或工程师可能同意的其他合理时间，承包商应递送正式的索赔报告。索赔报告的内容应包括：事件发生的原因，对其权益影响的证据资料，索赔的依据，此项索赔要求补偿的款项和工期延误天数的详细计算等有关材料。

(二) 工程师审核索赔报告

1. 工程师审核承包商的索赔申请

接到承包商的索赔意向通知后，工程师应建立自己的索赔档案，密切关注事件的影响，检查承包商的同期记录时，随时就记录内容，提出他的不同意见或他希望应予以增加的记录项目。

在接到正式索赔报告以后，认真研究承包商报送的索赔资料，通过对事件的分析，依据合同条款划清责任界限。审查承包商提出的索赔补偿要求，剔除其中的不合理部分，拟定自己计算的合理索赔款额和工期顺延天数。

2. 判定索赔成立的条件

工程师判定承包商索赔成立的条件为：①与合同相对照，事件已造成了承包商施工成本的额外支出，或总工期延误；②造成费用增加或工期延误的原因，按合同约定不属于承包商应承担的责任，包括行为责任或风险责任；③承包商按合同规定的程序提交了索赔意向通知和索赔报告。上述三个条件没有先后主次之分，应当同时具备。只有工程师认定索赔成立后，才处理应给予承包商的补偿额。

（三）确定合理的补偿额

1. 工程师与承包商协商补偿

工程师核查后初步确定应予以补偿的额度往往与承包商的索赔报告中要求的额度不一致，甚至差额较大。主要原因大多为对承担事件损害责任的界限划分不一致、索赔证据不充分、索赔计算的依据和方法分歧较大等，因此双方应就索赔的处理进行协商。

2. 工程师索赔处理决定

在经过认真分析研究，与承包商、发包人广泛讨论后，工程师应该向发包人和承包商提出自己的索赔处理决定。工程师收到承包商送交的索赔报告和有关资料后，于 28 天内给予答复或要求承包商进一步补充索赔理由和证据。

通常，工程师的处理决定不是终局性的，对发包人和承包商都不具有强制性的约束力。承包商对工程师的决定不满意，可以按合同中的争议条款提交约定的仲裁机构或诉讼。

（四）发包人对索赔的审查

当工程师确定的索赔额超过其权限范围时，必须报请发包人批准。

发包人首先根据事件发生的原因、责任范围、合同条款，审核承包商的索赔申请和工程师的处理报告，再依据工程建设的目的、投资控制、竣工投产日期要求以及针对承包商在施工中的缺陷或违反合同规定等的有关情况，决定是否同意工程师的处理意见。

（五）最终索赔处理

承包商接受最终的索赔处理决定，索赔事件的处理即告结束。如果承包商不同意，就会导致合同争议。

三、对索赔人员的要求

（一）索赔意识

作为一个索赔管理人员，要强化索赔意识，应该具备下面几方面的意识。

1. 合同法律意识

工程承包合同经过双方法人代表签字，具有法律效力，对合同双方都有约束力。它要求合同双方都要遵守合同规定的义务和权利，保证合同的实施。索赔就是法律赋予承包商和业主的正当权利。树立法律意识，可以提高合同双方的自我保护意识，同时自觉地避免侵害他人利益。因此，树立法律意识，首先要自觉履行合同，按合同文件规定办事，另外还要懂得利用合同条件保护自己的利益，使合同双方在履约过程中能遵守合同，互相协调，确保合同目标的实现。同时作为索赔管理人员具有法律意识还要熟悉相关的工程建设方面的法律法规。

2. 风险防范意识

在激烈竞争的建筑市场条件下，建筑工程的承发包充满了很高的风险，兼之建筑工程规模大，工期长，产品固定，生产流动，受地质、气候、社会环境影响等特点，给承包商带来许多不可确定的风险，一般有以下几方面的风险。

（1）政治风险。如爆发战争、内乱、业主国经济危机等。

（2）环境风险。如地质地基条件的变化，施工中遇到其他障碍或者文物等。

（3）经济风险。如生产要素市场价格，金融市场因素，材料、设备的物价上涨，国家政策调整等。

（4）技术风险。如施工准备不足，设计变更或图纸供应不及时，施工组织设计的缺陷和漏洞等。

（5）履约风险。如发包人履约能力差，分包商违约，或发包人驻工地代表、监理工程师工作效率低，不能及时解决问题或付款，或发出错误指令等。

（6）合同风险。如合同条款不全面、不完善，存在比较严重的漏洞、过于苛刻的责权利不平衡条款；合同内没有或不完善的转移风险的担保、索赔、保险等相应条款；合同内缺少因第三方影响造成工期延误或经济损失的条款等。

（7）其他风险。如特别恶劣的气候条件，不可预见的基础地质条件，地震，海啸等。

3. 经济成本意识

作为一个承包商，承揽一个施工任务的最终目的就是获得盈利。因此，一个工程管理人员必须具有明确的工程造价意识。索赔要求的提出和解决，都和工程造价紧密相关，索赔也是为了得到相应的费用补偿或免于承担误期罚金。

4. 索赔时间意识

作为一个工程索赔管理人员，一定要有明确的时间观念，使一切索赔活动严格地按照合同的时间规定进行。虽然每个具体的索赔事项都有从发现到申报、论证和讨论解决的过程，但总的来说，对于已经发生的索赔事项，应该争取尽早解决。否则，合理的索赔要求如果被无限制地拖延下去，一旦工程建成，索赔要求就可能会落空。

（二）索赔管理人员应具备的知识

施工索赔是一门新兴的学科专业，索赔管理工作贯穿于工程实施的全过程和各个方面。索赔管理水平越高，索赔的成功率就越大，也就越能提高企业经营管理水平，提高企业的经济效益。为了能够成功地进行索赔，要求索赔管理人员具有工程造价、合同、法律以及谈判等多方面的专业知识。

（三）索赔管理人员的素质培养

工程索赔管理工作是一门跨学科的工程技术经济方面的管理工作，对管理人员的素质要求很高。为了在索赔工作中取得成功，维护自己合理的经济利益，提高企业的经济效益，对索赔管理人员应该进行以下几方面的素质培养。

1. 培养索赔意识

为了做好施工索赔工作，必须对索赔工作的基本特点有深刻的了解，具备索赔工作所必需的一些基本意识，如索赔意识、法律意识、风险防范意识、成本意识和时间意识等。

2. 加强专业技术知识

施工索赔工作要求有关人员具有深厚的技术经济专业知识基础，既要懂工程技术，又要懂财务会计；无论是工期索赔或经济索赔，都会涉及大量的价格计算工作。

3. 学习合同知识和公共关系知识

合同和相关法律是索赔问题的处理和解决的基本依据,作为工程索赔管理人员既要熟悉工程项目的施工合同条件和工程所在国的相关法律规定,还应该掌握工程的基本合同条件,掌握工程索赔工作的国际惯例和索赔的案例。

4. 加强管理知识的培养

索赔管理是工程项目管理的一部分,索赔管理人员必须具备相应的管理知识,这是一个管理人员的基本能力。只有具备相应的管理能力,才能把索赔工作做得更好。

5. 提高运用外语的能力

国际工程招投标和合同实施工作中均采用英语。因此,从事工程施工索赔管理的人员,应该具备一定的用外语进行沟通和谈判的能力。

四、索赔文件的编写

(一)索赔文件的构成

索赔报告书的具体内容,随该项索赔事项的性质和特点而有所不同。但在每个索赔报告书的必要内容和文字结构方面,必须包括以下几个组成部分。至于每个部分的文字长短,则根据每个索赔事项的具体情况和需要来决定。

1. 索赔综述

在索赔报告书的开始,应该对该索赔事项进行一个综述,概要地描述索赔事项发生的时间、地点或者施工过程;承包商按照合同规定的义务,为了减轻该索赔事项造成的损失,采取了哪些措施;索赔事项的发生及承包商为减轻该损失而采取的措施,给承包商施工增加的额外费用以及自己的索赔要求。一般索赔综述部分包括:前言、索赔事项描述、具体的索赔要求等内容。

2. 合同论证

承包商对索赔事件的发生造成的影响具有索赔权,这是索赔成立的基础。在合同论证部分,承包商主要根据工程项目的合同条件以及工程所在国有关此项索赔的法律规定,申明自己理应得到工期延长和(或)经济补偿,充分论证自己的索赔权。对于重要的合同条款,如不可预见的物质条件、合同范围以外的额外工程、业主风险、不可抗力、因为物价变化的调整、因为法律变化的调整等等,都应在索赔报告书中作详细的论证叙述。

合同论证部分一般包括:索赔事项处理过程的简要描述;发出索赔通知书的时间;论证索赔要求依据的合同条款;指明所附的证据资料。

3. 索赔款计算与工期延长计算

作为经济索赔报告,论证了索赔权以后,就应该接着计算索赔款的具体数额,也就是以具体的计价方法和计算过程说明承包商应得到的经济补偿款的数量。

作为工期索赔报告,论证了索赔权以后,应接着计算索赔工期的具体数量。获得了工期的延长,可以免于承担误期损害的罚金,还可能在此基础上,探索获得经济补偿的可能性。

4. 附件部分

在附件中包括了该索赔事项所涉及的一切有关证据资料以及对这些证据的说明。索赔证据资料的范围很广,可能包括工程项目施工过程中所涉及的有关政治、经济、技术、财务等许多方面的资料。这些资料承包商应该在整个施工过程中持续不断地搜集整理,分类储存。

在施工索赔工作中可能用到的证据资料很多，主要有：

(1) 工程所在国的政治经济资料。如：重大自然灾害、重要经济政策等等。

(2) 施工现场记录。如：施工日志、业主和工程师的指令和来往信件、现场会议记录、施工事故的详细记录、分部分项工程施工质量检查记录、施工实际进度记录、施工图纸移交记录等。

(3) 工程项目财务报表。如：施工进度款月报表、索赔款月报表、付款收据、收款单据等。

(二) 索赔报告的一般要求

1. 事件真实准确

对索赔事件描述不实，主观臆测，或缺乏证据，都会影响到业主和工程师对承包商的信任，给索赔工作造成困难。为了证明事实的准确性，在索赔报告的后面要附上相应的证据资料，以便于业主和工程师核查。

2. 逻辑性强，责任划分明确

对于引起索赔事件的原因，要清楚明白。承包商对于干扰事件的不可预见性，索赔通知书的按时提交，该事件对承包商造成的影响，以及相应的合同支持都应明确说明，以使业主和工程师接受承包商的索赔要求。索赔报告要有逻辑性，将索赔要求同干扰事件、责任、合同条款、影响形成明确的逻辑关系。索赔报告的文字论述要有明确的因果关系，要说明在客观事实与索赔费用损失之间的必然联系。

3. 条理清楚，层次分明

索赔报告通常在最前面简明扼要地说明索赔的事项、理由和要求的款额或工期延长，让工程师一开始就了解索赔的全部要求。接着再逐步地比较详细地论述事实和理由，展示具体的计算方法或计算公式，列出详细的费用清单，并附以必要的证据资料。

4. 文字简洁，用词婉转

作为承包商，在索赔报告中尤其应避免使用强硬的不友好的抗议式的语言。索赔报告的读者，除了业主代表和工程师以外，还可能是业主的上级领导部门，它们是索赔的决策者。因此，索赔报告一定要清晰简练，用词婉转有礼，避免文字生硬、使用不友好的语言。

复 习 思 考 题

1. 什么是建筑企业经营方式？如何分类？各有何特点？
2. 招标投标有哪些特点？哪些方式？
3. 招标投标有哪些法律规定？
4. 简述招标投标的程序。
5. 什么是工程估价？什么是工程报价？二者有何区别和联系？
6. 怎样准确而合理地确定工程报价？
7. 《施工合同文本》由哪些内容构成？
8. 工程承包合同管理包括哪些内容？
9. 承包商在项目实施阶段的合同管理包括哪些内容？
10. 什么是工程索赔？有哪些分类？
11. 简述工程索赔的程序。

12. 索赔人员应具备哪几方面的意识?
13. 索赔报告的编写有何要求?
14. 某建筑企业与某一竞争对手在以往历次竞争投标报价中的有关资料数据见表 7-6 所列。如该企业与这个竞争对手共同参加一项工程投标,该企业对该工程估价为 1200 万元,试用具体对手法确定企业的报价。

某建筑企业历次竞争投标报价的资料数据　　　　表 7-6

对手报价/企业估价	0.8	0.9	1.0	1.1	1.2	1.3	1.4	1.5	合计
次数	3	6	21	26	8	7	4	1	76

第八章 建筑企业计划管理

第一节 计划管理概述

一、计划管理的概念

企业计划管理就是通过计划编制,确定企业的计划,组织计划的实施,并以计划为标准进行控制,根据实施及控制中的信息反馈,对计划进行调整的周期性的生产经营管理活动。具体说来,就是遵循市场经济发展的客观规律,通过对市场环境的调查预测,按照社会需要,结合企业自身条件来合理确定企业生产经营目标,并对未来生产经营活动进行部署、组织实施的综合性管理工作。

在市场经济条件下,由于外部环境变化的复杂性和企业内部分工和协作的复杂关系,要求企业必须进行全面的计划管理。所谓全面的计划管理,就是通过计划管理周期循环过程,把企业全体成员的活动和一切工作,都纳入计划的轨道。这里所提到的一切工作,从横向看是指企业的所有部门、基层单位和岗位;从纵向看是指生产全过程,包括工程任务的获得、施工准备、施工过程、竣工验收直至交工后服务等所有环节。所以全面计划管理可以概括为全企业、全过程、全员性的计划管理。

通过计划管理,企业才能合理配置并有效地运用所掌握的人力、物力和财力等资源,保证企业生产经营活动的有序性和高效率,完成企业的生产经营任务,实现企业生产经营目标,以不断提高企业经济效益和社会效益。

二、计划管理的任务

计划管理的基本目的,在于协调企业内外关系,安排企业资源,完成企业经营目标。为此,计划管理的基本任务主要有:

(一)制定目标

依据市场需求及企业经营战略目标,制定企业在计划期内应达到的经营目标;确定这些目标的重要层次;逐项、逐级分解目标,并用它来落实岗位责任;动员与协调企业全体职工的行动。

(二)资源配置优化

按照已落实的目标任务,通过综合平衡,协调企业生产经营活动各环节、各部门间关系;合理配置企业的人、财、物等资源条件,以确保经营目标的实现。

(三)协调生产经营活动

从事生产经营活动的企业是一个复杂的开放系统,在整个经营活动过程中,既要协调系统内各部门间的关系,又要协调企业与外部环境的关系。而在协调过程中,计划的安排与分析则是一种有力的工具。通过计划安排,使企业的产、供、销实现平衡,使企业内部的人、财、物实现平衡,即协调企业生产经营活动的所有方面和一切环节。

(四)提高经济效益

提高经济效益是企业生产经营活动的核心，计划也离不开这个核心。计划对目标制定、资源配置、协调生产经营的作用，归根结底，就在于追求更好的经济效益。

三、计划管理工作的内容

（一）计划的编制

通过计划的编制，把社会及用户的需要和企业的条件、企业的利益统一起来；把企业的长期目标与短期目标衔接起来；把企业的整体目标与企业内部各级的目标以及每个员工的个人目标联系起来。

在计划编制中要做好综合平衡，使企业与外部的环境保持协调，使企业内部生产经营活动的各个环节和各个要素间保持正常的比例关系。

在计划编制中还要通过计划的优化，选择最优的计划方案，保证最有效地利用人力、物力和财力资源，取得理想的经济效果。

（二）计划的实施

计划的实施是企业各部门、各级机构，根据计划的内容和要求，组织落实，认真执行，使企业的各项生产经营活动在计划指导下协调进行。实质上，也就是计划的"组织"职能。

（三）计划的控制

在计划的实施过程中，通过检查与调节，消除实施计划过程中的薄弱环节和不协调因素。

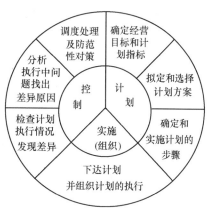

图 8-1 计划管理工作环节

上述计划管理工作的内容构成一个管理工作体系和管理工作循环。如图 8-1 所示。

第二节 建筑企业的计划体系和计划指标体系

一、建筑企业的计划体系

为了有效地、全面地指导企业的生产经营活动，保证企业生产经营活动在时间上、空间上的连续性和协调性，企业需要有不同性质和不同要求的多种形式的计划。

按计划时期不同，建筑企业计划可分为长期（五年以上）计划、中期（二年以上，五年以下）计划、短期（一年及一年以下）计划。

按计划对象不同，建筑企业计划可分为按企业（管理主体）编制的计划和按工程对象（管理客体）编制的计划。后一种计划就是工程施工组织设计，是一元计划。前一种计划，涉及企业同时承包的若干项工程任务，所以是多元计划。

按性质不同，建筑企业计划可分为经营计划（决策性计划）和作业计划（执行性计划）。经营计划是以提高经济效益为中心，在经营环境制约下，制定经营目标，规划企业的全部生产经营活动，实现经营决策目标。作业计划是经营计划的具体化。

以上各类计划是有机紧密联系、相互补充的，构成了建筑企业的计划体系。如图 8-2 所示。

二、建筑企业的计划指标体系

（一）计划指标的概念、分类及作用

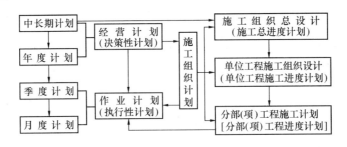

图 8-2 建筑企业计划体系

企业的计划指标，用以表示在一定计划期内，企业生产经营活动所应达到的预期目标和水平。它是企业生产经营目的的具体化和数量化。每个指标都反映企业生产经营活动的某一侧面，它们都有特定的内涵。

计划指标按指标的性质，可分为数量指标和质量指标。前者反映企业生产经营活动的各方面所应达到的数量目标，通常以绝对数表示，如产量、产值、利润、工程量、物资需用量、职工人数、工资等。后者反映企业在利用人力、物力、财力以及发展技术等方面所应达到的水平，即反映企业生产经营活动的质量，通常以相对数或平均数表示，如劳动生产率、总资产报酬率、工程合格率、技术装备率等。数量指标和质量指标两者是相互联系、相互制约的。达不到质量指标，数量指标也就失去了意义；而没有数量指标，质量指标也无从谈起。

按指标的表现形式，计划指标可分为价值（货币）指标和实物指标。价值指标是以货币为计量单位的指标，价值指标反映生产中的社会劳动消耗量和劳动成果，同时，由于采用货币统一计量，可对不同实物进行综合计算，综合性强。实物指标是以实物为计量单位的指标，实物指标反映不同的使用价值，能具体表现产品（工程）的数量和生产过程中的物质消耗，但因计量单位不同，指标间不可比，综合性差。

按指标的作用，计划指标可分为国家考核指标和企业内部考核（或控制）指标。前者用以考核企业的生产经营活动效果。后者主要用以反映企业生产经营活动的全面情况，包括企业对项目经理部和各职能部门、项目经理部对生产班组、生产班组对工人的考核指标。

计划指标是企业生产经营管理的重要工具，是计划管理不可缺少的手段。编制计划时，用它表示企业在计划期应达到的目标和水平、工作数量、质量标准和要求；计划实施时，把实际和计划指标对照，是进行控制的依据。计划期结束时，是评价计划完成的依据；同时，又是企业之间、企业内部各单位考核和评价其生产经营成果的尺度。

通过计划指标可以认识企业的生产经营活动现象，用数量来描述企业的计划活动，从而达到改造企业的目的。

（二）计划指标体系

建筑企业计划指标很多，它们具体反映着计划的各个组成部分的预期目标和水平。任何单一的指标只能反映企业生产经营活动的某个侧面，为了全面指导和控制企业的生产经营活动，就必须设置一个计划指标体系。所谓计划指标体系就是指由一系列相互联系、相互制约且能全面反映企业生产经营全貌的指标所组成的整体。

建筑企业计划指标体系在企业生产经营管理中具有很重要的作用，它可以更科学、准确、全面地评价建筑企业基本情况和生产经营活动运行态势，更全面地了解和掌握企业生产经营全貌。随着市场经济不断发展和完善，企业旧有的计划指标体系也要不断更新，为适应经济发展和经营机制改善的需要，建筑企业如何建立和完善新的计划指标体系是有待于进一步深入研究和探讨的课题。

（三）计划指标的设置原则

企业计划指标的设置要考虑以下原则。

（1）要正确、简明地反映企业的生产目的。一是要有反映企业提供给社会及用户需求的建筑产品的指标，如交竣工面积（项数）、总产值、增加值等；二是要有反映企业创造经济效益的指标，如劳动生产率、增加值率、总资产报酬率、人均利税率、工程优良品率、人均技术装备率等。

（2）既要突出考核企业的经济效益，又要体现社会效益。体现社会效益的指标，如工程质量、安全生产、公害防治、环境保护等。

（3）要从企业的投入到产出生产过程的各个方面（如人、财、物、产、供、销和产量、产值、质量、利润等），全面反映企业生产经营活动的要求和状况，反映企业各种经济活动之间的联系。

（4）计划指标要体现它的作用，以促进企业全面改善和提高生产经营管理水平。

（5）计划指标要明确具体、科学严谨，有统一的计算方法，并与统计核算指标的计算互相一致，便于比较和分析。

（四）建筑企业主要计划指标的含义及其计算方法

1. 建筑产品产量指标

建筑产品产量指标是表示企业在计划期内要完成的建筑产品实物量的指标，一般有以下几项。

（1）竣工房屋建筑面积，简称竣工面积。是指计划期内房屋建筑按设计要求全部完工，达到使用条件，经检查验收鉴定合格的房屋建筑面积的总和。

（2）房屋建筑面积竣工率。是综合反映企业的施工进度和竣工程度的指标。其计算公式为：

$$房屋建筑面积竣工率 = (计划期内房屋建筑竣工面积 / 计划期内房屋建筑施工面积) \times 100\% \qquad (8-1)$$

（3）实物工程量。是指企业在计划期内要完成的、以物理或自然计量单位表示的各种工程数量。如土方工程（立方米）、道路工程（平方米）、安装工程（吨/台）等。它是编制和检查施工作业计划、确定劳动力、材料、机械设备需要量的重要依据，又是计算建筑业施工产值、实物劳动生产率等指标的基础。

（4）工程形象进度。用文字结合实物量或百分比，简明扼要地反映计划期内施工的单位工程所要达到的形象部位或进度情况。一般按单位工程中的分部分项部位表示。如土建工程可分为基础工程、结构工程、屋面工程、装饰工程等，还可细分为各工种工程即分项工程，如土建工程中的砌筑工程等。

2. 建筑产品产值指标

建筑产品产值指标是指以货币表现的企业在计划期内要完成的建筑安装生产活动的成果的指标。一般有以下几项。

(1) 建筑业总产值。即自行完成的施工产值，是以货币表现的企业在计划期要生产的建筑产品的总和。包括建筑工程产值和设备安装工程产值。它是反映建筑企业生产规模、发展速度、经营成果的一项重要指标，是计算劳动生产率、产值利润率等指标的依据。施工产值的计算方法一般按"单位法"计算，即按计划期内要完成的实物工程量乘以单价，再加上一定比例的费用计算。

(2) 建筑业增加值。是企业在计划期内以货币表现的建筑生产经营活动的最终成果。计算方法有两种：一是生产法，即建筑业总产出（即建筑业总产值）减去中间投入（即在建筑施工活动过程中要消耗的外购物质产品和对外支付的服务费用）；二是分配法（收入法），其具体构成项目有固定资产折旧、劳动者报酬、生产税净额、营业盈余等。

(3) 增加值率。是企业在计划期内新创造的价值占自行完成的施工产值的比例。其计算公式为：

$$增加值率=(计划期增加值/计划期内总产值)\times 100\% \tag{8-2}$$

(4) 竣工产值：即竣工工程产值。是指企业在计划期内要完成的以货币表现的最终建筑产品的总和。它是反映企业的施工速度和经济效益的依据之一。利用竣工产值可以计算产值竣工率。

(5) 销售率。是反映企业的产销衔接和市场状况的指标，其计算公式为：

$$销售率=(交工工程产值/建筑业总产值)\times 100\% \tag{8-3}$$

3. 全员劳动生产率指标

全员劳动生产率是表示计划期内劳动效率的指标，它是反映企业经济效益的指标之一。它是以建筑产品的产量或产值和与其相适应的劳动消耗量的比值来表示的。其计算方法为：

(1) 用产值表示的全员劳动生产率(元/人)

$$全员劳动生产率=计划期内自行完成的施工产值/计划期内全部职工平均人数 \tag{8-4}$$

(2) 用竣工面积表示的全员劳动生产率(m^2/人)

$$全员平均竣工面积=计划期内竣工面积/计划期内全部职工平均人数 \tag{8-5}$$

4. 工程质量指标

工程质量指标反映企业在计划期内完成最终建筑产品的质量情况，是综合反映企业的施工技术管理水平和经济效益的一项重要指标。

$$工程质量合格率=(计划期竣工的单位工程合格面积数/计划期竣工的全部单位工程面积数)\times 100\% \tag{8-6}$$

5. 利润指标

利润指标是反映企业计划期内生产经营管理效果的重要的综合性指标。它是反映企业经济效益的指标之一。一般用以下几个指标表示。

(1) 利润总额＝营业利润＋投资净收益＋营业外收支净额

$$=工程估算利润+其他业务利润-管理费用-财务费用+投资收益-投资损失+营业外收入-营业外支出 \tag{8-7}$$

(2) 产值利润率＝(计划期利润总额/计划期自行完成施工产值)×100% (8-8)

(3) 销售利润率＝(计划期利润总额/计划期建筑产品销售收入)×100% (8-9)

(4) 人均利润率＝(计划期利润总额/计划期全部职工平均人数)×100% (8-10)

(5) 总资产报酬率=[(计划期利税总额+利息支出)/计划期平均资产总额]×100%

(8-11)

总资产报酬率指标反映企业全部资产的获利能力,是企业管理水平和经营业绩的集中体现,是评价和考核企业盈利能力的核心指标。

6. 工程成本降低率指标

工程成本降低率是反映建筑企业生产经营活动质量、企业管理水平和施工技术水平的综合性指标。其计算公式为:

工程成本计划降低率=(工程成本计划降低额/工程预算成本)×100%　(8-12)

7. 流动资产周转率指标

流动资产周转率是反映企业流动资产的周转速度和营运状况的指标。是企业在生产经营过程中资产利用和发挥水平的体现。其计算公式为:

流动资产周转率=(计划期建筑产品销售收入/计划期流动

资产平均余额)×100%　(8-13)

该指标反映企业出资者向企业投入全部资本金的获利能力。

8. 安全生产指标

安全生产指标是企业在计划期内工伤事故的内部控制指标,一般用工伤事故频率表示。通常企业在对历年工伤事故频率分析的基础上,采取相应的对策措施,提出一个可以实现的计划指标。其计算公式为:

工伤事故频率=(工伤事故人次数/全部职工平均人数)×1000‰　(8-14)

9. 机械设备完好率、利用率指标

机械设备完好率、利用率是反映企业机械设备管理水平的指标。除对某种机械设备进行计算外,还应按二十种主要施工机械进行综合计算。

机械设备完好率=(计划期内机械设备完好台日数/计划期内

机械设备制度台日数)×100%　(8-15)

机械设备利用率=(计划期内机械设备工作台日数/计划期内

机械设备制度台日数)×100%　(8-16)

10. 材料节约率指标

材料节约率指标是反映施工技术水平和材料管理水平的指标。通常计算主要材料如三材(钢材、水泥、木材)的节约率。其计算公式为:

某种材料计划节约率=(某种材料计划节约量/某种材料的预算用量)×100%

(8-17)

第三节　建筑企业的经营计划

一、经营计划概念和特征

(一)经营计划的概念

经营计划是以企业的经营活动为对象的计划安排,又称为生产经营计划。它是企业在计划期内进行生产经营活动的奋斗目标和行动纲领,是由以经营目标为中心、以市场为导向的企业多种计划组成的综合计划体系。

企业是由隶属于不同部门的许多职工组成的一个整体，每个部门、每个职工和每项业务都需要统一的目标来协调，只有将每个职工的行动统一到企业整体目标上，且各部门的业务服从于企业的未来发展目标，企业才能在激烈的市场竞争中，发挥优势，占领市场。否则，行动无纲领，发展无目标，各行其是，必然会造成内部经营管理的混乱，也无法在市场的竞争中取胜。经营计划的最主要的职能，就是为企业的发展确定一个目标，并将企业中个人行为和部门行为统一于经营计划目标。

企业所处的市场环境和社会环境是经常变化的，而任何企业靠其自身的力量是无法改变其所处的环境的。因此，如果企业不能适应未来环境的变化，优胜劣汰规律将会无情地使企业被淘汰。企业要生存，要发展，必须对未来环境的变化作出科学的预测和准确的判断，并采取措施，作出相应的对策，这样企业才会立于不败之地。但是要做到这一点，企业仅靠开几次会议是不够的，而需要制定统一的计划加以系统化，并进行组织、协调和控制。所以说，经营计划的一个重要作用是分析和预测未来环境的变化，并在此基础上，制定出科学的对策，使得企业能够适应未来环境的变化，为企业描绘出未来的发展方向并指出可靠的发展道路。

总之，企业经营计划的实质在于，对内为企业确定未来的发展目标，来统一每一个人和每一个部门的行为；对外则使企业不断地适应未来环境的变化，使得企业不断地成长壮大。

(二) 经营计划的特征

建筑企业经营计划是由多种计划组成的有机整体，它具有区别于其他计划的特征。

1. 综合性

经营计划不是一个单项计划，也不是特指企业编制的某几种或某一类计划，它是企业的全部计划活动、计划结果和相关工作的总称。企业的全部生产经营活动都是经营计划的对象，企业的全部业务活动都应处于计划控制之下。从施工任务的招揽、施工生产、产品开发、多种经营，到财务、人事、工资、福利等，都属于计划的对象，为经营计划所涵盖。特别是关系到企业未来发展的一系列重要经营管理活动，必须由经营计划作出统筹安排。经营计划的综合性还表现在它是一个复杂的计划体系，从时间上看，有长短之分；从内容上看，有综合与部分之分等。

2. 选择性

经营计划要求企业对其未来作出判断与选择。在计划制定过程中，决策和选择是一个关键步骤，直接关系计划的成败。拟订方案，评价方案，选择方案是计划工作的主要内容。对企业经营管理者来说，如何从若干个计划中选择一个更科学的方案是至关重要的。因为它意味着对市场、顾客和机会的选择，意味着对企业未来前途的选择。一念之差，往往会出现截然不同的结果。经营计划的这一特点，也要求经营管理者和计划人员有宽广的思路，敏锐的思维，渊博的知识和高度的决策能力。

3. 应变性

企业经营计划一旦制定，要保持其相对稳定性。但随着外部市场环境条件的变化，在某种程度上，经营计划又显得有些呆板，因为各种计划之间互为条件，相互制约，相互影响。所以，必须强调计划的弹性，强调人的主观能动性和局部适应性。计划必须留有一定的余地。当有迹象表明机会和风险即将产生，或企业的内外部环境发生变化，必须重新调整计划，转移经营重心，应付未来突发事件，抓住机会，躲过风险。

4. 战略性

企业的生存、发展的关键，不在于计划期的长短、计划体系是否健全和计划内容是否详尽。相反，数字链式的计划期越长，可能招致的危害越大，不确定因素越多，它将在未来突发事件冲击下，付出高昂的代价。企业的命运取决于市场中稍纵即逝的机会，以及抓住机会的能力。经营计划的职能在于通过有组织的努力，建立起识别机会的机制，有意识地为企业寻找和规划新的可能的经营领域和经营机会，探讨企业走出困境、打开新局面的方向；同时指明机会存在的依据、特征，确定捕捉机会的思路、线索和行为规范。简言之，计划必须抓住重点，从战略的角度出发，在战略层次上展开，将经营者的经营方针、经营理念和经营策略贯穿于计划之中。

5. 权威性

经营计划是企业经营的纲领，是经营者智慧和韬略的结晶。计划一经制定出来，并经过讨论，计划的数字化就取代了计划的人格化，计划就成为经营者方针大略的化身，否定计划，也即是在否定经营管理者自身，经营管理者的权威也就无从谈起。当然，计划的权威性与计划的应变性并不矛盾，修订后的计划更需要权威，计划的权威性是对计划从制定到评价全过程而言的。

二、中长期经营计划

（一）中长期经营计划与经营战略的关系

经营战略和中长期经营计划之间存在十分密切的关系。当从总体和长远发展蓝图的意义上来理解经营战略的时候，经营战略和中长期经营计划，就存在着战略思想和具体安排的关系。中长期计划是经营战略的具体体现和实际安排。因此，人们往往也把中长期经营计划称为经营战略计划。但是，经营战略和中长期计划并不是同一回事，经营战略也并不一定都通过中长期经营计划反映出来。这是因为，经营战略更接近于一种发展思路，一种策略思想，它如果以一定程序被确定下来，自然必须贯彻到具体工作中去，但并不一定都通过中长期经营计划落实下去，有些经营战略尽管它要管今后相当长一个时期，但它是通过若干个相互衔接的短期经营计划来落实的；有些经营战略提出的是某个部门的策略原则，这也很难以计划的形式具体作出安排。尽管在各种计划中，需要体现这种原则和思想，但这和把一个战略方案转化为一系列数量指标的计划制定，还是不尽相同的。

正是由于经营战略和中长期计划既有密切联系，又不能相互等同，也不是任何情况下都存在对应关系，所以，并不能因为企业或公司已经有了经营战略，就一定能够照着这个战略制定出一份中长期经营计划来。实际上，在制定中长期经营计划时，除了那些和经营战略直接相关的，是直接落实某一经营战略的中长期计划以外，其他一些中长期计划，同样需要进行企业外部环境、企业内部条件的分析。

（二）中长期经营计划与短期计划的关系

从总体上说，中长期经营计划指导短期计划，短期计划受制于中长期经营计划。具体分析，有几种不同情况。

一种情况是，短期计划的内容是中长期经营计划内容中的一部分，这样，短期计划实际上就成为中长期计划的分解，可分解到不同的年份，成为这些年份的短期计划；另一种情况是，中长期经营计划，对以后若干年的情况，作了趋向性的规定，具体任务和目标还不很明确，在这种情况下，有的短期计划可能是中长期经营计划的分解或落实，有的短期计划和中长期计划的关系只是一种间接的关系；第三种情况是，一些短期计划，完全是在一种突变的情况下制定出来的，它和现有中长期经营计划没有内容上的衔接关系。

（三）中长期经营计划制定

1. 中长期经营计划制定的组织

中长期经营计划的制定，是以企业综合计划部门为中心展开的。但综合计划部门是无法单独承担此项工作的。它需要各个组织部门的配合，从而在企业内部，形成了不同类型的计划制定的组织形式。

（1）部门主导型。这种组织形式为大多数企业所采用。其做法是，首先由各职能部门制定出部门计划和专项计划，然后由综合计划部门汇总和平衡，形成中长期经营计划后，提交企业领导审查、批准。部门主导型程序存在一定的问题，如各部门在制定计划时，往往不能从企业的整体和未来出发，仅仅考虑本部门的利益，中长期计划可能成为短期计划的汇总。特别是当企业的一项业务涉及多个部门时，难免出现扯皮现象。

（2）计划部门主导型。具体做法是，由计划部门召集各职能部门主管开会，集中研讨企业经营战略问题和制定中长期经营计划的思路，最后形成初步的计划方案，交企业领导审批，或提交企业有关会议审议。计划部门主导型程序也有诸多局限性，如对企业业务状况把握不准，了解不清，不能正确贯彻企业经营者的经营方针和经营理念等。

（3）经营者主导型。即由企业最高经营者为核心，制定中长期经营计划。具体讲，首先由最高经营者提出企业的发展方向与目标，自己的经营方针、经营理念和经营战略，中长期经营计划制定的基本方针、原则和总的思路；然后综合计划部门以此为依据，提出计划方案，经最高经营者审查后，提交有关会议审议。

2. 中长期经营计划制定的程序

（1）计划前提的预测与分析

检查经营思想、分析外部环境和企业内部条件应该作为中长期经营计划制定过程中的前提，或称为计划前提，对计划前提的分析，是制定中长期经营计划的基础工作。

1）经营思想检查。是看企业从上到下占主导地位的经营思想是什么，能否与现代企业经营的要求相吻合。检查经营思想，主要是检查企业高层管理人员是否树立了在激变中求生存，在适应环境中求发展的经营思想，是否对现实的形势有着正确的分析。通过这种检查，最终是要确立正确的经营思想。

2）环境的预测和分析。环境变化对企业来说，既是一种威胁，也是一种机会。深刻地理解外部环境变化的原因、趋势，并提出相应的对策以应付紧急情况的出现，抓住和利用机会，创造新的业绩，这是计划获得成功的关键。为此，就要对环境进行预测、分析。

要对环境进行预测和分析，首先是要进行调查研究。要收集有关的环境情报，这些情报应当是直接与企业未来发展有关，会产生很大影响的环境情报。要养成经常考虑环境变化对整个产业、对竞争对手、对本公司会带来何种影响的习惯，增强对情报信息的敏感性。调查的资料是进行环境预测的基础，但还需要通过分析、计算、估测，才能形成对未来环境变化的意见。

3）企业条件分析。分析企业条件，可以从多方面进行，但较为普遍的是先进行财务方面的分析，因为财务状况是企业一切活动和现有条件实际发生作用的结果。然后根据造成企业财务状况的主要因素，作进一步分析。首先是分析产品结构，再是分析企业资源，从而综合起来分析企业的竞争实力。

（2）确定中长期经营计划目标

中长期经营计划目标主要包括：企业发展目标、企业收益目标、企业安全目标。此外，还有其他一些目标。

1）发展目标。这个目标，可以分解为以下两个主要目标。

① 销售额目标。企业发展最核心的目标是销售额目标。因为销售额目标综合地反映了生产能力、销售能力的提高程度。从方法上看，确定销售额目标，应把盈亏平衡点分析、增加值分析等结合起来。

② 增加值目标。增加值是产品价值中属于企业新增值的那部分价值。增加值是企业维持当前生产和取得未来发展的源泉。

2）收益目标。通常主要的收益目标有：利润额、销售利润率、总资产报酬率。如果是股份公司，还有每股红利等。

由于中长期经营计划的利润目标是在预测未来的收益和全部投入的基础上确定的，因此，在比较稳定的经营环境下，通过预想的资产负债表和损益计算书用计算机进行处理，可以得出准确程度相对较高的目标数值。但如果在计划期间环境多变，新事业开发上述目标的准确程度就要受到影响。

3）安全目标。提高企业安全经营能力，从长远发展看，也是不可忽视的。在制定中长期计划目标的时候，需要设定一些安全性的目标。企业安全性目标主要通过确定自有资本在总资本中的合适比率来达到。

此外，还有其他一些目标，如资金周转速度、劳动生产率提高幅度等。

就中长期经营计划所应确定的目标而言，主要是企业发展目标、收益目标和安全目标。这三大目标之间有一个平衡问题。过分强调一个目标，可能会影响另外两个目标的水平。因此，要预测三大目标之间的平衡。另外，短期目标和中长期目标之间也有一个平衡的问题。为了求得长期的发展，需要从现在开始就为将来的发展作准备，人才培养、研究开发、设备投资等都是需要的，而这样做，对眼前的利益是有影响的，这也需要进行平衡。

（3）中长期经营计划制定方法——滚动计划法

滚动计划法是一种将短期计划、中期计划和长期计划有机地结合起来，根据计划的执行情况和环境变化情况，定期修订未来计划，并逐渐向前推移的方法。滚动计划法的具体做法如图8-3所示。

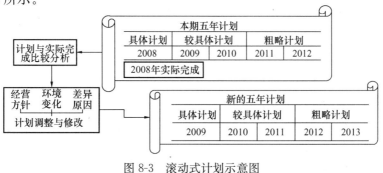

图8-3 滚动式计划示意图

采用滚动法编制计划的优点是：

1) 计划前后期衔接紧密，能更好地反映企业经营活动的连续性。既可指导企业当前或近期的经营活动，又可为未来发展做好各方面的准备工作，使企业连续的生产经营过程有一个连续性的计划作指导。

2) 计划能真正结合客观条件的变化，适时调整，提高准确性和指导性。这就改善了事前控制，纠正了计划工作的被动局面。

3) 长期计划与短期计划以及短期计划中的年度计划与月度计划的衔接，即使不平衡也可及时修订，使各种计划不至于相互脱节。

由于建筑企业内外环境复杂多变，有时可能使计划的内容发生质的变化（如增加从事国外工程承包业务，承包工程的类型发生重大变化，资金严重短缺，主要工程投标或承包失败，社会政治、经济有较大变动等等），那么滚动计划就无法实行。这时企业必须根据环境、条件的变化，重新修改或调整原有计划。

三、年度经营计划

（一）年度经营计划作用

年度经营计划是在计划年度内企业的综合经营计划。年度经营计划是中长期经营计划在计划年度内的具体体现和实施的保证，直接指导着计划年度内企业各项生产经营活动，同时也是企业在计划年度内生产经营活动的基准和其业绩评价的基准。因此，企业必须科学合理地制定年度经营计划，并确保其全面、均衡、顺利地完成所制定的年度经营计划。

年度经营计划与企业经营活动的关系是：年度经营计划对年度内企业经营活动，起着直接的指导作用，在一般情况下，年度经营计划是企业全体职工必须遵照执行并圆满完成的。这是因为：①年度经营计划是今后一年间企业业绩评价的基准。由于年度经营计划把今后一年中企业所要达到的经营目标明确具体地确定了下来，所以，把一年中的实际业绩和年度经营计划作一对照，就可以作出确切的评价。②年度经营计划是今后一年中活动的基准。如施工生产计划、开发计划、企业改造计划、质量计划等，都是企业各部门活动实际开展中必须贯彻实施的基本标准。正因如此，企业经营管理者必须科学制定年度经营计划，全体职工必须全身心地投入，实施好年度经营计划。

企业中长期经营计划和年度经营计划并不是简单地表现为时间上的长短之别，在计划的内容、计划的方法和具体运作上都存在着差异。从内容上看，中长期经营计划和年度经营计划表现为总体和部分的关系。中长期经营计划所要达到的目标，总是可以分解为每年所能达到的目标，也总是要依靠这种分解，才能使总的目标得以实现。对于一些数量性的指标，其分解较简单，而对一些质量性的指标，其分解则相对难些。较之中长期经营计划，年度经营计划的制定，就需要更多地运用定量的办法，使所制定的计划真正具有操作性。

年度经营计划在落实中长期经营计划时，也会否定中长期经营计划的某些内容，这是正常的。因为中长期经营计划所提出的某些要求或任务，可能会因为形势的变化，企业内外条件的变化而变得不切实际，在这种情况下，年度经营计划排除这些要求或任务，会使企业的经营活动避免盲目性，减少损失。

（二）年度经营计划内容

年度经营计划从其内容上来讲,主要包括:
(1) 年度经营目标计划。
(2) 施工生产计划。
(3) 技术改造和开发计划。
(4) 劳动计划。
(5) 成本计划。
(6) 财务计划。
(7) 质量计划。
(8) 多种经营计划等。

在企业年度经营计划中,年度经营目标计划是中心,其他各类计划都是围绕和为实现经营目标而设置的。

(三) 年度经营目标计划

年度经营目标计划是企业年度经营计划的最重要的组成部分,在企业年度经营计划中起着龙头的作用,决定和指导着其他各类计划的编制。

年度经营目标计划的主要指标有:目标利润、交竣工面积、建筑业总产值和增加值、税金、劳动生产率等。

在确定企业年度经营目标水平时,应注意以下几点:
(1) 国家、企业和职工个人三者之间利益的统一与平衡。当三者之间发生矛盾时,应以服从国家利益为主。
(2) 长期目标和短期目标之间的平衡。短期利益应服从长远利益。
(3) 企业发展目标、经济性目标和技术开发目标之间的平衡。
(4) 经营目标和企业可利用资源之间统一和平衡。

(四) 年度经营计划的编制

1. 年度经营计划编制依据

(1) 外部经营环境

1) 国家的经济发展和行业发展现状及其趋势。
2) 市场的预测,主要包括建筑产品现时和潜在需求等。
3) 竞争对手情况资料。
4) 原材料、能源、运输等保证情况。
5) 技术和产品更新趋势和发展速度。

(2) 企业内部经营条件

1) 企业近期经营业绩和计划完成情况。
2) 企业生产能力情况。
3) 企业技术能力情况。
4) 企业职工构成变动情况。
5) 各类技术经济标准、定额和有关核算资料等。

2. 年度经营计划编制程序

企业年度经营计划一般按如下程序来编制:

(1) 确定年度经营目标,编制年度经营目标计划。根据企业的中长期经营计划所规定的计划年度经营目标、计划年度工程任务招揽情况及正在进行施工的建设项目等，初步确定企业本年度经营目标的主要经济技术指标，如目标利润、交竣工面积、建筑业总产值和增加值、税金等。

（2）年度施工生产计划编制。根据所确定的经营目标和所承担的施工生产任务来编制年度施工生产计划。

（3）编制其他计划。诸如质量计划、技改与开发计划、劳动计划、成本计划、财务计划等保证性计划。

（4）制定落实经营计划的方案及措施。为了保证企业年度经营计划的顺利实施，必须制定相应的实施方案及保证措施，主要包括：资金的筹措、目标责任制、经营策略和管理机制等方面措施。

（5）计划的审核与评价。编制好的企业年度经营计划，必须送交领导和有关部门审核与评价。一般企业应由职工代表大会行使审核权；股份制企业由股东代表大会进行审核。其审核和评价的内容主要是：计划指标是否先进、合理；计划的可行性；计划进度安排是否合理；计划在保证经济效益的同时是否兼顾了社会效益和环境效益等。

3. 年度经营计划的综合平衡

综合平衡是计划编制的基本方法。年度经营计划的综合平衡包括以下几个方面内容。

（1）目标利润与交竣工工程量之间的平衡。经营计划核心是目标利润，确定的交竣工工程量必须确保目标利润的实现。

（2）交竣工工程量与生产任务之间的平衡。经营计划要体现以销定产的原则，企业在工程量、工期、质量等方面必须满足合同要求的计划竣工工程。

（3）生产任务、招揽工程量及生产能力之间的平衡。

（4）生产任务和企业资源之间的平衡。资源包括劳动力、原材料、燃料、动力、设备、资金等。

以上几个方面的平衡问题是相互联系，相互制约的，任何一方面的变动和调整，都会影响到其他方面。因此，综合平衡既要逐项试算，又要反复调整。只有在综合分析的基础上，才能较好地解决全面平衡问题。

四、经营计划的贯彻

建筑企业经营计划贯彻的基本要求：一是保证全面地完成经营计划；二是保证均衡地完成计划。

（一）全面地完成经营计划规定的各项计划指标

计划指标是企业经营目标的具体化和数量化，经营计划本身就是组织和规定如何实现这些指标。因此，企业经营计划的贯彻应该是全面地、而不是孤立地完成经营计划所规定的各项技术经济指标。

（二）均衡地执行经营计划

企业经济活动的基本要求之一，就是均衡稳定地发展。为此，不仅要在经营计划编制过程中注意协调和平衡，而且更要重视经营计划贯彻实施过程中的协调、平衡与稳定。这也就是说，不仅要保证计划执行结果是全面的，而且要尽可能使企业生产经营活动的运行过程始终不偏离计划的轨道。要想达到这点，还必须要采取必要措施，对计划实施有效的控制。

贯彻企业经营计划要做好以下两方面工作：一是建立、健全并完善企业经济责任制。二是实行目标管理。这是更好地贯彻经营计划的重要保证。企业从上到下建立起层层分解的目标责任体系，把企业经营计划目标最终落实到个人目标，同时通过企业责任制体系，把企业对国家和社会的责任，最终变为职工个人的责任，通过企业责任的层层分解，目标的层层落实、层层确保，最终保证企业经营计划的实现。

第四节 建筑企业的施工生产计划

一、施工生产计划的编制原则和综合平衡

（一）施工生产计划编制的原则

建筑企业在编制施工生产计划时，一般应遵循以下原则。

1. 必须以按期完成最终建筑产品达到竣工投产为目标

因为工程只有竣工投产交付使用才能发挥效益，所以，以竣工投产为目标是编制施工生产计划的重要原则。因此要保证工程项目的配套建设，安排好总包、分包和生产条件之间的综合协调，计划指标要做到工作量、工程量、形象进度三统一，并要以形象进度为主，以形象进度来推算和控制工作量和工程量指标。

2. 搞好工程排队，确保重点工程施工

在编制施工生产计划时，应根据承建工程的轻重缓急和施工条件落实情况进行工程排队，把有限的人力、物力、财力优先投入国家重点工程，使其早日建成投产。同时要兼顾一般工程，使重点工程和一般工程很好地结合起来，保证按照工程承包合同要求，全面完成施工任务。

3. 坚持按建设程序和施工程序办事

编制施工生产计划时，工程项目必须具备一定条件和做好施工准备工作。如初步设计没审批、土地未征用、设备材料订货未落实、工程合同没签订等就不能列入年度计划；如施工图纸、材料和设备的供应不能满足连续施工的需要就不能列入季度计划。同时要本着先地下、后地上，先共用、后单体的原则，而且要符合施工工艺要求和技术规范要求。

4. 要以施工组织设计为基础

因为施工组织设计是针对施工对象（施工项目、单项工程、单位工程、分项工程）所编制的指导性施工文件，其进度计划是在进行科学计算、合理安排施工顺序、考虑了合同工期等一系列工作后确定的。在编制施工生产计划时，一定要以它为基础。

5. 认真搞好综合平衡

综合平衡是计划工作的重要方法。施工生产计划的综合平衡，就是要解决企业所承担的施工任务与生产能力的平衡，施工任务与企业劳动力、机械设备、物资等资源供应的平衡，企业内部各单位、各生产环节的平衡，各项计划指标的平衡等。要按企业的人力、物力、财力和技术的可行性，确定施工生产计划，不留缺口。做到积极可靠，留有余地，防备万一。

6. 讲求经济效益

施工生产计划的编制不但要保证施工任务的完成，还必须充分注重经济效益，尽量做到均衡施工和连续施工，使得施工企业能有效地利用时间和空间，均衡地、节约地使用人力、物力，最大限度地发挥生产能力，提高生产效率和经济效益。

(二)施工生产计划编制的综合平衡

施工生产计划编制时除要遵照前述编制原则外，还要协调各工程施工，特别要注意单个工程的连续施工(按施工进度计划)和整体项目的均衡施工。

为了协调各项工程能连续均衡地施工，在编制施工生产计划时，除应满足企业生产能力不小于年度计划任务外，还应注意以下问题。

1. 正确处理好各种比例关系问题

(1)施工面积和年交竣工面积的关系。年交竣工率可表示施工面积和年交竣工面积二者的比例关系，即：

$$年交竣工率 = (年交竣工面积 / 年施工面积) \times 100\% \tag{8-18}$$

年交竣工面积是企业生产经营成果的一项重要指标，同样也是施工生产计划的一项重要指标。由于建筑生产的条件不同，各地区建筑企业有所差别。每个建筑企业应依据具体情况，在保证施工连续性和均衡性，以及提高经济效益的条件下，确定其年交竣工率。

年施工面积，包括续建面积和新开工面积。建筑企业应有合理的施工面积。如果施工面积过大，就会拉长战线，分散施工力量，工期拖长，影响交工面积；施工面积过小，使劳动力施展不开，就不能充分发挥工效，造成浪费。所以，年施工面积应从企业的生产能力和充分发挥工效的角度来合理确定。一般年度任务确定后，年施工面积也就是一定的。但为保证各个时期都有合理的施工面积，对新开工面积应有适当的控制。一般情况下，一个时期的开工面积应该相当于交竣工面积。

(2)基础工程、主体结构工程和装修及水电安装工程施工面积的比例关系。为了保证均衡施工，不仅要有合理的施工面积，处理好交竣工面积和施工面积的比例关系，而且要使各个部分工程施工面积也保持合理的比例关系，特别是基础、主体结构、装修及水电安装工程施工面积的比例关系。如果没有合理的比例关系，就会造成主要工种之间的不平衡。

(3)各季度交竣工面积的比例关系。由于施工生产受自然条件影响较大，每个季度的交竣工面积也不同。根据地区气候条件，合理安排各季度交竣工面积，是建筑企业均衡施工的要求。

2. 质量、成本、工期各指标之间的平衡问题

在编制施工计划时，应注意对质量、成本、工期之间进行反复分析，使各项指标保持协调和平衡。要在保证质量的前提下缩短工期、降低成本，不能不顾质量和成本去追求缩短工期，也不能不顾成本去追求过高的质量等，要使各项指标均能保证最大的经济效益。

质量与工期的关系：在正常生产条件下，为达到规定的质量标准，应有合理工期。工期过短、赶工，可能使质量降低。如果造成返工或片面追求高质量，则会拖长工期。

质量与成本的关系：只有符合设计要求和国家质量标准要求的工程质量，才是经济质量。施工中必须按经济质量要求进行施工。质量达不到要求，工程不合格；超过要求，会引起成本的增加。

工期与成本的关系：为完成规定质量的工程产品，工期过长或过短，都会使直接费和间接费受到影响，引起成本的增加，由最低总费用确定的工期是合理工期。

质量、工期、成本三者的关系是密切的，是互相影响、互相制约且辩证统一的。正确

处理三者的关系，应在任何条件下都必须坚持质量第一，做到好中求快、好中求省。

3. 土建施工和安装施工及其他协作单位的合理配合问题

在安排工程项目和综合进度时，要统筹安排、照顾全面，要保证施工项目的配套施工，以求综合效益的提高。

二、施工项目管理实施计划

（一）施工项目管理实施计划编制的依据和程序

施工项目管理实施计划必须由项目经理组织项目经理部在工程开工之前编制完成。

1. 编制依据

施工项目管理规划大纲；施工项目管理目标责任书；施工合同等。

2. 编制程序

对施工合同和施工条件进行分析；对施工项目管理目标责任书进行分析；编写目录和框架；分工编写；汇总协调；统一审查；修改定稿。

（二）施工项目管理实施计划的内容

1. 工程概况

包括：工程特点；建设地点及环境特征；施工条件；施工项目管理的特点及总体要求。

2. 施工部署

包括：施工项目的质量、进度、成本及安全目标；拟投入的最高人数和平均人数；分包计划、劳动力计划、材料供应计划、机械设备供应计划；施工程序；施工项目管理总体安排。

3. 施工方案

包括：施工流向和施工顺序；施工阶段划分；施工方法和施工机械选择；安全施工设计；环境保护内容和方法。

4. 施工进度计划

包括：施工总进度计划；单位工程施工进度计划。

5. 资源需求计划

包括：劳动力需求计划；主要材料和周转材料需求计划；机械设备需求计划；预制品订货和需求计划；大型工具、器具需求计划。

6. 施工准备工作计划

包括：施工准备工作组织及时间安排；技术准备及编制质量计划；施工现场准备；作业队伍和管理人员的准备；物资准备；资金准备。

7. 施工平面图

包括：施工平面图说明；施工平面图；施工平面图管理计划。施工平面图应按现行制图标准和制度要求进行绘制。

8. 施工技术组织措施

包括：保证进度目标的措施；保证质量目标的措施；保证安全目标的措施；保证成本目标的措施；保证季节施工的措施；保护环境的措施；文明施工的措施。各项措施应包括技术措施、组织措施、经济措施及合同措施。

9. 施工项目风险管理计划

包括：风险因素识别一览表；风险可能出现的概率及损失值估计；风险管理的重点；风险防范对策；风险管理责任。

10. 施工项目信息管理计划

包括：与施工项目组织相适应的信息流通系统；信息中心的建立计划；施工项目管理软件的选择与使用计划；信息管理实施计划。

11. 技术经济指标的计算与分析

包括：计划的指标；计划指标水平高低的分析和评价；实施难点的对策。

（三）施工项目管理实施计划的管理

（1）施工项目管理实施计划应经会审，由项目经理签字并报企业主管领导人审批。

（2）当监理机构对施工项目管理实施计划有异议时，经协商后可由项目经理主持修改。

（3）施工项目管理实施计划应按专业和子项目进行交底，落实执行责任。

（4）执行施工项目管理实施计划过程中应进行检查和调整。

（5）施工项目管理结束后，必须对施工项目管理实施计划的编制、执行的经验和问题进行总结分析，并归档保存。

三、施工进度计划管理

（一）施工进度计划的编制

1. 施工总进度计划的编制

施工总进度计划是用来确定工程项目中所包含的各单位工程的施工顺序、施工时间及相互衔接关系的计划。编制施工总进度计划的依据有：施工合同；施工进度目标；工期定额；有关技术经济资料；施工部署与主要工程施工方案等。

施工总进度计划的编制步骤和方法如下。

（1）计算工程量

根据批准的工程项目一览表，按单位工程分别计算其主要实物工程量，不仅是为了编制施工总进度计划，而且还为了编制施工方案和选择施工、运输机械，初步规划主要施工过程的流水施工，以及计算人工、施工机械及建筑材料的需要量。因此，工程量只需粗略地计算即可。

工程量的计算可按初步设计（或扩大初步设计）图纸和有关定额手册或资料进行。常用的定额、资料有：

1）每万元、每10万元投资工程量、劳动量及材料消耗指标。

2）概算指标和扩大结构定额。

3）已建成的类似建筑物、构筑物的资料。

对于工业建设工程来说，计算出的工程量应填入工程量汇总表（表8-1）。

工 程 量 汇 总 表　　　　　表8-1

序号	工程量名称	单位	合计	生产车间			仓库运输			管网				生活福利		大型临设		备注
				××车间	…	…	仓库	铁路	公路	供电	供水	排水	供热	宿舍	文化福利	生产	生活	

(2) 确定各单位工程的施工期限

各单位工程的施工期限应根据合同工期确定，同时还要考虑建筑类型、结构特征、施工方法、施工管理水平、施工机械化程度及施工现场条件等因素。如果在编制施工总进度计划时没有合同工期，则应保证计划工期不超过工期定额。

(3) 确定各单位工程的开竣工时间和相互搭接关系

主要应考虑以下几点：

1) 同一时期施工的项目不宜过多，以避免人力、物力过于分散。

2) 尽量做到均衡施工，以使劳动力、施工机械和主要材料的供应在整个工期范围内达到均衡。

3) 尽量提前建设可供工程施工使用的永久性工程，以节省临时工程费用。

4) 急需和关键的工程先施工，以保证工程项目如期交工。对于某些技术复杂、施工周期较长、施工困难较多的工程，亦应安排提前施工，以利于整个工程项目按期交付使用。

5) 施工顺序必须与主要生产系统投入生产的先后次序相吻合。同时还要安排好配套工程的施工时间，以保证建成的工程能迅速投入生产或交付使用。

6) 应注意季节对施工顺序工期质量的影响。

7) 安排一部分附属工程或零星项目作为后备项目，用以调整主要项目的施工进度。

8) 保证主要工种和主要施工机械能连续施工。

(4) 编制初步施工总进度计划

施工总进度计划应安排全工地性的流水作业。全工地性的流水作业安排应以工程量大、工期长的单位工程为主导，组织若干条流水线，并以此带动其他工程。

施工总进度计划既可以用横道图表示，也可以用网络图表示。如果用横道图表示，则常用的格式见表8-2所列。由于采用网络计划技术控制工程进度更加有效，所以人们更多地开始采用网络图来表示施工总进度计划。特别是电子计算机的广泛应用，为网络计划技术的推广和普及创造了更加有利的条件。

施工总进度计划表 表8-2

序号	单位工程名称	建筑面积（m²）	结构类型	工程造价（万元）	施工时间（月）	施工进度计划										
						第一年				第二年				第三年		
						Ⅰ	Ⅱ	Ⅲ	Ⅳ	Ⅰ	Ⅱ	Ⅲ	Ⅳ	Ⅰ	Ⅱ	…

(5) 编制正式施工总进度计划

初步施工总进度计划编制完成后，要对其进行检查。主要是检查总工期是否符合要求，资源使用是否均衡且其供应是否能得到保证。如果出现问题，则应进行调整。调整的主要方法是改变某些工程的起止时间或调整主导工程的工期。如果是网络计划，则可以利用电子计算机分别进行工期优化、费用优化及资源优化。当初步施工总进度计划经过调整符合要求后，即可编制正式的施工总进度计划。

正式的施工总进度计划确定后，应据以编制劳动力、材料、大型施工机械等资源的需用量计划，以便组织供应，保证施工总进度计划的实施。

2. 单位工程施工进度计划的编制

单位工程施工进度计划是在既定施工方案的基础上,根据规定的工期和各种资源供应条件,对单位工程中的各分部分项工程的施工顺序、施工起止时间及衔接关系进行合理安排的计划。其编制的主要依据有:施工总进度计划;单位工程施工方案;主要材料和设备供应能力;施工人员的技术素质和劳动效率;施工现场条件、气候条件、环境条件;已建成的同类工程实际进度及经济指标等。

(1) 单位工程施工进度计划的编制程序

单位工程施工进度计划的编制程序如图8-4所示。

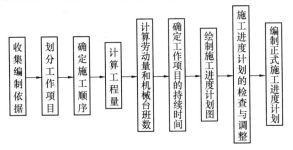

图8-4 单位工程施工进度计划编制程序

(2) 单位工程施工进度计划的编制方法

1) 划分工作项目。

工作项目是包括一定工作内容的施工过程,它是施工进度计划的基本组成单元。工作项目内容的多少,划分的粗细程度,应该根据计划的需要来决定。对于大型建设工程,经常需要编制控制性施工进度计划,此时工作项目可以划分得粗一些,一般只明确到分部工程即可。例如,在装配式单层厂房控制性施工进度计划中,只列出土方工程、基础工程、预制工程、安装工程等各分部工程项目。如果编制实施性施工进度计划,工作项目就应划分得细一些。在一般情况下,单位工程施工进度计划中的工作项目应明确到分项工程或更具体,以满足指导施工作业、控制施工进度的要求。例如,在装配式单层厂房实施性施工进度计划中,应将基础工程进一步划分为挖基础、做垫层、砌基础、回填土等分项工程。

由于单位工程中的工作项目较多,应在熟悉施工图纸的基础上,根据建筑结构特点及已确定的施工方案,按施工顺序逐项列出,以防止漏项或重项。凡是与工程对象施工直接有关的内容均应列入计划,而不属于直接施工的辅助性项目和服务性项目则不必列入。例如,在多层混合结构住宅建筑工程施工进度计划中,应将主体工程中的搭脚手架、砌砖墙、现浇圈梁、大梁及板混凝土、安装预制楼板和灌缝等施工过程列入。而完成主体工程中的运转砂浆及混凝土、搅拌混凝土和砂浆以及楼板的预制和运输等项目,既不是在建筑物上直接完成,也不占用工期,则不必列入计划之中。

另外,有些分项工程在施工顺序上和时间安排上是相互穿插进行的,或者是由同一专业施工队完成的,为了简化进度计划的内容,应尽量将这些项目合并,以突出重点。例如,防潮层施工可以合并在砌筑基础项目内,安装门窗框可以并入砌墙工程。

2) 确定施工顺序。

确定施工顺序是为了按照施工的技术规律和合理的组织关系,解决各工作项目之间在时间上的先后和搭接问题,以达到保证质量、安全施工、充分利用空间、争取时间、实现合理安排工期的目的。

一般说来,施工顺序受施工工艺和施工组织两方面的制约。当施工方案确定之后,工作项目之间的工艺关系也就随之确定。如果违背这种关系,将不可能施工,或者导致工程质量事故和安全事故的出现,或者造成返工浪费。

工作项目之间的组织关系是由于劳动力、施工机械、材料和构配件等资源的组织和安排需要而形成的。它不是由工程本身决定的，而是一种人为的关系。组织方式不同，组织关系也就不同。不同的组织关系会产生不同的经济效果，应通过调整组织关系，并将工艺关系和组织关系有机地结合起来，形成工作项目之间的合理顺序关系。

不同的工程项目，其施工顺序不同。即使是同一类工程项目，其施工顺序也难以做到完全相同。因此，在确定施工顺序时，必须根据工程的特点、技术组织要求以及施工方案等进行研究，不能拘泥于某种固定的顺序。

3) 计算工程量。

工程量的计算应根据施工图和工程量计算规则，针对所划分的每一个工作项目进行。当编制施工进度计划时已有预算文件，且工作项目的划分与施工进度计划一致时，可以直接套用施工预算的工程量，不必重新计算。若某些项目有出入，但出入不大时，应结合工程的实际情况进行某些必要的调整。计算工程量时应注意以下问题：

①工程量的计算单位应与现行定额手册中所规定的计量单位相一致，以便计算劳动力、材料和机械数量时直接套用定额，而不必进行换算。

②要结合具体的施工方法和安全技术要求计算工程量。例如，计算柱基土方工程量时，应根据所采用的施工方法（单独基坑开挖、基槽开挖还是大开挖）和边坡稳定要求（放边坡还是加支撑）进行计算。

③应结合施工组织的要求，按已划分的施工段分层分段进行计算。

4) 计算劳动量和机械台班数。

当某工作项目是由若干个分项工程合并而成时，则应分别根据各分项工程的时间定额（或产量定额）及工程量，按式（8-19）计算出合并后的综合时间定额（或综合产量定额）。

$$H = (Q_1 H_1 + Q_2 H_2 + \cdots + Q_i H_i + \cdots + Q_n H_n)/(Q_1 + Q_2 + \cdots + Q_i + \cdots + Q_n)$$
(8-19)

式中　H——综合时间定额（工日/m³，工日/m²，工日/t，…）；

Q_i——工作项目中第 i 个分项工程的工程量；

H_i——工作项目中第 i 个分项工程的时间定额。

根据工作项目的工程量和所采用的定额，即可按式（8-20）或式（8-21）计算出各工作项目所需要的劳动量和机械台班数。

$$P = Q \cdot H \tag{8-20}$$

或
$$P = Q/S \tag{8-21}$$

式中　P——工作项目所需要的劳动量（工日）或机械台班数（台班）；

Q——工作项目的工程量（m³，m²，t，…）；

S——工作项目所采用的人工产量定额（m³/工日，m²/工日，t/工日，…）或机械台班产量定额（m³/台班，m²/台班，t/台班，…）。

其他符号同上。

零星项目所需要的劳动量可结合实际情况，根据承包单位的经验进行估算。

由于水暖电卫等工程通常由专业施工单位施工，因此，在编制施工进度计划时，不计算其劳动量和机械台班数，仅安排其与土建施工相配合的进度。

5) 确定工作项目的持续时间。

根据工作项目所需要的劳动量或机械台班数,以及该工作项目每天安排的工人数或配备的机械台数,即可按式(8-22)计算出各工作项目的持续时间。

$$D = P/(R \cdot B) \tag{8-22}$$

式中　D——完成工作项目所需要的时间,即持续时间(d);

　　　R——每班安排的工人数或施工机械台数;

　　　B——每天工作班数。

其他符号同前。

在安排每班工人数和机械台数时,应综合考虑以下问题:

①要保证各个工作项目上工人班组中每一个工人拥有足够的工作面(不能少于最小工作面),以发挥高效率并保证施工安全。

②要使各个工作项目上的工人数量不低于正常施工时所必需的最低限度(不能小于最小劳动组合),以达到最高的劳动生产率。

由此可见,最小工作面限定了每班安排人数的上限,而最小劳动组合限定了每班安排人数的下限。对于施工机械台数的确定也是如此。

每天的工作班数应根据工作项目施工的技术要求和组织要求来确定。例如,浇筑大体积混凝土,要求不留施工缝连续浇筑时,就必须根据混凝土工程量决定采用双班制或三班制。

以上是根据安排的工人数和配备的机械台班数来确定工作项目的持续时间。但有时根据施工组织要求(如组织流水施工时),需要采用倒排的方式来安排进度,即先确定各工作项目的持续时间,然后以此来确定所需要的工人数和机械台数。此时,需要把式(8-22)变换成式(8-23)。利用该公式即可确定各工作项目所需要的工人数和机械台数。

$$R = P/(D \cdot B) \tag{8-23}$$

如果根据式(8-5)求得的工人数或机械台数已超过承包单位现有的人力、物力,除了寻求其他途径增加人力、物力外,承包单位应从技术上和施工组织上采取积极措施加以解决。

6) 绘制施工进度计划图。

绘制施工进度计划图,首先应选择施工进度计划的表达形式。目前,常用来表达建设工程施工进度计划的方法有横道图和网络图两种形式。横道图比较简单,而且非常直观,多年来被人们广泛地用于表达施工进度计划,并以此作为控制工程进度的主要依据。

但是,采用横道图控制工程进度具有一定的局限性。当单位工程项目中包含的工作项目较多且其相互间的关系比较复杂时,横道图就难以充分揭示矛盾。尤其在计划的执行过程中,当某工作项目进度由于某种原因提前或拖后时,将对其他工作项目及总工期产生多大的影响就难以进行分析,因而也就不利于进度控制人员抓住主要矛盾,指挥工程施工。

用网络图的形式表达单位工程施工进度计划,能够弥补横道图的不足。它能充分揭示工程项目中各工作项目之间的相互制约和相互依赖关系,并能明确地反映出进度计划中的主要矛盾。由于其可以利用电子计算机进行计算、优化和调整,不仅可以减轻进度控制人员的工作量,而且使工程进度计划更加科学;同时,还能够利用电子计算机使得进度计划的编制和调整更能满足进度控制及时、准确的要求。

7）施工进度计划的检查与调整。

当施工进度计划初始方案编制好后，需要对其进行检查与调整，以便使进度计划更加合理，进度计划检查的主要内容包括：

①各工作项目的施工顺序、平行搭接和技术间歇是否合理。

②总工期是否满足合同规定。

③主要工种的工人是否能满足连续、均衡施工的要求。

④主要机具、材料等的利用是否均衡和充分。

在上述四个方面中，首要的是前两方面的检查，如果不满足要求，必须进行调整。只有在前两个方面均达到要求的前提下，才能进行后两个方面的检查与调整。前者是解决可行与否的问题，而后者则是优化的问题。

（二）施工进度计划的实施

施工进度计划的实施就是按施工进度计划开展施工活动，落实和完成计划。施工进度计划逐步实施的过程就是项目施工逐步完成的过程。为保证各项施工活动按施工进度计划所确定的顺序和时间进行，保证各阶段进度目标和总进度目标的实现，应做好以下工作。

1. 检查各层次的计划，并进一步编制月（旬）作业计划

工程项目的施工总进度计划、单位工程施工进度计划、分部分项工程施工进度计划，都是为了实现项目总目标而编制的，其中高层次计划是低层次计划编制和控制的依据，低层次计划是高层次计划的深入和具体化。在贯彻执行时，要检查各层次计划间是否紧密配合、协调一致，计划目标是否层层分解、互相衔接，在施工顺序、空间及时间安排、资源供应等方面有无矛盾，以组成一个可靠的计划体系。

为实施施工进度计划，项目经理部应将规定的任务与现场实际施工条件和施工的实际进度相结合，在施工开始前和实施中按时编制本月（旬）的作业计划，从而使施工进度计划更具体、更切合实际、更适应现场情况的不断变化和更可行。在月（旬）计划中，要明确本月（旬）应完成的施工任务、完成计划所需的各种资源量、提高劳动生产率、保证质量和节约的措施。

作业计划的编制，要进行不同项目间同时施工的平衡协调，确定对施工进度计划分期实施的方案；施工项目要分解为工序，以满足指导作业的要求，并明确进度日程。

2. 综合平衡，做好主要因素的优化配置

施工项目不是孤立完成的，它必须由人、财、物（材料、机具、设备等）诸生产要素在特定地点有机结合才能完成。同时，项目对诸生产要素的需要又是错落起伏的。因此，建筑企业应在各项目进度计划的基础上，进行综合平衡，编制企业的年度、季度、月旬计划，将施工生产要素在项目间动态组合，优化配置，以保证满足项目在不同时间对生产力诸要素的需求，从而保证施工进度计划的顺利实施。

3. 层层签订承包合同，并签发施工任务书

按前面已检查过的各层次计划，以承包合同和施工任务书的形式，分别向分包单位、承包队和施工班组下达施工任务。其中，总承包单位与分包单位、建筑企业与项目经理部、项目经理部与各承包队和职能部门、承包队与各作业班组间应分别签订承包合同，按计划目标明确规定合同工期、相互承担的经济责任、权限和利益。

另外，要将月（旬）作业计划中的每项具体任务通过签发施工任务书的方式向班组下达施工任务书。施工任务书是向班组下达任务、实行责任承包、全面管理原始记录的综合性文件，它明确了各工作班组具体的施工任务、技术措施、质量要求、劳动量、完成时间等内容。并建立相应的责任制，促使各班组采取措施，确保按作业计划完成任务。

4. 全面实行层层计划交底，保证全员共同参与计划实施

在施工进度计划实施前，必须根据施工任务进度文件的要求进行层层交底落实，使有关人员都明确各项计划的目标、任务、实施方案、预控措施、开始、结束日期、有关保证条件、协作配合要求等，使项目管理层和作业层能协调一致工作，从而保证施工生产按计划、有步骤、连续、均衡地进行。

5. 做好施工记录，掌握现场实际情况

在计划任务完成的过程中，各级施工进度计划的执行者都要跟踪做好施工记录，实事求是地记录计划执行中每项工作的开始日期、工作进程和完成日期，为施工进度计划实施的检查、分析、调整、总结提供真实、准确的原始资料。

6. 做好施工过程中的调度工作

施工过程中的调度是指在施工过程中针对出现的不平衡和不协调进行调整，以不断组织新的平衡，建立和维护正常的施工秩序。它是组织施工中各阶段、环节、专业和工种互相配合、进度协调的指挥核心，也是保证施工进度计划顺利实施的重要手段。其主要任务是监督和检查计划实施情况，定期组织调度会，协调各方协作配合关系，采取措施，消除施工中出现的各种矛盾，加强薄弱环节，实现动态平衡，保证作业计划及进度控制目标的实现。

调度工作必须以作业计划与现场实际情况为依据，从施工全局出发，按规章制度办事，必须做到及时、准确、果断、灵活。

7. 预测干扰因素，采取预控措施

在项目实施前和实施过程中，应经常根据所掌握的各种数据资料，对可能致使项目实施结果偏离进度计划的各种干扰因素进行预测，并分析这些干扰因素所带来风险程度的大小，预先采取一些有效的控制措施，将可能出现的偏离消灭于萌芽状态。

（三）施工进度计划的检查与调整

1. 影响施工进度的因素

工程项目施工过程是一个复杂的运作过程，涉及面广，影响因素很多，任何一个方面出现问题，都可能对工程项目的施工进度产生影响。为此，应分析这些影响因素，并尽可能加以控制。影响施工进度的因素归纳起来主要有以下几个方面。

（1）设计单位的影响。设计单位工程设计资料及图纸提供的时间和质量是工程进度的主要干扰因素。若设计单位不按时交图，会拖延工期；若设计质量不好，其错误和变更均会打乱原定施工进度计划，致使施工返工或停顿。另外，由于建设单位或主管部门在项目实施中改变部分工程的功能，也可能使设计产生变更，从而扰乱施工进度。

（2）材料设备供应进度的影响。施工中需要的各种材料、机具设备能否按质、按量、配套地供应，也会对施工进度产生影响。

（3）资金的影响。足够的资金是施工顺利进行的保证。建设单位应按期支付给施工单位工程价款，若建设单位出现资金短缺，将会直接影响工程的施工进度。另外，施工单位

往往还需在工程前期垫付一部分资金,若施工单位无法垫付,也可能影响工程的实施。

(4) 施工条件的影响。若施工现场的施工条件比设计和签订合同时预计得更困难,如地质断层、地下水位过高、流沙等水文地质条件的变化等,也必然会影响施工进度。

(5) 技术影响。若施工单位未能完全领会设计意图和技术要求,或低估了施工中可能遇到的技术问题,或未考虑解决设计、施工问题所进行的科研和试验的时间,均可能影响施工进度。

(6) 施工组织影响。施工单位组织不当,劳动力和施工机械的调配不当,不适应施工现场的变化,均可能影响进度计划的实现。

(7) 不可预见事件的影响。若施工中出现恶劣的自然条件、自然灾害、工程事故、战争等,都将影响进度计划的实现。

(8) 其他影响。与工程施工有关的运输部门、通信部门、供电部门及政府有关职能部门的工作都将对施工进度产生影响。因此,施工单位必须与有关部门相互协调配合,才能控制施工进度。若无法协调控制的,则应在进度计划中留有机动时间。

2. 施工进度计划的检查

在施工项目实施过程中,施工进度计划的检查贯穿于始终。只有定期跟踪检查施工实际进展情况,掌握工程实际进展及各工作队组任务完成程度,收集计划实施的信息和有关数据,才能为施工进度计划的控制提供必要的信息资料和依据。

(1) 跟踪检查实际施工进度

跟踪检查实际施工进度,就是要收集实际施工进度的有关数据,为分析施工进度状况,制定进度调整措施提供依据。跟踪检查的时间、方式和收集数据的质量,将直接影响进度控制的质量和效果。

1) 检查时间。检查的时间与施工项目的类型、规模、施工条件和对进度执行要求程度有关,通常有两类:一是日常检查,即由常驻现场管理人员每日进行检查,用施工记录和施工日志的方法记录下来;二是定期检查,其间隔可视工程实际情况,每月、半月、旬或周检查一次。

2) 检查方式。定期收集进度报表资料,定期召开进度工作汇报会,定期检查进度的实际执行情况。

(2) 整理统计实际进度数据

在收集施工实际进度数据时,应按计划控制的工作项目内容进行统计整理,以相同的量纲和形象进度,形成与计划进度具有可比性的数据。一般可按实物工程量、工作量、劳动消耗量及其累计百分比来整理、统计实际检查的数据,以便与相应的计划完成量相对比。

(3) 对比分析实际进度与计划进度

用已整理统计的反映实际施工进度的数据与计划进度数据相比较。通过对比分析,确定实际进度与计划进度是否一致,是超前还是延后,为调整决策提供依据。

常用的比较方法有以下几种:横道图比较法、S曲线比较法、香蕉形曲线比较法、前锋线比较法和列表比较法。

(4) 施工进度检查结果的处理

对施工进度检查的结果,要形成控制报告,把检查比较的结果、有关施工进度现状和发展趋势，提供给项目经理及各级业务职能负责人。进度报告根据报告对象不同，分为项目概要级、项目管理级和业务管理级三个级别。它们的区别见表 8-3 所列。

不同级别进度报告的区别　　　　　　表 8-3

项　目	对　象	汇　报　部　门
项目概要级	整个施工项目	项目经理、企业经理或业务部门、业主或监理单位
项目管理级	单位工程或项目分区	项目经理、业务部门、监理单位
业务管理级	重点部位或重点问题	项目管理者、业务部门采取应急措施而使用

3. 施工进度计划的调整

(1) 分析进度偏差产生的影响

根据实际进度与计划进度的比较，即可判断工作实际进度是否与计划进度相偏离。当出现进度偏差时，必须分析此偏差对后续工作和总工期的影响程度，然后决定是否进行进度计划的调整，以及调整的方法和措施。由于偏差的大小及偏差所处的位置不同，对后续工作及总工期的影响程度也是不同的，因此，可利用网络计划中工作的总时差和自由时差进行判断。具体分析步骤如下。

1) 判断进度偏差是否大于总时差。

如果工作进度偏差大于其总时差，则无论该工作是否为关键工作，其实际进度偏差必将影响后续工作和项目总工期，应根据项目工期及后续工作的限制条件调整原计划；如果工作进度偏差未超出其总时差，说明此偏差不会影响项目总工期，但是否对后续工作产生影响，还需进一步判断。

2) 判断进度偏差是否大于自由时差。

如果工作进度偏差大于其自由时差，说明此偏差必将对后续工作产生影响，应根据后续工作的限制条件调整原计划；如果工作进度偏差未超出其自由时差，说明此偏差对后续工作无影响，可不对原计划进行调整。

经过以上分析，进度控制人员便可根据对后续工作及项目总工期的不同影响而采取相应的进度调整措施，以便获得新的进度计划，用于指导工程项目的施工。

(2) 施工进度计划的调整方法

为了实现进度目标，当项目进度控制人员发现问题时，必须对后续工作的进度计划进行调整，但由于可行的调整方案可能有多种，究竟采取什么调整方案和调整方式，就必须在对具体的实施进度进行分析的基础上才能确定。进度调整的方法有以下几种。

1) 改变工作间的逻辑关系。

这种方法是通过改变关键线路和超过计划工期的非关键线路上的有关工作之间的逻辑关系，达到缩短工期的目的。只有在工作之间的逻辑关系允许改变的情况下，才能采用这种方法。

这种调整方法可将顺序施工的某些工作改变成平行施工或搭接施工，或划分为若干个施工段组织流水施工等。但由于增加了各工作间的相互搭接时间，因而进度控制工作显得更加重要，实施中必须做好协调工作。另外，若原始计划是按搭接施工或流水施工方式编制的，而且安排较紧凑的话，其可调范围（即总工期缩短的时间）会受到限制。

2) 缩短某些工作的持续时间。

这种方法是不改变工作间的逻辑关系，只是缩短某些工作的持续时间，从而加快施工进度，以保证实现计划工期。这些被压缩持续时间的工作是位于因实际施工进度的拖延而引起总工期延长的关键线路和某些非关键线路上的工作，而且，这些工作的持续时间还必须允许压缩。具体压缩方法就是采用网络计划工期优化的方法。一般考虑以下两种情况。

①网络计划中某项工作进度拖延的时间已超过自由时差，但未超过总时差。这种拖延不会对总工期产生影响，只对后续工作产生影响，因此，只对有影响的后续工作进行调整。

a. 通过跟踪检查，确定受影响的后续工作；
b. 确定受影响的后续工作允许拖延的时间限制，以此作为进度调整的限制条件；
c. 按检查时的实际进度重新计算网络参数，确定受影响的后续工作的允许开始时间；
d. 判断各允许开始时间是否满足进度调整的限制条件。若满足，可不必调整计划；若不满足，则可利用工期优化的方法来确定压缩的工作对象及其压缩的时间来满足限制条件。

②网络计划中某项工作进度拖延的时间已超过总时差。这将会对后续工作及总工期产生影响，其进度计划的调整方法视限制条件不同可分为以下几种情况。

a. 项目总工期不允许拖延。这时需采用工期-费用优化方法，以原计划总工期为目标，在关键线路上寻找缩短持续时间付出代价最小的工作，压缩其持续时间，以满足原计划总工期要求。

b. 项目总工期允许拖延。这时只需用实际数据取代原始数据，重新计算网络计划时间参数，确定出最后完成的总工期。

c. 项目总工期允许拖延的时间有限。此时可以把总工期的限制时间作为规定工期，用实际数据对还未实施的网络部分进行工期-费用优化，压缩网络计划中某些工作的持续时间，以满足工期要求。

以上两种进度调整方法，均是以总工期为限制条件来进行的。除此之外，还应考虑网络计划中某些后续工作在时间上的限制条件。

3) 改变施工方案。

当上述两种方法均无法达到进度目标时，只能选择更为先进快速的施工机具、施工方法来加快施工进度。

复 习 思 考 题

1. 何谓计划管理？
2. 简述计划管理工作的主要内容。
3. 简述建筑企业计划体系的主要内容。
4. 什么是计划指标？有何作用？
5. 建筑企业的主要计划指标有哪些？含义如何？
6. 简述经营计划的概念及特征。
7. 简述中长期经营计划与经营战略的关系。
8. 简述建筑企业中长期经营计划的编制程序及方法。

9. 简述年度经营计划的编制依据和程序。
10. 简述何谓滚动式计划？有何优点？
11. 简述施工生产计划的编制原则。
12. 施工项目管理实施计划主要内容有哪些？
13. 如何实施施工进度计划？
14. 影响施工进度的因素有哪些？
15. 施工进度计划的调整方法有哪些？

第九章 建筑企业技术管理

第一节 技术管理概述

一、技术管理概念及任务

建筑企业的技术管理是对企业中的各项技术活动和技术工作的各种要素进行科学管理的总称。企业的各项技术活动,一是指保证正常生产技术秩序方面的技术活动,如图纸会审、技术交底、技术检查、技术核定等;二是指企业的技术创新活动,如技术改进与技术开发、科学研究、新技术试验等。技术工作中的各种要素是指技术工作赖以进行的技术人才,支持技术工作完成的硬件——技术装备,支持技术工作的软件——技术情报、技术档案、技术标准及规程、技术责任制等。

技术管理是建筑企业管理的重要组成部分,是企业发展的核心要素,加强技术管理对于稳定企业生产技术工作秩序、保障建筑企业安全生产、搞好环境保护和保证工程质量、提高企业的技术水平和经济效益具有十分重要的意义。

要做好技术管理工作,必须要明确技术管理的任务。建筑企业技术管理的任务是正确贯彻国家的技术政策,研究、认识和利用技术规律;科学地组织各项技术工作,建立企业正常的生产技术秩序,保证生产的顺利进行;不断改进原有技术和采用新技术,推进企业的技术进步,不断提高企业的技术水平;努力提高技术的经济效益,做到技术与经济的统一。

上述技术管理的任务可分为两个方面:一是为当前生产服务;二是面向未来,做好企业的技术储备,促进企业技术的不断开发和更新。这两方面是互相联系的,但侧重点又有所不同。

二、建筑企业技术管理工作的内容

技术管理工作的内容可分为基本工作和基础工作两大部分,如图9-1所示。基本工作包括施工技术准备工作、施工过程中的技术工作和技术开发与更新工作。

三、技术管理的基本要求

为了实现上述任务,技术管理工作应符合以下基本要求。

(一)尊重科学技术原理,按照科学技术的规律办事

建筑施工工艺、操作方法、施工组织方法、安全技术等都有其自身的规律,都有其科学的技术原理。因此,只有用科学的态度和科学的方法按客观的规律进行管理时,才能获得预期的效果。

(二)要认真贯彻国家的技术政策

国家的技术政策是根据国民经济发展的总要求提出来的,规定了一定时期内的技术标准和技术发展方向。在进行技术管理时必须正确贯彻执行,并在实际工作中,从企业实际情况出发,制订规划,逐步实现。

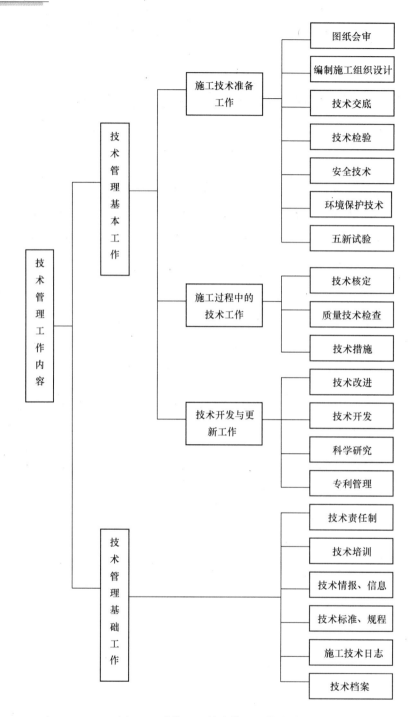

图 9-1 建筑企业技术管理工作内容

（三）讲求技术工作的经济效益

技术和经济是辩证的统一，先进的技术应带来良好的经济效果，良好的经济效果又要依靠先进技术。因此，在技术管理中，应该把技术工作和经济效益联系起来，全面地分析、比较各种技术方案的经济效果。采用适合当时当地具体情况，能取得良好经济效益的适用技术。

四、建筑企业技术管理的基础工作

（一）建立技术责任制

技术责任制是适应现代化大生产的需要而建立起来的一种严格的科学管理制度，是企业的技术工作系统，对各级技术人员建立明确的职责范围，以达到各负其责，各司其职，把整个企业的生产活动和谐地、有节奏地组织起来的目的。技术责任制是企业技术管理工作的核心，它对调动各级技术人员的积极性和创造性，认真贯彻国家技术政策，搞好技术管理，促进建筑技术的发展和保证工程质量都有极为重要的作用。

（二）做好职工技术培训，提高技术素质

职工的技术素质，是企业技术水平的一个重要标志。提高职工的技术素质，主要途径是通过技术培训，不断学习研究国内外先进技术，不断进行知识更新和技术创新，提高企业技术水平。因此，技术管理部门应以极大的努力培养自己的科技人员，这是企业生存、发展的基础，也是提高生产率和经济效益的有力途径。

（三）做好技术情报、信息管理工作

技术情报、信息是企业的财富之一，它是企业生产和研究开发的"耳目"。做好技术情报、信息管理工作，可以使企业及时获得先进的技术情报、信息，了解国内外同行业的先进技术水平和管理水平，促进企业技术水平的不断提高。因此，应及时整理、分析所收集到的情报资料，并及时向有关部门和领导提供技术咨询和发展动态的信息。

（四）贯彻执行技术标准和技术规程

技术标准通常是指产品的技术标准，是对产品的质量、规格、性能、验收方法、包装、库存保管等方面的要求所作的规定，是衡量企业生产技术水平高低的尺度，是人们在生产活动中统一行动的技术准则。

技术规程是为了执行各项技术标准，保证生产有秩序地顺利进行，在生产过程中指导工人正确的操作方法、机械设备和工具的合理使用、维修，以及技术安全等方面所作的统一规定。

（五）建立施工技术日志

施工技术日志是施工技术工作的原始记录，从工程开工到竣工，对整个施工过程中的主要技术活动进行连续不断的翔实记载，是工程施工的备忘录。其内容一般有：设计变更或施工图修改记录；质量、安全、机械事故的分析和处理方法；材料进场及验收情况；施工现场具体情况；紧急情况下采取的特殊措施；有关领导部门对工程所作的技术方面的建议或决定等。

（六）建立工程技术档案

为了给工程交工后的使用、维修、改建、扩建等提供依据，建筑施工企业必须按建设项目及单位工程，建立工程技术档案资料。

工程技术档案可分为两大部分：一部分是工程交工验收后交由建设单位或城市建设档案馆保管的技术档案；另一部分是由建筑企业保存的施工组织与管理方面的工程技术档案。

第二节 建筑企业技术管理的主要工作

一、图纸会审

图纸会审是指开工前，由建设单位或监理单位组织，邀请设计单位、施工单位参加，对全套施工图纸共同进行的检查与核对。

施工图纸是进行施工的依据,图纸学习与会审的目的是领会设计意图,熟悉图纸的内容,明确技术要求,及早发现并消除图纸中的技术错误和不当之处,保证施工顺利进行。因此,图纸会审是一项严肃、重要的工作。

(一) 图纸学习与自审

施工单位在收到施工图及有关技术文件后,应立即组织有关人员学习研究施工图纸。在学习、熟悉图纸的基础上,施工单位进行自审。自审的重点是:

(1) 了解、研究图纸与说明有无矛盾,图纸是否齐全,规定是否明确。

(2) 主要尺寸、标高、位置有无错误,平面图、立面图、剖面图之间关系是否有矛盾或标注是否有遗漏。

(3) 土建与水、电、设备之间如何交叉衔接。

(4) 所采用的标准图编号、型号与设计图纸有无矛盾。

(5) 结构图中是否有钢筋明细表,若无钢筋明细表,关于钢筋构造方面的要求在图中是否说明清楚。

(二) 图纸会审的主要内容

(1) 设计图纸必须是设计单位正式签署的图纸,凡是无证设计或越级设计,以及非设计单位正式签署的图纸不得施工。

(2) 设计是否符合国家的有关技术政策、经济政策和规定。

(3) 设计计算的假设条件和采用的处理方法是否符合实际情况,施工时有无足够的稳定性,对安全施工有无影响。

(4) 地质勘探资料是否齐全,设计的地震烈度是否符合当地要求。

(5) 建筑、结构、水、暖、电、卫与设备安装之间有无重大矛盾。

(6) 图纸及说明是否安全、清楚、明确,有无矛盾。

(7) 图纸上的尺寸、标高、轴线、坐标及各种管线、道路、立体交叉、连接有无矛盾等。

(8) 防火要求是否满足。

(9) 实现新技术项目、特殊工程、复杂设备的技术可能性和必要性如何,是否有必要的措施。

(三) 图纸会审纪要

由施工单位整理图纸会审会议纪要,并由参加各方会签。

会后由组织会审的单位,将审查中提出的问题以及解决办法,根据记录,写成正式文件或会议纪要,作为施工或修改设计的依据。图纸会审纪要一般包括以下内容:

(1) 会议地点、时间、参加会议人员名单。

(2) 建设单位与施工单位对设计提出的要求,以及要求修改的内容。

(3) 施工单位为便于施工、施工安全或建筑材料问题而要求设计单位修改部分设计图纸,会议商讨结果与解决办法。

(4) 会议中尚未解决或需要进一步商讨的问题与要求等。

按图施工是建设施工人员必须严格遵守的纪律,施工人员无权对设计图纸进行修改。在施工过程中,如发现图纸有差错或与实际情况不符或因施工条件、材料规格、品种、质量不能符合设计要求，以及职工提出了合理化建议等原因，需要进行施工图修改时，必须严格执行技术核定和设计变更签证制度。如设计变更的内容对建设规格、投资等方面影响较大时，必须报请原批准单位同意。

所有技术核定和设计变更资料，包括设计变更通知、修改图纸等，都必须有文字记录，归入技术档案，并作为施工和竣工结算的依据。

二、技术交底

在工程正式施工以前，为了使参加施工的技术人员和工人熟悉和了解所承担工程的特点、设计意图、技术要求、施工工艺和应注意的问题，以便科学地组织施工，必须认真做好技术交底工作。

（一）技术交底的内容

（1）图纸交底。目的是使施工人员了解施工工程的设计特点、做法要求、抗震处理、施工时应注意事项等，以便掌握设计关键，结合本企业的施工力量、技术水平、施工设备等合理组织，按图施工。

（2）施工组织设计交底。将施工组织设计的全部内容向参与施工的有关人员交待，以便掌握工程特点、施工部署、任务划分、施工方法、施工进度、各项管理措施、平面布置等，用先进的技术手段和科学的组织手段完成施工任务。

（3）设计变更和洽商交底。将设计变更的结果向参与施工的人员作统一说明，便于统一口径，避免差错。

（4）分项工程技术交底。分项工程技术交底主要包括施工工艺、技术安全措施、规范要求、操作规程和质量标准要求等。

对于重点工程、工程重要部位、特殊工程和推广与应用新技术、新工艺、新材料、新结构的工程，在技术交底时更需要作全面、明确、具体、详细的交底。

（二）技术交底的组织

（1）施工单位总工程师或主任工程师向分公司或项目负责人进行施工方案实施技术交底。

（2）分公司负责人（或专责工程师）向单位工程负责人、质量检查员、安全员、有关职能人员、班组长进行施工方案、施工方法、质量要求及施工注意事项等内容交底。

（3）单位工程负责人员再向参与施工的班组长和操作工人进行交底，这是技术交底的关键，其内容包括：

1）有关工程的各项要求。

2）必须注意的尺寸、轴线、标高以及预留孔洞、预埋件的位置、规格、数量等。

3）使用材料的品种、规格、等级、质量要求以及混凝土、砂浆、防水和耐火材料的配合比。

4）施工方法、施工顺序、工程配合、工序搭接、安全操作要求。

5）各项技术指标的要求和实施措施。

6）设计变更情况。

7）施工机械性能及使用注意事项等。

班组长在接受各项技术交底后，应组织班组的工人进行认真的讨论，制定保证全面完成任务的班组措施。班组长对新工人还应组织应知、应会的技术学习和技术练兵。

技术交底是一项重要的技术管理工作。书面交底仅仅是一种形式，技术管理的大量工作是检查、督促。在施工过程中，反复检查技术交底的落实情况，加强施工监督，对中间验收要严格，从而保证施工质量。

三、材料、构件试验检验

材料、构件试验检验是指对施工所需材料及构件在施工前进行的试验和检验。它是合理使用资源、确保工程质量的重要措施。

为了做好这项工作，建筑企业要根据实际需要建立健全试验、检验机构和制度，配备相应的人员和仪器设备，在企业总工程师和技术部门的领导下开展工作。

（一）对技术检验部门和施工技术人员的要求

（1）遵守国家有关技术标准、规范和设计要求，按照试验、检验规程进行操作，提出准确可靠的数据。

（2）试验、检验机构按规定对材料进行抽样检查，提供数据，存入工程档案。

（3）施工技术人员在施工中应经常检查各种材料、半成品、成品的质量和使用情况，对不符合质量要求的，确定解决办法。

（二）对原材料、构件、设备检验的要求

（1）用于施工的原材料、成品、半成品和设备等，必须由供应部门提供合格证明文件。对没有证明文件或虽有证明文件，但技术部门认为必要的，在使用前必须进行抽查、复验，证明合格后才能使用。

（2）钢材、水泥、砖、焊件等结构用材料，除应有出厂证明或检验单外，还要根据规范和设计要求进行检验。

（3）高低压电缆和高压绝缘材料要进行耐压试验。

（4）混凝土、砂浆、防水材料的配合比，应进行试配，经试验合格后才能使用。

（5）钢筋混凝土构件及预应力钢筋混凝土构件，均应按规定方法进行抽样检验。

（6）预制厂、机修厂等必须对成品、半成品进行严格检查，签发出厂合格证，不合格的不能出厂。

（7）新材料、新产品、新构件，应有权威的技术检验部门关于其技术性能的鉴定书，制定出质量标准及操作规程后，才能在工程上使用。

（8）对工业设备和建筑设备，安装前必须进行检查验收，做好记录。

四、安全技术及环境保护技术

（一）安全施工及安全措施

1. 安全施工

安全施工是指在工程建设活动中没有危险，不出事故，不造成人身伤亡、财产损失。安全不但包括人身安全，也包括财产安全。通过宣传教育和采取技术组织措施，保证生产顺利进行，防止事故发生，即谓安全施工。

建筑安装工程工种繁多，流动性大，许多工种常年处于露天作业，高空操作，立体交叉施工，施工中不安全因素较多。保护职工在施工中的安全和健康，不仅是企业管理的首要职责，也是调动职工积极性的必要条件。"生产必须安全，安全为了生产"，没有安全施工的环境，便没有群众的高度积极性，也就没有施工的高效率。

2. 建筑生产中安全事故原因分析

发生安全事故不是偶然的,究其原因主要有:
(1) 人的因素:包括思想麻痹;操作技术不熟练,安全知识差;违章作业,违章指挥等。
(2) 物的因素:机械设备年久失修,超负荷运转或带病运转;现场布置杂乱无序,视线不畅,交通阻碍;现场安全标志不清等。
(3) 管理因素:忽视劳动保护;纪律松弛,管理混乱,有章不循或无章可循;缺乏必要的安全检查;缺乏安全技术措施等。

3. 安全措施

安全工作要以预防为主,必须从思想上、组织上、制度上、技术上采取相应的措施。

(1) 思想重视,增强安全意识

思想重视,首先是领导的思想要重视,纠正只管生产、不管安全,只抓效益、不抓安全,不出事故、不抓安全的错误倾向。其次,要加强对职工进行安全生产的思想教育,增强安全意识,使每个职工牢固树立"安全第一"的思想。

(2) 建立安全管理制度

1) 建立安全生产责任制。安全生产责任制是企业岗位责任制的组成部分。根据"管生产必须管安全"的原则,明确规定企业各级领导、职能部门、工程技术人员和生产工人在施工中应负的安全责任。在当前建筑承包中,必须将施工安全列入承包主要指标内,建立安全施工责任制。

2) 建立安全检查制度。安全检查是揭示和消除事故隐患、交流经验、促进安全生产的有效手段。安全检查分为经常性安全检查、专业性安全检查、季节性安全检查和节假日安全检查。

3) 建立安全生产教育制度。运用各种形式,进行经常的有针对性的安全教育。对新工人、学徒工、临时工及外包建筑队伍人员,要进行入场前安全教育,学习安全操作规程和安全生产规章制度;在使用新工艺、新材料、新机械设备施工前,必须进行详细的技术交底和安全交底,必要时应进行技术和安全培训;塔吊和电梯司机等特种作业人员,除进行安全教育外,必须经过培训,持安全合格证方可上岗工作。

4) 建立健全伤亡事故的调查处理制度。发生伤亡事故,要按照规定,逐级报告。对重大事故要认真调查,分析原因,确定性质,分别情况,严肃处理。处理坚持"四不放过"原则,即事故原因分析不清不放过;事故责任者和群众没有受到教育不放过;没有防范措施不放过,事故的责任者没有受到处理不放过。根据国家有关规定,做好事故的善后处理工作,吸取教训,防止事故的重复发生。

4. 加强安全技术工作

(1) 严格执行安全生产责任制度,使企业及项目经理部各级领导、各职能系统、各类人员都负起责任,并制定安全施工奖罚条例。

(2) 建立健全安全专职机构,配备专职安全技术干部,项目经理部设置专职安全检查员,在现场进行经常性安全检查。

(3) 要切实保证职工在安全的条件下进行施工作业。现场内的安全、卫生、防火设施要齐全有效。

(4) 安全技术措施要有针对性,安全交底要认真细致。在施工组织设计、施工方案、技术交底中,应将安全技术措施列为主要内容。

5. 建立职业健康安全管理体系

职业健康安全管理体系是一个系统化、程序化和文件化的管理体系。坚持"安全第一,预防为主"的方针,切实遵守国家职业健康安全法律、法规和其他要求,强调过程控制,有针对性地改善企业的职业健康安全行为,以达到对职业安全有效的持续改进,真正做到经济发展与保护员工的安全与健康同步进行。

建立职业健康安全管理体系一般应遵循五个基本步骤:第一,管理体系的策划与准备;第二,管理体系文件的编制;第三,管理体系试运行;第四,内部审核;第五,管理评审。

(二) 施工环境保护技术管理

在建筑施工中,往往会有噪声、振动、粉尘、烟气、废渣等产生,轻则影响本单位职工的作业条件和劳动卫生,重则影响和破坏地区原有的生产和生活环境,造成公害。对施工公害和环境污染应制定预防措施,并在施工中进行检查和监测。

1. 建筑生产中环境污染

建筑生产中的环境污染主要有:

(1) 大气污染。指施工生产中产生的烟尘,材料加工、运输中产生的粉尘,机动车、设备等排放的尾气等。

(2) 水污染。指施工现场产生的泥浆、水泥、油漆、混凝土外加剂等废水和固体废物随水流入水体部分。

(3) 噪声。指施工过程中打桩机、推土机、混凝土搅拌机等各种施工机械产生的噪声、现场施工噪声等。

(4) 固体废弃物污染。指建筑渣土、废弃的建筑材料、生活垃圾、材料设备废弃的包装等固体废弃物对环境造成的污染和影响。

2. 施工公害和环境污染防治管理

施工公害和环境污染的防治管理程序,如图 9-2 所示。

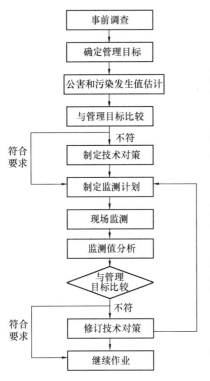

图 9-2 施工公害和环境污染防治管理程序

3. 建立环境管理体系

建筑企业建立环境管理体系旨在帮助企业实现自身设定的环境水平,并不断地改进环境行为。通过建立并实施环境管理体系,规范企业的环境管理活动,制定并实施以预防为主、从源头抓起、全过程控制的管理措施,改善组织的环境行为。从过去被动执法而采取的末端治理,转变为用环境法律法规和环境标准来规范自身的环境行为,有助于提高职工的环境意识和守法的主动性、自觉性。

五、技术复核及技术核定

(一) 技术复核

技术复核是指在施工过程中，对重要的和涉及工程全局的技术工作，依据设计文件和有关技术标准进行的复查和核验。其目的是避免发生重大差错，影响工程的质量和使用。复核的内容视工程的情况而定，一般包括建筑物位置坐标、标高和轴线、基础、模板、钢筋、混凝土、大样图、主要管道、电气等及其配合。

（二）技术核定

技术核定是在施工过程中，如发现图纸仍有差错，或因施工条件发生变化，材料和半成品等不符合原设计要求，采用新材料、新工艺、新技术及合理化建议等各种情况或事先未能预料的各种原因，对原设计文件所进行的一种局部修改。技术核定是施工过程中进行的一项技术管理工作。

技术核定必须遵循以下权限和程序，不得擅自修改设计。

1. 属于一般的技术核定，如钢筋代用（除预应力和特殊要求钢筋外），由技术人员核算，经技术负责人核定。

2. 凡涉及工程量变更，影响原设计标准、功能等，应由施工单位的主任工程师和总工程师审核，并经设计单位和建设单位签署认可后，方能生效。

3. 由设计单位提出的变更，必须有施工单位是否接受的书面意见。

第三节　技术开发与企业自主创新

一、技术开发

（一）技术开发概念和意义

技术开发是指人们为进行科学技术的基础研究并在应用研究的基础上，将新的科研成果应用于生产实践的开拓过程。对企业来说，技术开发指的是对企业中第一次应用或出现的新技术所开展的一系列活动。包括创造、学习、掌握、有效地应用等过程。建筑企业技术开发主要有新产品的开发，新设备与工具的开发，新的施工工艺的开发，以及新的管理技术的开发等。

技术开发对企业具有战略意义。技术开发是企业发展的生命线，只有通过技术开发，才能不断发展新产品，获得新技术，从根本上提高产品质量，增强竞争能力。

（二）建筑企业技术开发的影响因素

建筑活动具有规模大、一次性、现场施工、协作性强、周期长等特点，特别是一般由一个临时的、各个不同组织组成的机构在特定的社会和政治背景下协作开展建造活动，这些均导致了对建筑业技术开发的影响。

（1）规模影响。例如，工厂的预制件制作尺寸要受运输条件的影响，因此大型构件预制中技术创新的实施受到影响。单件一次性使得技术创新也受到约束，而规模批量能激发技术开发。

（2）生产及其环境的影响。现场施工是一个开放性系统环境，生产中的各部分相互关系及生产环境控制上有难度，要求有克服其困难的创新技术。

（3）产品寿命的影响。大多数建筑物有一个特定的、至少50年的设计生命，因此建筑企业技术创新不仅要估计最初的建造背景，还必须考虑到未来很长一段时间的影响。

（4）生产组织背景的影响。建筑企业的技术开发大都存在于一个暂时的联合体中，项目完成后，通常这个联合体就解体了，要求有与此特点相适应的技术开发机制。

（5）社会、政治背景的影响。因为建筑物直接影响人类的安全和健康，所有物业的生命周期（设计、建造、运营和报废）都受社会、政治、规范等法规约束，因此也要求有与之相适应的技术开发。

（三）技术开发模式

（1）递增性开发。递增性开发就是在当前知识和经验基础上的小变化，其带来的影响在一个相当狭窄的范围内是可预见的，而且它与其他构件和系统的相互关系可以不予重视，如建筑施工中增加高空作业人员安全的"全身安全背带"。

（2）根本性开发。根本性开发是指科学或技术上的突破，通常导致行业特点和性质的改变。它以确切的形式创立一种新方法，所有以前系统上和组织上的相互关系都不存在了，如结构用钢改变了能够设计和建造的建筑物的类型和结构，开创了一个全新的建筑结构时代。

（3）独立性开发。独立性开发是一个构件在概念上有了重大的变化，但与其他构件和系统的联系没有改变，如使用自动连线浇筑混凝土。这个工序的机械化是一个概念上的重大变化，而且涉及许多新技术，但是并没有改变任何与现场混凝土浇筑有关的其他构件、方法或材料。

（4）关联性开发。关联性开发指一个构件发生了变化，与其他构件和系统的联系也有了较大的变化，如自密实混凝土。这种混凝土使用水泥、外加剂和骨料，在一定范围内控制它们的尺寸和品质，使得混凝土的振动阶段可以省略。

（5）系统性开发。系统性开发是通过多项独立的创新，作为一个整体表现新的结构或提高建筑物的功能，如大型火力发电站的分区模块建造方法。系统开发在建筑业中有着相当高的出现频率。

（四）技术开发的依据和途径

1. 技术开发的依据

（1）国家的技术政策。包括科学技术成果的专利政策、技术成果有偿转让政策等。

（2）产品生产发展的需要。是指未来对建筑产品的种类、规模、质量及功能等的需要。

（3）企业的实际情况。是指企业的人力、物力和财力及外部的协作条件等。

2. 技术开发的程序

（1）调查研究，掌握技术动态。进行充分的调查研究，了解科技信息，做好技术预测，掌握好开发时机。

（2）选择技术开发的具体课题。这是提高技术开发效益的关键。通过可行性研究选定开发项目，拟定研制方案。

（3）进行研制和引进开发。按拟定的研制方案，集中人力、物力、财力，加速开发工作，并注意价值分析和质量评价。

（4）设计性试制和生产性试验阶段。设计是技术开发的重要环节，它涉及技术、经济和政策等很多问题。做到技术先进，经济合理和满足生产的可能。通过小批量生产，检验新技术，以进一步完善设计，改进和稳定工艺，消除正式生产中的技术障碍。

（5）应用阶段。这个阶段应做好成果的鉴定和推广。注意总结和评价，为今后进一步改进或进行新的开发作准备。

3. 技术开发的途径

（1）独创型技术开发。是从应用研究、甚至是从基础研究开始，通过科学研究取得技术上的重大突破，然后应用于生产实践。

（2）引进型技术开发。是指从企业外部（外国、外地区、外单位）引进新技术，经过消化、吸收，使之在本企业"定居"，以至综合与创新，并通过继续开发使之融入本企业技术体系。

（3）综合型技术开发。是通过对现有技术的综合，进行技术开发，形成新技术。综合型技术开发可以以一种技术为主体，使另一种技术与之有机结合形成新技术，也可以综合两种以上技术形成新技术。

（五）技术开发的组织管理

1. 确立技术开发方向和方式

我国建筑企业不能照搬外国承包商自行开发占主导地位的技术开发方式。根据我国国情，首先应根据企业自身的特点和建筑技术发展趋势确定技术开发方向，走和科研机构、大专院校联合开发的道路，但是从长远战略考虑，还应有企业自己的研究开发机构，成立研发中心，强化自己的技术优势，在技术上形成一定的垄断，走技术密集型企业的道路。

2. 加大技术开发的投入

建筑企业应制定短、中、长期的研究投入费用及其占营业额的比例，逐步提高科技投入量，监督实施，并建立规范化的评价、审查和激励机制；加强研发力量，重视科研人才，增添先进的设备和设施，保证技术开发具有先进手段。

3. 加大科技推广和转化力度

欧美国家、日本、韩国的各大建筑公司都非常重视技术开发成果的应用，他们很多研究课题来自生产实际需要。如日本大成建设除专门研究机构外，建筑本部也设有技术部，负责生产方法的效率化和合理化，土木本部中的技术部负责工法的材料简便化以及生产方法的效率化和合理化等。因此，研究开发部门和现场施工部门密切配合应是我国建筑企业技术发展的趋势。

4. 增大技术装备投入

增大技术装备投入才能提高劳动生产率。因此，应当让现代的、新的建筑机械和设备不断进入施工现场。考虑投入规模至少应当是承包商年收益的2%～3%，并逐年增长。

5. 强化应用计算机和网络技术

建筑企业利用软件进行招投标、工程设计和概预算工作，利用网络收集施工技术等情报信息，通过电子商务降低采购成本。

6. 加强科技开发信息的管理

建立强有力的情报信息中心，有专人、专款的投入，直属最高管理层领导，为最快决策作参考。

二、企业自主创新

（一）自主创新的概念及建筑企业自主创新的特点

自主创新是指企业通过自身努力和探索产生技术突破，攻破技术难关，并在此基础上依靠自身能力推动创新的后续环节，完成技术商品化，获取商业利润，达到预期目标的创新活动。随着我国建筑业的迅速发展，以企业为主体的创新体系正在逐步形成，许多建筑业企业正通过努力提高技术创新水平来增强核心竞争力。

建筑企业大量的自主创新活动是在项目层进行的。但往往单纯依靠项目层技术力量完成技术创新，难度很大。因此，建筑企业为了提高企业自主创新的成功率，必须建立专业的研究开发中心（特级资质建筑企业要具有省部级或相当于省部级水平及以上的企业技术中心），配置专业研发人员，与项目技术管理人员共同组成研发队伍，共同进行自主创新的技术攻关。形成以项目为载体、以市场需求为主要动力，产、学、研相结合的自主创新体系，建立以专利、专有技术权属保护和有偿转让为动力的技术创新激励机制，加大科技投入，进行具有前瞻性的技术研究，加强技术创新、发展自己的专有技术和工法，并进一步加快创新成果向技术标准的转化进程。

（二）企业专利管理

我国《专利法》规定，专利共有三种，即发明专利、实用新型专利和外观设计专利。发明专利是其中最主要的一种，它的保护对象是技术领域的发明，其授予专利的主要条件是新颖性、创造性和实用性。

专利权，是指国家专利主管机关依法授予专利申请人或其权力继承人在一定期间内实施其发明创造的专有权。专利权是一种无形财产权，具有排他性质，受国家法律保护。任何人想要实施专利，除法律另有规定的以外，必须事先取得其专利权人的许可，并支付一定的费用，否则就是侵权，要负法律责任。

1. 建筑企业专利工作的任务及内容

企业专利工作的任务是充分依靠和运用专利制度，使专利机制成为促进企业技术创新的一个主要动力机制和保护机制，鼓励和调动企业职工的积极性，为企业技术创新以及生产、经营全过程服务。建筑企业应把专利管理工作纳入技术责任制，由总工程师主管专利工作，设立工作机构，配备专职或兼职管理人员。建筑企业专利工作的主要内容有：

（1）制定开展专利技术的规划、计划、开发和管理制度，并将其纳入企业的技术进步规划中。

（2）组织专利技术的开发、实施和管理专利实施许可合同。

（3）办理企业专利申请、专利权保护、专利评价评估、专利诉讼等具体事宜。

（4）进行专利资产运营，包括专利权转让、许可贸易、运用实施，专利作价投资，专利权质押等有关专利工作。

（5）管理企业技术活动中形成的与专利申请相关的技术档案及有关的专利文献。

2. 申报专利

申报专利是保护企业自主创新核心技术的法律方法。企业的自主创新在很大程度上是通过自主研究与开发，形成并掌握新的核心技术。企业能否通过自主创新技术，取得技术优势，并进而取得竞争优势，很重要的问题就是企业能否独占并控制其核心技术。企业想要保证自主创新对新技术的独占性，仅仅依靠技术的自然壁垒是远远不够的，还必须求助于法律保护，即借助专利制度对其进行保护。

企业必须注意专利申请的及时性。因为法律并不保护首先获得技术突破但后申请专利的创新者，而只保护首先申请专利的创新者。因此，企业对于自主创新技术一定要及时申请专利，充分利用法律保护知识产权，从而取得竞争中的技术优势。

3. 企业专利实施与转让

对企业持有或所有的专利技术，应积极组织实施。对重大的专利技术应及时制订开发计划和生产技术标准，并将实施方案及时报主管部门和专利管理机关。本企业实施他人的专利技术或许可他人实施本企业的专利技术都应该签订专利实施许可合同。专利实施许可合同，必须到合同签订地或企业隶属的专利管理机关备案。本企业无条件或不能充分实施时，应适时进行转让或许可他人实施。

企业对自主创新技术产品或技术，应当适时进行商业转让，技术转让可以使企业从自主创新中获得丰厚的经济回报和经济利益。自主创新企业要获得长足发展，必须合理使用技术转让策略，通过技术转让诱导一批企业成为跟随者，顺利推广技术规范，推动行业发展，确保在行业中的领先地位和核心地位。

4. 知识产权管理

知识产权管理是企业技术创新管理的重要内容，建筑企业首先要培养和树立技术创新管理理念，立足于提高和培养企业各级领导、全体员工、特别是研究与开发人员的知识产权意识，做好企业知识产权管理，制定企业专利管理中的激励与奖励制度，建立完善的工作网络和健全的规章制度，加强研究与开发过程中的知识产权管理。大中型企业应逐步建立企业专利信息数据库，有条件的企业要建立企业专利信息计算机管理系统。

第四节　标准化管理和工法制度

一、标准化管理

（一）标准化的概念及作用

1. 标准及标准化

标准是对需要协调统一的技术或其他事物所作的统一规定。它是以科学技术和实践经验为基础，经有关方面协商同意，按一定的程序和形式颁布的。标准按性质可分为技术标准和管理标准；按级别又可分为国际标准、国家标准、部标准和企业标准。

标准化是指以制定标准和贯彻标准为主要内容的全部活动过程。标准是标准化的核心，通过制定各种标准才能实现基准化、简单化，进而实现标准化。标准化活动是一个不断循环、螺旋上升的运动过程。

企业标准化是指把企业日常的大量性、重复性工作，通过少数化和基准化的方法加以简化，使企业的经营活动达到效率化的行动过程。它是企业管理基础工作之一。

2. 标准化的作用

企业要实行科学管理就离不开标准化。标准化的作用主要表现在以下几方面：

（1）标准化是组织现代化大生产的必要条件。由于科学技术的发展，技术要求越来越高，生产分工越来越细，协作也越来越广泛。一个工程建设往往涉及许多单位，协调这样一个复杂而众多的生产组合，依靠行政手段去临时安排是行不通或是低效率的，而必须通过制定和执行许多标准，使各部门各生产环节有机地联系起来，保持协调一致。

（2）标准化是科学管理的重要组成部分。企业要实现管理现代化，就要形成一套管理标准。有了标准，各项工作就有了衡量的尺度和遵循的规程，可以减少工作中的盲目性和管理中的混乱现象。简化管理程序，明确管理职能，使管理业务标准化，从而提高管理工作的效率。

（3）标准化是组织专业化生产可靠的技术基础。钢构件、钢筋混凝土预制构件和钢木门窗的生产要实现大批量、高质量、高速度，必须组织专业化生产，只有在标准化的基础上，企业按标准组织生产，互换性、通用性强，才能在专业化基础上进行协作。

（4）标准化是提高质量，合理利用原材料的主要措施。为了保证工程质量，制定了建筑材料和半成品的技术标准及相应的检验标准，以保证原材料的质量。同时制定了建筑安装工程施工及验收规范和建筑工程施工质量验收统一标准等。用以控制、检查及评定工程质量。

（5）标准化是推广新技术的桥梁。新产品、新工艺、新材料、新机械和新技术，起初只在小范围试用，一旦鉴定并纳入相应的标准，就能得到迅速的推广应用。反过来，生产水平提高，又促进再出新成果，再推广，这样标准化本身也随之向前发展。

（二）建筑企业标准体系和标准化对象

建筑企业的标准体系是从企业整体的经济效益出发，由技术、经济和管理等各种标准构成的一个有机整体。建筑企业的基本标准体系见表9-1所列。

建筑企业的基本标准体系　　　　　　表9-1

标 准 种 类	标 准 名 称
施工技术规程	1. 工艺流程 2. 操作规程 3. 设备维护和检修规程 4. 安全技术规程
施工技术标准	1. 建筑材料及半成品技术标准及相应的检验标准 2. 建筑安装工程施工及验收规范 3. 建筑工程施工质量验收统一标准
管理标准	1. 事务管理规范 2. 生产管理标准、规则
准标准	1. 便览、手册 2. 设计要览、管理要览、工作要览 3. 技术图表、数据、式样等

建筑企业标准化对象，包括：原材料、半成品、构配件和零件等；施工工艺、施工方法、施工技术与管理；工程招标投标、工程承包、合同条款等；概预算、工程估价；规划设计；施工组织设计；施工过程中的各种管理，以及竣工后的服务和企业管理的各个方面。

（三）企业标准化的推进和管理

为了推进标准化工作和加强标准化工作的管理，企业应建立相应的组织机构，宣传标准化，组织学习有关标准，并在企业各部门、生产各环节同时推进标准化，谋求整体的综合效益。企业应做好以下标准化的管理工作。

（1）随着技术进步，不断调整和修订标准或另选其他标准，并建立定期的重新评价制度，使技术标准与技术进步相适应。

（2）建立分类、回收过时标准的管理制度，杜绝现行标准与过时标准相混杂的情况。

(3) 做好日常标准化管理工作，健全标准化管理制度，完善数据资料，搞好信息反馈。

二、工法制度

（一）工法的概念及分类

工法是指以工程为对象，以工艺为核心，运用系统工程的原理，把先进技术和科学管理结合起来，经过工程实践形成的综合配套的施工方法。工法是企业标准的重要组成部分，是企业开发应用新技术工作的一项重要内容，是企业技术水平和施工能力的重要标志。工法必须具有先进、适用和保证工程质量与安全、提高施工效率、降低工程成本等特点。

工法分为国家级（一级）、省（部）级（二级）和企业级（三级）三个等级。企业经过工程实践形成的工法，其关键技术达到国内领先水平或国际先进水平，有显著经济效益或社会效益的为国家级工法；其关键技术达到省（部）先进水平，有较好经济效益或社会效益的为省（部）级工法；其关键技术达到本企业先进水平，有一定经济效益或社会效益的为企业级工法。

（二）工法的内容

企业要根据承建工程任务的特点，制定工法开发与编写的年度计划，由项目领导层组织实施。经过工程实践形成的工法，应指定专人编写。工法的内容一般应包括：

(1) 前言：概述本工法的形成过程和关键技术的鉴定及获奖情况等。

(2) 特点：指本工法在使用功能或施工方法上的特点。

(3) 适用范围：说明最适宜采用本工法的工程对象或工程部位。

(4) 工艺原理：说明本工法工艺核心部分的原理。

(5) 工艺流程及操作要点。

(6) 材料：本工法使用新型材料的规格、主要技术指标、外部要求等。

(7) 机具设备：本工法所必需的主要施工机械、设备、工具、仪器等名称、型号、性能及合理的数量。

(8) 劳动组织及安全：本工法所需工种构成、人员数量和技术要求，以及应注意的安全事项和采取的具体措施。

(9) 质量要求：本工法必须遵照执行的国家及有关部门、地区颁发的标准、规范的名称，并说明本工法在现行标准、规范中未规定的质量要求。

(10) 效益分析：本工法应用的工程项目名称、地点、开竣工日期、实物工程量和应用效果。一项工法的形成，一般需有三个应用实例。

（三）工法的管理

企业应由分管施工生产的副经理或总工程师负责推行工法的领导工作，技术管理部门负责归口工法的日常管理工作。

工法的审定工作按工法等级分别由企业和相应主管部门组织进行。审定时应聘请有关专家组成工法审定委员会。审定工法时，专家们应根据工法的技术水平与技术难度、经济效益与社会效益、使用价值与推广应用前景、编写内容与文字水平，综合评定工法等级。

工法的知识产权归企业所有。企业开发编写的工法，实行有偿转让。工法中的关键技术，凡符合国家专利法、国家发明奖励条例和国家科学技术进步奖励条例的，可分别申请专利、发明奖和科学技术进步奖。

（四）工法的推广应用

企业要根据承建工程任务的特点，编制推广应用工法的年度计划。工法可作为技术模块在施工组织设计和标书文件中直接采用。工程完工后要及时总结工法的应用效果。

企业要注意技术跟踪，随着科学技术进步和工法在应用中的改进，及时对原编工法进行修订，以保持工法技术的先进性和适应性。

复 习 思 考 题

1. 什么是技术管理？其任务和要求有哪些？
2. 试述技术管理的基础工作。
3. 什么是图纸会审？其目的和内容有哪些？
4. 简述技术交底的内容及组织。
5. 搞好安全施工主要应抓好哪些工作？
6. 施工公害和环境污染防治管理程序如何？
7. 什么是技术复核和技术核定？
8. 什么是技术改进和技术开发？
9. 技术开发的依据和途径是什么？
10. 简述技术开发的程序。
11. 如何搞好标准化管理？
12. 什么是工法？工法一般包括哪些内容？

第十章 建筑企业质量管理

第一节 质量管理概述

一、质量及质量管理的概念

（一）质量

2000年版ISO 9000族标准中质量的定义是：一组固有特性满足要求的程度。

"要求"是指"明示的、通常隐含的或必须履行的需要或期望"。"通常隐含"是指企业、顾客和其他相关方的惯例或一般做法，所考虑的需要或期望是不言而喻的。

为了便于理解，我们可以从以下几个方面对质量的概念进行阐述和分析。

（1）质量不仅是指产品质量，也可以是某项活动或过程的工作质量，还可以是质量管理体系运行的质量。

（2）对质量的要求除要考虑满足顾客的需要外，还应考虑企业的自身利益、提供原材料和零部件等的供方的利益和社会的利益等多种需求，如需考虑安全性、环境保护、节约能源等外部的强制要求等。

（3）满足要求的程度反映了质量的好坏，固有特性是产品、过程、体系的一部分，而人为赋予的特性（如产品的价格）不是固有特性，不反映在产品的质量范畴中。

（4）质量的要求不是固定不变的，随着技术的发展、生活水平的提高，人们对产品、过程或体系会提出新的质量要求。因此企业应定期评定质量要求，修订规范，不断开发新产品，改进老产品，以满足已变化的质量要求。

（5）不同国家或地区因自然环境条件不同，技术发达的程度不同，消费水平不同和风俗习惯不同原因等，会对产品提出不同的要求，产品应具有对这种环境的适应性，针对不同地区应提供具有不同性能的产品，以满足该地区用户的需求。

（二）质量管理

2000年版ISO 9000族标准中质量管理的定义是：在质量方面指挥和控制组织的协调活动。

在质量方面的指挥和控制活动通常包括针对质量方针、质量目标以及质量策划，进行质量控制、质量保证和质量改进等。

质量管理是企业围绕着使产品质量能满足不断更新的质量要求，而展开的策划、组织、计划、检查、监督、审核等所有管理活动的总和。

质量管理是企业各级管理者的职责，但必须由最高管理者主持推进。质量管理是建筑企业管理和工程管理的重要组成部分。它的全部管理活动都是围绕"制订和实施质量方针"而展开的。质量管理活动要普及到企业及工程的各个环节，只有最高管理者充分重视、全体员工参与并承担义务和责任才能使其有效开展起来。

二、质量管理的发展

（一）质量管理发展阶段

随着生产力和科学技术的发展，国内外企业质量管理的发展大体上经历了三个阶段。

第一阶段是质量检验阶段，约从 20 世纪初至 30 年代末。这个阶段的主要特点是限于专业人员对产品质量进行检验，目的是发现废品和不合格品。实质上是一种事后的检验。

第二阶段是统计质量管理阶段，约从 20 世纪 40 年代到 50 年代。这个阶段的主要特点是在生产过程中引入数理统计方法，对生产过程实行工序控制，以达到保证产品质量、预防废品产生的目的。管理工作也由专职人员进行。该阶段与第一阶段所不同的是，不仅实施事后把关，而且进行事前预防控制，防止废品产生。

第三阶段是全面质量管理阶段，20 世纪 60 年代初，美国的菲根堡姆首先提出了较系统的"全面质量管理"概念，这一理论很快应用于不同行业生产企业的质量工作中。全面质量管理阶段特点是，针对不同企业的生产条件、工作环境及工作状态等多方面因素的变化，把组织管理、数理统计方法、现代科学技术、社会心理学、行为科学等综合运用于质量管理，对每一生产环节加以管理，做到全面运行、全面控制，通过改善和提高工作质量水平来保证产品质量；通过对产品形成和使用全过程管理，全面保证产品质量；形成全员、全过程、全企业质量管理工作系统，建立质量管理体系以保证产品质量始终满足用户需要，使企业用最少的投入获取最佳效益。

（二）质量管理和质量保证族标准的产生和发展

质量管理理论和实践的发展，促使世界各发达国家和企业纷纷制定出新的国家标准和企业标准，以适应全面质量管理的需要。其做法虽然促进了质量管理水平的提高，却也出现了各种各样的不同标准。各国在质量管理术语概念、质量保证要求、管理方式等方面都存在很大差异，这种状况显然不利于国际经济交往与合作的进一步发展。

随着国际化的市场经济迅速发展，国际间商品和资本的流动空间增长，国际间的经济合作依赖和竞争日益增强，有些产品已超越国界形成国际范围的社会化大生产。不少国家为发展本国生产扩大出口，限制国外进口产品，从而创造了大量的国际贸易障碍和壁垒。为了消除和减少技术壁垒，解决国际间质量争端，有效地开展国际贸易，加强国际间技术合作，统一国际质量工作语言，制定共同遵守的国际规范，1979 年国际标准化组织（ISO）成立了质量管理和质量保证标准化技术委员会（简称 TC176），着手制定质量管理和质量保证方面的国际标准，经过近十年的努力，于 1987 年 3 月制定和颁布了 ISO 9000 系列质量管理及质量保证标准。

质量管理和质量保证的族标准是在质量管理发展的三个阶段的基础上逐步形成的，它是市场经济和社会化大生产发展的产物，是与现代生产规模、条件相适应的质量管理工作模式。因此，ISO 9000 系列标准的诞生，顺应了消费者的要求，为生产方提供了当代企业寻求发展的途径，有利于一个国家对企业的规范化管理，更有利于国际间贸易和生产使用。它的诞生顺应了国际经济发展的形势，适应了企业和用户及其他受益者的需要。因而它的诞生具有必然性。

ISO 9000 系列标准一经发布，立刻得到了国际上的普遍欢迎，到 1994 年 12 月已有 75 个国家和地区采用了这个标准，其中包括美国、英国、法国、日本、意大利等工业发达国家。我国于 1988 年 12 月颁布了等效采用 ISO 系列标准的 GB/T 10300 标准。为了顺应形势，尽快与国际经济接轨，1993年1月我国又等同采用ISO 9000系列标准，由原来的GB/T 10300标准改为GB/T 19000标准。从1990年起，国际标准化组织质量管理和质量保证标准化委员会（ISO/TC 176）总结了各国实施系列标准的经验，汇集了实践中遇到的问题，对这些标准的结构、内容、要素和程序进行了认真的研究并修订，于1994年7月1日正式公布了ISO 9000系列标准1994年版。我国也于1994年12月正式发布了等同采用ISO 9000标准94版的GB/T 9000—ISO9000系列标准。

由于1994年版具有过渡性质，对1987年版存在的不足并未能从根本上解决。而且，由于标准数量增加，对使用者全面理解和应用ISO 9000族标准及诸标准之间的协调都带来了新的困难和不便。对此，国际标准化组织对其在结构、原则和技术内容等方面进行了第二次重大修改，从而形成了2000年版ISO 9000族标准，并于2000年12月15日由国际标准化组织正式发布。2000年12月28日，我国国家技术监督局批准发布了GB/T 19000—2000、GB/T 19001—2000、GB/T 19004—2000三项国家标准。2000年版ISO 9000的主要标准有：

（1）核心标准。

ISO 9000：2000质量管理体系——基础和术语GB/T 19000—2000；

ISO 9001：2000质量管理体系——要求GB/T 19001—2000；

ISO 9004：2000质量管理体系——业绩改进指南GB/T 19004—2000；

ISO 19011：2000质量和环境管理体系审核指南；

（2）其他标准；

（3）技术报告；

（4）小册子。

三、全面质量管理

（一）全面质量管理的含义

全面质量管理是指一个组织以质量为中心，以全员参与为基础，目的在于通过顾客满意和本组织所有成员及社会受益而达到长期成功的管理途径。

上述全面质量管理定义具体地讲就是企业以质量为中心，全体职工及有关部门积极参与，把专业技术、经营管理、数理统计和思想教育结合起来，建立起产品的研究、设计、生产（作业）、服务等产品质量形成全过程的质量管理体系，从而有效地利用人力、物力、财力、信息等资源，以最经济的手段生产出用户满意的产品，使企业及其全体成员以及社会均能受益，从而使企业获得成功和发展。

全面质量管理的核心是提高人的素质，增强质量意识，调动人的积极性，人人做好本职工作，通过抓好工作质量来保证和提高产品质量或服务质量。

全面质量管理并不等同于质量管理，它是质量管理的更高境界。质量管理只是作为组织所有管理职能之一，与其他管理职能并存。而全面质量管理则是将组织的所有管理职能纳入质量管理的范畴，具体表现在：强调一个组织以质量为中心，否则不是全面质量管理；强调全员参与；强调全员的教育和培训；强调最高管理者的强有力和持续的领导；强调谋求长期的经济效益和社会效益。

全面质量管理与传统质量管理相比较，其特点是：

（1）把过去的以事后检验和把关为主转变为以预防为主，即从管结果转变为管因素。

(2) 从过去的就事论事，分散管理转变为以系统的观点为指导进行全面的综合治理。
(3) 突出以质量为中心，围绕质量来开展企业的工作。
(4) 由单纯符合标准转变为满足用户需要。
(5) 强调不断改进过程质量，从而不断改进产品和服务质量。

（二）全面质量管理的基本要求

推行全面质量管理，要求做到以下几点：

1. 全员的质量管理

产品质量是企业各方面、各部门、各环节全部工作的综合反映。任何一个人的工作质量都会不同程度地直接影响或间接影响产品质量或服务质量。所谓全员管理，就是企业的全体人员，包括企业各级领导、业务管理人员、工程技术人员、政工人员、生产工人、服务人员，人人都要参加到质量管理中来，人人都要学习运用全面质量管理理论和方法，明确在质量管理中的责任，广泛开展企业质量管理小组活动，使企业的质量管理有扎实的群众基础。

要实现全员的质量管理，应当做好三个方面的工作。

(1) 必须抓好全员的质量教育工作，加强职工的质量意识，牢固树立"质量第一"的思想，促进职工自觉地参加质量管理的各项活动。同时还要不断地提高职工的技术素质、管理素质和政治素质，以适应深入开展全面质量管理的需要。

(2) 要制定各部门、各级各类人员的质量责任制，明确任务和职权，各司其职，密切配合，形成一个高效、协调、严密的质量管理工作的系统。

(3) 要开展多种形式的群众性质量管理活动，尤其是要开展质量管理小组的活动，充分发挥广大职工的聪明才智和当家做主的进取精神。由此可见，全员的质量管理就意味着全面质量管理要"始于教育，终于教育"。

2. 全过程的质量管理

全过程的质量管理包括从市场调研、产品的设计开发、生产（作业）到销售、服务等全部有关过程的质量管理。任何产品或服务的质量，都有一个产生、形成和实现的过程。要保证产品或服务质量，不仅要搞好生产或作业过程的质量管理，还要搞好设计过程和使用过程的质量管理。把产品质量形成全过程的各个环节和有关因素控制起来，形成一个综合性的质量体系，做到以预防为主，防检结合，重在提高。对于建筑企业来说，全过程管理则是从施工准备、组织施工、竣工验收、交付使用的整个过程的质量管理。为此，全面质量管理必须体现如下两个思想：

(1) 为用户服务的思想。企业要生产出用户满意的产品（工程），就必须树立"一切为用户服务"的思想，这是全面质量管理思想的精髓。因为任何一个企业生产活动的目的都是为了满足人们的使用要求，如果满足不了这个要求，企业就失去了存在的必要。从商品经营的角度看，如果商品得不到用户欢迎，也就谈不上经营，必然要影响企业的生存和发展。因此，企业应把用户放在第一位。

"为用户服务"中的用户是广义的，它包括两方面含义：一是凡是直接或间接使用建筑企业所生产的产品（工程）的单位或个人，都是企业的用户。二是在企业内部，下道工序是上道工序的用户，与某项工作相联系的其他各项工作是这项工作的用户或互为用户。

可见，全过程的质量管理就意味着全面质量管理要"始于识别用户的需要，终于满足用户的需要"。

(2) 预防为主的思想。产品（或工程）质量是设计和生产出来的。这说明产品（或工程）质量的好坏是在设计和施工过程中形成的，而不是单靠质量检验、事后把关所决定的。因为在整个设计、施工过程中，每个环节、每个分部分项工程的质量都要随时受到操作者、施工机具、原材料、施工方法、施工环境条件等因素的影响。在这些因素中，只要有一个因素发生变化，工程质量就要产生波动，就要出现不同程度的质量问题。因此，全面质量管理要求把管理工作重点，从"事后把关"转移到"事前预防"上来；从管结果转变为管因素，实行预防为主的方针，把不合格品消灭在它的形成过程之中，做到防患于未然。

当然，为保证产品（或工程）质量，防止不合格品产生或流入下道工序，并把发现的问题及时反馈，防止再出现，再发生，加强质量检验在任何情况下都是必不可少的。强调预防为主的思想，不仅不排斥质量检验，甚至要求其更加完善，更加科学。

3. 全企业的质量管理

全企业的质量管理就是企业的各个部门都要参加质量管理，都要履行质量职能。因为产品（工程）质量的好坏，涉及企业的各个有关部门，质量管理和企业的计划、生产、材料、设备、劳资、财务等各项管理既相互联系，又相互作用，只有企业的各个部门共同进行管理，充分发挥各部门的质量职能，才能保证产品（工程）质量。单靠技术部门、质量检验部门等抓质量是不能保证质量的。

可见，全企业的质量管理就是要"以质量为中心、领导重视、组织落实、体系完善"。

4. 多方法的质量管理

随着现代科学技术的发展，对产品（工程）质量和服务质量提出了越来越高的要求，影响产品（工程）质量和服务质量的因素也越来越复杂；既有物的因素，又有人的因素；既有技术的因素，又有管理因素；既有企业内部的因素，又有企业外部因素。要把这一系列的因素系统地控制起来，全面管好，就必须根据不同情况，区别不同的影响因素，广泛、灵活地运用多种多样的现代化管理方法来解决质量问题。其中要特别注意运用统计分析方法。

上述全面质量管理的基本要求，都是围绕着"有效地利用人力、物力、财力、信息等资源，以及经济的手段生产出用户满意的产品"这一企业目标，这是企业推行全面质量管理的出发点和落脚点。坚持质量第一，把用户的需要放在第一位，树立为用户服务，对用户负责的思想，是企业推行全面质量管理贯彻始终的指导思想，也是企业生产经营管理活动的目的所决定的。

（三）产品质量、工序质量与工作质量

全面质量管理所指的质量是广义的质量，不仅包括产品质量，还包括工序质量、工作质量等。

所谓工序质量是指生产中，人、机具、材料、施工方法和环境等因素，对产品综合起作用的过程，这个过程所体现的质量就是工序质量。

所谓工作质量是指企业各方面工作的质量水平。也就是为保证和提高产品质量所做的组织管理工作、生产技术工作以及后勤服务等方面工作的质量。工作质量不像产品质量那样直观、明显、具体，它体现在整个企业的一切生产技术经营活动中，并通过工作效率、工作成果、产品质量以及经济效果集中表现出来。

产品质量、工序质量和工作质量虽是不同概念，但三者的联系是很密切的。产品质量是企业施工的最终成果，它取决于工序质量和工作质量；工作质量是工序质量、产品质量和经济效益的保证和基础。所以要保证和提高产品质量，不能孤立地就产品质量抓产品质量，必须从提高工作质量入手，以好的工作质量来保证和提高工序质量，从而保证和提高产品质量。

（四）全面质量管理的工作程序

全面质量管理工作是按照科学的程序而运转的，其基本形式是PDCA管理循环。它通过计划（Plan）、实施（Do）、检查（Check）和处理（Action）四个阶段不断循环，把企业质量管理活动有机地联系起来。

1. PDCA管理循环的基本内容

PDCA循环划分为四个阶段八个步骤，其基本内容如下：

第一阶段是计划阶段（即P阶段）。这阶段的主要工作任务是制定质量管理目标、活动计划和管理项目的具体实施措施。这阶段的具体工作步骤可分为四步：

第一步是分析现状，找出存在的质量问题。这一步要有重点地进行。首先，要分析企业范围内的质量通病，也就是工程质量的常见病和多发病。其次，要特别注意工程中的一些技术复杂、难度大、质量要求高的项目，以及新工艺、新结构、新材料等项目的质量分析。要依据大量数据和情报资料，用数据说话，用数理统计方法来分析、反映问题。

第二步是分析产生质量问题的原因和影响因素。这就要召开有关人员和有关问题的分析会议，绘制因果分析图。

第三步是从各种原因和影响因素中找出影响质量的主要原因或影响因素。其方法有两种：一是利用数理统计的方法和图表；二是由有关工程技术人员、生产管理人员和工人讨论确定，或用投票的方式确定。

第四步是针对影响质量的主要原因或因素，制定改善质量的技术组织措施，提出执行措施的计划，并预计效果。在进行这一步时要反复考虑明确回答以下5W1H的问题：

（1）为什么要提出这样的计划、采取这样的措施？为什么要这样改进？回答采取措施的原因（Why）。

（2）改进后要达到什么目的？有什么效果（What）？

（3）改进措施在何处（哪道工序、哪个环节、哪个过程）执行（Where）？

（4）计划和措施在什么时间执行和完成（When）？

（5）由谁来执行和完成（Who）？

（6）用什么方法怎样完成（How）？

第二阶段是实施阶段（即D阶段）。这阶段的主要工作任务是按照第一阶段制定的计划措施，组织各方面的力量分头去认真贯彻执行。这是管理循环的第五步，即执行措施和计划。如何组织计划措施的执行呢？首先要做好计划措施的交底和落实。落实包括组织落实、技术落实和物资落实。有关人员还要经过训练、实习、考核达到要求后再执行计划。其次，要依靠质量体系，来保证质量计划的执行。

第三阶段是检查阶段（即C阶段）。这阶段的主要工作任务是将实施效果与预期目标对比，检查执行的情况，看是否达到了预期效果，并提出哪些做对了？哪些还没达到要求？哪些有效果？哪些还没有效果？再进一步找出问题。这是管理循环的第六步，即检查效果、发现问题。

第四阶段是处理阶段（即 A 阶段）。这阶段的主要工作任务是对检查结果进行总结和处理。这阶段分为两步，也就是管理循环的第七、第八步。

第七步是总结经验、纳入标准。经过上一步检查后，明确有效果的措施，通过修订相应的工作文件、工艺规程，以及各种质量管理的规章制度，把好的经验总结起来，把成绩巩固下来，防止问题再发生。

第八步是把遗留问题转入到下一个管理循环，为下一期计划提供数据资料和依据。

2. 应用 PDCA 循环注意的事项

PDCA 管理循环是一种科学的工作程序和管理方法。它把企业生产经营过程中的全部质量管理活动比喻为一个不停前进、周而复始运转的轮子，它可以促进质量管理体系不断完善和提高。在应用 PDCA 循环时必须注意以下几点：

（1）要整个企业上下左右都进行 PDCA 循环。因为一个企业是有机的整体，只有各个部门、各个单位、全体职工，都齐心合力，协调配合，才有可能干好工作，提高质量。

在开展 PDCA 循环时，如果整个企业搞的是大循环，则企业下属科室、分公司等搞的是中循环，再下属的施工队要搞小循环。上一级循环是一下级循环的依据，下一级循环又是上一级循环的具体贯彻，通过循环把企业的各项工作有机联系起来。这样，就形成大环套中环、中环套小环，环环相扣，一环保一环，使局部保整体，促进整个企业提高质量。在整个管理过程中，如有一环不按计划转动，就会影响整个大环的前进。图 10-1 表示了大小 PDCA 循环要同时运转的关系。

（2）要不停地进行 PDCA 循环。要提高工程质量或工作质量，不是经过一个 PDCA 循环就可以解决问题的。每经过一次循环，只可能解决一个或几个质量问题。老问题解决以后，又可能会出现新问题，需要进行新的 PDCA 循环。这样一次次地周而复始不断循环，才有可能不断解决质量问题。

（3）要不断地向上循环。每一次 PDCA 循环的最后阶段，一般要求制定出技术和管理的标准，总结出经验和教训，研究改进和提高的措施，按照新的标准，组织生产和施工，使下一个 PDCA 循环在新的基础上转动，而达到更高的标准，使质量保持上升的趋势。图 10-2 是 PDCA 循环不断提高不断上升的示意图。

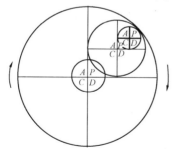

图 10-1　大小 PDCA 循环关系示意图

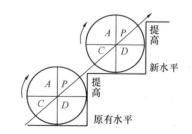

图 10-2　PDCA 循环不断提高上升示意图

（五）建立全面质量管理与族标准的关系的目的和意义

全面质量管理与 ISO 9000 族标准之间关系如何？全面质量管理要不要再搞？是否可将实施族标准代替全面质量管理？要正确认识这些问题，首先要搞清楚全面质量管理与

ISO 9000 族标准之间的关系。

（1）理论基础一致。二者都认为产品质量形成于产品生产的全过程，而质量管理体系贯穿于产品质量形成的全过程。完善的质量管理体系是在考虑风险、成本和利益的基础上使质量最佳化，并对质量加以控制的重要管理手段。

（2）强调领导的作用。全面质量管理强调必须从领导开始；族标准则首先规定了组织管理者的职责。因此，二者都要求企业领导必须亲自组织实施。

（3）明确质量管理是有组织的系统的活动。全面质量管理要求人、机、料、法、环形成一个有机整体；族标准要求质量管理体系由组织结构、职责、程序过程和资源构成。二者均是为了实施质量管理所进行的有组织的系统的活动。

（4）强调控制。二者都要求影响质量的全部因素都处于受控状态。

（5）全员参加。二者都要求质量管理要全员参加，被全体职工所理解，并进行全员培训。

（6）使用现代科学技术。二者都使用了统计技术和现代管理技术。

（7）重视评审。全面质量管理重视考核与评价；族标准重视质量管理体系的审核、评审。

（8）质量改进。二者都强调任何一个过程都是可以不断改进和完善的，因此不断改进产品质量和过程质量，可以不断地满足用户和市场的要求。

通过上述比较可以看出：全面质量管理与族标准的理论和指导原则基本一致，方法可相互兼容。因此用一者替代另一者或相互排斥都是不对的。推行族标准可以促进全面质量管理的发展并使之规范化；同时族标准也可以从全面质量管理中吸取先进的管理思想和技术，不断完善系列标准。

综上所述，全面质量管理与 ISO 9000 族标准有相似之处，但也有所不同。在实际工作中，应把两者结合起来，而绝不能将两者对立开来。正确的做法是：在推行全面质量管理中实施族标准，在实施族标准中深化全面质量管理。

四、建筑企业质量管理的目的、任务和原则

（一）建筑企业质量管理的目的

建筑企业质量管理的目的，就是在保证工期，降低成本的同时，完成一定数量达到质量标准的工程，也就是说，建造出符合设计和用户满意的工程。所谓用户满意是指工程可靠、实用性强、造价合理、美观大方、按工期交工和保修服务良好等。因此，在质量管理工作中，不但要强调工程质量的合格，也应按用户的需要和企业的经济效益目标去努力。只有这样才能最大限度地提高社会效益和经济效益，达到企业质量管理的目的。

（二）建筑企业质量管理任务

建筑企业质量管理基本任务，有以下两方面：

1. 确定企业质量目标和方针，制定企业质量规划

确定质量目标就是根据企业存在的质量问题、质量通病以及与先进质量标准或用户要求的更新更高质量标准对比的差距，确定企业在计划期应达到的质量水平。确定质量方针就是企业制定企业在质量方面总的宗旨和方向，明确全体职工在质量方面的追求和努力方向。制定企业质量规划，就是围绕上述的质量目标和方针，制定技术组织措施。同时根据目标管理的要求，从时间上、任务内容上把指标分解落实到各个部门、各个环节和职工身

上,并建立明确的责任制度。

2. 建立和健全质量管理体系

为进一步推行全面质量管理,使建筑企业生产的产品和提供的服务能持续满足用户的需要和期望,获得更好的效益和社会信誉,同时,也使企业质量管理和质量方针通过企业质量管理体系得以贯彻和实施,企业必须要按照 ISO 9000 系列标准建立和健全质量管理体系,这是质量管理的核心。

(三) 建筑企业质量管理原则

国际标准化组织总结了质量管理近百年的实践经验,吸纳了当代最杰出的质量管理专家的理念,用高度概括而又易于理解的语言,总结出质量管理的八项原则,这些原则也是建立质量管理体系的理论基础。建筑企业在进行质量管理过程中应遵循以下八项原则。

1. 以顾客为关注焦点

建筑企业的目标是为顾客提供满意的建筑产品。随着经济的发展,市场变化日趋复杂,用户的需求和期望也在不断发展变化。因此,建筑企业要及时调整自己的经营策略和采取必要的措施,以适应市场的变化,满足用户不断发展的需求和期望,还应超越用户的需求和期望,使自己的产品或服务始终处于领先的地位。

2. 领导作用

为了营造一个良好的经营环境,建筑企业的最高管理者应明确企业的质量方针和质量目标,并随时将企业的运行结果与目标进行比较,根据情况来决定实现质量方针、目标的措施和持续改进的措施。在领导作用上还要做到透明、务实和以身作则。

3. 全员参与

建筑企业的质量管理不仅需要企业最高管理者的正确领导,还有赖于全体员工的参与。所以要对全体员工进行质量意识、职业道德、以顾客为中心的意识和敬业精神的教育,还要激发他们的积极性和责任感。

4. 过程方法

任何利用资源并通过管理,将输入转化为输出的活动,均可视为"过程"。系统地识别和管理企业所应用的过程,特别是这些过程之间的相互作用,称之为"过程方法"。

过程方法的目的是获得持续改进的动态循环,并使企业的总体业绩得到显著的提高。过程方法通过识别企业内的关键过程,随后加以实施和管理并不断进行改进来达到用户的满意。

过程方法鼓励企业对其所有的过程有一个清晰的理解。过程包含一个或多个将输入转化为输出的活动,通常一个过程的输出直接成为下一个过程的输入,但有时多个过程之间形成比较复杂的过程网络。这些过程输入和输出与内部和外部的用户相连。在应用过程方法时,必须对每个过程,特别是关键过程的要素进行识别和管理。这些要素包括输入、输出、活动、资源、管理和支持性过程。此外 PDCA 循环适用于所有过程,可综合考虑。

5. 管理的系统方法

所谓系统方法,实际上包括系统分析、系统工程和系统管理三大环节。它以系统地分析有关的数据、资料或客观事实开始,确定要达到的优化目标;然后通过系统工程,设计或策划达到目标而应采取的各项措施和步骤,以及应配置的资源,形成一个完整的方案;最后在实施中通过系统管理而取得高的有效性和高效率。

在质量管理中采用系统方法,就是要把质量管理体系作为一个大系统,对组成质量管理体系的各个过程加以识别、理解和管理,以达到实现质量方针和质量目标的目的。管理的系统方法包括:确定顾客的需求和期望,建立质量方针和目标,确定过程和职责,确定过程有效性的测量方法并用来测定实现过程的有效性,防止不合格,寻找改进机会,确定改进方向,实施改进,监控改进效果,评价结果,评审改进措施和确定后续措施等。

管理的系统方法和过程方法关系非常密切。它们都是以过程为基础,都要求对各个过程之间的相互作用进行识别和管理。管理的系统方法着眼于整个系统和实现总目标,使得企业所策划的过程之间相互协调和相容。过程方法则着眼于具体过程,对其输入、输出和相互关联和相互作用的活动进行连续的控制,以实现每个过程的预期结果。

6. 持续改进

持续改进实际上是建筑企业对顾客日益增长的需求和期望的积极反应,是建筑企业质量管理的一个永恒的话题,它可以确保企业质量管理体系的动态进化。在建筑企业质量管理体系中,持续改进主要包括产品质量、过程及体系的有效性和效率的提高。

7. 基于事实的决策方法

成功的结果取决于活动实施之前的精心策划和正确决策。决策的依据应采用准确的数据和信息,分析和依据信息作出判断是一种良好的决策。在对数据和信息进行科学分析时,可借助于其他的辅助手段,统计技术就是最重要的工具之一。

8. 与供方互利的关系

供方向企业提供的产品将对企业向用户提供的产品产生重要的影响,因此,建筑企业处理好与供应商的关系,关系到企业能否持续稳定地提供顾客满意的产品,具有重要的意义。将供方、协作方、合作方都看做是企业经营战略同盟中的合作伙伴,形成共同的竞争优势,可以优化成本和资源,有利于企业和供方的共同利益。

第二节 建筑企业质量管理体系

一、与质量管理体系有关的术语

(一) 质量管理体系

质量管理体系是指在质量方面指挥和控制组织的管理体系。

质量管理体系是建立质量方针和质量目标,并实现这些目标的一组相互关联的或相互作用的要素的集合。

质量管理体系包括硬件和软件两大部分。企业在进行质量管理时,首先根据达到质量目标的需要,准备必要的条件,包括人员素质、试验、施工、检测设备的能力等资源;然后,通过设置组织机构,分析确定需要开发的各项质量活动(过程);分配、协调各项活动的职责和接口,通过程序的制定给出从事各项质量活动的工作方法,使各项质量活动(过程)能经济、有效、协调地进行,这样组成的有机整体就是企业的质量管理体系。

(二) 质量策划

是质量管理的一部分,致力于制定质量目标并规定必要的运行过程和相关资源以实现质量目标。

质量策划和质量计划是有区别的,质量策划强调的是一系列活动,而质量计划是质量策划的结果之一，通常是一种书面的文件。建筑企业的质量策划可以分为若干层次，包括最高管理层对质量管理体系的策划，项目经理部对工程施工过程的策划，技术管理人员对工序过程的策划等。质量策划的内容包括质量要达到什么水平，采用什么样的先进工艺、方法、手段，对施工过程进行预控的措施等。

（三）质量控制

质量控制是质量管理的一部分，致力于满足质量要求。

质量控制的目标就是确保产品的质量能满足顾客、法律法规等方面所提出的质量要求，如适用性、可靠性和安全性等。质量控制的范围涉及产品质量形成全过程的各个环节，任一环节的工作没有做好，都会使产品质量受到损害而不能满足质量要求。

质量控制包括作业技术和活动，也就是包括专业技术和管理技术两个方面。其目的在于监视过程并排除活动中所有阶段导致不满意的原因，以取得经济效益。质量控制一般分为两个阶段，一是对影响质量的各环节和因素制定计划与程序；二是在实施过程中进行连续评价和验证，发现问题，进行分析，对异常情况进行处理，采取纠正措施。因此，质量控制应贯彻预防为主与检验把关相结合的原则。

此外，随着经济社会的发展和科技的进步，对质量的要求也在不断地提高、更新，这就要求质量控制不能停留在一个水平上，应不断发展、不断前进，即要动态地进行质量控制。

（四）质量保证

质量保证是质量管理的一部分，致力于提供质量要求会得到满足的信任。

随着技术的发展，产品越来越复杂，对其质量要求也越来越高。用户为了确信厂家所提供的产品达到了所规定的质量要求，就会要求企业提供设计、生产各环节的主要质量活动确实做好并能有力地提供合格产品的证据，这就是用户提出的质量保证要求。

针对用户的质量要求，企业就要开展外部质量保证活动，对用户提出的设计、生产全过程中的某些环节的活动提供必要的证据，以使用户放心。因此，保证质量是质量控制的任务，而质量保证则是以保证质量为基础，进一步引申到提供"信任"这一基本目的。

要使用户能信任，企业首先应加强质量管理，完善质量管理体系，对合同产品有一套完整的质量控制方案，使用户能了解企业的实力、业绩、管理水平、技术水平以及合同产品在设计、施工生产各阶段主要质量控制活动和内部质量保证活动的有效性，使用户相信企业提供的产品能达到所规定的质量要求。因此，企业质量保证的主要工作是促使企业完善质量控制，以便准备好客观证据，并根据对方的要求，有计划、有步骤地开展提供证据的活动。

二、质量管理体系基础

（一）质量管理体系的理论说明

说明质量管理体系的目的就是要帮助企业增进用户满意；说明用户对企业的重要性；说明用户对企业持续改进的影响，由于用户对需求和期望是不断变化的这就驱使企业持续改进其产品化过程；说明了质量管理体系的重要作用。

（二）质量管理体系的要求与产品要求

ISO 9000 族标准把质量管理体系要求与产品要求加以区分。ISO 9000 族标准是对质量管理体系的要求，而对产品没有提出任何具体要求。

(三) 质量管理体系方法

质量管理体系方法是管理系统方法的原则在建立和实施质量管理体系中的具体应用。

建立和实施质量管理体系有八个步骤,即:①确定顾客和相关方的需求和期望;②建立企业的质量方针和质量目标;③确定实现质量目标必须的过程和职责;④确定和提供实现质量目标必须的资源;⑤规定测量每个过程的有效性和效率的方法;⑥应用这些方法确定每个过程的有效性和效率;⑦确定防止不合格并消除产生原因的措施;⑧建立和应用持续改进质量管理体系的过程。

可以看出,以上第①、②项是系统分析工作,其成果是建立质量方针和质量目标。第③、④、⑤、⑦项是系统工程,即质量的策划和设计工作,其重点是确定过程、职责、资源、测量方法及纠正措施等。而第④、⑥、⑧项是具体实施过程的系统管理,包括具体测定现有的或改进后的过程的有效性和效率、提供资源及持续改进体系等。因此,可以说,建立和实施质量管理体系所采用的方法是质量管理体系方法,而质量管理体系方法则是管理的系统方法的原则在建立和实施质量管理体系中的具体应用。上述八个步骤也符合PDCA循环的方法。

(四) 过程方法

所谓"过程方法",就是"系统地识别和管理企业所应用的过程,特别是这些过程之间的相互作用"。这里,首先是识别质量管理体系所需要的过程,包括与企业的管理活动、资源提供、产品实现和测量有关的过程,并确定过程的顺序和相互作用。其次是要对各过程加以管理,也就是要控制各个过程的要素,包括输入、输出、活动和资源等,这样才能够使过程有效。

2000年版 ISO 9000 族标准把以过程为基础的质量管理体系用一个模型图来表示,如图10-3所示。从图10-3可以看出,质量管理体系的四大过程——"管理职责"、"资源管理"、"产品实现"和"测量分析及改进"——彼此相连,最后通过体系的持续改进而进入更高阶段。利用这个模型图,企业可以明确主要过程,进一步展开、细化,并对过程进行连续控制,从而改进体系的有效性。

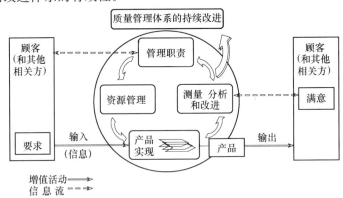

图 10-3 以过程为基础的质量管理体系模型图

(五) 建立质量方针和质量目标的目的和意义

质量方针是指由组织的最高管理者正式发布的该组织的总的质量宗旨和方向。

质量目标是指在质量方面所追求的目的。

质量方针和质量目标的作用是：它们指出了企业在质量方面的方向和追求的目标，使企业的各项质量活动都围绕这个方针和目标来进行，让企业的全体员工都来关注它们的实施和实现。质量方针指出了企业满足顾客要求的意图和策略，而质量目标则是实现这些意图和策略的具体要求。两者都确定了想要达到的预期结果，使企业利用其资源来实现这些结果。

质量方针和质量目标的关系是：质量方针为建立和评审质量目标提供框架并要具体体现企业对持续改进的承诺；质量目标则在此框架内确立、开展和细化；两者应保持一致，不能脱节和偏离。

对质量目标的其他要求是：质量目标应适当展开，除了有一个总目标外，有关部门和企业的适当层次还应根据总目标确定自己的分目标；质量目标的实现程度应是可以测量的，但可测量并不表示目标必须是定量的，目标也可用定性方式表示。

（六）最高管理者在质量管理体系中的作用

最高管理者指企业的最高领导层，具有决策、指挥和控制的职责和权力。他（他们）的最重要任务就是要通过他们具体的领导作用和各种措施来创造一个良好的内部环境。在这个环境中，质量管理体系得到有效的运行，全体员工可以充分参与，发挥他们的主动性、积极性和创造性。

最高管理者应发挥的领导作用包括九个方面：①制定并保持企业的质量方针和质量目标。②通过增强员工的质量意识、积极性和参与程度，在整个企业内促进质量方针和质量目标的实现。③确保整个企业各部门和全体员工都关注顾客的要求。④确保实施适宜的过程以满足顾客和其他相关方要求并实现质量目标。⑤确保建立、实施和保持一个有效的质量管理体系及实现这些质量目标。⑥确保获得必要的资源。⑦定期评审质量管理体系。⑧决定质量方针和质量目标的措施。⑨决定改进质量管理体系的措施。

（七）文件

所谓文件是指信息及其承载媒体。

文件的价值是传递信息、沟通意图、统一行动。文件的具体用途主要包括：满足顾客要求和质量改进、提供适宜的培训、重复性（或再现性）和可追溯性、提供客观证据和评价质量管理体系的有效性和持续适宜性。

质量管理体系中使用文件的类型主要有以下几种：

（1）质量手册。即规定企业质量管理体系的文件，它是向企业内部和外部提供关于质量管理体系的一致信息。

（2）质量计划。即对特定的项目、产品、工程或合同，规定由谁及何时使用哪些程序和相关资源的文件。

（3）规范。即阐明要求的文件。

（4）指南。即阐明推荐的方法或建议的文件。

（5）程序、作业指导书和图样。这些都是提供如何一致地完成活动和过程的信息文件。

（6）记录。即阐明所取得的结果或提供所完成活动的证据文件。

质量管理体系文件固然是重要的，但编制文件并不是最终目的。建立一个形成文件的质量管理体系，并不要求将质量管理体系中所有的过程和活动都形成文件。质量管理体系中文件数量的多少、详略程度等取决于如下一些因素：企业的类型和规模；过程的复杂性和相互作用；产品（施工）的复杂性；顾客的要求；适用的法规要求；经证实的人员能力；满足体系要求所需证实的程度等。总之，质量管理体系文件的目的就是使质量管理体系的过程得到有效的运作和实施。

（八）质量管理体系评价

企业在质量管理体系建立并实施后，可能会发现其不完善或不适应的情况。所以需要对它的适宜性、充分性和有效性进行系统的、定期的评价。

企业质量管理体系的评价包括质量管理体系过程的评价、质量管理体系的审核、质量管理体系的评审和自我评定。

1. 质量管理体系过程的评价

企业的质量管理体系是由许多相互关联和相互作用的过程构成的，所以对各个过程的评价是质量管理体系评价的基础。

在评价质量管理体系时，应对每个被评价的过程，提出如下基本问题：①过程是否已被识别并确定相互关系？②职责是否已被分配？③程序是否得到实施和保证？④在现实所要求的结果方面，过程是否有效？前面两个问题，一般可以通过质量管理体系文件的审核得到答案，而后面两个问题则必须通过现场审核和综合评价才能得到结论。这样，企业就可以利用对上述四个问题的综合回答来确定企业质量管理体系评价的结果。

2. 质量管理体系的审核

所谓审核就是指为获得审核证据并对其进行客观的评价，以确定满足审核准则的程度所进行的系统的、独立的并形成文件的过程。

企业在进行质量管理体系审核时，"审核准则"一般指 GB/T 19001 标准、质量手册、程序以及适用的法规等。

体系审核用于确定符合质量管理体系要求的程度。审核发现（即审核的结果）可用于评定质量管理体系的有效性和识别改进的机会。

体系审核有第一方审核（内审）、第二方审核和第三方审核三种类型。

3. 质量管理体系评审

企业最高管理者的一项重要的任务就是要主持、组织企业质量管理体系评审，就质量方针和质量目标对企业质量管理体系的适宜性、充分性、有效性和效率进行定期的、系统的评价。这种评审可包括考虑修改企业的质量方针和质量目标的需求以响应相关方需求和期望的变化。从这个意义上来讲，管理评审的依据是相关方的需求和期望。管理评审也是个过程，有输入和输出。其中，审核报告与其他信息（如顾客的需求、工程质量、预防和纠正措施等）可作为输入；而评审结论，即确定需采取的措施则是评审的输出。

企业质量管理体系评审是一种第一方的自我评价。

4. 自我评定

企业的自我评定是一种参照质量管理体系或优秀模式（如评质量奖）对企业的活动和结果所进行的全面的和系统的评审，也是一种第一方评价。

自我评定可以对企业业绩以及体系成熟度提供一个总的看法，它还有助于识别需要改进的领域及需要优先开展的活动。

（九）持续改进

持续改进是八项质量管理原则之一。持续改进原则用于质量管理体系时，其目的在于增加顾客和其他相关方满意的机会。

企业在对质量管理体系实施持续改进时,也要采取管理系统方法。其步骤如下:①分析和评价现状,以识别改进的区域;②确定改进的目标;③寻找可能的解决办法以实施这些目标;④评价这些解决办法并作出选择;⑤实施选定的解决办法;⑥测量、验证、分析和评价实施的结果以确定这些目标已经实现;⑦正式采纳更改,形成正式的规定;⑧必要时,对结果进行评审,以确定进一步改进的机会。

(十)统计技术的作用

统计技术可以对过程中产生的变异进行测量、描述、分析、解释和建立数学模型。帮助我们更好地理解变异的性质、程度和产生变异的原因,从而可帮助我们决策,即采取相应的措施,解决已出现的问题,甚至可以预防由变异产生的问题。因此统计技术是促进持续改进产品质量和过程及体系的有效性的有力武器。

(十一)质量管理体系与其他管理体系所关注目标

一个企业的管理体系包含若干个不同的分体系,如质量管理体系、财务管理体系、环境管理体系、职业健康安全管理体系等。这些管理体系有各自的方针和目标。除了质量目标外,企业还可能有增长率、资金、利润、环境、职业卫生与安全等目标。这些目标相辅相成,构成了企业各方面的奋斗目标。

企业的各部分管理体系也是相互联系的。最理想的是将这些分体系有机地结合成一个总的管理体系,尽量采用相同的要素(如文件、记录等)。这些将有利于企业的总体策划、资源的配置、确定互补的目标并评价企业的整体有效性。

(十二)质量管理体系与优秀模式之间的关系

ISO 9000 族标准的质量管理体系方法和企业优秀模式(如美国的马尔柯姆·波得里奇国家质量奖、欧洲的欧洲质量奖、日本的戴明奖等)之间有共同之处,也有不同之处。它们所依据的原则相同,主要差别是它们的应用范围不同。

三、建筑企业质量管理体系的建立与实施

(一)基本原则

1. 八项质量管理原则是基础

八项质量管理原则体现了质量管理应遵循的基本原则,包括了质量管理的指导思想和质量管理的基本方法,提出了组织在质量管理中应处理好与顾客、员工和供方三者之间的关系。八项质量管理原则既是构成 2000 年版 GB/T 19000 族标准的理论基础,同时也是企业质量管理体系建立与实施的基础。

2. 领导作用是关键

企业的最高管理者通过其领导作用及所采取的各种措施可以创造一个员工充分参与的内部环境,质量管理体系只有在这样的环境下才能确保其有效运行。领导作用,特别是最高管理者的作用是质量管理体系建立与实施的关键。

3. 全员参与是根本

因为只有全员充分参与,才能使他们的才干为企业带来收益,才能确保企业最高管理者所作出的各种承诺得以实现。

4. 注重实效是重点

质量管理体系的建立与实施一定要结合本企业及其产品的特点,重点放在如何结合实际、如何注意实施,重在过程、结果和有效性,尤其是在编制质量管理体系文件时,一定要依据质量策划的结果确定本企业对文件的需求。

5. 持续改进是永恒的目标

顾客需求和期望的不断变化、市场的竞争以及科技的发展等,都促使企业持续改进。持续改进的目的在于增强顾客和其他相关方满意的程度。建筑企业应通过各种途径促进质量管理体系的持续改进,进而建立和实施一个有效而且高效的质量管理体系。

(二)质量管理体系建立及实施具体步骤

建筑企业质量管理体系建立及实施具体步骤,如图10-4所示。

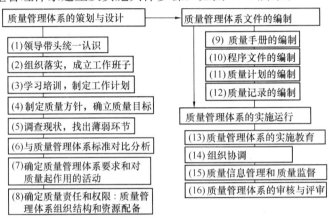

图10-4 质量管理体系建立及实施具体步骤

1. 质量管理体系的策划与设计

(1)领导带头,统一认识。这是建立与实施质量管理体系的关键。建立和实施质量管理体系要求企业领导高度重视、正确决策,并要亲自参与。

(2)组织落实,成立工作班子。即组织一部分既懂技术又懂质量管理并具有较强分析能力及文字能力的业务骨干组成工作班子,从事质量管理体系的设计与建立工作。

(3)学习培训,制定工作计划。首先采用自上而下的方法组织培训各层次人员,学习质量管理和质量保证族标准,以提高每个员工的质量意识,使其了解建立和实施质量管理体系的重要意义。在此基础上制定出一个全面而周密的建立质量管理体系的实施计划。计划的制定要做到明确目标、控制进程并突出重点。

(4)制定质量方针,确立质量目标。质量方针是企业进行质量管理、建立和实施质量管理体系、开展各项质量管理活动的根本准则,是企业质量政策的体现。质量方针的制定要体现全局性、方向性、经营性、激励性和可行性,要被全体员工理解并指导各项工作的展开。根据质量方针和企业经营总目标等组织制定有关产品质量、工作质量、质量保证和质量管理体系等方面的质量目标,它是企业所确定的在一定时期内质量活动应实现的成果。

(5)调查现状,找出薄弱环节。只有充分地了解企业的现状,认识到存在的问题,才能建立适合企业需要的质量管理体系。因为当前存在的主要问题就是今后建立质量管理体系是要重点解决的问题。

(6)与质量管理体系标准对比分析。将现状调查的结果与标准要求进行全面的、逐条、逐项的对比分析。

(7) 确定质量管理体系要求和对质量起作用的活动（简称管理活动）。质量管理体系总体设计应是按企业质量形成过程的实际，明确完成一定质量职能的过程。对于确实影响质量的过程，尽管标准没有提及，也应该按实际需要补充为要求，通过要求所对应的过程展开所需要的活动。

(8) 确定质量责任和权限、质量管理体系组织结构和资源配备。要落实完成质量管理体系要求展开以后对应的质量活动，必须将活动相应的工作责任和权限分配到各个职能部门，做到事事有人负责。一般的讲，一个质量管理职能部门可以负责或参与多个质量活动，但不能让一项质量活动由多个部门来负责。要按质量管理体系的要求和分解的质量活动基础对组织结构进行调整。企业在质量活动展开的过程中，相应的硬件、软件和人员的配备要依据对产品质量保证的需要调整和充实。

2. 质量管理体系文件的编制

(1) 质量手册的编制。质量手册是总体描述企业质量方针和质量管理体系的通用文件。因此要求编写的质量手册要清楚、准确、全面、扼要地阐述企业质量方针、目标和控制程序，反映企业的特色并符合族标准要求。

(2) 程序文件的编制。所谓程序是指为进行某项活动所规定的途径。在很多情况下，程序是文件化的，因此通常称之为书面文件或形成文件的程序。其包括活动的目的和范围；做什么和谁来做；何时何地和如何做；应使用什么材料、设备和文件；如何对活动进行控制和记录等。

质量管理体系程序是质量手册的支持性文件，是企业的各职能部门为落实质量手册要求而规定的实施细则。编制质量管理体系程序就是要明确各项质量活动的"5W1H"。既重视采取预防措施避免问题的发生，又不忽视发现问题加以纠正的能力，从而使每个过程、每项活动都尽可能得到适当的连续的控制。

需要注意的是，程序应得到本项活动有关责任人员的同意和接受，并为所有与其作业有关人员所理解，必须经过审批，注明修订情况和有效期。

(3) 质量计划的编制。所谓质量计划是指针对特定的产品、项目或合同，规定专门的质量措施、资源和活动顺序的文件。质量计划应指出如何将通用的程序文件与具体的产品、项目或合同所持有的一些必要补充文件结合起来，以实现规定的质量目标。质量计划的格式与详细程度应与顾客的要求、企业的生产特点和将要完成活动的复杂性相适应。

(4) 质量记录的编制。质量记录是产品质量水平和企业质量管理体系中各项质量活动的客观反映，是企业最基础的文件。其特点是涉及面广、数量多。因此对质量记录及其编制要求是：标准化、真实和准确、经济实用和便于管理。

3. 质量管理体系的实施运行

(1) 质量管理体系的实施教育。虽然在质量管理体系建立的开始时已对员工进行了培训，但是当时培训的重点是使人们对族标准的概况有所了解，尚未涉及自己的工作本身。到了质量管理体系实施与运行时，就会涉及人们传统的认识、习惯和做法，以及技术上、管理上的不适应，这就要求制定全面的人员培训计划，并实施培训，使企业全体员工在思想认识、技术和管理业务上都有所提高。

(2) 组织协调。质量管理体系是人造的软件体系，它的运行是借助于质量管理体系组织结构进行的。组织和协调工作是维护质量管理体系运行的动力。质量管理体系的运行涉及企业众多部门的活动。就建筑企业而言,计划部门、施工生产部门、技术部门、试验检验部门、测量部门等都必须在目标、分工、时间和联系方面协调一致,责任范围不能出现空当,保持体系的有序性。这些都需要通过组织和协调工作来实现。实现这种协调工作的人,应该是企业的主要领导。只有主要领导主持,质量管理部门负责,通过组织协调才能保持体系的正常运行。

(3) 质量信息管理和质量监督。企业的组织结构是企业质量管理体系的骨架,而企业的质量信息系统则是质量管理体系的神经系统,是保证质量管理体系正常运行的重要系统。在质量管理体系的运行中,通过质量信息反馈系统对异常信息的反馈和处理,进行动态控制,从而使各项质量活动和工程实体质量保持受控状态。

质量信息管理和质量监督、组织协调工作是密切联系在一起的。异常信息一般来自质量监督,异常信息的处理要依靠组织协调工作,三者的有机结合,是使质量管理体系有效运行的保证。

(4) 质量管理体系的审核与评审。企业在质量管理体系各个过程评价基础上,审核发现用于评定质量管理体系的有效性和识别改进的机会,定期地、系统地评审质量管理体系的适宜性、充分性、有效性和效率。开展质量管理体系的审核与评审是保持质量管理体系持续有效运行的主要手段。

第三节 质量管理统计分析方法

一、质量管理常用的统计分析方法

质量管理中常用的统计方法有七种,分别为:排列图法、因果分析图法、频数分布直方图法、控制图法、相关图法、分层法和统计调查表法。这七种方法通常又称为质量管理的七种工具。

(一) 排列图法

1. 什么是排列图法

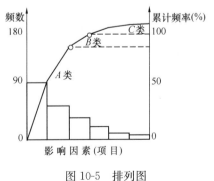

图 10-5 排列图

排列图法是利用排列图寻找影响质量的主次因素的一种有效方法。排列图又叫帕累托图或主次因素分析图,它由两个纵坐标、一个横坐标、几个连起来的直方形和一条曲线所组成。如图 10-5 所示。左侧的纵坐标表示频数,右侧的纵坐标表示累计频率,横坐标表示影响质量的各个因素或项目,按影响程度大小从左至右排列,直方形的高度表示某个影响因素的大小。实际应用中,通常按累计频率划分为 0%~80%、80%~90%、90%~100% 三部分,与其对应的影响因素分别为 A、B、C 三类。A 类为主要因素,B 类为次要因素,C 类为一般因素。

2. 排列图的做法

下面结合实例加以说明。

第三节 质量管理统计分析方法

【**例 10-1**】 某工地现浇混凝土，其结构尺寸质量检查结果是：在全部检查的 8 个项目中不合格点（超偏差限值）有 150 个。为改进并保证质量，请对这些不合格点进行分析，以便找出混凝土结构尺寸质量的薄弱环节。

【**解**】 （1）收集整理数据。首先收集混凝土结构尺寸各项目不合格点的数据资料，见表 10-1 所列。统计各项目不合格点出现的次数即频数。然后对数据资料进行整理，将不合格点较少的轴线尺寸、预埋设施中心位置、预留孔洞中心位置三项合并为"其他"项。按不合格点的频数由大到小顺序排列各检查项目，其他项排在最后。以全部不合格点数为总数，计算各项的频率和累计频率，结果见表 10-2 所列。

不合格点统计表　　　　　　　　　　　　　　　　表 10-1

序　号	检查项目	不合格点数	序　号	检查项目	不合格点数
1	轴线尺寸	1	5	电梯井	15
2	垂直度	8	6	表面平整度	75
3	标高	4	7	预埋设施中心位置	1
4	截面尺寸	45	8	预留孔洞中心位置	1

不合格点项目频数频率统计表　　　　　　　　　　表 10-2

序　号	项　目	频　数	频率（%）	累计频率（%）
1	表面平整度	75	50.0	50.0
2	截面尺寸	45	30.0	80.0
3	电梯井	15	10.0	90.0
4	垂直度	8	5.3	95.3
5	标　高	4	2.7	98.0
6	其　他	3	2.0	100.0
合　计		150	100	—

（2）画排列图

①画横坐标。将横坐标按项目数等分，并按项目频数由大到小顺序从左至右排列，横坐标分为六等份。

②画纵坐标。左侧的纵坐标表示项目不合格点数即频数，右侧纵坐标表示累计频率。要求总频数对应累计频率 100%，即 150 应与 100% 在一条水平线上。

③画频数直方形。以频数为高画出各项目的直方形。

④画累计频率曲线。从横坐标左端点开始，依次连接各项目直方形右边线及所对应的累计频率值的交点，所得的曲线为累计频率曲线。

⑤记录必要的事项。如标题、收集数据的方法和时间等。

图 10-6 为本例混凝土结构尺寸不合格点排列图。

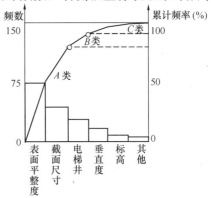

图 10-6　混凝土结构尺寸不合格点排列图

3. 排列图的观察与分析

(1) 观察直方形，大致可看出各项目的影响程度。排列图中的每个直方形都表示一个质量问题或影响因素。影响程度与各直方形的高度成正比。

(2) 利用 ABC 分类法，确定主次因素。将累计频率曲线按 0%～80%、80%～90%、90%～100%分为三部分，各曲线下面所对应的影响因素分别为 A、B、C 三类因素，该例中 A 类即主要因素是表面平整度（2m 长度）、截面尺寸（梁、柱、墙板、其他构件），B 类即次要因素是电梯井（井筒长、宽度定位中心线，井筒全高垂直度），C 类即一般因素有垂直度、标高和其他项目。综合上述分析结果，下步应重点解决 A 类的质量问题。

(二) 因果分析图法

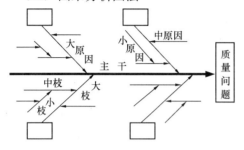

图 10-7 因果分析图的基本形式

1. 什么是因果分析图法

因果分析图法是利用因果分析图来系统整理分析某个质量问题（结果）与其产生原因之间关系的有效工具。因果分析图也称特性要因图，又因其形状常被称为树枝图或鱼刺图。

因果分析图基本形式，如图 10-7 所示。

从图 10-7 可见，因果分析图由质量特性（即质量结果或某个质量问题）要因（产生质量问题的主要原因）、枝干（指一系列箭线表示不同层次的原因）、主干（指较粗的直接指向质量结果的水平箭线）等所组成。

2. 因果分析图的绘制

下面结合实例加以说明。

【例 10-2】 绘制混凝土强度不足的因果分析图。

【解】 因果分析图的绘制步骤与图中箭头方向恰恰相反，是从结果开始将原因逐层分解的，具体步骤如下。

(1) 明确质量问题——结果。该例分析的质量问题是"混凝土强度不足"，作图时首先由左至右画出一条水平主干线，箭头指向一个矩形框，框内注明研究的问题——即结果。

(2) 分析确定影响质量特性大的方面的原因。一般来说，影响质量的因素有五大方面，即人、机械、材料、方法、环境。另外还可以按产品的生产过程进行分析。

(3) 将每种大原因进一步分解为中原因、小原因，直至分解的原因可以采取具体措施加以解决为止。

(4) 检查图中的所列原因是否齐全，可以对初步分析结果广泛征求意见，并作必要的补充及修改。

(5) 选择出影响大的关键因素，做出标记"△"，以便重点采取措施。

图 10-8 是混凝土强度不足的因果分析图。

3. 绘制和使用因果分析图时应注意的问题

(1) 集思广益。绘制时要求绘制者熟悉专业施工方法技术，调查、了解施工现场实际条件和操作的具体情况。要以各种形式，广泛收集现场工人、班组长、质量检查员、工程技术人员的意见，集思广益，相互启发、相互补充，使因果分析更符合实际。

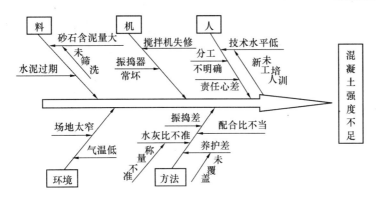

图 10-8 混凝土强度不足因果分析图

(2) 制定对策。绘制因果分析图不是目的,而是要根据图中所反映的主要原因,制定改进的措施和对策,限期解决问题,保证产品质量。具体实施时,一般应编制一个对策计划表。

表 10-3 是混凝土强度不足的对策计划表。

对 策 计 划 表　　　　　　　　　表 10-3

项目	序号	产生问题原因	采取的对策	执行人	完成时间
人	1	分工不明确	根据个人特长、确定每道工序的负责人及各操作人员职责,挂牌示出		
	2	缺乏基本知识	①组织学习操作规程 ②搞好技术交底		
工艺	3	配比不当	①根据数理统计结果,按施工实际水平进行配比计算 ②进行试验		
	4	水灰比控制不严	①制作水箱 ②捣制时每半天测砂石含水率一次 ③捣制时控制坍落度在 5cm 以下		
	5	计量不准	校正磅秤		
材料	6	水泥重量不够	进行水泥重量统计		
	7	原材料不合格	对砂、石、水泥进行各项指标试验		
	8	石子含泥量大	用搅拌机洗、过筛		
机械	9	振捣器常坏	①使用前检修一次 ②施工时配备电工 ③准备铁插杆		
	10	搅拌机常坏	①使用前检修一次 ②施工时配备检修工人		
环境	11	场地乱	认真清理,搞好平面布置,现场实行分片制		
	12	气候变化	准备草包,养护落实到人		

(三) 直方图法

1. 直方图的用途

直方图法即频数分布直方图法,它是将收集到的质量数据进行分组整理,绘制成频数分布直方图，用以描述质量分布状态的一种分析方法，所以又称质量分布图法。

通过直方图的观察与分析，可了解产品质量的波动情况，掌握质量特性的分布规律，以便对质量状况进行分析判断。

2. 直方图的绘制方法

（1）收集整理数据

用随机抽样的方法抽取数据，一般要求数据在 50 个以上。

【例 10-3】 某建筑施工工地浇筑 C30 混凝土，试收集并整理相关数据，以便对其抗压强度进行质量分析。

【解】 用随机抽样方法，共收集了 50 份抗压强度试验报告单，经整理，见表 10-4 所列。

数据整理表（N/mm²） 表 10-4

序 号	抗压强度					最大值	最小值
1	39.8	37.7	33.	31.5	36.1	39.8	31.5*
2	37.2	38.0	33.1	39.0	36.0	39.0	33.1
3	35.8	35.2	31.8	37.1	34.0	37.1	31.8
4	39.9	34.3	33.2	40.4	41.2	41.2	33.2
5	39.2	35.4	34.4	38.1	40.3	40.3	34.4
6	42.3	37.5	35.5	39.3	37.3	42.3	35.5
7	35.9	42.4	41.8	36.3	36.2	42.4	35.9
8	46.2	37.6	38.3	39.7	38.0	46.2*	37.6
9	36.4	38.3	43.4	38.2	38.0	42.4	36.4
10	44.4	42.0	37.9	38.4	39.5	44.4	37.9

注：* 数据中的最大值和最小值。

（2）计算极差 R

极差 R 是数据中最大值和最小值之差。例如，[例 10-3] 中：

$$x_{\max} = 46.2\text{N/mm}^2$$
$$x_{\min} = 31.5\text{N/mm}^2$$
$$R = x_{\max} - x_{\min} = 46.2 - 31.5 = 14.7\text{N/mm}^2$$

（3）对数据分组

包括确定组数、组距和组限。

1）确定组数 k。确定组数的原则是分组的结果能正确地反映数据的分布规律。组数应根据数据多少来确定。组数过少，会掩盖数据的分布规律；组数过多，会使数据过于零乱分散，也不能显示出质量分布状况。

数据分组参考值 表 10-5

数据总数 n	分组数 k
50～100	6～10
100～250	7～12
250 以上	10～20

一般可参考表 10-5 的经验数值来确定。

如在 [例 10-3] 中，取 $k=8$。

2）确定组距 h。组距是组的区间长度，即一个组数据的范围。各组距应相等，为了使分组结果能覆盖全部变量值，应有：组距乘以组数之积稍大于极差。

组数、组距的确定应结合 R、n 综合考虑，适当调整，还要注意数值尽量取整，便于以后的计算分析。如在［例10-3］中：
$$h = \frac{R}{k} = \frac{14.7}{8} = 1.8 \approx 2\text{N/mm}^2$$

3）确定组限。每组数值的极限值，大者为上限，小者为下限，上、下限统称组限。确定组限时应注意使各组之间连续，即较低组上限应为相邻较高组下限，这样才不致遗漏组间数据。

对恰恰处于组限值上的数据，其解决的办法有两个：

一是规定每组的其中一个组限为极限，极限值对应数据不含在该组内，如上组限对应数值不计在该组内，而应计入相邻较高组内，即左连续［）；或者是下组限对应数值不计在该组内，而应计入相邻较低组内，即右连续（］。

二是将组限值较原始数据精度提高半个最小测量单位。

根据［例10-3］条件，现采取第一种办法［）划分组限，即每组上限不计入该组内，则有，第一组下限：

$$x_{\min} - \frac{h}{2} = 31.5 - \frac{2.0}{2} = 30.5$$

第一组上限： $30.5 + h = 30.5 + 2 = 32.5$

第二组下限＝第一组上限 32.5

第二组上限： $32.5 + h = 32.5 + 2 = 34.5$

以下依此类推，最高组限为44.5～46.5，分组结果覆盖了全部数据。

（4）编制数据频数统计表

统计各组频数，可采用唱票形式进行，频数总和应等于全部数据个数。［例10-3］中的频数统计结果，见表10-6所列。

频 数 统 计 表   表10-6

组号	组限 (N/mm²)	频数统计	频 数	组号	组限 (N/mm²)	频数统计	频数
1	30.5～32.5	丁	2	5	38.5～40.5	正正	9
2	32.5～34.5	正一	6	6	40.5～42.5	正	5
3	34.5～36.5	正正	10	7	42.5～44.5	丁	2
4	36.5～38.5	正正正	15	8	44.5～46.5	一	1
合　　计							50

从表10-6中可以看出，浇筑C30混凝土，50个试块的抗压强度是各不相同的，这说明质量特性值是有波动的。但这些数据分布是有一定规律的，就是数据在一个有限范围内变化，且这种变化有一个集中趋势，即强度值在36.5～38.5N/mm²范围内的试块最多，可把这个范围即第四组视为该样本质量数据的分布中心，随着强度值的逐渐增大和逐渐减小，数据逐渐减少。为了更直观、更形象地表现质量特性值的这种分布规律，应进一步绘制出直方图。

（5）绘制频数分布直方图

在频数分布直方图中，横坐标表示质量特性值（［例10-3］中为混凝土强度），并标出各组的组限值。以［例10-3］条件为例，根据表10-6画出以组距为底，以频数为高的8个直方形，便得到混凝土强度的频数分布直方图，如图10-9所示。

3. 直方图的观察与分析

（1）观察直方图的形状、判断质量分布状态。作完直方图后，首先要认真观察直方图的整体形状，看其是否属于正常型直方图。正常型直方图就是中间高，两侧低，左右接近对称的图形，如图10-10（a）所示。

出现非正常型直方图时，表明生产过程或收集数据作图有问题。这就要求进一步分析判断，找出原因，从而采取措施加以纠正。凡属非正常型直方图，其图形分布有各种不同缺陷，归纳起来一般有五种类型，如图10-10（b）～（f）所示。

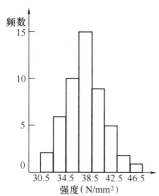

图10-9 混凝土强度分布直方图

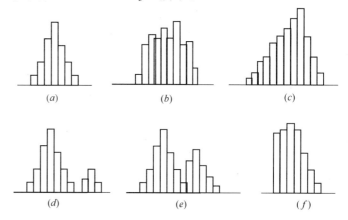

图10-10 常见的直方图图形
（a）正常型；（b）折齿型；（c）左缓坡型；
（d）孤岛型；（e）双峰型；（f）左绝壁型

1）折齿型（图10-10b），是由于分组不当或者组距确定不当出现的直方图。

2）左（或右）缓坡型（图10-10c），主要是由于操作中对上限（或下限）控制太严造成的。

3）孤岛型（图10-10d），是原材料发生变化，或者临时他人顶班作业造成的。

4）双峰型（图10-10e），可能是由于用两种不同方法或两台设备或两组工人进行生产的产品质量数据混在一起整理而产生的。

5）左（或右）绝壁型（图10-10f），是由于数据收集不正常，如可能是由于有意识地去掉下限以下（或上限以上）的数据，或是在检测过程中存在某种人为因素所造成的。

（2）将正常型直方图与质量标准比较，判断实际生产过程能力。作出直方图后，除了观察直方图形状，分析质量分布状态外，再将正常型直方图与质量标准比较，从而判断实际生产过程能力。正常型直方图与质量标准相比较，一般有如图10-11所示的六种情况。图10-11中：T表示质量标准要求界限，B表示实际质量特性分布范围。

1）图10-11（a），B在T中间，质量分布中心$\bar{x}$与质量标准中心M重合，实际数据分布与质量标准相比较两边还有一定余地。这样的生产过程质量是很理想的，说明生产过程处于正常的稳定状态。在这种情况下生产出来的产品可认为全都是合格品。

2）图10-11（b），B虽然落在T内，但质量分布中心$\bar{x}$与T的中心M不重合，偏向一边。一旦生产状态发生变化，就可能超出质量标准下限或上限而出现不合格品。出现这样情况时应迅速采取措施,使直方图移到中间来,$\bar{x}$ 与 M 重合。

3) 图 10-11 (c), B 在 T 中间, $\bar{x}$ 与 M 重合,但 B 的范围接近 T 的范围,没有余地,生产过程一旦发生小的变化,产品的质量特性值就可能超出质量标准。出现这种情况时,必须立即采取措施,以缩小质量分布范围。

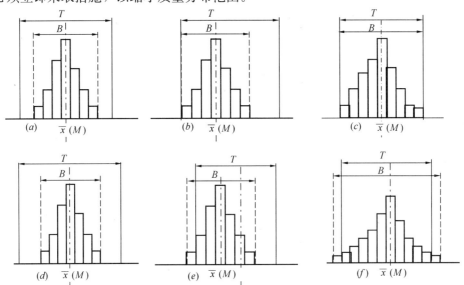

图 10-11 实际质量分布与标准比较

4) 图 10-11 (d), B 在 T 中间, $\bar{x}$ 与 M 重合,但两边余地太大,说明加工过于精细,不经济。在这种情况下,可以对原材料、设备、工艺、操作等控制要求适当放宽些,有目的地使 B 扩大,从而有利于降低成本。

5) 图 10-11 (e), $\bar{x}$ 与 M 不重合,且质量分布范围 B 已超出标准下限之外,说明已出现不合格品。此时必须采取措施进行调整,使质量分布位于标准之内。

6) 图 10-11 (f), $\bar{x}$ 与 M 重合,质量分布范围完全超出了质量标准上、下界限,散差太大,产生许多废品,说明过程能力不足,应提高过程能力,使质量分布范围 B 缩小。

(四) 控制图法

1. 控制图的基本形式及其用途

控制图又称管理图。它是在直角坐标系内画有控制界限,描述生产过程中产品质量波动状态的图形。利用控制图区分质量波动原因,判明生产过程是否处于稳定状态的方法称为控制图法。

(1) 控制图的基本形式。控制图的基本形式如图 10-12 所示。横坐标为样本(子样)序号或抽样时间,纵坐标为被控制对象,即被控制的质量特性值。控制图上一般有三条线:在上面的一条虚线称为上控制界限,用符号 UCL 表示;在下面的一条虚线称为下控制界限,用符号 LCL 表示;

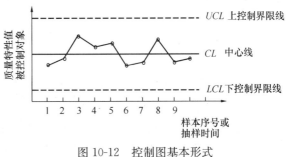

图 10-12 控制图基本形式

中间的一条实线称为中心线，用符号 CL 表示。中心线标志着质量特性值分布的中心位置，上下控制界限标志着质量特性值允许波动范围。

在生产过程中通过抽样取得数据，把样本统计量描在图上来分析判断生产过程状态。如果数据点子随机地落在上、下控制界限内，则表明生产过程正常，处于稳定状态，不会产生不合格品；如果点子超出控制界限，或点子排列有缺陷，则表明生产条件发生了异常变化，生产过程处于失控状态。

(2) 控制图的用途。控制图是用样本数据来分析判断生产过程（总体）是否处于稳定状态的有效工具。它的主要用途有两个：

1) 过程分析。即分析生产过程是否稳定。为此，应随机连续收集数据，绘制控制图，观察数据点分布情况并判定生产过程状态。

2) 过程控制。即控制生产过程质量状态。为此，要定时抽样取得数据，将其变为点子描在图上，发现并及时消除生产过程中的失调现象，预防不合格品的产生。

前述排列图、直方图法是质量管理的静态分析法，反映的是质量在某一段时间里的静止状态。然而产品都是在动态的生产过程中形成的，因此，在质量管理中只用静态分析法显然是不够的，还必须有动态分析法。只有动态分析法，才能随时了解生产过程中质量的变化情况，及时采取措施，使生产处于稳定状态，起到预防出现废品的作用。控制图就是典型的动态分析法。

控制图早在 1924 年由美国贝尔研究所休哈特博士首先提出，目前已成为各国质量管理常用的统计分析工具。

2. 控制图的原理

任何一个生产过程，不论客观条件多么稳定，设备多么精确，工人操作多么熟练，其生产的产品总是会有所差别的，这就是质量特性值的波动性，或称质量数据的差异性。

造成质量数据差异性的因素主要有五个方面，即：①人，包括质量意识、技术熟练程度、疲劳等因素；②材料，包括材料成分、外形尺寸、理化性能等因素；③方法，包括生产工艺、操作方法等因素；④环境，包括工作地点的温度、湿度、清洁条件、噪声干扰等因素；⑤机械设备，包括其精度、维修保养状况等因素。所有这些在生产过程中都同时对产品质量起着影响作用。

上述造成质量特性值波动的五个方面因素，归纳起来为两类原因：一类是偶然性原因，一类是系统性原因。偶然性原因是对产品质量经常起作用的因素，具有随机性的特点。如原材料成分、性能发生微小变化，工人操作的微小变化等。这些因素在生产中大量存在，但对质量影响很小，一般来说不会因此造成废品。而这些因素在技术上难以测量，且难以消除、难以避免，或在经济上不值得消除。通常把这类因素称为正常因素。系统性原因是指如原材料质量规格有显著变化，工人不遵守操作规程，机械设备过度磨损或发生故障等。它对质量波动影响很大，要产生次品或废品。而这些因素是容易识别，也是可以避免的。通常把系统性原因称为异常因素。

在生产过程中，如果仅仅存在偶然性原因影响，而不存在异常因素，这时生产过程处于稳定状态，或称为控制状态。其产品质量特性值的波动是有一定规律的，即质量特性值分布服从正态分布。控制图就是利用这个规律，来识别生产过程中的异常因素，控制由系统性原因造成的质量波动，保证生产过程处于控制状态。

如何衡量生产过程是否处于稳定状态呢？我们知道：一定状态下的生产过程生产的产品质量是具有一定分布的，生产过程状态发生变化，产品质量分布规律也随之改变。观察产品质量分布情况：一是看分布中心位置（μ）；二是看分布的离散程度（σ）。这可通过图 10-13 来说明。

图 10-13 中每一条曲线都可以看成是生产过程进行中某一时刻可能的质量分布，它反映了该时刻的生产过程状态。图中列举了（a）、（b）、（c）、（d）四种情形。假定其初始状态是一样的，其产品质量都服从同一正态分布，即具有确定的 μ 和 σ，且产品质量分布中心（μ）与质量标准中心（M）重合，散差分布在质量标准界限之内。这时生产的产品基本上都是合格品。但这只是保证产品质量的前提，以后将要生产的产品质量是由生产过程状态决定的。

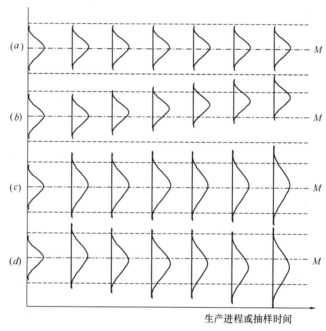

图 10-13 产品质量特性值分布曲线变化

情形（a），产品质量分布中心与散差都不随时间（生产进程）而改变，即 μ 和 σ 不变，这种情况下对于生产出的产品以及将要生产的产品都有充分的把握，因而可以说这时的生产过程中没有异常因素存在，处于控制状态下。

情形（b），产品质量分布中心 μ 随时间（生产进程）变化发生了较大偏移，即 μ 值偏离标准中心（M）。

情形（c），产品质量分布中心不随时间而改变，产品质量分布中心（μ）与质量标准中心（M）重合，但产品质量的散差增加了，即 σ 增大了。

情形（d），产品质量分布中心和散差都发生了较大改变，即 μ 值偏离标准中心（M），σ 值增大。

后三种情形都是由于生产过程中存在异常原因引起的，都有可能产生不合格品，生产过程不能再维持初始的质量水平，而处于不稳定状态。

综上所述，我们可依据描述产品质量分布的集中趋势和离散程度的统计特征值随时间的（生产进程）变化情况来分析生产过程是否处于稳定状态。在控制图中，只要样本质量的特征值是随机地落在上、下控制界限之内，就表明产品质量分布的参数 μ 和 σ 基本保持不变，生产过程中只存在偶然因素，生产过程是稳定的。而一旦发生了质量数据点飞出控制界限之外，或排列有缺陷，则说明生产过程中存在系统原因，使 μ 和 σ 发生了改变，生产过程出现异常情况。

3. 控制图的种类

（1）按用途分类

1）分析用控制图。主要是用来调查生产过程是否处于控制状态。作分析用控制图时，一般需连续抽取 20~25 组样本数据，计算控制界限。

2）管理（或控制）用控制图。主要用来控制生产过程，使之经常保持在稳定状态下。当根据分析用控制图判明生产过程处于稳定状态时，一般都是把分析用控制图的控制界限延长作为管理用控制图的控制界限，并按一定的时间间隔取样、计算、打点，根据点子分布情况，判断生产过程是否有异常因素影响。

（2）按质量数据特点分类

1）计量值控制图。主要适用于质量特性值属于计量值的控制，如时间、长度、重量、强度、成分等连续型变量。常用的计量值控制图有以下几种：

① $\bar{x} - R$ 控制图。这是平均数 $\bar{x}$ 控制图和极差 R 控制图相配合使用的一种基本控制图。$\bar{x}$ 为组的平均值，R 为组的极差值。其特点是：提供的质量情报多，发现生产过程异常能力（即检测能力）强。

② $\tilde{x} - R$ 控制图。这是中位数 $\tilde{x}$ 控制图和极差 R 控制图结合使用的一种控制图。其用途与 $\bar{x} - R$ 控制图相同。其特点是计算简单。

③ $x - R_s$ 控制图。这是单值 x 控制图和移动极差 R_s 控制图结合使用的一种控制图。R_s 为相邻两数据差的绝对值，即：$R_x = |x_{i+1} - x_i|$

2）计数值控制图。通常适用于质量数据中属于计数值的控制，如不合格品数、疵点数、不合格品率等离散型变量数据。根据计数值的不同又分为计件值控制图和计点值控制图。

① 计件值控制图。有不合格品数 P_n 控制图和不合格品率 P 控制图。当某些产品质量的特性值无法直接测量，只要求按合格品和不合格品区分时，均宜采用 P_n 控制图和 P 控制图。P_n 控制图一般用于样本容量 n 相等的情况，P 控制图则用于样本容量不相等的情况。

② 计点值控制图。有缺陷数 C 控制图和单位缺陷数 u 控制图。C 控制图用于样本容量一定时的情况，u 控制图用于样本容量不一定的情况。

4. 控制图控制界限的确定

根据数理统计学原理和经济原则，采用的是"三倍标准偏差法"来确定控制界限，即将中心线定在被控制对象的平均值上，以中心线为基准向上、下各量三倍被控制对象的标准偏差作为上、下控制界限。如图 10-14 所示。

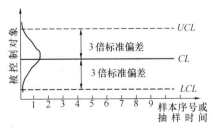

图 10-14 控制界限的确定

采用三倍标准偏差法是因为控制图是以正态分

布为理论依据的。采用这种方法可以在最经济的条件下，实现生产过程控制，保证产品的质量。

设某生产过程为一总体，其平均值为 μ，标准偏差为 σ，生产处于稳定状态时其分布如图 10-15 中间的正态分布所示。从其中随机抽取一个样品测量其质量特性值为 x，则 x 值落入 $\mu\pm3\sigma$ 范围的概率为 99.73%，也就是几乎全部特性值都落在这个范围内，而 x 超出 $\mu\pm3\sigma$ 范围的概率为 0.27%，即抽取 1000 个观察值（数据点子）仅可能有 3 个数据点子超出这个范围。这表明，如果数据点子落在竖线阴影部分时，个别超出 $\mu\pm3\sigma$ 的观察值有可能被判断为不正常，而当事实上这是由于偶然造成的，而并非不正常时，就犯了判断错误。这种该判断为正常而错判为不正常的错误称为第一种错误，错判的概率记为 α。在控制界限取为 $\mu\pm3\sigma$ 的条件下，这种错误判断的概率不超过 0.27%。

反之，若生产过程发生变化，平均值 μ 移至 μ_1 或 μ_2（μ_1 或 μ_2 是未知的），如图 10-15 所示，这时生产不正常。但如果数据点子落在斜线阴影部分时，由于它仍处于控制界限 $\mu\pm3\sigma$ 内，就有可能被判断为生产正常。这就犯了该判断为不正常而错判为正常的错误，这称为第二种错误，错判的概率记为 β。

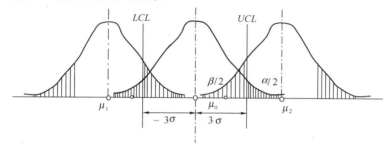

图 10-15　第一种错误和第二种错误的概率

要减少第一种错误，必须放宽控制界限，但这会导致第二种错误增大。反之，要减少第二种错误必须压缩控制界限，这又会增大犯第一种错误的概率。因此，各种控制图的控制界限的确定，均应以两种错误判断的总损失为最小作为依据。如图 10-16 所示，能使两种错误判断的总损失为最小的控制界限幅度是 3σ。所以，三倍标准偏差法确定控制界限，是符合经济原则的，是合理的。

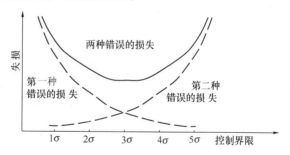

图 10-16　控制界限与两种错误损失的关系

在用三倍标准偏差法确定控制界限时，其计算公式如下：

中心线　　$CL = E(X)$

上控制界限　　$UCL = E(X) + 3D(X)$

下控制界限　　$LCL = E(X) - 3D(X)$

式中　X——样本统计量；X 可取 $\bar{x}$（平均值）、$\tilde{x}$（中位数）、x（单值）、R（极差）、P_n（不合格品数）、P（不合格品率）、C（缺陷数）、u（单位缺陷数）等；

$E(X)$——X 的平均值；

$D(X)$——X 的标准偏差。

按三倍标准偏差法，各类控制图的控制界限的计算公式，见表 10-7 所列。控制图用系数见表 10-8 所列。

控制图控制界限计算公式　　　　　　　　　　　表 10-7

控制图种类		中 心 线	控制界限
计量值控制图	平均数 $\bar{x}$ 控制图	$\bar{\bar{x}} = \dfrac{\sum\limits_{i=1}^{k} \bar{x}_i}{k}$	$\bar{\bar{x}} \pm A_2 \bar{R}$
	极差 R 控制图	$\bar{R} = \dfrac{\sum\limits_{i=1}^{k} R_i}{k}$	$D_4 \bar{R}, D_3 \bar{R}$
	中位数 $\tilde{x}$ 控制图	$\bar{\tilde{x}} = \dfrac{\sum\limits_{i=1}^{k} \bar{x}_i}{k}$	$\bar{\tilde{x}} \pm m_3 A_2 \bar{R}$
	单值 x 控制图	$\bar{x} = \dfrac{\sum\limits_{i=1}^{k} x_i}{k}$	$\bar{x} \pm E_2 \bar{R}_s$
	移动极差 R_s 控制图	$\bar{R}_s = \dfrac{\sum\limits_{i=1}^{k} R_{si}}{k}$	$D_4 \bar{R}_s$
计数值控制图	计件	不合格品数 P_n 控制图	$\bar{P}_n = \dfrac{\sum\limits_{i=1}^{k} P_i n_i}{k}$	$\bar{P}_n \pm 3 \sqrt{\bar{P}_n(1-\bar{P}_n)}$
		不合格品率 P 控制图	$\bar{P} = \dfrac{\sum\limits_{i=1}^{k} P_i n_i}{k}$	$\bar{P} \pm 3 \sqrt{\bar{P}(1-\bar{P})}$
	计点	缺陷数 C 控制图	$\bar{C} = \dfrac{\sum\limits_{i=1}^{k} C_i}{k}$	$\bar{C} \pm 3 \sqrt{\bar{C}}$
		单位缺陷数 u 控制图	$\bar{u} = \dfrac{\sum\limits_{i=1}^{k} u_i}{k}$	$\bar{u} \pm 3 \sqrt{\dfrac{\bar{u}}{n}}$

控制图用系数表　　　　　　　　　　　表 10-8

样本容量 n	A_2	D_4	D_3	$m_3 A_2$	E_2
2	1.88	3.27	—	1.88	2.66
3	1.02	2.57	—	1.19	1.77
4	0.73	2.28	—	0.80	1.46
5	0.58	2.11	—	0.69	1.29
6	0.48	2.00	—	0.55	1.18
7	0.42	1.92	0.08	0.51	1.11
8	0.37	1.86	0.14	0.43	1.05
9	0.34	1.82	0.18	0.41	1.01
10	0.31	1.78	0.22	0.36	0.96

5. 控制图的绘制方法

无论是计量值控制图还是计数值控制图,其绘制程序基本是一致的。

(1) 选定被控制的质量特性,即明确控制对象。要控制的质量特性应是影响质量的关键特性,且必须是可测量、技术上可以控制的。

(2) 收集数据并分组。收集数据应采取随机抽样。绘制分析用计量值控制图时,数据量应不少于50～100个,收集数据的时间不应少于10～15天。在日常控制中,样本含量多取 $n=4\sim 5$。

(3) 确定中心线和控制界限。这是绘制控制图的中心问题。可利用表10-7所列公式计算确定。

(4) 描点分析。如果认为生产过程处于稳定状态,则控制图可转为控制生产过程用。如果生产过程处于非控制状态,则应查明原因,剔除异常点,或重新取得数据,再行绘制,直到得出处于稳定状态下的控制图为止。

下面结合建筑工程实例,说明作为分析用计量值 $\bar{x}-R$ 控制图的绘制方法及应用。

【例10-4】 某混凝土搅拌站捣制 C30 混凝土,为保证其质量,试采用平均值与极差 ($\bar{x}-R$) 控制图进行分析和控制。

【解】 $\bar{x}-R$ 控制图的绘制步骤如下:

(1) 收集数据并分组,共收集了 50 份抗压强度报告单。按时间顺序排列,每组 5 个数据 ($n=5$),共分为 10 组 ($k=10$),见表10-9所列。

混凝土强度数据表　　　表10-9

组序	抗压强度（N/mm²）					小计 $\sum x$	平均值 $\bar{x}_i$	极差 R_i
	x_1	x_2	x_3	x_4	x_5			
1	32.5	44.6	35.6	34.7	34.9	182.3	36.46	12.1
2	36.7	38.9	41.8	30.8	40.3	188.5	37.70	11.0
3	37.5	33.4	36.8	37.1	39.9	184.5	36.94	3.5
4	41.1	47.0	37.0	34.2	37.9	197.2	39.44	12.8
5	37.7	34.0	37.4	35.3	32.8	177.2	35.44	1.9
6	36.4	39.3	38.5	36.3	34.4	184.9	36.98	4.9
7	33.1	36.7	33.9	35.5	37.8	177.0	35.40	4.7
8	38.6	40.9	43.7	35.1	39.7	198.0	39.60	8.6
9	35.8	36.9	38.1	41.3	43.1	195.2	39.04	7.3
10	39.4	42.4	40.7	42.2	38.3	203.0	40.60	4.1
合 计							377.60	76.9

(2) 确定中心线和控制界限。

1) 计算每组的平均值 $\bar{x}_i$ 和极差 R_i,要求精度较测定单位高一级。其结果记入表10-9中最后两列。

2) 计算各组平均值 $\bar{x}_i$ 的平均值 $\bar{\bar{x}}_i$ 和各组极差 R_i 的平均值 $\bar{R}_i$。

$$\bar{\bar{x}} = \frac{\sum_{i=1}^{k} \bar{x}_i}{k} = \frac{377.60}{10} = 37.76 \text{N/mm}^2$$

$$\overline{R}_i = \frac{\sum_{i=1}^{k} R_i}{k} = \frac{76.9}{10} = 7.69 \text{N/mm}^2$$

3)确定中心线和控制界限。

$\overline{x}$ 控制图的中心线和控制界限为：

$$CL = \overline{\overline{x}} = 37.76 \text{N/mm}^2$$
$$UCL = \overline{\overline{x}} + A_2\overline{R} = 37.76 + 0.58 \times 7.69 = 42.22 \text{N/mm}^2$$
$$LCL = \overline{\overline{x}} - A_2\overline{R} = 37.76 - 0.58 \times 7.69 = 33.30 \text{N/mm}^2$$

R 控制图的中心线和控制界限为：

$$CL = \overline{R} = 7.69 \text{N/mm}^2$$
$$UCL = D_4\overline{R} = 2.11 \times 7.69 = 16.23 \text{N/mm}^2$$
$$LCL = D_3\overline{R}$$

因为 $n<6$，所以，可不考虑下控制界限。

(3) 绘图、描点与分析

根据确定的控制图的中心线和上、下控制界限，绘制出 $\overline{x}$ 控制图和 R 控制图，并将各组的平均值和极差变为点子描在图上，如图 10-17 所示。观察分析控制图上点子分布情况可知，混凝土生产过程处于稳定状态。所确定的控制界限，可转为控制生产过程之用。

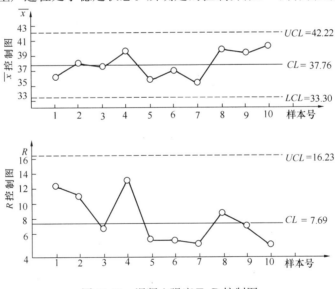

图 10-17 混凝土强度 $\overline{x}$-R 控制图

6. 控制图的观察与分析

绘制控制图的目的主要是对控制图进行观察和分析，判断生产过程是否处于稳定状态。这主要通过对控制图上点子的分布情况的观察与分析来进行。因为控制图上点子作为随机抽样的样本，可以反映出生产过程（总体）的质量分布状态。

当控制图同时满足以下两个条件——一是点子全部落在控制界限之内，二是控制界限内的点子排列没有缺陷时，可以认为生产过程基本上处于稳定状态。

所谓点子全部落在控制界限内，是指应符合下述三个要求：①连续 25 点以上处于控制界限内；②连续 35 点中仅有 1 点超出控制界限；③连续 100 点中不多于 2 点超出控制界限。

所谓控制界限内的点子排列没有缺陷，是指点子的排列是随机的，没有出现异常现象。这里的异常现象是指点子排列出现了"链"、"同侧"、"趋势"等情况。

(1) 链，是指点子连续出现在中心线一侧的现象。

1) 出现 5 点链，应注意工序发展状况。

2) 出现 6 点链，应开始调查原因。

3) 出现 7 点链，应判定工序异常，需采取处理措施，如图 10-18（a）所示。

(2) 多次同侧，是指点子在中心线一侧多次出现的现象，或称偏离。下列情况说明生产过程已出现异常。

1) 在连续 11 点中有 10 点在同侧，如图 10-18（b）所示。

2) 在连续 14 点中有 12 点在同侧。

3) 在连续 17 点中有 14 点在同侧。

4) 连续 20 点中有 16 点在同侧。

(3) 趋势或倾向，是指点子连续上升或连续下降的现象。连续 7 点或 7 点以上上升或下降排列，就应判定生产过程有异常因素影响，要立即采取措施，如图 10-18（c）所示。

(4) 周期，即点子的排列显示周期性变化的现象。这样即使所有点子都在控制界限内，也应认为生产过程为异常，如图 10-18（d）所示。

(5) 点子排列接近控制界限，是指点子落在了 $x\pm2\sigma$ 以外、$x\pm3\sigma$ 以内。如属下列情况的判定为异常。如图 10-18（e）所示。

1) 连续 3 点至少有 2 点接近控制界限。

2) 连续 7 点至少有 3 点接近控制界限。

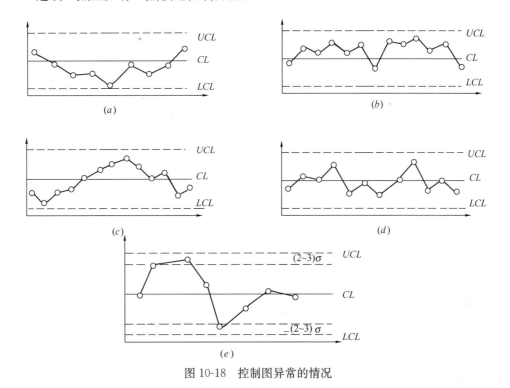

图 10-18　控制图异常的情况

3) 连续 10 点至少有 4 点接近控制界限。

（五）相关图法

相关图又称散布图。在质量管理中它是用来显示两种质量数据之间关系的一种图形。质量数据之间的关系多属相关关系。一般有三种类型：一是质量特性和影响因素之间的关系；二是质量特性和质量特性之间的关系；三是影响因素和影响因素之间的关系。

我们可以用 Y 和 X 表示质量特性值和影响因素，通过绘制散布图，计算相关系数等，分析研究两个变量之间是否存在相关关系，以及这种关系密切程度如何，进而对相关程度密切的两个变量，通过对其中一个变量的观察控制，去估计控制另一个变量的数值，以达到保证产品质量的目的。

1. 相关图的绘制方法

【例 10-5】 分析混凝土抗压强度和水灰比之间的关系。

【解】（1）搜集数据。要成对地搜集两种质量数据，数据不得过少。本例搜集数据见表 10-10 所列。

混凝土抗压强度与水灰比统计资料　　　　　表 10-10

序号		1	2	3	4	5	6	7	8
x	水灰比	0.4	0.45	0.5	0.55	0.6	0.65	0.7	0.75
y	强度（N/mm²）	36.3	35.3	28.2	24.0	23.0	20.6	18.4	15.0

（2）绘制相关图。在直角坐标系中，一般 x 轴用来代表原因的量或较易控制的量，本例中表示水灰比；y 轴用来代表结果的量或不易控制的量，本例中表示强度。然后将数据在相应的坐标位置上描点，便得到散布图，如图 10-19 所示。

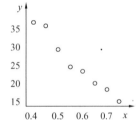

图 10-19　相关图

2. 相关图的观察与分析

相关图中点的集合，反映了两种数据之间的散布状况，根据散布状况可以分析两个变量之间的关系。归纳起来，有以下六种类型，如图 10-20 所示。

（1）正相关（图 10-20a）。散布点基本形成由左至右向上分布较集中的一条直线带，即随 x 增加，y 值也相应增加，说明 x 与 y 有较强的制约关系。可通过对 x 控制而有效正向控制 y 的变化。

（2）弱正相关（图 10-20b）。散布点形成由左至右向上分布较分散的直线带。随 x 值的增加，y 值也有增加趋势，但 x、y 的关系不像正相关那么明显。说明 y 除受 x 影响外，还受其他更重要的因素影响，需进一步利用因果分析图法分析其他的影响因素。

（3）不相关（图 10-20c）。散布点形成一团或平行于 x 轴的直线带。说明 x 变化不会引起 y 的变化或其变化无规律，分析质量原因时可排除 x 因素。

（4）负相关（图 10-20d）。散布点形成由左至右向下的分布较集中的一条直线带，即 y 随 x 增加相应减小。说明 x 与 y 有较强的制约关系，但 x 对 y 的影响与正相关恰恰相反。可通过对 x 控制而有效反向控制 y 的变化。

（5）弱负相关（图 10-20e）。散布点形成由左至右向下分布的较分散的直线带。说明 x 与 y 的相关关系较弱，且变化趋势相反，应考虑寻找影响 y 的其他更重要的因素。

(6) 非线性相关（图 10-20f）。散布点呈一曲线带，即在一定范围内 x 增加，y 也增加；超过这个范围，x 增加，y 则有下降趋势。

从图 10-19 可以看出，[例 10-5] 中水灰比对强度影响是属于负相关。初步结果是，在其他条件不变情况下，混凝土强度随着水灰比增大有逐渐降低的趋势。

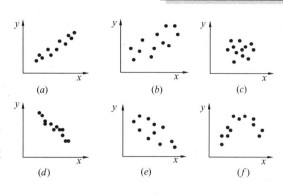

图 10-20　相关图的类型

(a) 正相关；(b) 弱正相关；(c) 不相关；(d) 负相关；
(e) 弱负相关；(f) 非线性相关

3. 相关系数

通过绘制并观察散布图，可定性分析判断两个变量之间的相关关系。而用相关系数则可定量地度量两个变量之间线性相关关系的密切程度。

(1) 相关系数的计算。相关系数用 r 表示，其计算公式为：

$$r = \frac{n\sum xy - \sum x \sum y}{\sqrt{n\sum x^2 - (\sum x)^2}\sqrt{n\sum y^2 - (\sum y)^2}}$$

根据上述公式，[例 10-5] 的相关系数可列入表 10-11 进行计算。

$$r = \frac{8 \times 109.03 - 4.60 \times 200.8}{\sqrt{8 \times 2.75 - 4.60^2}\sqrt{8 \times 5451.94 - 200.8^2}} = -0.9367$$

相关系数计算表　　　　　表 10-11

序号	水灰比 x	强度 y	x^2	y^2	xy
1	0.40	36.3	0.16	1317.69	14.52
2	0.45	35.3	0.2025	1246.09	15.89
3	0.50	28.2	0.25	795.24	14.10
4	0.55	24.0	0.3025	576.00	13.20
5	0.60	23.0	0.36	529.00	13.80
6	0.65	20.6	0.4225	424.36	13.39
7	0.70	18.4	0.49	338.65	12.88
8	0.75	15.0	0.5625	225.00	11.25
合　计	4.60	200.8	2.75	5451.94	109.03

(2) 相关系数的意义。相关系数可以定量地说明变量 x、y 之间线性相关关系的密切程度和变化方向。相关系数 r 是一个无量纲数值，变化范围是：

$$-1 \leqslant r \leqslant 1$$

r 的绝对值越接近于 1，表示 x、y 之间线性相关程度高；r 越接近于 0，表示线性相关程度低；当 $r=0$ 时，有两种可能，即或者是非线性相关，或者是不相关。

当 r 为负值时，表示变量间为负相关；r 为正值时，表示变量间为正相关。

当变量数据对数较多（$n \geq 50$）时，可以将相关关系的密切程度分为四级：

1) $|r| < 0.3$，x、y 无线性相关关系；
2) $0.3 \leq |r| < 0.5$，x、y 是低度相关关系；
3) $0.5 \leq |r| < 0.8$，x、y 是显著相关关系；
4) $|r| \geq 0.8$，x、y 是高度相关关系。

当变量数据较少时（即小样本），需要对相关系数进行检验。

(3) 相关系数的检验。相关系数是根据样本资料计算的，根据抽样原理可知，用一个小样本的相关系数去说明总体的相关程度是具有随机性的。需要对样本相关系数进行检验。下面介绍一种查表检验的方法，其步骤如下：

1) 确定自由度，当样本数据对数是 n 时，自由度等于 $n-2$。
2) 确定危险率 α，一般取 $\alpha = 5\%$ 或 $\alpha = 1\%$。危险率的含义是：用计算的样本相关系数说明总体相关程度，其可靠程度为 $1-\alpha$，即 95% 或 99%。
3) 查相关系数检验表，根据自由度 $n-2$ 和危险率 α 查相关系数检验表，见表 10-12 所列。

相关系数检验表　　　　　　　　　　　　　　　表 10-12

$n-2$	α		$n-2$	α		$n-2$	α	
	0.01	0.05		0.01	0.05		0.01	0.05
1	1.000	0.997	14	0.623	0.497	27	0.470	0.367
2	0.990	0.950	15	0.606	0.482	28	0.463	0.361
3	0.950	0.878	16	0.590	0.468	29	0.456	0.355
4	0.917	0.811	17	0.575	0.456	30	0.449	0.349
5	0.874	0.754	18	0.561	0.444	35	0.418	0.325
6	0.834	0.707	19	0.549	0.433	40	0.393	0.304
7	0.798	0.666	20	0.537	0.423	45	0.372	0.288
8	0.765	0.632	21	0.526	0.413	50	0.354	0.273
9	0.735	0.602	22	0.515	0.404	60	0.325	0.250
10	0.708	0.576	23	0.505	0.396	70	0.302	0.232
11	0.684	0.553	24	0.496	0.388	80	0.283	0.217
12	0.661	0.532	25	0.487	0.381	90	0.267	0.205
13	0.641	0.514	26	0.478	0.374	100	0.254	0.195

从表 10-12 中查得相应的 r_α 和计算的 $|r|$ 比较，这里 r_α 是在一定的可靠度 $1-\alpha$ 条件下，样本相关系数有效的起码值（界限值），即 $|r| \geq r_\alpha$ 时，可以判断 x、y 相关，其保证程度是 $1-\alpha$；若 $|r| < r_\alpha$，则认为 x 与 y 无线性相关关系。

在 [例 10-5] 中，$n=8$，需要对相关系数进行检验。自由度 $=8-2=6$，α 取 0.05，查表可得 $r_{0.05}=0.707$，因 $|r|=0.9367$，因而可以认为混凝土强度与水灰比之间存在高度线性相关关系，是负相关。在实际工作中可以通过控制水灰比来保证混凝土强度。

（六）分层法

分层法又叫分类法，是将调查搜集的原始数据，根据不同的目的和要求，按某一性质进行分组、整理的分析方法。分层的结果使数据各层间的差异突出地显示出来，层内的数据差异减少了。在此基础上再进行层间、层内的比较分析，可以更深刻地发现和认识质量问题的本质和规律。由于产品质量是多方面因素共同作用的结果，因而对同一批数据，可以按不同性质分层，从不同角度来考虑、分析产品存在的质量问题和影响因素。

常用的分层标志有：
(1) 按操作班组或操作者分层；
(2) 按机械设备型号、功能分层；
(3) 按工艺、操作方法分层；
(4) 按原材料产地或等级分层；
(5) 按时间顺序分层。

(七) 统计调查表法

统计调查表法是利用专门设计的统计调查表，进行数据搜集、整理和粗略分析质量状态的一种方法。

在质量管理活动中，利用统计调查表搜集数据，简便灵活，便于整理。它没有固定的格式，一般可根据调查的项目，设计出不同的格式。常用的统计分析表有：
(1) 统计产品缺陷部位调查表；
(2) 统计不合格项目的调查表；
(3) 统计影响产品质量主要原因调查表；
(4) 统计质量检查评定用的调查表等。

二、质量管理的新方法

新的质量管理七种工具是日本于1979年总结出来的。它主要应用在全面质量管理循环PDCA的计划阶段，同主要应用于生产阶段的前述的七种工具相辅相成，同是质量管理的重要方法。新七种工具基本是依据来自企业内外的语言文字资料来分析问题的，这同老七种工具强调用数据说话有很大不同。

(一) 关系图法

影响一个事物的因素是多方面的，并且往往呈相互交织的复杂状态。要想解决存在的问题，必须研究这些因素之间的关系，抓住主要矛盾。关系图就是用箭头把各种因素及主要问题间的因果关系连接起来的图，如图10-21所示。

应用关系图步骤是：按照目标组成小组；确认存在的问题；提出与存在问题有关的主要因素（包括原因、理由和个人看法）或达到目的的必要手段；用简明确切的语言表达出存在的问题和各主要因素；用箭头表示出各主要因素之间、主要因素与问题之间的因果关系；纵观全局，进一步归纳出重要问题和重要因素；制定相应解决重要问题的具体措施计划；随条件和环境变化相应的修改关系图。

(二) 系统图法

系统图法就是利用系统图来掌握问题（事

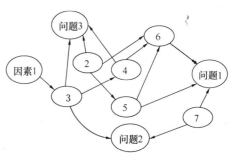

图 10-21 关系图的基本型

件）全貌，明确问题重点，找到达到目的的最佳手段（或措施）的方法。

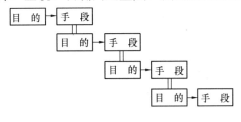

图 10-22 系统图示意

为了达到某种目的，就需要采取某种手段，为了实现这一手段，又必须考虑下一水平的手段，这样上一级水平的手段，就成为下一级水平的目的。把达到某种目的所必需的手段，按顺序层层展开，作成如图 10-22 所示的树形图就是系统图。

系统图的绘制步骤是：确定具体的目的；提出手段、方法；评价手段、方法；绘制手段方法卡片；手段、方法的系统化；确认目的；制定实施计划。

系统图法在质量管理中主要用途有：设计质量的展开；目标、方针的展开；解决企业内质量、成本、工期等方面问题的措施展开等。

（三）矩阵图法

矩阵图法是利用数学上多维思考来逐步明确问题的方法，即把与研究问题有关的多种对应关系的因素，排列成行列式的形式，然后找出其中有密切关系的关联因素，再进一步寻找解决问题的手段和方法。

图 10-23 所示的 L 形矩阵图，从作为某一种问题的事件中，找出成对因素，然后把属于 A 类因素的 $a_1, a_2, \cdots, a_i \cdots a_m$ 及属于 B 类因素的 $b_1, b_2, \cdots, b_j \cdots b_n$，分别填在行和列上，在行和列交叉点处表示出各因素之间有无关系及关系程度，并发现关键点，以此来进一步有效地解决问题。

矩阵图除最基本的 L 形外，还有 T 形、Y 形、X 形、C 形矩阵图，使用时应根据分析的对象选择合适的形式。

矩阵图主要应用于：进行产品质量评价；分析生产过程中不合格品与其原因之间的关系；原材料质量图展开分析等。

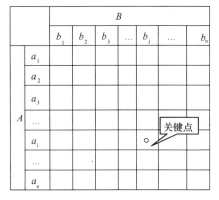

图 10-23 矩阵图

（四）矩阵数据分析法

所谓矩阵数据分析法，是当矩阵图上各要素间的关系能够定量表示（即在行和列交点处的数据表示其关系程度）时，通过计算来分析、整理数据的方法。它是质量管理新七种工具中唯一利用数据分析问题的方法。

矩阵数据分析法的主要用途：对由复杂因素组成的工序进行分析；对市场调查的数据进行分析；掌握用户对质量的要求等。

（五）矢线图法

矢线图法也称网络图法或网络计划技术。它是通过网络图的形式，反映和表达计划的安排，据以选择最优方案，组织、协调和控制生产的进度和费用，使其达到预定目标的一种科学管理方法。其工具就是 PERT（计划评审术）和 CMP 法（关键线路法）中进行日程计划进度所用的网络图，也称矢线图。

矢线图法在质量管理中的主要用途：拟定新产品研制计划；拟定产品改进计划；拟定质量管理计划及对其进行进度管理等。

（六）过程决策程序图法（PDPC法）

过程决策程序图法是运筹学在质量管理中的具体应用。为了达到预定目标而制定的实施计划，由于技术上的原因或系统发生了故障，有时不一定按照当初预想的那样发展，而使一开始确定的方法贯彻不下去。过程决策程序图法（PDPC法）就是针对上述问题提出来的。它是对事先可能考虑到的各种情况都进行预测，提出相应的预防措施，并在事态发展中随时进行预测和修正，以引导事态向所希望的结果发展。所以PDPC法是一种通过对事态进展中各种结果的预测，确定其达到最佳结果途径的方法。

PDPC法的主要用途：制定目标管理中的实施计划，制定预防生产工序中出现不合格品的措施，对系统中重大事故进行预测并制定相应的措施等。

（七）KJ法

KJ法是将处于混乱状态中的语言文字资料利用其间的内在相互关系（即亲和性）加以归纳整理，然后找出解决问题的方法。

KJ法的主体方法是A形图解。所谓A形图解，简单地说，就是针对未知或未经检验过的领域中的混乱问题，搜集与之有关的事项、意见或设想等方面的语言文字资料，然后利用资料间的相互亲和性作成归类合并图，进而从中找出解决问题的方法。

A形图解的用途主要有：认识事物；归纳思想，提出新的思想；打破现状，产生新的观念，提出新的理论。

第四节　建筑工程质量检查与验收

一、建筑工程质量检查

建筑工程质量检查就是在工程质量形成的全过程中，专业质量检查员（包括专职检查人员和兼职检查人员）对所施工的工程项目或产品实体质量及工艺操作质量进行实际而及时的测定、检查等的活动。

通过质量检查，防止不合格工程或产品进入到下个施工活动或进入用户手中，把住质量关，把发生或可能发生的质量问题解决在施工过程之中，并通过质量检查得到反馈的质量信息，发现存在的质量问题，采取有效的措施进行处理和整改，确保工程或产品质量的稳定与提高。

（一）质量检查的依据

（1）国家颁发的工程施工质量验收统一标准、专业工程施工质量验收规范等。

（2）原材料、半成品及构配件的质量检验标准。

（3）设计图纸及施工说明书等有关设计文件。

（二）质量检查的内容

工程质量检查的主要内容是：原材料、半成品及构配件的检查；工程地质、地貌测量定位、标高等资料的复核检查；分部、分项工程的各项施工活动的质量检查；隐蔽工程项目的检查；施工过程中的原始记录及技术档案资料的检查；竣工项目的处理检查；对工程使用功能的检查等。

（三）质量检查的方法

1. 全数检查

对产品进行逐项的全部检查。这种检查方法工作量大、花费时间长，检查结果真实、准确，往往在对关键性或质量要求特别严格的检验批、分部、分项工程，才采用这种检查方法。

2. 抽样检查

在施工过程中，对检验批以及分部、分项工程，按一定比例从总体中抽出一部分的样本，进行检查分析，以此判断总体的质量情况。这种检查方法与全数检查相比，具有投入人力少、花费时间短和检查费用低的优点。

二、建筑工程质量验收

（一）质量验收的划分

建筑工程质量验收应划分为单位（子单位）工程、分部（子分部）工程、分项工程和检验批。

1. 单位工程的划分

（1）具备独立施工条件并能形成独立使用功能的建筑物及构筑物为一个单位工程。

（2）建筑规模较大的单位工程，可将其能形成独立使用功能的部分划分为若干个子单位工程。

2. 分部工程的划分

（1）分部工程的划分应按专业性质、建筑部位确定。如建筑工程可划分为九个分部工程：地基与基础、主体结构、建筑装饰装修、建筑屋面、给水排水及供暖、电气、智能建筑、通风与空调、电梯。

（2）当分部工程规模较大或较复杂时，可按材料种类、施工特点、施工程序、专业系统及类别等划分为若干个子分部工程。如地基与基础分部工程可分为：无支护土方、有支护土方、地基与基础处理、桩基、地下防水、混凝土基础、砌体基础、劲钢（管）混凝土和钢结构等子分部工程。

3. 分项工程的划分

分项工程应按主要工种、材料、施工工艺、设备类别等进行划分。如无支护土方子分部工程可分为土方开挖和土方回填等分项工程。

4. 检验批的划分

所谓检验批是指按同一生产条件或按规定的方式汇总起来的供检验用的、由一定数量样本组成的检验体。检验批由于其质量基本均匀一致，因此可以作为检验的基础单位。

分项工程可由一个或若干个检验批组成。检验批可根据施工、质量控制和专业验收需要按楼层、施工段、变形缝等进行划分。分项工程划分成检验批进行验收有助于及时纠正施工中出现的质量问题，确保工程质量，也符合施工的实际需要。检验批的划分原则是：

（1）多层及高层工程中主体部分的分项工程可按楼层或施工段划分检验批，单层建筑工程的分项工程可按变形缝等划分检验批。

（2）地基基础分部工程中的分项工程一般划分为一个检验批。

(3) 屋面分部工程的分项工程中的不同楼层屋面可划分为不同的检验批。

(4) 其他分部工程中的分项工程，一般按楼层划分检验批。

(5) 安装工程一般按一个设计系统或设备组别划分为一个检验批。

(6) 室外工程统一划分为一个检验批。

(二) 工程质量验收

1. 检验批质量合格标准

(1) 主控项目和一般项目的质量经抽样检验合格。

(2) 具有完整的施工操作依据、质量检查记录。

所谓主控项目是指建筑工程中对安全、卫生、环境保护和公众利益起决定性作用的检验项目。主控项目是对检验批的基本质量起决定性影响的检验项目，不允许有不符合要求的检验结果，即这种项目的检查具有否决权。因此，主控项目必须全部符合有关专业工程施工质量验收规范的规定。

所谓一般项目是指除主控项目以外的检验项目。

质量控制资料反映了检验批从原材料到最终验收的各施工过程的操作依据、检查情况以及保证质量所必需的管理制度等。对其完整性的检查，实际是对过程控制的确认，这是检验批合格的前提。

2. 分项工程质量验收合格标准

分项工程的验收是在检验批的基础上进行的。一般情况下，两者具有相同或相近的性质，只是批量的大小不同而已。

(1) 分项工程所含的检验批均应符合合格质量的规定。

(2) 分项工程所含的检验批的质量记录应完整。

3. 分部（子分部）工程质量验收合格标准

(1) 分部（子分部）工程所含分项工程的质量均应验收合格。

(2) 质量控制资料应完整。

(3) 地基与基础、主体结构和设备安装等分部工程有关安全及功能的检验和抽样检测结果应符合有关规定。

(4) 观感质量验收应符合要求。

4. 单位（子单位）工程质量验收合格标准

单位工程质量验收也称质量竣工验收，是施工项目投入使用前的最后一次验收，也是最重要的一次验收。

(1) 单位（子单位）工程所含分部（子分部）工程的质量均应验收合格。

(2) 质量控制资料应完整。

(3) 单位（子单位）工程所含分部工程有关安全和功能的检测资料应完整。

(4) 主要功能项目的抽查结果应符合相关专业质量验收规范的规定。

(5) 观感质量验收应符合要求。

5. 建筑工程质量验收记录的规定

检验批、分项工程、分部（子分部）工程和单位（子单位）工程的质量验收记录应按表 10-13～表 10-17 的要求进行填写。

检验批质量验收记录

表 10-13

工程名称		分项工程名称		验收部位	
施工单位			专业工长		项目经理
施工执行标准名称及编号					
分包单位		分包项目经理		施工班组长	

		质量验收规范规定	施工单位检查评定记录	监理（建设）单位验收记录
主控项目	1			
	2			
	3			
	4			
	5			
	6			
	7			
	8			
	9			
一般项目	1			
	2			
	3			
	4			

施工单位检查结果评定	项目专业质量检查员：　　　年　月　日
监理（建设）单位验收结论	监理工程师： （建设单位项目专业技术负责人）：　　　年　月　日

_____分项工程质量验收记录　　　　　　　　　　　表 10-14

工程名称			结构类型		检验批数	
施工单位			项目经理		项目技术负责人	
分包单位			分包单位负责人		分包项目经理	

序号	检验批部位、区段	施工单位检查评定结果	监理（建设）单位验收结论
1			
2			
3			
……			

检查结论	项目专业技术负责人： 　　　　　　年　月　日	验收结论	监理工程师 （建设单位项目专业技术负责人） 　　　　　　年　月　日

_____分部（子分部）工程验收记录　　　　　　　　　　表 10-15

工程名称			结构类型		层　数	
施工单位			技术部门负责人		质量部门负责人	
分包单位			分包单位负责人		分包技术负责人	

序号	分项工程名称	检验批数	施工单位检查评定	验收意见
1				
2				
3				
……				

	质量控制资料	
	安全和功能检验（检测）报告	
	观感质量验收	

验收单位	分包单位	项目经理：　　　　　　年　月　日
	施工单位	项目经理：　　　　　　年　月　日
	勘察单位	项目负责人：　　　　　年　月　日
	设计单位	项目负责人：　　　　　年　月　日
	监理（建设）单位	总监理工程师： （建设单位项目专业负责人）　　　年　月　日

单位（子单位）工程质量竣工验收记录

表 10-16

工程名称		结构类型		层数/建筑面积	—
施工单位		技术负责人		开工日期	
项目经理		项目技术负责人		竣工日期	
序号	项 目	验 收 记 录			验收结论
1	分部工程	共___分部，经查___分部，符合标准及设计要求___分部			
2	质量控制资料核查	共___项，经查符合要求___项，经核定符合规范要求___项			
3	安全和主要使用功能核查及抽查结果	共核查___项，符合要求___项，共抽查___项，符合要求___项，经返工处理符合要求___项			
4	观感质量验收	共抽查___项，符合要求___项，不符合要求___项			
5	综合验收结论				
验收单位	建设单位	监理单位	施工单位	设计单位	
	单位（项目）负责人： 　年　月　日	总监理工程师： 　年　月　日	单位负责人： 　年　月　日	单位（项目）负责人： 　年　月　日	

单位（子单位）工程质量控制资料核查记录

表 10-17

工程名称			施工单位			
序号	项目	资 料 名 称		份 数	核查意见	核查人
1	建筑与结构	图纸会审、设计变更、洽商记录				
2		工程定位测量、放线记录				
3		原材料出厂合格证书及进场检（试）验报告				
4		施工试验报告及见证检测报告				
5		隐蔽工程验收表				
6		施工记录				
7		预制构件、预拌混凝土合格证				
8		地基、基础、主体结构检验及抽样检测资料				
9		分部、分项工程质量验收记录				
10		工程质量事故及事故调查处理资料				
11		新材料、新工艺施工记录				
12						
1	给水排水与供暖	图纸会审、设计变更、洽商记录				
2		材料、配件出厂合格证书及进场检（试）验报告				
3		管道、设备强度试验、严密性试验记录				
4		隐蔽工程验收表				
5		系统清洗、灌水、通水、通球记录				
6		施工记录				
7		分项、分部工程质量验收记录				
8						

续表

工程名称			施工单位			
序号	项目	资料名称		份数	核查意见	核查人
1	建筑电气	图纸会审、设计变更、洽商记录				
2		材料、设备出厂合格证书及进场检（试）验报告				
3		设备调试记录				
4		接地、绝缘电阻测试记录				
5		隐蔽工程验收表				
6		施工记录				
7		分项、分部工程质量验收记录				
8						
1	通风与空调	图纸会审、设计变更、洽商记录				
2		材料、设备出厂合格证书及进场检（试）验报告				
3		制冷、空调、水管道强度试验、严密性试验记录				
4		隐蔽工程验收表				
5		制冷设备运行调试记录				
6		通风、空调系统调试记录				
7		施工记录				
8		分部、分项工程质量验收记录				
9						
1	电梯	土建布置图纸会审、设计变更、洽商记录				
2		设备出厂合格证书及开箱检验记录				
3		隐蔽工程验收表				
4		施工记录				
5		接地、绝缘电阻测试记录				
6		负荷试验、安全装置检查记录				
7		分部、分项工程质量验收记录				
8						
1	建筑智能化	图纸会审、设计变更、洽商记录、竣工图及设计说明				
2		材料、设备出厂合格证，技术文件及进场检（试）验报告				
3		隐蔽工程验收表				
4		系统功能测定及设备调试记录				
5		系统技术、操作和维护手册				
6		系统管理、操作人员培训记录				
7		系统检测报告				
8		分项、分部工程质量验收报告				

结论：

总监理工程师：

施工单位项目经理： 年 月 日 （建设单位项目负责人） 年 年 日

6. 当施工项目质量不符合要求时的处理

（1）经返工重做或更换器具、设备的检验批应重新进行验收。这种情况是指在检验批验收时，其主控项目不能满足验收规范规定或一般项目超过偏差限值的子项不符合检验规定的要求时，应及时处理的检验批。

（2）经有资质的检测单位测定能够达到设计要求的检验批，应予以验收。这种情况是指当个别检验批发现如试块强度等质量不满足要求，难以确定是否验收时，应请具有资质的法定检测单位检测。

（3）经有资质的检测单位检测鉴定达不到设计要求、但经原设计单位核算认可，能够满足安全和使用功能的检验批，可予以验收。

（4）经返修或加工处理的分项、分部工程，虽然改变外形尺寸但仍能满足安全使用要求，可按技术处理方案和协商文件进行验收。

（5）通过返修或加固处理仍不能满足安全使用要求的分部工程、单位（子单位）工程，严禁验收。

单位（子单位）工程质量控制资料核查记录、单位（子单位）工程安全和功能检验资料核查及主要功能抽查记录、单位（子单位）工程质量检查记录应按表 10-18、表 10-19 进行填写。

单位（子单位）工程安全和功能检验资料核查及主要功能抽查记录　　　表 10-18

工程名称				施工单位			
序号	项目	安全和功能检查项目	份数	核查意见	抽查结果	核查（抽查）人
1	建筑与结构	屋面淋水试验记录				
2		地下室防水效果检查记录				
3		有防水要求的地面蓄水试验记录				
4		建筑物垂直度、标高、全高测量记录				
5		抽气（风）道检查记录				
6		幕墙及外墙气密性、水密性、耐风压检测报告				
7		建筑物沉降观测测量记录				
8		节能、环保测试记录				
9		室内环境检测报告				
10						
1	给水排水与供暖	给水管道通水试验记录				
2		暖气管道、散热器压力试验记录				
3		卫生器具满水试验记录				
4		消防管道、燃气管道压力试验记录				
5		排水干管通球试验记录				
6						
1	电气	照明全负荷试验记录				
2		大型灯具牢固性试验记录				
3		避雷接地电阻试验记录				
4		线路、插座、开关接地检验记录				
5						

续表

工程名称			施工单位			
序号	项目	安全和功能检查项目	份数	核查意见	抽查结果	核查（抽查）人
1	通风与空调	通风、空调系统试运行记录				
2		风量、温度测试记录				
3		洁净室洁净度测试记录				
4		制冷机组试运行调试记录				
5						
1	电梯	电梯运行记录				
2		电梯安全装置检测报告				
1	智能建筑	系统试运行记录				
2		系统电源及接地检测报告				
3						

结论：

　　　　　　　　　　　　　　　　　　　　　　　　总监理工程师：
施工单位项目经理：　　　　年　月　日　　（建设单位项目负责人）　　年　月　日

单位（子单位）工程观感质量检查记录　　表10-19

工程名称			施工单位			
序号	项目		检查质量状况	质量评价		
				好	一般	差
1	建筑与结构	室外墙面				
2		变形缝				
3		水落管，屋面				
4		室内墙面				
5		室内顶棚				
6		室内地面				
7		楼梯、踏步、护栏				
8		门窗				
1	给水排水与供暖	管道接口、坡度、支架				
2		卫生器具、支架、阀门				
3		检查口、扫除口、地漏				
4		散热器、支架				
1	建筑电气	配电箱、盘、板、接线盒				
2		设备器具、开关、插座				
3		防雷、接地				

续表

工程名称			施工单位				
序号	项 目		检查质量状况		质量评价		
					好	一般	差
1	通风与空调	风管、支架					
2		风口、风阀					
3		风机、空调设备					
4		阀门、支架					
5		水泵、冷却塔					
6		绝热					
1	电梯	运行、平层、开关门					
2		层门、信号系统					
3		机房					
1	智能建筑	机房设备安装及布局					
2		现场设备安装					
3							
		观感质量综合评价					
检查结论		施工单位项目经理：　年　月　日		总监理工程师： （建设单位项目负责人）　年　月　日			

（三）工程质量验收程序和组织

（1）所有检验批和分项工程均应由监理工程师或建设单位项目技术负责人组织验收。验收前，施工单位先填好"检验批和分项工程质量验收记录"，并由项目专业质量检验员和项目专业技术负责人分别在检验批和分项工程质量检验记录中相关栏目签字，然后由监理工程师组织。

（2）分部工程由总监理工程师或建设单位项目负责人组织施工单位项目负责人和技术、质量负责人等进行验收；地基与基础、主体结构分部工程的勘察、设计单位工程项目负责人和施工单位技术、质量部门负责人也应参加相关分部工程的验收。

（3）单位工程完成后，施工单位首先要依据质量标准、设计图纸等组织有关人员进行自检，并对检查结果进行评定，符合要求后向建设单位提交工程验收报告和完整的质量资料，请建设单位组织验收。

单位工程质量验收应由建设单位或项目负责人组织，设计、施工单位负责人及施工单位的技术、质量负责人和监理单位的总监理工程师参加。

复 习 思 考 题

1. 什么是质量？质量概念的含义是什么？
2. 什么是质量管理？包括哪些内容？

3. 什么是全面质量管理？全面质量管理有哪些基本要求？
4. PDCA 管理循环基本内容有哪些？
5. 建筑企业质量管理工作的目的、任务和原则是什么？
6. 什么是质量方针和质量目标？两者关系如何？
7. 什么是质量控制和质量保证？
8. 什么是质量管理体系？质量管理体系基础有哪些？
9. 建筑企业建立和实施质量管理体系的基本原则是什么？
10. 建筑企业质量管理体系建立和实施的具体步骤有哪些？
11. 简述工程质量检查的依据、内容和方法。
12. 单位工程、分部工程、分项工程、检验批是如何划分的？
13. 检验批、分项工程、分部工程、单位工程质量合格的标准是什么？
14. 施工现场制作混凝土预制构件，在检查的项目中发现不合格点 138 个，整理见表 10-20 所列。试利用排列图来确定影响混凝土预制构件质量的主要因素、次要因素和一般因素。

不合格点数据表　　　　　　　　　　　　　　　　　　　　　　　表 10-20

不合格项目	不合格构件（件）	不合格项目	不合格构件（件）
表面有麻面	30	养护不良早期脱水	5
局部有露筋	15	构件强度不足	78
振捣不密实	10	合　计	138

15. 某工地浇筑 C20 混凝土时，先后共抽样取得了 60 个混凝土抗压强度数据报告单（每个数据是 3 个试块抗压强度平均值），整理见表 10-21 所列。试绘制混凝土强度频数分布直方图，并分析混凝土强度质量数据分布状态。

混凝土抗压强度数据表　　　　　　　　　　　　　　　　　　　　表 10-21

序号	试块抗压强度数据（MPa）					
1	21.2	21.5	16.5	17.3	18.2	22.1
2	20.2	20.9	19.8	21.3	21.7	20.2
3	19.6	19.5	22.3	23.5	16.2	19.7
4	14.0	18.6	27.2	29.0	23.4	21.7
5	19.6	27.3	23.8	24.2	16.2	20.5
6	18.0	24.1	23.8	23.4	15.2	25.9
7	21.2	19.8	21.6	22.0	27.0	27.7
8	23.4	26.7	22.4	24.3	24.9	21.3
9	25.4	22.8	20.9	27.2	25.2	17.9
10	21.7	19.1	17.9	15.5	17.6	15.3

第十一章 建筑企业人力资源管理

第一节 人力资源管理概述

一、人力资源管理及其内容

(一)人力资源管理的概念

人力资源有广义与狭义之分。广义的人力资源是指以人的生命为载体的社会资源，凡是智力正常、有从事生产活动能力的人群都属于人力资源。狭义的人力资源是指智力和体力劳动能力的总称，也可以理解为是为社会创造物质文化财富的人。人力资源体现的是一定量的劳动者所具有的创造经济收益的潜在能力和生产能力。

人力资源管理是围绕着充分开发人力资源效能的目标，对人力资源的取得、开发、保持和利用等方面所进行的管理活动的总称。通过人力资源管理，可以最大限度地发挥员工的主观能动性和有效技能，做到人尽其才，才尽其能，最终实现组织利润最大化的目标。

人力资源管理与传统的人事管理相比职能发生很大的转变。传统的人事管理，是行政事务性管理，强调各项事务的具体操作。如人员招聘、录用、档案管理、人员调动等。而人力资源管理在人事管理的职能基础上增加了人力资源规划、人力资源开发、岗位与组织设计、行为管理和终身教育等内容。在对人的价值认识、对人的重视程度以及管理主体、管理方法上都有所不同。

随着科学技术的发展，经济竞争的加剧，企业内外部环境不断地发生变化，人力资源管理面临着严峻的挑战。企业在人力资源管理理念上要进行革新，把充分发挥企业中人的内在潜力放在最为重要的地位，实施各尽所长、各尽所能的"能本"管理。建立"德为前提、能力本位"的能绩优先的用人制度，实行竞争上岗、能上能下的干部人事制度，创造条件以保证有才能的人更好地发挥才干。要创新分配制度，在坚持按劳分配和按生产要素分配原则的基础上，贯彻"能本"管理的管理理念。

(二)人力资源管理的内容

1. 人力资源战略

人力资源战略是指组织内一切人力资源的操作必须配合组织整体战略的形势，有系统地和相互配合地设计和推行，以加强组织竞争效果并完成组织整体的目标。人力资源管理要保证所有的活动都针对企业的需要。所有的人力资源活动应当共同构成一个系统，并与人力资源战略保持一致，而这些战略又应当与企业战略保持一致。

2. 人力资源规划

通过制定人力资源规划，一方面保证人力资源管理活动与企业的战略方向和目标相一致，另一方面保证人力资源管理活动的各个环节相互协调，避免相互冲突。

人力资源规划建立在岗位设计与岗位分析的基础上，通过对工作任务的分解，根据不同的工作内容，设计为不同的岗位，规定每个岗位应承担的职责和工作条件、工作要求等，按照岗位设计，吸纳和保持员工数量和质量，满足企业生产需要。如果企业现有员工数大于所需数，则制定出裁员计划，追求企业人力资源管理的优化。

3. 招聘

企业就所需招聘的人员的数量和质量作出计划，如果企业现有人数不足，则可制定招聘计划，补充所缺员工，挑选最合适的求职者录用安排在相应的岗位上。按照生产经营需要，保证员工数量和质量。

4. 培训与开发

通过培训提高员工个人、群体和整个企业的知识、能力、工作态度和工作绩效，进一步开发员工的智力潜能。要根据员工个人性格、气质、能力、兴趣、价值观等特点，结合生产经营的需要，为员工制定个人发展的计划，鼓励、支持员工开发个人工作潜能。

5. 考核

通过考核员工工作绩效，及时做出信息反馈，奖优罚劣，激发员工的工作热情，从而改善和提高员工的工作绩效。

6. 薪酬管理

根据员工工作绩效的大小和优劣，给予不同的报酬和奖励。科学合理的薪酬制度是企业正常生产秩序的基础和保障。薪酬以及工作福利要按照《劳动法》的要求，协调和处理好企业与员工的关系。

要加强员工的安全与保健工作，保障员工的健康，减少污染，必须采取措施减少工伤和死亡事故的发生。

上述几个方面的工作构成人力资源管理系统，并发挥其在企业生产经营活动中各自的职能。具体内容见表 11-1 所列。

人力资源管理系统、子系统职能　　　　　　表 11-1

系　统	子系统	相应职能	系　统	子系统	相应职能
选人系统	人力资源战略	拥有人	用人系统	培训与开发	发展人
	人力资源规划	平衡人		考核	约束人
	招　聘	吸收人		薪酬管理	激励人

二、人力资源管理的地位和作用

1. 人力资源管理的地位

现代管理理论认为，对人的管理是现代企业管理的核心。人是社会中的人，管理的根本目的之一，就是采用特定方法，充分发挥人的积极性、主动性和创造性。有效的管理者总是既把人看作管理的对象和客体，又把人看作管理的主体和动力。现代管理的一个重要学派——行为科学学派认为，管理的首要问题是如何调动员工的积极性，激励人的动机。动机可以支配人的行为，在特定的环境下，一个能力差的人有时工作成绩可能比能力强的人更好；一个处境艰难的企业通过企业和全体员工的努力，有可能在很短时间内超过比自己先进的企业。这是因为动机激励程度不同的结果。总之，人是生产要素中最重要的因素，企业在市场经济条件下要生存发展，就要重视人的因素，特别要重视加强企业的人力资源管理，人力资源管理在现代企业管理中居于核心地位。

2. 人力资源管理的作用

实践证明，重视和加强企业人力资源管理，以人为本，对于促进生产经营的发展，提高企业劳动生产率，保证企业获得最大的经济效益并使企业的资产保值增值有着重要的作用。

(1) 有利于促进生产经营的顺利进行。劳动力是企业生产力的重要组成部分，只有通过合理组织劳动力，不断协调劳动力之间、劳动力与劳动资料和劳动对象之间的关系，才能充分利用现有的生产资料和劳动力资源，使它们在生产经营过程中最大限度地发挥其作用，并在空间上和时间上使劳动力、劳动资料和劳动对象形成最优的配置，从而保证生产经营活动有条不紊地进行。

(2) 有利于调动企业员工的积极性，提高劳动生产率。人是有生命、有情感、有思想、有尊严的，这就决定了企业人力资源管理必须设法为劳动者创造一个适合他们所需要的劳动环境，使他们安于工作、乐于奉献，并能积极主动地把个人劳动潜力和全部智慧发挥出来，为企业创造出更有效的生产经营成果。因此，企业必须善于处理好物质奖励、行为激励以及思想教育工作三方面的关系，使企业员工始终保持旺盛的工作热情，充分发挥自己的专长，努力学习技术和钻研业务，不断改进工作，从而达到提高劳动生产率的目的。

(3) 有利于现代企业制度的建立。科学的管理制度是现代企业制度的重要内容，而人力资源的管理又是企业管理中最为重要的组成部分。一个企业只有拥有一流的人才，才会拥有一流的组织，才能造就出一流的领导，才会体现出一流的管理才能，才能创造出一流的产品。相反，如果一个企业不具备优秀的管理者和劳动者，企业的先进设备和技术也就无法发挥应有的效益。由此可见，提高企业现代化管理水平，最重要的是提高企业员工的素质。注重和加强对企业人力资源的开发和利用，搞好员工培训教育工作，是实现企业管理由传统管理向科学管理和现代管理转变过程中一个不可缺少的环节。随着现代企业制度的逐步建立，企业人力资源管理将越来越显得突出和重要。

(4) 有利于减少劳动耗费，提高经济效益并使企业的资产保值增值。经济效益是指进行经济活动中所得到和所耗费的比值。减少劳动耗费的过程，就是提高经济效益的过程。所以，合理组织劳动力，科学配置人力资源，可以促使企业以最小的劳动消耗取得最大的经济成果。在市场经济条件下，企业的资产保值增值，争取企业利润最大化，价值最大化，都需要加强人力资源管理。

第二节　建筑企业人员招聘、录用、培训及考核

一、人员招聘

人员招聘是企业"获取"人力资源的一个重要手段，也是人力资源管理的一项基本工作。现代企业人力资源管理中的人员招聘是指组织通过采用一切科学的方法去寻找、吸引那些有能力又有志愿到组织来任职的人员，并从中选出适宜人员予以聘用的过程。西蒙曾指出，大量统计资料表明，员工离职率最准确的预测指标是国家经济状况。工作机会充裕时员工流动比例高，工作机会稀缺时员工流动比例低。一个企业要想永远留住自己所需要的人才是不现实的，也不是人力资源管理手段所能控制的，再加上企业内部正常的人员退休、人员辞退及人员调动，因此，人员招聘工作是企业人力资源管理的经常性工作。

(一) 招聘原则

在招聘中应该坚持以下原则。

1. 公开原则

公开原则是把招聘的单位、招聘的种类、数量、要求的资格条件以及考试方法均向社会公开。这样做不仅可以大范围地广招贤才，而且有助于形成公平竞争的氛围，使招聘单位确实招到德才兼备的优秀人才。此外，通过社会监督，防止招聘工作中的不正之风。

2. 公平原则

公平原则的主要含义是大家的机会平等，不得人为地制造不平等条件。体现为招聘工作制度安排的合理性。社会上一些招聘启事中经常可以看到关于年龄、性别的明确限制，具有明显的种族、性别、年龄歧视，是应该努力避免的。建筑企业有些工作岗位具有露天、登高作业的特殊性，在创造平等工作机会方面，难度可能更大一些。

3. 公正原则

公正原则的主要含义是对待所有的应聘者应该一视同仁，做到不歧视、不为难任何一个应聘者。体现为招聘人员对待招聘工作，不搞不正之风，不因个人好恶判断和确定人选。

4. 竞争原则

人员招聘需要采取各种测试方法来考核和鉴别人才，根据测试结果的优劣来选拔人员。靠领导的目测或凭印象，往往带有很大的主观片面性和不确定性。因此，必须制定科学的考核程序、录用标准，才能真正选到良才。

5. 全面原则

录用前的考核应兼顾德、才、能等诸方面因素。因为一个人的素质不仅取决于他的智力水平、专业技能，还与他的人格、思想等因素密切相关。我国公务员的考试内容就是根据全面考核人才的原则制定的，涉及了职业倾向、个性倾向、认知能力等多方面的考察项目。

招聘录用时，还必须做到"人尽其才"、"用其所长"、"职得其人"。认真考虑人才的专长，量才录用，量职录用。有的招聘单位盲目地要求高学历、高职称，不考虑拟招聘岗位的实际需求，结果花费了大量人力物力招聘来的，用不了多久就都"孔雀东南飞"了。要知道，招聘的最终目的是使每一岗位上的用人都是最合适、最经济的，并能达到组织整体效益最优。

(二) 招聘的程序

1. 组建招聘小组

对许多企业而言，招聘工作是周期性或临时性的工作，因此，应该由专人来负责此项工作，在招聘时成立一个专门的临时招聘小组，该小组一般应由招聘单位的人事主管以及用人部门的相关人员组成。专业技术人员的招聘还必须有相关专家参加，如果是招聘高级管理人才，一般还应有经济管理等相关方面的专家参加，以保证全面而科学地考察应聘人员的综合素质及专项素质。招聘工作开始前应对有关人员进行培训，使其掌握政策、标准，并明确职责分工，协同工作。

2. 制定招聘计划

根据本组织目前的人力资源分布情况及未来某时期内组织目标的变化，分析从何时起本组织将会出现人力资源的缺口，是数量上的缺口，还是层次上需要提升。这些缺口分布在哪些部门，数量分布如何，层次分布是怎样的。根据对未来企业发展情况的预测和对目前情况的调查来制定一个完整的招聘计划。拟定招聘的时间、地点，欲招聘人员的类型、数量、条件，具体职位的具体要求、任务，以及应聘后的职务标准及薪资等。

3. 确立招聘渠道，发布招聘信息

根据欲招聘人员的类别、层次以及数量，确定相应的招聘渠道。一般可以通过有关媒介（如专业报刊、杂志、电台、电视、大众报刊）发布招聘信息，或去人才交流机构招聘，或参加人力资源市场的招聘活动，也可以直接到大中专院校招聘应届毕业生。

4. 筛选录用

一般的筛选录用过程是：按照招聘要求，审核应聘者的有关材料，根据从应聘材料中获得的初步信息安排各种测试，包括笔试、面试、心理测试等，最后经高级主管面试合格，办理录用手续。在一些高级管理人员的招聘过程中，往往还要对应聘者进行个性特征、心理健康水平以及管理能力、计算机水平模拟测试等。

5. 工作总结

人员招聘进来以后，应对整个招聘工作进行检查、评估，以便及时总结经验，纠正不足。评估结果要形成文字材料，供下次参考。此外，在新录用人员试用一段时间后，要调查其工作绩效，将实际工作表现与招聘时对其能力所做的测试结果作比较，确定相关程度，以判断招聘过程中所使用的测试方法的信度和效度，为测试方法的选择和评价提供科学的依据。

绩效考核的信度是指考评结果的一致性和稳定性。为了提高考核的信度，应注意：①对考核者进行必要的培训，保证他们对考核内容理解一致和对考核标准的准确把握；②采用全方位考核，对被考核者进行全面完整的评价；③保持必要的考核次数和信息采集；④在设计考核方案和考核方法时，尽量采用考核格式和程序的标准化以及考核标准的量化。

绩效考核的效度，是指考核获取的信息及结果与考核的工作绩效之间的相关程度。考核效度低意味着必要信息被忽略或无关信息被纳入。因此，在设计考核方案时，首先要做到考核维度的全面并使各维度的权重反映实际情况，然后用具体、明确、容易理解的词语和指标来定义它们的内容。此外，还要处理好被考核者可能存在的考核数据不全或缺项问题。

二、人员录用

一般来说，新员工进入企业以后，其职位均是按照招聘的要求和应聘者的意愿安排的。有时组织也可以根据需要，在征询应聘者意见以后，将其充实到别的职位。对于一些岗位，应聘者可能要在经过必要的培训以后才能进入试用工作。由于有的企业不重视培训工作，使得新员工在录用后对企业和本职工作连起码的认识都没有就直接走上了工作岗位，这不仅会给新员工今后的工作造成一定的困难，而且会使新员工产生一种人生地不熟的感觉，难以唤起新员工的工作热情，毫无疑问，这种心态对企业是不利的。为此，企业应认真做好新员工录用的相关工作。

录用过程有签订试用合同、员工的初始安排、试用和正式录用。

新员工进入企业以前，一般要签订试用合同，对新员工和组织双方进行必要的约束和保证。合同内容包括：试用的职位；试用的期限；试用期间的报酬与福利；试用期应接受的培训；试用期责任义务；员工辞职条件和被延长试用期的条件等。

试用期满后，如果新员工表现良好，能够胜任工作，就应办理正式录用手续。正式录用时，企业一般要与员工签订正式的录用合同。合同内容和条款应当符合《劳动法》的有关规定。

企业应该建立起稳定的劳务和培训基地，与上岗员工，包括劳务用工建立合同关系，签订劳动合同，通过采用"定点定向、双向选择、专业配套、长期合作"的方式，为企业提供长期稳定的建筑工程劳务人员。

三、员工培训

员工培训是指在将组织发展目标和员工个人发展目标相结合的基础上，有计划、有系统地组织员工从事学习和训练，增长员工的知识水平，提高员工的工作技能，改善员工的工作态度，激发员工的创新意识，最大限度地使员工的个人素质与工作需求相匹配，使员工能胜任目前所承担的或将要承担的工作与任务的人力资源管理活动。

（一）培训的原则

1. 理论联系实际，学用一致

培训不同于基础教育，应当有明确的针对性，从实际工作需要出发，与职位特点紧密结合，与培训对象所需的知识与技能相结合，才能收到培训的实效。

2. 专业知识技能培训与组织文化培训兼顾

培训的内容还应与管理人员和工人标准相衔接。除了安排文化知识、专业知识、专业技能的培训内容外，还应安排理想、信念、价值观、道德观等方面的培训内容，而后者又常常与企业目标、企业哲学、企业精神、企业道德、企业制度等结合起来进行。

3. 全员培训和重点提高

全员培训就是有计划、有步骤地对在职的各级各类人员都进行培训，这是提高全员素质的必由之路。但全员并不等于平均使用力量，仍然要有重点，即重点培训技术、管理骨干，特别是培训中上层管理人员。

4. 严格考核和择优奖励

严格考核是保证培训质量的必要措施，也是检验培训效果的重要手段。实际工作中，很多培训只为了提高素质，并不涉及录用、提拔或安排工作问题，因此，对受训人员择优奖励就成为调动其积极性的有力杠杆。要根据考核成绩，设不同的奖励等级，考核成绩备案，与今后的奖励、晋级等挂钩。

（二）培训的形式

按照不同的分类方法，培训可以有以下几种形式。

1. 按培训与工作的关系分类

从培训与工作的关系来划分，有在职培训和非在职培训。

在职培训即人员在实际的工作中得到培训。这种培训是比较经济的，不需要另外添置场所、设备，有时也不需要专职的教员，而是利用现有的人力、物力来实施培训。同时，培训人员不脱离岗位，可以在不影响工作和生产的情况下进行。

非在职培训即在专门的培训场所接受训练。其形式很多，诸如与学校挂钩方式、委托代培方式，有条件的单位亦可自办各种培训学校及短训班。由于学员脱产学习，没有工作压力，时间集中，精力集中，其知识技能水平会提高很快。这种培训方式的缺点是需要资金、设备、专职教师、专门场所，成本较高。

为了克服两者缺点，集中两者优点，出现了另一种培训形式——半脱产培训。实践中也取得较好的效果。

2. 按培训的组织形式分类

从培训的组织形式来划分，有正规学校、短训班、自学等形式。

正规学校包括高等院校、党校、管理干部学院等，承担企业人员正规化培训任务，这种形式一般费用较高，通常用于较高层次管理人员的培养。

短训班形式专业性强、灵活，内容有鲜明的针对性，可以使一批人同时受到培训，又费时不长，花费不大，易于组织，已被广泛采用。这种形式的培训特别适用于专业培训，在某一问题上集中深化，使受训者了解有关动态和最新发展，跟上技术进步、管理变革和政策环境、市场竞争态势的变化，回到工作岗位立即应用，见效较快。

自学是一种自我完善、提高的培训方式。其特点是组织简单、费用低、行之有效，特别是成人自学考试制度实行以来，自学成才的人数呈增加趋势。企业对有志于自学培训的人员应采取措施支持和鼓励。

3. 按培训目标分类

从培训的目的来划分，有文化补习、学历培训、岗位职务培训等形式。

文化补习和学历培训目的在于增加普通的科学文化知识，为以后的进一步提高奠定文化基础。

岗位职务培训是以工作的实际需要出发，围绕着职位的特点而进行的针对性培训，旨在传授个人以行使职位职责、推动工作方面的特别技能，侧重于专门技术知识的灌输。同时，这种培训还用来使人员在担任更高职务之前，能够充分了解和掌握未来职位的职责、权力、知识和技能等，这样，在担任较高职务时，就有可能尽快胜任工作，打开局面。

4. 按培训层次分类

从培训的层次上来划分，有高级、中级和初级培训。

培训工作应因人而异，分层次进行。一般而言，初级培训可侧重于一般性的知识和技术方法；中级培训可适当增加有关管理理论课程；高级培训则应侧重于学习创新，学习新理论、新观念、新方法。培训的级别越高，所采用的组织形式就越趋小型化、短期化。如初级培训通常要借助正规学校、社会办学的方式实现，而高级培训则可采用短训班、研讨班，甚至出国考察培训等方式来实现。

要根据企业实际情况的需要，增强培训的针对性，安排培训的侧重点，见表11-2所列。

（三）建筑企业职业培训的内容

1. 管理人员培训

（1）岗位培训。是对一切从业人员，根据岗位或职务对其所需具备的全面素质的不同需要，按照不同的劳动规范，本着"干什么学什么，缺什么补什么"的原则进行的培训活动。它旨在提高职工的本职工作能力，使其成为合格的劳动者，并根据生产发展和技术进步的需要，不断提高其适应能力。包括对企业经理的培训，对项目经理的培训，对基层管理人员和土建、装饰、水暖、电气工程业务、技术人员的培训及对其他岗位的业务、技术干部的培训。

企业员工培训分类、培训性质和培训重点　　　　表 11-2

分类标准	员工分类	培训性质	培训重点
按受训对象层次划分	高层员工	观念培训	拓展思路，启发灵感
	中层员工	技术培训	解决问题的思路方法
	基层员工	技能培训	实际操作手法和技能
按受训对象质量划分	优秀员工	激励性培训	提高创造性
	合格员工	提高性培训	提高工作效率
	不合格员工	纠错性培训	弥补能力缺失
按受训对象岗位划分	管理岗位员工	适应性培训	管理技能和工具
	技术岗位员工	持续性培训	新技术应用
	销售岗位员工	集中性培训	销售技能技巧

(2) 继续教育。包括建立以"三总师"为主的技术、业务人员继续教育体系，采取按系统、分层次、多形式的方法，对管理人员进行继续教育。

(3) 学历教育。主要是有计划选派部分管理人员到高等院校深造。培养企业高层次专门管理人才和技术人才，毕业后回本企业继续工作。

2. 工人培训

(1) 班组长培训。即按照国家建设行政主管部门制定的班组长岗位规范，对班组长进行培训，通过培训最终达到班组长 100% 持证上岗。

(2) 技术工人等级培训。按照原建设部颁发的《工人技术等级标准》和原劳动部颁发的有关工人技师评聘条例，开展中、高级工应知应会考评和工人技师的评聘。

(3) 特种作业人员的培训。根据国家有关特种作业人员必须单独培训、持证上岗的规定，对企业从事电工、塔式起重机驾驶员等工种的特种作业人员进行培训，保证 100% 持证上岗。

(4) 对外埠施工队伍的培训。按照省、市有关外地务工人员必须进行岗前培训的规定，企业对所使用的外地务工人员进行培训，颁发省、市统一制发的外地务工经商人员就业专业训练证书。

(四) 培训的管理

企业领导及主管教育培训的职能部门要按照"加强领导、统一管理、分工负责、通力协作"的原则，长期坚持、认真做好培训工作，做到思想、计划、组织、措施四落实，使企业的职工培训制度化、正规化。

思想落实，就是要提高广大干部群众对职工教育培训工作的认识，使各级领导从思想上真正认识到职工教育培训的重要性，就像抓生产一样，认真抓好职工教育。

计划落实，就是要根据企业的实际情况，制定职工教育的长远规划和近期具体实施计划，因地、因时、因人制宜地落实规划。按干部、技术人员、工人所从事的业务类型，分门别类地组织学习，进行岗位培训。

组织落实，就是要有专门的机构和人员从事职工教育的领导和管理工作，建立能动的教育运行机制，从组织上保证职工教育工作有人抓、有人管。

措施落实，就是要有一定的物质条件，教育用房、实验设备、师资配备、经费来源等必须切实解决。

四、员工的绩效考核

员工的绩效考核就是通过科学的方法和客观的标准，对职工的思想、品德、工作能力、工作成绩、工作态度、业务水平以及身体状况等进行评价。

（一）绩效考核的作用

1. 为用人提供科学依据

通过考核全面了解职工的情况，为职工的奖励、晋升、分配报酬等提供科学依据，考核是企业劳动人事管理部门掌握职工情况的重要手段。

2. 激励员工上进

企业实行严格的考核制度，并以考核结果作为用人及分配报酬的依据，必然促使员工认真钻研业务技术，努力勤奋工作，全面提高自己的政治、业务、身体素质，以便在考核中获得好成绩。

3. 便于选拔、培养人才

通过考核，可以发现员工中的优秀人才，有的放矢地培养，适时地选拔到更重要的职位上。另一方面，通过考核掌握员工全面情况后，才能对员工进行各有侧重的培训，尽快地提高他们的素质。否则，优秀人才缺乏显露才华的机会，将会被埋没，员工培训没有一定的目标，也不可能收到好的效果。

（二）绩效考核的内容

根据我国建筑企业管理的实际，在制定激励方案时，要以关键业绩指标为核心。绩效考核可以包括以下内容。

1. 工作成绩

不管其经过如何，重点考核工作的实际成果。工作成绩的考核，要以员工工作岗位的责任范围和工作要求为标准，相同职位的职工应以同一个标准考核。

2. 工作态度

重点考核员工在工作中的表现。如职业道德、工作责任心、工作的主动性和积极性等。

3. 工作能力

考核员工具备的能力。员工的工作能力由于受到岗位、环境或个人主观因素的影响，在过去的工作中不一定显现出来，要求通过考核去发现他们的能力。

工作成绩、工作态度和工作能力是员工从事一定工作所表现出来的三个相互联系的要素。一个员工在一定岗位上工作，必须具备一定能力才可能干好，没有能力即便工作态度再好也不可能获得好的成绩。但是，一个具备了能力的员工，也不一定就肯定获得优良的成绩，这里有一个工作态度问题，能力虽然高但不愿付出（即工作态度不好）也不可能取得好成绩。所以，对于员工的考核必须从以上三个方面全面进行，缺一不可。

企业对员工绩效的考核是由企业工作特点决定的，它与公务员绩效考核的德、能、勤、绩考核在提法上有很大不同，但内容有较大的一致性。

（三）绩效考核的方法与影响因素

1. 方法

（1）主观评价法

主观评价法是依据一定的标准对被考核者进行主观评价。在评价过程中，可以通过相对比较法，将被考核者的工作绩效与其他被考核者的比较，评出最终的顺序或等级；也可以通过绝对标准法，直接根据考核标准和被考核者的行为表现进行比较。主观评价法比较简易，但也易受到考核者主观的影响，需要在使用中精心设计考核方案，减少考核的不确定性。

（2）客观评价法

客观评价法是依据工作指标的完成情况对被考核者进行客观评价。为了增加考核的可信度，一般来说，要求这些指标是客观的和定量的。主要包括：①生产指标，如产量、销售量、废次品率、原材料消耗率等；②个人工作指标，如出勤率、事故率、违规违纪次数等指标。客观评价法注重工作结果，忽略被考核者的工作行为，一般只适用于生产一线从事体力劳动的员工。

（3）工作成果评价法

工作成果评价法是为员工设定一个最低的工作成绩标准，然后将员工的工作结果与这一最低的工作成绩标准进行比较。它重点考核被考核者的产出和贡献，着眼于"干出了什么"而不是"干什么"。在实行团队工作的组织中，把员工工作成果作为业绩考核的依据会加剧员工个人之间的竞争，影响彼此之间的协作和相互帮助，不利于整个组织的工作绩效，所以，在采用时应当加以注意。

2. 影响因素

影响绩效考核的因素有：①考核者的判断；②考核者与被考核者的关系；③考核的标准和方法；④组织条件；⑤考核中常见的心理弊病等。

因此，要明确合理的绩效标准，选择合理的考核方法，合理选择考核者和考核指标，注意进行绩效沟通和绩效反馈。

五、职工思想教育

企业员工思想状况，关系到企业的精神风貌，影响着企业的生产经营业绩，决定着企业的兴衰。在实施企业思想教育的工作中，必须注重从实际出发，理论与实践相结合，目标明确，方法得当，与建筑企业员工所具有的思想特征相适应。

（一）教育员工认识到企业发展的紧迫性

教育员工认识到企业发展的紧迫性就是要让员工了解建筑市场竞争的现状，了解企业生存发展的难点问题。要通过为员工进行科学的职业生涯设计和大力建设企业文化，在注重相互沟通的基础上建立员工和企业的"心理契约"，让员工感觉到自己与企业结合成一个共同体，并以饱满的热情投身到工作中去。通过以员工与企业共存共荣为宗旨的教育，引导全体员工热爱企业、关心企业，参与企业发展和竞争，为企业谋发展，为社会作贡献。

（二）教育员工树立艰苦奋斗的思想

艰苦奋斗是建筑企业的"传家宝"，是建筑业人的优良传统。新中国成立以来，建筑企业奋发图强、艰苦创业，争创一流业绩，努力实现所承担建设任务的要求，取得了社会公认的成就。在新的历史时期，进一步引导广大员工正确看待苦和累，树立正确的苦乐观和崇高的职业理想，引导职工勤俭办企业，注意节约"一砖一瓦、一钉一木"，对提高企业的经济效益和社会效益意义重大。

(三)教育员工坚持"百年大计,质量第一"的工作态度

"百年大计,质量第一"是国家对建筑企业提出的基本指导方针,也是建筑业职业道德的重要内容。主要包括:教育员工增强质量意识,树立对用户负责的思想;教育员工严格遵守施工程序和操作规程,按国家规定的质量标准和施工方法精心施工;教育员工及时消除质量隐患,解决建筑产品的质量通病;教育管理人员提高工作质量,以管理工作质量保证工程质量。

(四)教育员工关心企业生产效益

为提高企业经济效益而努力,是企业思想教育工作服从、服务于施工生产的一项重要教育内容。其重点是教育员工增强市场经济意识,从思想上适应建筑市场竞争的需要,适应建筑产品商品化的需要;教育员工重视成本核算,保质量、保工期,全面履行经济合同;教育员工精打细算,积极推广新技术、新材料、新工艺、新机具,坚持行之有效的节约措施,千方百计节省人力、物力、财力,提高经济效益。

(五)教育员工遵守职业道德和职业纪律

加强对员工队伍的团结协作与职业道德、职业纪律教育是由建筑业的施工生产方式决定的。在建设队伍频繁调动中,要教育员工服从国家建设需要,明确个人必须服从组织,服从大局,服从生产需要;在施工现场多工种、多单位联合施工中,要教育员工树立"一盘棋"思想,识大体、顾大局;在处理建设工程同当地居民的关系中,要着眼于企业内部,加强职业道德,不扰民,同当地居民搞好团结,积极主动地与有关方面开展精神共建活动。

(六)教育员工为企业改革和发展作贡献

建筑企业的生产方式、经营机制、劳动人事和分配制度等方面的改革,无不牵动员工切身利益,只有依靠广大员工的支持、理解和积极的参与才能获得成功,而经济体制改革的首要因素是观念的更新、思想的解放。因此,建筑企业思想教育工作的一个重要方面,就是教育员工正确认识企业改革的必要性及其与宏观改革的关系,广泛宣传改革的政策和措施,增强广大员工对改革的心理承受能力,克服求稳怕乱的思想和旧习惯的影响,不断改革创新,以思想观念的转变促进企业的改革和发展。

第三节 建筑企业人力资源的优化配置和能力开发

一、人力资源的优化配置

企业人力资源优化配置的含义有两个方面:一是结构的优化。即配置的各种资源必须根据施工生产的需要有一个合理的结构,不能"彼多此少",或者"彼少此多"。如果结构不合理,生产的能力就只能按配置最少的资源来发挥,不可避免地发生资源浪费。二是总量投入的优化。即在结构合理的情况下,总量按需投入。因此,优化应从结构和总量两个方面进行。

(一)项目经理部人员的优化配置

项目经理部人员在项目施工现场的人力资源中处于核心地位,可以分为项目经理和其他管理人员。

项目经理是完成项目施工任务的最高责任者、组织者和管理者,是项目施工过程中

责、权、利的主体,在整个工程项目施工活动中占有举足轻重的地位。因此,项目经理必须由公司总经理来聘任,以使其成为公司法人代表在工程项目上的全权委托代理人。

项目经理部其他管理人员配置的种类和总量规模,根据工程项目的规模、建筑特点、技术难度等因素来确定。从其所行使的职能来看,项目经理部应当配置能满足项目施工正常进行的预算、成本、合同、技术、施工、质量、安全、机械、物资、后勤等方面的管理人员。

在整个工程项目的施工过程中,除特殊情况外,项目经理是固定不变的。由于实行项目经理负责制,项目经理必须自始至终负责项目施工的全过程活动,直至工程项目竣工,项目经理部解散。

由于在项目施工过程中施工工序和部位是在不断变化的,因此,对项目施工管理和技术人员的需求也是不同的。项目经理部的其他人员可以实行动态配置。当某一项目某一阶段的施工任务结束以后,相应的人员可以动态地流动到其他项目上去,这项工作一般可由公司的人事部和工程部综合考虑全部公司的在建项目进行统筹安排,对项目管理人员实行集权化管理,从而在全公司范围内进行动态优化配置。

(二)劳务人员的优化配置

劳动力应根据承包项目的施工进度计划和工种需要数量进行配置。项目经理部根据计划与劳务合同,接收到劳务承包队派遣的作业人员后,应根据工程的需要,或保持原建制不变,或重新进行组合。组合的形式有三种,即专业班组、混合班组或大包队。

二、员工能力的开发和行为激励

人力资源管理的主要目的是运用各种手段调动员工积极性,提高劳动生产率,而员工能力的开发是实现人力资源管理目的的重要手段。

(一)能力开发的含义和内容

1. 员工能力

员工能力是指员工在工作中表现出来的履行职务的能力。员工能力的高低主要通过实际工作业绩来体现。一个人的能力高,就能较出色地完成工作任务;反之,则不可能作出太大的成绩。

员工能力是一个综合性的概念,它不仅指某个人是否具备完成某项工作的能力,还包括这种能力是否能充分发挥。因为只有发挥出来的能力,才能创造成绩、履行职务,通过业绩反映一个人的能力。

影响员工能力的因素很多,主要有体力、智力、知识、性格、经验、适应能力、工作热情等,员工能力是上述因素有机结合而形成的一种综合能力。

2. 能力开发

能力开发是培养员工能力的意识,将员工的潜在能力开发出来,使其充分发挥作用。开发员工能力大致包括以下几层含义。

(1)充分利用现有员工的人力资源。让每个人都能充分发挥自己的聪明才智,在各自的工作岗位上积极努力地工作。这里面有一个合理安排人才,做到人尽其才的问题。因为人的能力必须在合适的环境和条件下,才可能得到充分发挥。能力开发的任务之一,就是要为员工发挥能力创造条件。

(2)不断培养员工的能力。对于员工的能力,不能只顾使用,必须进行"再培养",

通过"再培养"，使各类人员不断地获得新的能力。

（3）引进人才，形成新的能力。随着企业生产经营的发展，只依靠现有人员能力是不够的，需要引进掌握了新技术的人才，保证企业的活力。

3. 能力开发的内容

员工的能力由多种因素构成，主要应从以下因素入手进行开发。

（1）体力开发。指员工身体素质、耐久力的开发。

（2）智力开发。指员工的记忆、观察、想象、思考、判断、理解、分析、创造等能力的开发。

（3）知识开发。包括员工文化知识、专业技术知识、经营管理知识的培养。

（4）诚信开发。指员工在工作中表现出来的责任感、积极性、创新性、诚实性、协调性等。

（5）经验开发。总结和发挥员工在工作中积累起来的经验。

（6）适应能力开发。培养员工对环境的适应性和应变能力。

（7）工作热情开发。人的能力必须通过积极的工作，才能发挥出来，工作热情是员工能力的组成部分，激发工作热情是能力开发的一项重要内容。

（二）员工行为的激励

员工的能力只有发挥出来后，才能产生效果。通过恰当的激励，可以使员工产生良好的行为，从而充分发挥自己的工作能力。员工行为的激励，就是利用各种手段，去调动广大员工的积极性。

1. 激励的方式

（1）工资与奖金。是一种吸引、保持并激励员工尽力工作的有效方法。工资与奖金对于不同的人，有不同的作用。对有的人来说，工资和奖金是生活的需要；而对另外的少数人来说，取得社会地位更加重要。

要充分发挥工资和奖金的激励作用，需要具备以下条件：

1）员工个人很需要工资和奖金，而且把工资和奖金的价值看得很重。

2）企业可以做到给表现好的员工以较高的报酬。

3）员工能够通过改进工作，获得更多的报酬。

4）公平公正，工作表现好、获酬较多的员工能得到认可。

（2）表扬与批评。不仅是建立正常工作秩序所必需的手段，而且也能够加深领导与员工的相互了解，对员工的行为起激励作用。表扬时要做到：及时、准确、亲切；批评时要做到：及时、准确、诚恳。表扬与批评的目的是为了及时鼓励员工的工作热情，肯定成绩；及时制止员工的不良行为，纠正缺点。

（3）目标管理。当一个人有了明确的目标后，能激发工作热情和信心。在企业实行目标管理，可以将企业的总目标和员工个人的奋斗目标结合在一起，使员工的前途与企业的命运息息相关，促使员工关心、爱护企业，从而提高企业的凝聚力。

（4）工作内容的丰富化。一个人长期处在一定环境下，从事简单、机械、重复的劳动，常常会引起厌烦情绪，感到单调、乏味，对工作积极性的影响较大。此时，可以从扩大工作内容和丰富业余生活两方面入手，消除员工的厌烦情绪，激励员工的劳动行为。

扩大工作内容，是指在专业化的前提下，让员工兼做一两种与本岗位工作有联系的其他工作，以改善单调的工作环境和内容，让员工有一种新鲜感，从而调整情绪，产生积极行为。这种方法特别适用于求知欲望较高的员工，可以使他们的工作和生活更加充实。

丰富业余生活，是指通过业余生活改变工作的单调感，调整情绪，从而产生积极行为。扩大工作内容的范围是有限的，因此可以通过工作以外的生活丰富化来解决厌烦情绪。可以举办各种类型的小组，如球队、乐队、合唱队、舞蹈队、棋类小组、服装表演队等，开展各种类型的学习、互助和娱乐活动，还可以举办运动会，使员工在业余生活中大显身手，获得乐趣。

（5）理想教育。经常对员工进行人生观、价值观教育，使员工增强为社会发展多作贡献的思想，用理想去激发员工的工作热情。

2. 激励的工作方法

管理人员在激励下属行为时常采用两种方法：一种是工作行为。即以完成组织的目标为第一需要，鼓励完成任务好的员工，批评差的员工。另一种是关系行为。即通过协调关系，达到完成任务的目的。这两种工作方法可组合成以下几种形式。

（1）高工作行为与低关系行为。这种方法侧重于用严格的工作标准和规章制度，帮助员工建立正常的工作秩序和劳动纪律，以保证任务的完成和操作水平的提高。这种方法适用于不成熟的员工，通过制度帮助他们成熟起来。

（2）高工作行为与高工作关系。这种方法既强调工作上的严格要求，又注意协调员工之间、领导和下级之间的关系。当员工从不成熟向成熟过渡的时候，宜采用此种方式。让员工既习惯于严格管理，遵守规章制度和劳动纪律，又注意培养工作的自觉性，搞好关系。

（3）低工作行为和高关系行为。这种方法不直接用硬的制度去管理员工，而是侧重协调关系，激发工作的主动性去完成任务，它适用于比较成熟的员工。成熟的员工已经具备了一定的工作自觉性，这时过于频繁的指导和过严的管理往往会使员工感到领导不信任他，引起反感，甚至产生对立情绪，影响积极行为。

（4）低工作行为与低关系行为。这种方式在管理制度上和关系协调上做的工作都很少，主要依靠员工自己管理自己，适用于完全成熟的员工。成熟的员工了解自己工作的社会价值，了解工作的目标和要求，能自觉遵守纪律，处理员工之间的相互关系。这时，严格的规章制度、指导、监督及批评表扬之类协调人际关系的工作都显得多余，领导的主要精力应放在为员工创造工作条件上，待员工有了成果后及时给予表扬和授予荣誉。

在激励员工积极行为的时候，应注意培养员工的思想、业务和道德，使其尽快成熟起来，让员工成熟是行为激励成果的体现。

企业要强调"以人为本"的理念，以"人"为中心，提高管理者和员工的双向沟通；重视员工培训，提高企业员工整体素质；鼓励员工积极参与企业管理，让员工及时了解企业运行状况，使员工认同企业，增加员工责任感；要加强施工现场管理，创建一个整洁、优美的工作环境。企业要牢固确立"人力资源是企业第一资源"的思想，坚持把人力资源管理作为企业发展最根本、最重要的战略支持。提倡和鼓励敬业精神、创新精神和团队精神、使广大员工的生机和活力得到最大限度的发挥。

复 习 思 考 题

1. 人力资源管理的概念。
2. 人力资源管理包括哪些内容?
3. 如何看待建筑企业劳务用工问题?
4. 如何进行人员的招聘和录用?
5. 怎样进行员工的绩效考核?
6. 什么是绩效考核的信度和效度?
7. 怎样做好员工培训工作?
8. 建筑企业如何做好人力资源的优化配置?
9. 建筑企业的思想教育工作包括哪几项?
10. 企业员工能力开发包括哪些内容?
11. 怎样进行员工行为的激励工作?

第十二章 建筑企业机械设备与材料管理

第一节 建筑企业机械设备管理

一、机械设备管理概述

（一）建筑企业机械设备的种类

从设备的范围来说，建筑企业的机械设备类型可以分为以下几类：

(1) 生产性机械设备。一般指直接改变原材料属性、形态或功能的各种工作机械和设备。如各种挖掘机械，铲土运输机械，压实机械，钢筋混凝土机械，路面机械，木工机械，铝材切割、石材切割机械，焊接、热处理、冶炼设备，维修加工设备，锻压设备和风动工具等。

(2) 动力设备。指用于生产电力、热力和其他动力的各种设备。如发电机，空压机，蒸汽锅炉等。

(3) 传导设备。指用于传送固体、液体、气体和动力的各种设备。如给水排水管道，蒸汽、压缩空气的传导管，电力网，输电线路和传送带等。

(4) 交通运输设备。指用于运送材料和载人的各种运输工具。如各种汽车，工程起重机械，铲车、行车、电瓶车等。

(5) 仪器仪表。指用于工程和其他工作用的各种仪器、仪表和工具等。如测量仪器，测试仪器和科学试验设备等。

本章以生产性机械设备为重点。

（二）机械设备管理的概念和意义

机械设备管理就是对机械设备运动全过程的管理，即从选购机械设备开始、投入生产领域使用、磨损、补偿、直至报废退出生产领域为止的全过程的管理。在机械设备的运行中存在两种状态：一是物质运动状态，包括设备的选择、进厂验收、安装调试、使用、维护、修理、革新改造、封存、保管、调拨、报废和设备事故处理等。二是价值运动状态，即资金运动状态，包括最初投资、折旧、维修费用、更新改造资金的来源及支出等。机械设备管理包括这两种运动形态的管理。在实际工作中，前者是机械设备的使用业务管理，一般叫机械设备的技术管理；后者叫机械设备的经济管理。

机械设备是生产的手段，加强建筑企业机械设备管理，使机械设备经常处于良好的技术状态，不断提高机械设备的完好率、利用率和作业效率，这对减轻工人劳动强度，改善劳动环境，保证工程质量，提高劳动生产率，加快施工进度，防止事故发生，完成企业的施工任务和提高经济效益都有重要的意义。

（三）机械设备管理的内容和任务

机械设备管理的主要工作内容可归纳为：机械设备的合理装备以及购置验收安装和调试；机械设备的合理使用；机械设备的维护保养和检查、修理；机械设备的技术改造和更新；建立与执行有关机械设备的管理制度。

建筑企业机械设备管理的主要任务，就是要采取一系列技术、经济、组织措施，对设备实行全过程的综合管理，在机械的经济寿命期限内，提高设备的使用效率，尽可能降低机械成本，提高产出水平，不断提高企业的经济效益。这个任务具体表现在以下几方面。

(1) 要正确地选购机械设备，保证为企业施工生产提供最适宜的技术装备，把企业的生产活动建立在最佳的物质技术基础之上。

(2) 贯彻"养修并重，预防为主"的方针，在节省维修费用的条件下，搞好机械设备的维护和修理，保证机械设备始终处于良好的技术状态，为施工生产提供性能好、效率高、作业成本低、操作安全的机械设备。

(3) 合理有效使用，保证机械设备较高的使用效率。所谓合理使用，就是要处理好管、养、修、用之间的关系，不能违背机械使用的技术规律和经济规律。所谓有效使用，就是要充分发挥机械的技术性能和效率。

(4) 在经济合理的前提下，采用先进技术，不断改造和更新原有的机械设备，提高机械设备的现代化水平，以增强企业的技术能力和适应技术开发的需要。

二、机械设备的合理装备

建筑企业机械设备合理装备的目的是：既保证满足施工生产的需要，又能使每台机械设备发挥最大效率，以达到最佳经济效益。装备的总原则是：生产上适用，技术上先进，经济上合理。

建筑企业机械设备装备的形式一般有三种：自制、购买和租赁。因为影响企业机械设备装备的因素很多，所以企业就必须依据企业外部因素的分析、装备机械设备本身的技术经济条件的分析以及机械设备的经济性计算，并通过定性分析和定量计算相结合，确定机械设备装备形式，从而进行合理装备决策。一项工程的机械设备的合理装备，必须根据施工组织设计和机械设备的经济性计算分析，才能保证选择出既满足生产和技术上的需要又经济的机械设备。

(一) 机械设备装备的技术经济条件

机械设备装备的技术条件，是指装备技术在企业生产和管理上的适应性。经济条件是指技术达到的指标同经济耗费的对比关系。技术条件和经济条件有密切的关系。技术与经济相比，技术适应是前提，技术上不适应，就无需讨论经济是否合理。但是，技术上先进，经济效益并不一定最佳。所以在进行机械设备的装备决策时，要进行技术条件和经济条件的分析，才能保证机械设备装备的合理性。

机械设备装备的技术条件如下：

(1) 生产性。这是指机械设备的生产效率，以单位时间完成的产量来表示，也可以用功率、速度等技术参数表示。原则上设备的生产效率越高越好。但是具体选择某一种机械设备时，必须使机械设备的生产效率与企业的施工生产任务相适应。如果选择的机械生产效率很高，但企业的任务量很小，则必然使设备的负荷过低，反而造成浪费。

(2) 可靠性。这是指机械设备精度和准确度的保持性、零件耐用性、安全可靠性等。

(3) 维修性。即易修性。现代机械设备一方面向大型、精密、自动化方向发展，同时又向轻型、微型、简易、方便方向发展。所以，在选择设备时应尽量选择比较容易维修的设备。如选择结构简单、零部件组合合理、标准化程度高、拆卸迅速、互换性好的设备。

这样不但可以缩短修理时间，提高设备利用率，而且还可以大大降低修理费用。

（4）能源和原材料的消耗程度。设备的能源消耗一般以设备的单位开动时间的能源消耗量来表示，如小时耗油量或耗电量。也有以单位产品的能源耗量来表示，如汽车以吨公里的耗油量表示。对于原材料的消耗，是指设备在加工过程中，对原材料的利用程度，如木材加工的成材率等。因此，在选择设备时，必须尽量选用那些能源消耗低和原材料加工利用程度高的设备。

（5）设备的安全性和环保性。随着建筑业现代化的发展，设备的事故和环境污染问题，已成为工程建设中一个十分严重的问题。加强设备的安全性，防止和消除设备的"三废"污染，是直接关系到保护人民健康和为子孙后代造福的大问题。对一个企业来说，选择设备时，充分考虑设备的安全性和环保性，也是防止人身事故的发生，保证施工生产顺利进行的重要条件。

（6）成套性。这是指机械设备配套程度。如果设备数量多，但设备之间不配套，不仅机械效能不能充分发挥，而且经济上可能造成很大浪费。所以不能认为设备的数量越多，机械化水平越高，就一定会带来好的经济效果，而应使设备在性能、能力等方面相互配套。

（7）灵活性。根据建筑机械使用的特点，对建筑机械设备的要求是轻便、灵活、多功能、适用性强，以及要求结构紧凑、重量轻、体积小、拼装性强等。灵活性高的机械，工作效率就高。

（8）专用性和通用性。专用机械一般是大功率、大容量、大能力的大型机械，专业性较强，适用于大工程、特殊工程的需要。通用机械一般是组装的多功能机械，适用于不同工程对象的不同要求，改换不同的装置就可以完成不同的施工任务，适用面广。企业应视生产经营范围确定选择专用、通用机械，以便达到提高机械利用率的目的。

（二）机械设备装备的经济性计算

企业在进行机械设备装备决策时，不但要综合考虑机械设备装备的外部条件和技术经济条件，而且要对机械设备装备的经济性进行定量分析，然后对几种方案进行全面的对比分析，从中选出满意的方案。下面介绍几种常用的方法。

1. 设备综合效率分析法

设备的综合效率就是全面地考虑设备使用全过程中的经济效果。其公式表示如下：

$$设备综合效率 = \frac{设备使用全过程的输出}{设备的输入} \tag{12-1}$$

设备使用全过程的输出，或称设备寿命周期收入，是指保证质量、产量、价格、交货期、安全和环保等条件下所创造的总效益。

设备的输入，或称设备寿命周期费用，是指设备本身的价格、运输费、安装费和设备维持费。所谓设备维持费，包括操作者的工资、能源消耗费、维修费、保险费、固定资产税金以及设备损坏停产的损失费等。

2. 费用效率分析法

费用效率就是设备的单位费用所取得的有效成果。其公式如下：

$$费用效率 = \frac{系统效率}{寿命周期费用} \tag{12-2}$$

系统效率是指设备的生产效率、可靠性、维修性、经济性、安全性、适用性、使用方便及舒适程度等一系列条件下的生产效率。

3. 投资回收期法

在其他条件相同的情况下，选择投资回收期最短的设备，就是最优的设备。投资回收期可用定量方法计算，其计算公式如下：

$$投资回收期(年) = \frac{设备投资额}{采用新设备后年节约额} \tag{12-3}$$

设备投资额指设备的价格、运输费和安装费等。采用新设备后年节约额指新设备使用后由于提高劳动生产率，提高产品质量，降低能源消耗和原材料消耗以及减少停工损失等的节约额。

4. 费用换算法

在其他条件相同的情况下，计算设备的投资费用和使用后的维持费用，使两者之和（总费用）最小，就是最优设备。具体的计算方法有年费法和现值法两种。

(1) 年费法。计算每年的投资费用与维持费用之和，总费用最小者就是最优设备。其计算公式如下：

$$年总费用 = 设备一次投资费用 \times 投资回收系数 + 每年维持费用 \tag{12-4a}$$

投资回收系数可按寿命期和年利率直接查表求得，或运用公式计算。

$$投资回收系数 = \frac{i(1+i)^n}{(1+i)^n - 1} \tag{12-4b}$$

式中 i——年利率；

n——设备寿命期。

【例 12-1】 现有设备 A 和设备 B，其费用支出见表 12-1 所列（年利率 6%），试从中选择最优设备。

设备 A、设备 B 的费用支出表　　　　表 12-1

分　类	设备 A	设备 B	分　类	设备 A	设备 B
一次性投入（元）	7000	10000	每年维持费（元）	2500	2000
设备的寿命期（年）	10	10			

【解】 设备 A 每年总费用 = 7000×0.13587+2500 = 3451 元

设备 B 每年总费用 = 10000×0.13587+2000 = 3359 元

计算结果表明设备 B 每年总费用比设备 A 少，故应选择设备 B。

(2) 现值法。计算设备一次投资费用和寿命期全部维持费用，两者之和（总费用）最小者，就是最优设备。其计算公式如下：

$$寿命期总费用 = 设备一次投资费用 + 每年维持费用 \times 现值系数 \tag{12-5a}$$

式中现值系数可按寿命期和年利率直接查表求得，或运用公式计算。

$$现值系数 = \frac{(1+i)^n - 1}{i(1+i)^n} \tag{12-5b}$$

式中 i——年利率；

n——设备寿命期。

【例 12-2】 数据同 [例 12-1]，试从中选择最优设备。

【解】 设备 A 寿命期总费用 $=7000+2500\times7.36=25400$ 元

设备 B 寿命期总费用 $=10000+2000\times7.36=24720$ 元

计算结论与年费法相同。

三、机械设备的使用、维护和修理

（一）机械设备使用中的技术规律

1. 机械设备的损耗及其补偿形式

任何机械设备在长期的使用过程中，均会逐渐损耗，从而降低其使用效能，也降低其价值，这就是机械设备的损耗。

机械设备的损耗有以下形式。

（1）有形损耗，又称为物质损耗。它包括使用损耗和自然损耗。

使用损耗是指机械设备在使用过程中的慢性磨损和损伤（包括机械损伤和化学损伤）引起的损耗。这是机械设备损耗中的主要部分。机械设备的使用损耗主要与以下因素有关：负荷程度、机械设备的质量和耐磨程度、机械设备装配和安装的准确性、机械设备的固定程度、设备使用过程中防避外界（如粉尘、水汽、高温等）影响的程度、设备的维修情况、工人操作熟练程度。

自然损耗是指由于自然力的作用，如大气中的水分、粉尘和污染物等产生的锈蚀、腐烂造成的有形损耗。

机械设备的有形损耗，可以通过维修工作，使一部分损耗得到修复和补偿。因此机械设备的有形损耗又可分为可消除的有形损耗与不可消除的有形损耗两类。

（2）无形损耗，又称精神损耗。产生无形损耗有以下两种原因：一是机械设备的技术结构、性能没有变化，但由于再生产费用下降，价格降低，而使原有同种机械设备发生贬值。二是由于发明了更完善的高效率的机械设备，使原有同种机械设备的性能相对下降而发生贬值。这两种原因产生的无形损耗，都使得设备由于继续使用在经济上已不合算而被提前淘汰。

针对机械设备损耗的不同形式，应采取不同的措施加以补偿，即进行维修、改造和更新。机械设备的损耗与补偿之间的关系如图 12-1 所示。

2. 机械设备的磨损规律

机械设备磨损规律，是指机械设备从投入使用以后，机械设备磨损量随时间变化的关系。这里的磨损是指有形损耗的使用损耗，如图 12-2 所示。

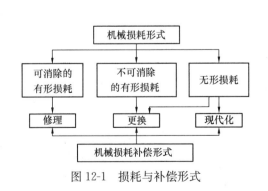

图 12-1 损耗与补偿形式

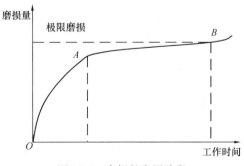

图 12-2 磨损的发展阶段

(1) 初期磨损阶段（曲线 OA 段）

这个阶段由于零件表面存在一定的微观不平度，磨合开始后磨损快，故曲线趋势较陡，当表面光滑程度提高后，磨损逐渐降低，达到一定程度后（即 A 点），趋向稳定。

(2) 正常工作磨损阶段（曲线 AB 段）

这个阶段因零件表面光洁度提高，零件之间磨合良好，润滑条件有了改善，磨损比较小，且磨损比较慢，在较长时间内处于稳定的均匀磨损状态，此阶段的曲线变化平缓。

(3) 急剧磨损阶段（曲线 B 点以后）

磨损达到 B 点时，因零部件中间间隙增大，产生冲击负荷，而且润滑油流失大，不易形成液体摩擦，磨损极度加剧，形成恶性磨损。因此到达 B 点时的磨损，称为极限磨损，超过这个极限是不经济的，而且会引起机械设备事故性的损坏。

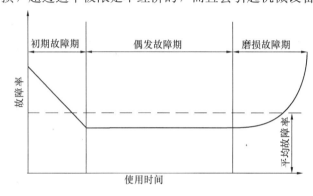

图 12-3 故障率的变化

3. 机械设备故障率变化规律

所谓故障率，就是机械设备在工作的单位时间内发生故障的次数。了解机械设备的磨损规律后，也就容易理解机械设备的故障变化规律，机械设备故障变化规律，参见图 12-3 所示。

(1) 初期故障期

此阶段内故障发生的原因，多数是由于设计、制造上的缺陷，零部件磨合关系不好，搬运、拆卸、安装时的欠缺，操作人员不适应所造成的。特别对于进口机械设备而言，操作人员的不熟练造成初期故障率较高，对于使用单位来说，要慎重地进行搬迁、拆卸，严格地进行验收、试运转，并做好培训操作人员等工作。

(2) 偶发故障期

此阶段设备处于正常运转时期，故障率最低，故障的发生主要是由于操作人员的疏忽与错误。因此，此时期的工作重点应是加强正确操作，做好日常维护和保养。机械设备的寿命在很大程度上决定于正确操作和日常维护。

(3) 磨损故障期

此阶段是由于磨损严重，机械设备性能劣化而造成故障。为了防止其故障发生，就要在零部件达到极限磨损前加以更换。

(二) 建筑机械设备的合理使用

1. 建筑机械设备使用的特点

由于建筑生产的特殊性，建筑机械的使用具有下述特点。

(1) 建筑生产的流动性决定了建筑机械搬迁、拆装频繁，因此造成：

1) 建筑机械设备在搬迁、运输、组装等环节占的时间长，有效作业时间相对缩短，这就是建筑机械设备利用率低的一个重要原因。

2) 建筑机械设备每搬迁、拆装一次，都要影响并低其精度，加快磨损，缩短寿命。

3) 有一部分建筑机械设备每搬迁、拆装一次，均要增加一个初期磨损和初期故障期。因此要执行走合和限载、减速的有关规定，从而影响建筑机械设备的效能的充分利用和发挥。当进入正常磨损期后，如工程完工机械设备又要拆卸和搬迁。

（2）建筑机械多系露天作业，受风吹日晒、大气、烟、粉尘的影响和侵蚀，也加快其损耗。

（3）建筑机械大多是移动性机械、固定性差，这比安装在设备基础上的固定式的机械磨损程度要大。

（4）建筑机械设备的负荷均衡性较差，易加快其磨损。

（5）建筑机械设备当前还是人-机配合作业，机械设备作业的连续性差，因此建筑机械作业的效率较低。

（6）建筑生产无固定的工程对象，故装备的机械一般配套差、品种规格复杂，这就相应增加了管理工作量和保修工作的复杂性。

2. 建筑机械的合理使用

机械设备的使用管理是机械设备管理的基本环节，为了充分发挥机械设备在施工生产中的作用，必须加强机械设备的管理和合理使用，提高机械设备使用的经济效益。

（1）正确选配机械，合理组织机械施工

选配机械时应做到：根据工程量、施工方法和进度要求，确定机械机种规格，各机械间生产能力应当相适应，使每台机械都能充分发挥效能；要考虑尽可能在相邻工程项目上综合流水，多次使用，从而减少拆、装、运次数，提高设备利用率；工程量大而集中时，应采用大型专用机械设备，工程量小而分散时，应采用一专多用或移动灵活的中小型机械设备，以适应不同类型机械的特点；根据需要和可能，采用现代管理理论的经济性计算方法，在供需产生矛盾时寻求最优。

要合理组织机械施工，做好机械施工的计划工作，及时调度。编制机械设备的供需计划，要经过平衡，共同遵守执行。要避免少用多要，迟用早要，使机械使用有计划地进行。与此同时，要保证合理组织的有效性，保证原料供应，水、电、动力的供应，保证施工场地和施工顺序安排的合理性，安排好机械设备的维修保养，避免带病运行，使所有机械都得到充分有效的利用。

（2）实行定人、定机、定岗位责任的使用管理制度

实行定人、定机、定岗位责任的"三定"制度是合理使用机械设备的基础和核心。把机械设备交给操作工人或班组固定使用，由他们负责保管、操作、保养和日常检修，在使用过程中对机械设备的技术状况和使用效率负责，以加强操作人员的责任心，保证安全生产，充分发挥机械设备的效能。凡属在用的机械设备，必须指定专人保管使用。

"三定"的核心是执行岗位责任制。它要求机械操作人员严格遵守设备操作规程和设备维护规程，爱护机械设备，保管好原机零件、部件、附属设备和随机工具，认真执行交接班和操作证制度，填好运转记录，降低原材料和能源的消耗，提高机械设备质量，积极为施工生产服务。

（3）严格执行机械设备使用中的技术规定

1）机械设备的技术试验规定。

凡是新机械或经过大修、改装、改造、重新安装的机械设备，均应进行技术试验后方可投入使用。新购机械设备的检验由机械管理部门负责；大修、改装和改造后的机械设备的技术试验，由承担维修任务的单位负责；重新安装的机械设备的技术试验，由使用单位

组织进行。

2）机械设备走合期的规定。

新出厂或新大修的机械设备在投产使用初期，必须经过运行磨合（走合）过程。因为新加工的零件表面有比较粗糙的刀痕和加工痕迹，或存在装配表面未达到良好配合的情况，还需经过一定时间的运行磨合，才能保证达到正常运转。

3）机械设备寒冷季节使用规定。

为确保机械设备寒冷季节的正常运行，防止低温影响使用和造成损坏事故，必须遵守机械设备寒冷季节使用规定。

在进入寒冷季节前，要制定寒冷季节机械施工安全技术措施，并对机械操作人员进行寒冷季节使用机械设备的安全教育，同时，要做好防寒物资和预热保温设备的供应工作。对在用机械设备应进行一次换季保养，换用适合寒冷季节气温的燃油、润滑油、液压油、防冻液、电瓶液等。对停用、在库、待运、待修的机械设备，由所在单位机械管理部门组织检查，放净各部存水。

在技术上，要执行机械设备寒冷季节使用的技术措施，包括机械冷却系统防冻措施，燃料、润滑油料的选用和机械使用中应遵守的事项等内容。

在机械的使用过程中，还必须强调搞好机械设备的例行保养。按照保养项目规定的内容，在开机前、使用中和停机后，做好清洁、润滑、调整、紧固和防腐工作，使机械设备经常保持良好的技术状态。

（三）机械设备的检查、维护和修理

1. 机械设备的检查

机械设备的检查，是对机械设备的运行情况、工作精度、磨损程度进行检查和校验，为制定预修制度提供依据。它是机械设备维护修理的基础和首要环节。

通过检查，可以及时地了解设备的运行情况和磨损情况以及机械、液压、电器、润滑系统的技术状况并针对发现的问题，及早进行修理的准备工作，以提高修理工作质量和缩短修理时间。

（1）设备的检查按时间可划分为日常检查和定期检查。

1）日常检查。主要是由操作工人每天对机械设备进行检查，可与日常保养结合起来。如果发现一般的不正常情况，可立即加以消除，如发现较大的问题，应立即报告，及时地组织修理。

2）定期检查。主要由专业的维修工人负责、操作工人参与的检查。一般应按计划规定的时间，一个月到三个月，全面检查设备的性能及实际磨损的程度，以便正确地确定修理的时间和修理的种类。

（2）按检查的技术性能可划分为机能检查和精度检查。

1）机能检查。就是对机械设备各项机能进行检查和测定。如检查机械设备的漏油、漏水、防尘密封等情况，以及检查和测定机械设备零件耐高温、高速、高压的性能等状况。

2）精度检查。就是对机械设备的精度指数进行检查和测定。它可以为设备的验收、修理和更新提供较为科学的依据。

2. 三级保养大修理

（1）日常保养。是由操作工人为主每个轮班进行一次。其工作内容是：清扫、加油、调整、更换个别零件，并检查润滑、异声、漏油、安全以及损伤等情况，它是一种不占用工时的保养。

（2）一级保养。一般以操作工为主，维修工为辅。其工作内容是：设备内部清洁和润滑、设备局部体解、整修和调整。通常是500～700小时一次，需停机8小时，应尽量利用节假日的时间。

（3）二级保养。应以专业维修工人为主，操作工人参与。其工作主要内容是：对机械设备的主体部分进行解体、检查和修正，相当于过去的小修和中修工作，一般需要停机24～32小时。

（4）大修理。就是对设备进行全面解体、检查、修理和调整，以全面恢复设备原有精度、性能和生产效率。设备的大修应与革新设备尽可能结合起来考虑。

3. 机械设备预防修理的基本方法

（1）检查后修理法

首先是建立严格的检查制度和检查计划，包括日常检查和定期检查，根据检查的情况、设备的精度指数，以及有关的修理资料，编制修理计划，确定修理的日期和内容。这种方法的最大优点是依据机械设备实际的磨损情况来确定修理方案，可以避免过度修理，以降低修理费用。国外称之为以精度指数为基础的预防修理制。

要注意的是，由于这种方法灵活性较大，如果检查制度不严，修理的准备工作比较仓促，可能导致修理停歇的时间较长，反而造成浪费。

（2）定期修理法

首先根据设备实际使用情况和机件磨损程度的资料制定修理计划，比较粗略地规定修理的日期和内容，而具体的修理日期、内容以及工作量，则应根据修理前的检查结果决定。

这种方法与检查后修理法相比，就是先制定一个大概的修理计划，计划性较强，有利于做好修理前的准备工作，是我国目前应用较广的一种方法。

（3）标准修理法

这是一种强制性的计划预修的方法。主要根据设备零件的使用寿命，预先编制具体的修理计划，明确规定修理日期和内容，不管设备的实际技术状况及零件的磨损情况如何，都严格地按照计划的规定进行强制修理。

此法的优点是计划性较强，能严格保证设备的安全运转和正常运行。但是，这种方法往往容易脱离实际情况，产生过度修理，造成浪费。一般的说，对于安全性要求很高的设备，可采用这种方法，以保证设备的绝对安全。

企业应针对不同设备，根据不同的要求，来正确地选择不同的修理方法。

今后的机械设备维修随着科学技术的进步和零配件供应的改善，将朝着以下的科学的方向改革和发展。

第一，机械设备的早期保养可不作统一的规定，一律按原厂说明书的要求进行，而每班的例行保养则必须坚决执行。

第二，逐步采用现代机械故障诊断和监控技术，发展以状态监测为基础的预防维修制。采用先进的检测仪器，在机械不解体的情况下，能够掌握设备的磨损、老化、劣化腐蚀的部位、程度及其他情况。在此基础上进行早期预报和追踪监视，从而作出科学的判断，正确地决定需要修理的总成和部位。这样做，一方面可以在避免事故发生的情况下，减少由于不清楚设备磨损情况而盲目拆卸给设备带来的损伤，另一方面也可减少设备停车造成的经济损失。

第三，在采用先进诊断和监测技术的基础上，把现行的二级保养和大修理改成总成互换修理制和实行现场维修制，并且两者结合进行。总成互换修理制是以总成为单位根据定期检查情况，确定总成大修任务。现场维修制要以总成互换修理制为条件，同时要装备有能达到维修要求的工程车。这样，既有利于保证和提高修理质量，也有利于缩短修理时间，减少机械维修费用。

第四，积极推广项目修理（简称项修）和改善性修理。项修是在状态监测的基础上，针对机械性能劣化程度，进行局部修理，恢复机械某个部位的功能，以改善整机的性能，延长使用寿命。改善性修理是针对机械设备中故障高的部位，通过改善其结构、参数、材料和制造工艺等方法，提高零件的性能，使故障不再发生。改善性修理应纳入修理计划，可单独进行，也可以结合机械修理进行。

四、机械设备的改造和更新

（一）机械设备的改造

机械设备的改造是指对原有设备进行技术改革，以改善和提高机械设备的性能、精度及生产效率。对现有设备进行有效的改造，是企业挖潜、革新、改造的重要内容。机械设备的改造是一项极为精细复杂的工作，必须充分考虑其改造的必要性、技术的可能性和经济的合理性。

首先，必须根据生产技术发展的需要出发，针对设备对产量、质量、成本、安全、能源消耗和环境保护等各方面的影响程度，有计划、有步骤地进行。使设备经过革新改造以后，能达到预期的目的和要求。

其次，必须充分考虑技术上的可能性，一切要通过试验。一般来说改造规模小，不影响设备的主要性能，可由使用单位有关部门批准，自行设计改装。

再次，必须充分考虑经济上的合理性。对于机械设备的各种改造方案，都要经过专业人员进行一系列的详细计算，从而进行技术经济论证和经济效果分析来选择。如果改造费用很高，或者改造后其效果很不理想，必须重新修改方案。

在机械设备进行改造时，必须与机械设备的大修理结合起来。这样，既能达到设备改造的目的，又能大大地节约改造费用，这是一种行之有效的、经济合理的方法。

在机械设备改造过程中，必须坚持"自力更生"方针，充分发动群众，总结我国自己的先进经验。同时，也要重视吸收国外的科学技术上的新成就，在努力学习的基础上，做到"洋为中用"。

（二）机械设备的更新

1. 机械设备更新的意义

机械设备的更新，主要是指以新的、效率更高的设备，去更换陈旧的和经济上极不合理的机械设备。机械设备的修理和改造固然重要，但是，由机械设备使用中的技术规律可知，机械设备使用期限并不是无休止的。过去有一种陈旧的观念，以为设备的使用寿命越长越好，根本不考虑经济效果，甚至当出现维修费和改造费超过更新设备费用时，还要千方百计地去维护陈旧和效率很低的设备,这种现象必须改变。

2. 机械设备更新的基本要求

机械设备更新要求分析设备的寿命周期,以确定最佳的更新周期。设备的寿命周期,不仅要考虑设备的自然寿命,而且还要考虑设备的技术寿命和经济寿命。

设备的自然寿命或称设备的物质寿命,是设备从开始投入使用,因物质磨损使设备老化、坏损、直至报废为止所经历的时间。是由于物质磨损的原因决定的设备的使用寿命。设备的物质寿命较长。

设备的经济寿命,是根据设备的使用费用包括维持费用和折旧来决定的设备的寿命。超过了经济寿命而勉强继续使用,在经济上往往是不合理的。有人把这个阶段叫做"恶性使用阶段"。

设备的技术寿命,是设备从开始使用,直至因技术落后而被淘汰为止所经历的时间,也叫做设备的技术老化周期。由于科学技术的迅速发展,在设备使用过程中出现了技术上更先进、经济上更合理的新型设备,而使现有设备在物质寿命尚未结束前被逐渐淘汰。

更新机械设备的另一个要求是必须有利于提高安全性、环保性,以及减轻工人的劳动强度。另外,机械设备更新必须同加强原有设备的维修和改造结合起来。这是因为在一定时期内,更新机械设备的数量总是有限的。尤其在资金和能力尚有一定困难时,应根据需要和可能,在有计划有重点地更新部分设备外,对于大量的机械设备必须加强维修和改造,以保证生产的不断发展。

最后,在更新机械设备时要注意克服薄弱环节,提高企业的综合生产能力。由于企业各施工生产环节的机械设备能力,总会有富余环节和薄弱环节,只有先更新薄弱环节的陈旧设备,才能有利于提高企业的综合生产能力。否则,就难以发挥设备更新应有的效果。

3. 机械设备更新的经济界限

(1) 机械设备修理的经济界限

机械设备大修理的经济前提是可以利用原有机械保留下来的 60%～80% 的零部件,但要使用这些零部件需要付出相当高的代价,因此在机械设备大修理时应进行经济上的比较,以判断其是否在大修理的经济界限内。

机械设备大修的经济界限,可以用两个条件来判断:第一个条件是必要条件,即某一次大修理的费用加上该时期机械设备的残值应小于新设备的价值。第二个是充分条件,即大修理以后使用该机械设备生产的单位产品的成本,在任何情况下都不能超过用相同新设备生产的单位产品的成本。只有综合上述两条件的大修理,才是最经济的大修理。

(2) 机械设备更新经济界限的确定

机械设备一般属于下列情况之一的应当更新。第一种情况是,设备损耗严重,大修理后性能、精度仍不能满足规定要求的;第二种情形是,设备在技术上已陈旧落后,耗能超过标准的 20% 以上的;第三种情形是,设备役龄长,已经过四次以上大修理或一次大修费用超过正常大修费用的一倍时。

机械设备的更新可分为两大类:一是有些设备在其使用期内,功能是突然丧失的,平时不必保养,事后也无法修理,这些设备更新的规律取决于一定的概率。二是为数很多的设备,在其使用期内功能是逐渐降低的,尽管产品所分摊的设备费用随着使用年限的增长而减少,但设备的使用费用,如燃料动力费、维修保养费等都是逐渐上升的。这类设备的使用期限取决于设备的经济寿命。下面介绍怎样用设备使用费用劣化值方法计算机械设备的经济寿命。

设备使用费用劣化值方法的依据是设备随使用时间的延长，其有形磨损和无形磨损都在不断增加，其使用费用也不断增加，这种随设备使用时间的增长而增加的使用费用称为使用费用的劣化值。它对设备的经济寿命有着直接的影响。

假设使用劣化值的增大和使用时间的延长是线性关系，并且每年按 λ 元在变化，这时，设备每年的平均费用 C 用下式表示：

$$C = \frac{P}{T} + \frac{1}{2}\lambda T \tag{12-6}$$

式中　C——设备使用 T 年其年度平均费用；
　　　T——设备的使有年限；
　　　P——设备的原始价值；
　　　λ——设备使用费用劣化值（元/年）。

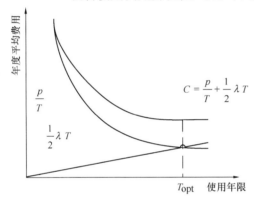

图 12-4　最佳更换期

若要使 C 为最小，可对上式取导数，令其为零，解得：

$$T_{opt} = \sqrt{\frac{2P}{\lambda}} \tag{12-7}$$

式中　T_{opt}——设备的经济寿命。

从图 12-4 可以看出逐渐增大的使用劣化值和逐年减少的投资之间的平衡关系及设备的最佳更换期 T_{opt}。

如果掌握设备的年使用费用劣化值，就可利用公式计算出设备的经济寿命。

【例 12-3】　设某机械设备的原始价值 $P=10000$ 元，若 $\lambda=300$ 元/年，求该机械设备的最佳使用期（最佳更换期）。

【解】　把 P 和 λ 的值代入公式：

$$T_{opt} = \sqrt{\frac{2P}{\lambda}} = \sqrt{\frac{2 \times 10000}{300}} = 8.16 \approx 8(年)$$

即该设备的最佳使用期为 8 年。

五、设备综合工程学

设备综合工程学是一门以设备的寿命周期为研究对象，以降低寿命周期费用为目的的综合性学科。目前，这门学科在世界上已得到广泛的应用和推广，例如英国从 1970 年设立了"设备综合工程学委员会"，在政府的支持下，大力地推广和普及设备综合工程学。并已取得了显著的效果。据有关资料介绍，日本应用和发展了设备综合工程学，提出了 TPM 设备管理体系，设备故障比过去减少 90%，设备修理费用比过去减少 50%。

（一）设备工程学产生的必然性

随着现代科学技术的迅速发展，一方面现代设备给人们带来了丰富的物质文化生活，另一方面也带来了严重的灾害。例如环境污染日趋严重，设备事故不断增加。能源的浪费增多，设备的维修费用大量提高，工人的劳动强度不断增加，特别是第二次世界大战以来，产品的更新换代期越来越短，设备发展远远跟不上产品发展的速度，已成为发展现代化生产的严重障碍。因此，人们越来越感到要解决上述一系列问题，只能从根本上改革和提高设备的管理水平，否则就会给社会和人民带来更为严重的后果。

（二）传统设备管理的局限

（1）以维修为中心，管理很不全面。设备的问题既有先天的问题也有后天的使用问题。所谓先天的问题就是指设计、制造和安装的问题，如果先天不足，设备使用过程中的许多问题往往难以避免。

（2）设备制造部门的管理和设备使用部门的管理，相互没有一套信息反馈管理体系，制造部门不能及时地设计制造出用户满意的设备，以至于造成设备的发展跟不上其他产品的发展。

（3）比较偏重于自然寿命和设备的一次投资费用，而往往忽视经济寿命和使用过程中的维持费用，因此对设备的经济效果分析很不全面，以至于造成设备在使用过程中的费用大量增加或浪费。

（4）预防维修制度规定得过死，不能反映出设备的实际运动规律，因此，往往容易出现过度修理，影响设备利用率，而且修理费用增加，造成浪费。

（三）设备综合工程学的基本特点

设备综合工程学是以设备的寿命周期为研究和管理对象，系统地提高设备各个环节的机能，如从确定方案、设计、制造、安装调试、维修、改造直到报废为止的全过程管理。设备作为一个大系统大致可以分为几个阶段，如图12-5所示。

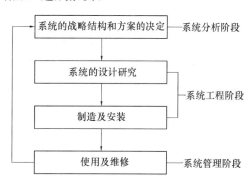

图 12-5　设备系统示意图

设备综合工程学又是对技术、安全、环保等方面进行的综合性研究和管理。从工程技术方面要求把机械、电气电子、化学、安全、环保等各项技术综合起来研究；从经济方面要讲究全面的经济效益，从设计费、制造费、安装费、使用费、维修费、折旧等，系统地周密地计算各项有关的费用，并通过分析比较以取得最好的经济效益；从管理方面要求广泛地应用行为科学、工程学、运筹学、质量控制和价值工程等管理方法。

设备综合工程学的另一个基本特点是以达到寿命周期费用最低作为研究的目的。运用寿命周期费用指标，有利于把制造者和使用者有效地联系起来，使制造者尽可能地生产出用户满意的设备。

设备综合工程学是以可靠性、维修性设计为重要目标。可靠性是指设备在使用过程中能达到准确、安全。维修性是指设备结构简单，零部件组合合理，易于检查，拆卸迅速，修理方便。可靠性、维修性设计的理想目标是实现"无故障"、"无维修设计"。

设备综合工程学要求建立一套设计、使用和费用的信息反馈系统，包括厂内信息反馈和厂外信息反馈。厂内信息反馈是指将使用过程中所记录和积累的资料，反馈给设备维修部门，以便及时检查修理。厂外信息反馈是指将使用和维修过程中所记录和积累的资料，及时反馈给设备制造部门，以便设计和制造出用户更满意的设备。

（四）日本的 TPM

日本的 TPM 是在广泛地吸收国外设备管理先进经验的基础上，结合日本的具体情况，创造出的一套适合日本国情的新的设备管理体系。根据日本设备工程协会的介绍，TPM 是设备综合工程学在日本的具体应用和发展。

1. 推行全效率、全系统、全员参加的"三全"设备管理

全效率是指设备的综合效率，包括产量（P）、质量（Q）、成本（C）、交货期（D）、安全（S）、劳动情绪（M）六个方面，用公式表示如下：

$$设备综合效率 = \frac{设备的输出}{设备的输入} = \frac{PQCDSM}{寿命周期费用} \tag{12-8}$$

从上式可以看出，设备的输出量越大，输入量越小，则设备的效率就越高。

全系统是指对设备的一生进行系统的管理，包括设备的研究、设计、制造、安装、使用、维修、改造、更新等全系统，并包括建立信息情报反馈系统。

全员参加是指从企业领导、管理人员一直到第一线生产工人都参加设备管理工作，组织 PM 小组，开展自主活动。PM 小组的主要活动内容是减少设备故障和提高生产效率，小组成员分别承担相应的职责。上一级 PM 小组负责检查下一级 PM 小组的成果，对于成绩显著的可命名为"高水平 PM 小组"。

2. 实施"5S"管理活动

"5S"管理活动是指对现场各生产要素所处状态，不断地进行整理、整顿、清洁、清扫和素养，这是搞好管理工作的基础。整理，是指把不用的紊乱的东西全部收拾和整理好；整顿，是指把所需的东西齐备好，按工作次序整整齐齐地排好；清洁，是指设备和场地做到没有污染；清扫，是指随时随地做好打扫工作，保证设备和场地一直能保持干干净净；素养，是指培养职工良好的举止、态度和作风，培养职工良好的工作习惯和生活习惯。

3. 设备的检查工作

日常检查，由操作工人负责。定期检查和专题检查，由设备维修部门负责，主要是针对重点设备。每次检查后都有明确的记录标志，如良好（O）、可以（△）、差（×），以作为设备维修的依据。检查的基本内容有：能否保证完成产量定额；能否保证完成质量指标；安全性和环保性是否可靠；是否有漏油、漏气、漏水等情况；是否可能增大维修费和运转费；是否降低设备的寿命等。

4. 重点设备的预防和修理（包括部分修理、大修和改善）

所谓重点设备，一般是由 PQCDSM 的要求来决定的。部分修理是指设备的重要部位进行预防性修理，可减少大修理的次数和工作量。预防修理的主要依据是设备的精度指数。改善修理就是把修理和设备改造结合起来。对于一般非重点设备，尽量采用事后修理和故障修理的办法，这样可以节约修理费用。但是，必须加强管理工作，认真做好检查记录，作为修理的依据。

5. 加强设备维修人员的培养

这是推行 TPM 体系十分重要的环节，每年要制定对维修人员的教育计划，包括技术人员、工长和组长、老工人和新工人的教育训练，针对不同人员提出不同的教育内容和要求。对于维修工人要注意多方面的培养，包括机械工和电工等的操作技能，并定期进行考

核。七年以上工龄的维修工，一般要参加两种或三种技能的考试。要使每个工人感到多掌握一种技能是莫大的光荣。

第二节　建筑企业材料管理

一、材料管理概述

建筑企业材料管理是对企业施工生产过程所需要的各种材料的计划、订货、采购、运输、保管、领发、使用所进行的一系列组织和管理工作。材料管理是企业管理的重要组成部分。

由于建筑企业的生产过程也是材料的消耗过程，材料费用在建筑产品成本中占有的比重最大，故搞好材料管理对保证生产正常进行，降低成本，加速流动资金的周转，保证工程质量，提高建筑企业经济效益具有十分重要的意义。

（一）材料管理的任务

建筑企业材料管理的主要任务，可归纳为保证供应、加速周转、降低消耗、节约费用四个方面。

1. 保证供应

保证适时、适地、按质、按量、成套齐备地供应施工生产所需要的各种材料。材料必须按规定的时间供应，不宜过早或过晚。同时要按指定的使用地点，按规定的质量、数量，按要求的品种、规格成套地供应。这就需要加强材料供应的计划性，搞好供需平衡，使计划不留缺口，要组织好订货和采购，做好运输、保管和领发工作，面向施工现场，及时保证工程施工需要。

2. 加快周转

缩短材料的流通时间，加速材料周转，这也就意味着加快资金的周转。为此，要统筹安排供应计划，搞好供需衔接；要合理选择运输方式和运输工具，尽量就近就地组织供应，力争直达直拨供应，减少二次搬运；要合理设库和科学地确定库存储备量，灵活地进行材料调用，保证及时供应，加快周转。

3. 降低消耗

合理地、节约地使用各种材料，提高它们的利用率。为此，要制定合理的材料消耗定额，严格按定额计划平衡材料、供应材料，考核材料消耗情况；积极贯彻"增加生产，例行节约"的方针，开展物资节约，搞好综合利用、节约代用、回收利用，加强库存保管维护，防止和减少损失、变质、锈蚀、丢失等。

4. 节约费用

全面地实行经济核算，不断降低材料管理费用，以最少的资金占用，最低的材料成本，完成最多的生产任务。为此，在材料供应管理工作中，必须明确经济责任，加强经济核算，提高经济效益。

（二）材料供应方式

目前材料供应的方式可分为包工不包料和包工包料两种。

包工不包料，就是工程所需要的材料由建设单位负责供应，建筑企业只承包工程的用工。这种供应方式是由传统的材料供应体制决定的，它不利于建筑企业的生产经营管理。

因为采用这种方法,建筑企业不掌握建筑材料,人、材分家,同时各个工程的材料不能统一调剂使用,不利于合理组织施工生产。因此这种方式随着材料供应体制改革而逐渐少了。

包工包料,是指建筑企业不仅承包工程的用工,而且承包工程全部材料的订货、采购、运输、储存和供应。包工包料有许多优越性,主要表现在:减少了材料供应的流通环节,避免了层层设库及其造成的积压浪费;有利于建筑企业统一调剂使用材料,有利于节约材料、降低成本、提高工程质量和缩短工期;简化了获得材料的手续,提高了材料管理的工作效率。这是目前主要的供应方式。

二、材料消耗定额管理

(一)材料消耗定额的基本概念和种类

1. 材料消耗定额的基本概念

建筑工程材料消耗定额,是指在一定的生产技术组织条件下,完成一定计量单位的工程或生产单位合格产品所必须消耗的一定规格的建筑材料或构配件的数量标准。它包括直接构成工程实体的材料消耗(净需要量),在材料加工准备过程和施工过程中的必要合理的工艺性损耗,以及生产中产生的和运输保管不善造成的非工艺性损耗。

材料消耗定额在建筑企业材料管理中具有重要的作用。它是确定材料需用量、库存量,编制材料计划,组织材料供应的依据;是限额领发料,考核分析材料消耗利用情况的依据;也是加强材料核算,进行材料成本控制的重要工具。从国家角度来看,材料消耗定额又是控制一个建设项目主要材料指标的依据。

2. 材料消耗定额的种类

建筑工程中使用的定额有概算定额、预算定额、施工定额三类。材料消耗定额一般不单独编出,而是作为这三种定额的组成部分。

(1)材料消耗概算定额是建筑工程概算定额的组成部分。这是在初步设计或技术设计阶段,即在施工图还没有完成之前,用来估算或概略计算主要材料和设备的需要量的定额。常用的材料概算定额有两种:①万元定额。指每万元建安工作量消耗的材料数量。这种定额只能表示主要材料的消耗数量,不能表示规格型号,所以准确性差,一般不能用来编制备料计划,只能供编制申请主要材料指标时参考。②平方米定额。指单位建设面积所消耗的材料数量。其准确性比万元定额高一些。如果根据历年经验资料求得材料规格,就可以用来编制年度备料计划。

(2)材料消耗预算定额是建筑工程预算定额的组成部分。它是按分项工程来计算和确定的,项目较细,所以可以用来编制工程预算,计算材料需要量,编制材料供应计划,是进行材料申请、采购的依据,也是完工后办理材料结算的依据。它是建筑企业材料管理中使用的主要定额。

(3)材料消耗施工定额是建筑工程施工定额的组成部分。其内容与预算定额相同,但项目更为细致和具体,更接近于实际耗用水平。所以可以用来编制施工预算、施工作业计划,也可作为签发限额领料单和考核工料消耗的依据。它是企业施工生产中执行的主要定额。

(二)材料消耗定额的制定和执行

材料消耗预算定额和材料消耗施工定额同建筑企业生产经营管理的关系最为密切。所以,建筑企业应该有专门的部门和人员进行这两种定额的管理。

定额的管理包括制定、贯彻执行、考核和修订四个环节。

定额的制定方法有：技术计算法、实际测定法、统计分析法和经验估算法等。

定额的执行是定额管理中的重要环节。企业的材料供应管理部门要坚持按材料预算定额确定材料的需要量、编制材料计划；按材料施工定额组织内部材料供应和向基层施工队、班组发放材料，进行材料核算。定额的贯彻执行一定要严肃认真，并和改善企业生产经营管理、改进操作方法、推广先进的施工经验和技术组织措施结合起来。

企业应经常考核和分析材料消耗定额的执行情况，积累有关资料，不断提高定额管理水平。材料管理人员要做好材料消耗、收、发和库存的原始记录和统计工作，并经常深入施工现场，了解掌握定额执行情况，分析研究执行过程中存在的问题和原因，及时反映实际达到的定额水平和节约材料的经济效果。同时要及时总结推广节约用料的先进经验，实行材料节约奖励的办法。材料消耗定额的考核与分析，可着重于材料的利用率、定额与实际用料的差异、非工艺损耗的构成分析等。

定额是在一定的生产技术组织条件下制定的，定额制定后要保持相对稳定，但也不应一成不变。随着生产技术的发展，设计及施工工艺的改进，企业管理水平的提高，材料消耗定额必须及时作出相应的修订和补充。建筑企业在定额修订和补充方面，应根据实际执行情况，积累和提供修订的数据。对不切实际的施工定额，企业应根据实际情况，组织技术测定，制定企业定额，以利于加强企业的内部管理。

三、材料供应计划

（一）材料供应计划的作用

建筑企业的材料供应计划是企业生产经营计划的重要组成部分，它与施工生产计划、技术措施计划、降低成本计划、财务计划、运输计划等都有密切的关系，它为这些计划的顺利贯彻执行提供可靠物质保证。对企业材料管理来说，材料计划又是进行材料订货、采购、组织运输、储存和使用的依据，起着促进企业加强材料管理，改进材料供应、管理、使用的组织工作的作用。搞好材料供应计划，也是企业降低成本、加速资金周转、节约资金占用的重要前提。

（二）材料供应计划的编制

1. 编制材料供应计划的准备工作

为了使材料供应计划的编制能切合实际，真正发挥其作用，在编制前应做好以下必要的准备工作。

（1）明确计划期施工生产计划、机械设备大修理计划和技术组织措施计划等情况，并且具体落实工程和生产任务、材料指标和材料资金。

（2）掌握和分析上个计划期材料使用情况，如施工生产任务完成情况、材料实际耗用情况，并认真做好清仓盘点工作，正确掌握各种材料的实际库存量。

（3）调查了解材料的供应和运输方面的资料，如各种材料的订购，供应的品种、规格和价格，供应的间隔天数，运输条件、时间等，尤其要了解掌握和预测计划期主要材料品种和数量供应方面的缺少数量及市场价格等。

（4）收集和整理有关材料消耗定额和储备定额等资料。

2. 材料供应计划的编制

（1）年度材料供应计划的编制

年度材料供应计划编制的主要内容：计算各种材料的需要量、期初期末储备量，经过综合平衡确定材料的采购量，再根据采购量编制采购计划。

1) 材料需要量的确定

材料需要量是按材料种类、品种和规格来计算的，不同用途、不同种类的材料需要量的确定方法也不同。概括说来，有直接计算法和间接计算法两种。

①直接计算法，又叫定额计算法。它是直接根据材料消耗定额和计划任务来计算材料的需要量。其中又包括实物工程定额法和投资概算定额法。前者是根据计划实物工程量和预算定额进行计算确定的，凡有条件的都应采取此法。后者是在技术资料不甚完备的情况下，根据万元定额或平方米概算定额计算确定，误差较大，一般约在±10%左右，故只能作为企业概算计划年度所需工程材料所需资金使用，不能作为实物采购之用。直接计算法的基本计算公式如下：

$$某种材料需要量 = 计划工程量 \times 材料消耗定额 \qquad (12\text{-}9)$$

②间接计算法。主要有动态分析法和同类工程对比法。

动态分析法是以历史上实际材料消耗水平为依据，考虑到计划期影响材料消耗变动因素，利用一定的比例或系数对上期的实际消耗进行修正，以确定材料需要量的方法。其计算公式为：

$$某种材料需要量 = 上期该材料实际消耗量 \times \frac{计划期工程量}{上期实际完成工程量} \times 调整系数 \qquad (12\text{-}10)$$

调整系数主要根据降低材料消耗的目标、在计划期采取的各种节约措施以及消除上期实际消耗中的不合理因素来确定。

同类工程对比法是在无定额、无设计资料的情况下，根据同类工程的实际材料消耗进行对比分析计算的一种方法。其计算公式为：

$$某种材料需要量 = 计划工程量 \times 类似工程材料消耗定额(指标) \times 调整系数 \qquad (12\text{-}11)$$

间接计算法计算的材料需要量一般比较粗略，常用于辅助材料、无消耗定额的材料以及新工艺、新技术的材料。

当计算出材料的需要量后，还需要按计划期内工程进度确定分期需要量，如年计划分季、季计划分月、月计划分旬等。

工程用料的需要量，由施工生产部门提出，经营维修、技术革新等用料，原则上谁用料谁计算提出，再由材料部门综合汇总。

2) 材料期初、期末库存量的确定

编制材料计划一般都是在计划末期之前进行，这样就要预计计划期初的库存量，这一库存量可根据编制计划时的实际库存量加上期初前的预计到货量减去期初前的预计消耗量求得。可用下面公式表示：

$$计划期初库存量 = 实际库存量 + 预计到货量 - 预计消耗量 \qquad (12\text{-}12)$$

计划期末库存量是为下期工程顺利进行所建立的储备量，根据下一计划期初的生产需要和材料供应条件来计算确定。通常对于按品种规格编制计划的材料，其计划期末库存量按经济库存量的一半加上安全库存量来确定。这是因为库存量是一个变量，在计划期末不可能恰好处在最高库存水平。按经济库存量一半计算是取平均值的意思。如果认为这样对保证生产不可靠，则可取一个大于 0.5 的系数与经济库存量相乘再加上安全库存量，作为期末库存量。用公式表示如下：

$$计划期末库存量 = (0.5 \sim 0.75) \times 经济库存量 + 安全库存量 \tag{12-13}$$

某些采用季节性库存的材料，只能在采购季节逐渐积存，达到一定数量时就停止采购，以后陆续耗用。这些材料的期末储备量可根据下一计划期具体需要情况加以确定。如果下一计划期生产扩大，则期末库存量也相应扩大，若季节库存不发生在期末，则可以不考虑期末库存量。

3) 材料采购量的确定

企业在确定各种材料需要量和期初、期末储备量的基础上，再考虑计划期初库存量内不合用数量和企业内可利用资源，就可以进行综合平衡，编制材料平衡表，提出材料采购量，其计算公式如下：

$$材料采购量 = 材料需要量 + 计划期末库存量 - (计划期初库存量$$
$$- 计划期内不合用数量) - 企业内可利用资源 \tag{12-14}$$

计划期内不合用数量，是考虑库存量中由于材料规格、型号不符合计划期任务要求而扣除的数量。企业内可利用资源，是指可以加工改制的积压呆滞物资、可利用的废旧物资、综合利用的工业废渣以及采取技术措施可节约的材料等。

编好材料平衡表后，编制材料采购计划。年度材料供应计划是控制性的计划，是对外订货、对内供应的依据。编制的时间一般在上一年末季后期，由施工生产等部门提出本年的需要量，材料供应部门再汇总编制。

(2) 季度、月度材料供应计划

季度材料供应计划是年度材料供应计划的具体化，是根据季度施工计划编制的。可以对年度材料供应计划及时进行调整。它是实施性计划，可用来核算企业本季度各类材料的采购量，落实各种材料的订货采购和组织运输任务，使材料供需在合同约束下得到保证。季度材料供应计划是由材料供应部门统一编制的。

月度材料供应计划是结合月施工作业计划的要求而编制的施工供料、备料计划，它是直接供料、控制用料的依据，是企业材料供应计划工作中的重要环节。要求全面、及时、准确，以确保正常施工的需要。各基层施工单位，根据工程进度，以单位工程为对象，以单位工程材料预算为依据编制各自的月材料计划，并在月底前（一般可在下旬 25 日前）报送企业材料供应部门，然后由供应部门编制出月度材料供应计划，见表 12-2 所列。

月度材料供应计划 表 12-2

材料名称	规格	单位	月初库存量	需要量	月末储备量	供应数据			
						合计	上旬	中旬	下旬

材料供应计划编制的过程是一个不断分析研究材料供应情况、使用情况的过程，也是一个不断平衡的过程。通过平衡，材料供应计划要保证用料的品种、规格、数量的完整性和齐备性，保证供应的适时性和连续性。通过编制计划，可以明确计划期内材料供应管理工作的主要任务和方向，发现材料供应管理工作中的薄弱环节，从而采取切实可靠的措

施,更好地保证正常施工需要和降低材料费用。

(三) 材料供应计划的组织实施

材料供应计划的编制仅仅是计划工作的开始,更重要、更大量的工作是组织计划的实施,即执行计划。在材料供应计划执行过程中往往会遇到许多问题,如货源不落实,材料的实际到货数量、品种、规格以至材质都可能与计划不一致,供应时间与需要时间也可能不一致等。这就需要认真搞好材料供应的组织管理工作,以保证材料供应计划的实现。

主要工作有以下几方面。

1. 做好材料的订货采购工作

使企业所需的全部材料从品种、规格、数量、质量和时间上都能按供应计划逐项得到落实,不留缺口,并用订货合同或其他取得材料的方式确定供需关系。

2. 组织好材料运输

3. 做好计划执行过程中的检查工作

检查的内容有:订货合同、运输合同的执行情况,材料消耗定额的执行和完成情况,材料库存情况和材料储备资金的执行情况等。检查方法主要是利用各种统计资料,进行对比分析以及深入现场进行重点检查。通过及时检查,发现问题,找出计划中的薄弱环节,及时采取对策,以保证计划的实现。

4. 加强日常的材料平衡和调剂工作

要相互支援、串换,以便解决急需,调剂余缺,保证施工。此外,在材料计划执行终了时,还应对全期供应计划执行情况进行全面检查,对计划订货采购量与到货量、计划需要量与实际消耗量、上期库存量与本期库存量进行比较,并对计划执行的准确程度进行全面分析,以求改进供应计划的编制工作。

(四) 材料运输

材料运输是材料管理中的重要环节,由于建筑材料数量大、品种多、分布广、时间性强,材料运输费在材料费中占有较大的比重。如一般材料运输费约占材料费的 10%～15%,砖约占 30%～35%,砂石占 70%～90%。因此,经济、合理地组织材料运输,对及时保证施工生产的需要,降低材料成本有重要的意义。在组织材料运输中应做好以下几方面的工作。

1. 合理选择运输方式

根据建筑材料运量、运距和企业自身的运输力量,以及专业化协作的原则,合理确定运输方式。

对于远距离的材料运输,一般由生产单位或供应单位代办,根据供需合同,由生产单位或供应单位按月报送运输计划,由专业运输单位运至指定的车站,通过火车运输到距本单位最近的货站专用线,再由本地区的联合运输部门运送到指定的仓库、工地。对于本地区大宗材料的运输,应根据月度材料供应计划,向专业运输单位编报月度材料运输计划,签订运输合同,按指定的起止装卸地点,由运输单位负责,直接送至仓库、工地,堆放整齐,点交验收。对于零星仓库材料和专用材料的运输,由企业配备相应的运输力量,如装备散装水泥、石灰膏、商品混凝土专用车、构配件专用车等,自行完成。

2. 组织好材料装卸

材料装卸是材料运输中的重要环节。讲求装卸方法,提高装卸质量,可以减少材料损耗,保证材料及时供应。

不论是火车还是汽车运输装卸,企业均应根据任务的需要,配备一定数量的起重、装卸技术工人和起重运输设备,如塔吊、履带吊、汽车吊等。火车运输,材料整车皮到站后,要及时进行抵站验收并组织力量卸车,以防止车皮积压。材料卸入站台的临时堆场后,要及时与有关计划分配人员、仓库保管员联系,安排运输装卸力量,分别将堆场材料倒运到仓库或工地。对于汽车装卸也要抓好数量、质量、损耗等问题。

为使材料运输中损耗量小,同时易于装卸,充分发挥起重运输设备的能力,还要讲求合理的包装容器,提高包装质量,如平板玻璃采用集装箱运输等。

为解决材料运输装卸中的破损严重、乱堆乱放等问题,企业与专业运输单位要签订经济合同,明确双方的经济责任。

3. 安排好材料调运

建筑企业在安排材料调运时,要切实掌握材料生产单位、供应仓库或车站到各个工地的运距、各种材料的运输单价、材料来源地的供应量及各工地的需要量,应用线性规划的方法,使得材料总运输费用为最小。

四、材料的库存决策和库存管理技术方法

建筑企业为了保证施工生产连续地、有节奏地进行,需要建立一定的材料储备,也就是我们所说的库存。企业的库存必须经济合理,不能过多也不能过少。如果库存量过多,就会积压资金,增加库存保管费用等;如果库存量过少,就会导致停工待料,延误工期,造成损失。因此,必须对库存量进行科学的管理。库存管理的目标是在保证按时、按质、按量、按品种规格供应施工生产所需要各种材料的前提下,使得材料储备量为最小,资金占用最少,以充分发挥资金的经济效果。

为了实现上述目标,首先要对库存规模,是否要库存、是否有补充库存等进行科学决策,即库存决策;其次要研究如何确定材料储备定额(经济合理的库存量)和如何确定合理的订购时间及每次订购量,以及库存管理的方法,使材料储备量经常保持在经济合理的水平上。

(一)库存决策

1. 库存 ABC 分类

建筑企业所需要的材料品种规格复杂繁多,其消耗数量、占用资金、重要程度各不相同,根据"关键的少数、次要的多数"进行统计排列分类,实行重点控制,才能达到有效管理。

ABC 分类法主要是按库存价值和品种数量之间存在的比例关系,把企业全部库存材料划分为 ABC 三大类。A 类材料品种少,数量大,占用资金多;B 类材料品种比 A 类多,占用资金比 A 类少;C 类材料品种很多,但占用资金少,见表 12-3 所列。

材料 ABC 分类表　　　　表 12-3

分类	占全部品种的百分数(%)	占全部占用资金的百分数(%)	分类	占全部品种的百分数(%)	占全部占用资金的百分数(%)
A	5~10	70~75	C	65~70	5~10
B	20~25	20~25			

为了达到有效管理，对 ABC 三类材料应采取不同的管理对策。A 类材料占用储备资金最大，且多是大宗材料，应实行重点管理。对其中的每种材料都应规定其经济合理的订购批量和安全库存量，要按订购批量订购，并对其库存量随时进行严格盘点，以便采取相应措施，使得库存量最小，减少资金占用。对于 B 类材料可实行一般管理，要根据企业生产经营情况和外部供应情况，适当调节库存。而对于 C 类材料，资金占用较少且品种繁多，可采用简化的方法管理，如按最高储备定额适当加大订货量、定期检查库存等。

2. 是否要库存

某种材料是否要库存，这是库存决策中十分重要的环节。企业必须通过认真周密的调查研究，从材料的供应条件和经济效果两方面进行分析考虑，以确定哪些材料要库存，哪些材料不要库存。

首先分析供应条件，主要考虑如下三个因素：一是有无可靠的生产企业，以保证供应企业所需要的材料；二是材料流通部门能否按计划做到保证按时供应；三是有无可靠的运输条件，包括运输距离、运输方式和服务水平，能否保证按计划运输材料。上述三个因素是相互联系的，如果某种材料在这三个方面都有可靠保证，企业就可以考虑不要库存。如果这三个条件有一个不具备，就应该建立库存。其次分析经济效果。某些材料即使供应有可靠保证，但究竟要不要库存还应进一步作经济效果分析。这主要取决于库存保管费和订购费用的比率 p，$p=$库存保管费/订购费用。一般情况下，当 $p<1$，即订购费用大于库存保管费时，就必须保持适当的库存。订购费用主要包括订货手续费、差旅费、运输费、装卸费等。库存保管费主要包括库存占用资金的利息和仓库管理中的各项费用。

3. 是否有补充库存

当某种材料被确定需要有库存之后，还要进一步分析确定要用何种库存方式，即是连续有补充库存（一批一批订购补充库存），还是一次订货不补充库存（一次性订货）。它主要取决于库存材料的生产供应条件。有补充库存是指该类材料有可靠的供应来源，生产和供应都不会中断，可连续订购。无补充库存是指材料的生产和供应有季节性和时间性，如果错过订货时机供应就会中断。

4. 需求是否独立

这主要是考虑各种材料在数量上的依赖程度。需求独立是指某种材料的需求量与另一种材料的需求量，相互之间在数量上没有依赖关系，需求是完全独立的。反之，如相互之间在数量上存在依赖关系，则为需求非独立。例如建筑企业中许多材料相互之间存在一定的比例关系，在供应和储备上应保持配套或一定的比例。

（二）库存管理的技术方法

1. 材料储备定额的制定

（1）材料储备定额的概念、作用及种类

材料储备定额是指在一定的生产技术和组织管理条件下，为保证生产正常进行所必需的经济合理的材料储备数量的标准。

有了材料的储备定额，就可以以它为尺度监督材料库存动态，控制材料储备数量，使库存量经常保持在一个经济合理的水平上。同时，材料储备定额是企业编制材料供应计划、组织采购订货、核定材料储备资金、确定仓库面积和仓库设备数量的重要依据。

建筑企业材料的储备，一般包括经常储备和保险储备两部分。

经常储备是指在正常情况下,在前后两批材料到达的供应间隔期中为满足日常施工生产连续进行而建立的储备。这种储备的数量是在不断变动的。当一批材料进入仓库或施工现场时,达到最高储备;随着施工生产的消耗逐渐减少,直到下一批材料到达前降到最低储备;当下一批材料到达时又达到最高储备。这样不断使用,不断补充,反复循环,周而复始,所以经常储备又称周转储备。

保险储备又称安全储备,这是企业为了防备由于材料运送误期或来料品种规格不符合要求等原因影响生产正常进行而建立的材料储备。在正常情况下,这种储备是不动用的,在特殊情况下,动用后应尽快补足。另外,对于某些在生产或运输中受季节性原因影响的材料,需要建立季节性储备。

(2) 经常储备定额的制定方法

经常储备定额的制定方法有两种,即储备天数法和经济订购批量法。

1) 储备天数法。这种方法首先是确定材料的合理储备天数,然后据以确定材料的经常储备量。其计算公式为:

$$Q = RT \tag{12-15}$$

式中 Q——经常储备定额;

R——材料平均每日需用量;

T——材料储备天数。

材料平均每日需用量是根据全年某种材料的需用量除以全年日历天数(一般按365天计)求得的。当年内材料需用量波动较大时,也可以季度为单位确定平均每日需用量。

材料储备天数,包括供应间隔天数、卸货验收天数和使用前准备天数。其中主要是材料供应间隔天数。而使用前准备天数并不是每种材料都必须有的,只有某些材料在入库后、投入生产前必须经过一定的准备时间,如钢筋要加工、木材要干燥等。卸货验收天数和使用前准备天数可根据实际经验和生产技术条件进行确定。

材料供应间隔天数是指前后相邻两批材料到达的间隔天数,它是决定材料经常储备量的主要因素。而供应间隔期的长短主要取决于材料供应单位的供应条件以及运输条件等。

某种材料供应间隔期一般是根据报告年度的统计资料计算的加权平均供应间隔天数,结合企业计划年度的具体条件加以适当的调整后确定的,其计算公式为:

$$d = \Sigma qd' / \Sigma q \tag{12-16}$$

式中 d——报告年度某材料的平均供应间隔天数;

q——某材料每次入库数量;

d'——某材料实际供应间隔天数。

【例12-4】 公司今年1~3季度某材料实际入库统计资料见表12-4所列,若明年平均日需用量为2.44t,供应间隔天数可以压缩2天,卸货验收需2天,使用前不必准备,铁路货运规定整车运输最低量为30t,试计算企业该材料的经常储备数量。

【解】 ①计算按间隔天数加权的入库量,结果见表12-4所列。

②计算平均供应间隔天数:

$$d = 26111.26/696.67 = 37.48 \approx 38 \text{(天)}$$

供应间隔天数拟压缩2天为36天,还要考虑运输部门最低货运量30t的要求。

$$2.44t \times (38-2) = 87.84(t)$$

符合火车运输最低货运量要求，相当于3整车皮运输量。这样既能适应供应条件，又能满足本企业的生产要求。因此，该材料的供应间隔天数可确定为36天。

某材料供应间隔天数计算表　　　　　表12-4

材料入库日期	材料入库数量（t）	供应间隔天数（天）	按间隔天数加权的入库量
1月3日	84.67	33	2794.11
2月5日	90.12	43	3875.16
3月20日	88.43	41	3625.63
4月30日	86.75	28	2429.00
5月28日	89.22	48	4282.56
7月15日	85.86	36	3090.96
8月20日	84.62	32	2707.84
9月21日	87.00	38	3306.00
合计	696.67	—	26111.26

③计算经常储备量：

经常储备量＝材料平均每日需用量×材料储备天数
　　　　　＝材料平均每日需用量×(供应间隔天数＋卸货验收天数＋使用前准备天数)
　　　　　＝2.44×(36＋2)＝92.72(t)

这种制定经常储备定额的方法，主要是根据企业外部的供应条件，如材料供应单位规定的对外供货间隔日期、最低订货数量、运输单位规定的最低运输量等，来保证企业不致因缺料停工而确定的材料储备量，对企业本身的经济效益考虑较少。

2）经济订购批量法。这是既考虑企业本身的经济效益，又考虑企业外部供应条件，来确定材料经常储备定额的一种方法。

经济订购批量是指某种材料的订购费用和仓库保管费用之和最低时的订购批量。当按这一批量进行订货时，可使总库存费用小。经济订购批量即经常储备量。订购费用是指使某种材料成为企业库存的有关费用，主要包括采购人员的工资、差旅费、采购手续费、检验费等。通常按材料的订购次数计算。

仓库保管费是指材料在库或在场所需要的一切费用。主要包括库存材料占用资金的利息，仓库及仓库机械设备的折旧费和修理费、燃料动力费、供暖通风照明费、仓库管理费，库存材料在保管过程中的损耗，以及由于技术进步而使库存材料性能陈旧贬值而带来的损失等。通常按材料的库存量和存储时间来计算。

下面讨论订货瞬时到达补充库存时的经济订购批量的计算方法。

假定企业对材料的每日需用量是稳定而均匀的，且不允许有缺货；原材料供应稳定可靠，什么时候订购，订多少，什么时候到货都能保证；每次订购批量和订购时间间隔也稳定不变；材料不致变质，单位存储费不变。

符合上述假定条件的材料库存、耗用和订货、到货变动情况如图12-6所示。

由图12-6可知，当一批订货到达时，材料有最大库存量（即为订购批量），随着生产的进行逐渐均匀地被耗用，根据订货提前期（考虑自订货到材料运送到达的时间间隔）提前订货，正好当前一批材料全部用完时，下一批订货到达，库存水平恢复到订购批量，这

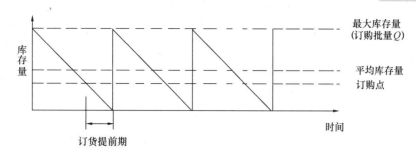

图 12-6 订货瞬时到达的库存情况变化图

样依次重复进行。

现在来计算经济订购批量（假定以年度为计划期）。

年度总库存费用（TIC）＝年度订购费用（OC）＋年度库存保管费（HC）

年度订购费用取决于年内订购次数 n 和每次订购费用 C_0，即：

$$OC = n \cdot C_0 \tag{12-17}$$

而订购次数又与年内材料总需用量 D 和每次订购批量 Q 有关，即：

$$n = D/Q$$

所以

$$OC = \frac{D}{Q} \cdot C_0 \tag{12-18}$$

当 D 和 C_0 一定时，每次订购批量越大，年内总的订购费用就越小。

年度仓库保管费用取决于年内平均库存量和单位库存保管费用 C_H。由于最大库存量即为每次订购批量，最小库存量为零，则年内平均库存量为 $Q/2$，年内库存保管费用为：

$$HC = \frac{Q}{2} \cdot C_H \tag{12-19}$$

当 C_H 一定时，仓库保管费随每次订购批量 Q 的增加而增大。

订购批量与订购费用、仓库保管费用、总库存费用的关系，如图 12-7 所示。

由图 12-7 可以看出，材料的总库存费用先是随订购批量的增加而逐渐减少，以后又随订购批量的增加而逐渐增加，即由

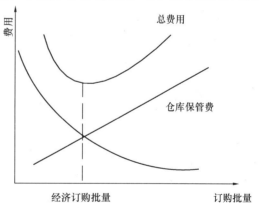

图 12-7 订购批量与费用关系图

下降转为上升，其间必有一个最低点，即总库存费用最小点，其对应的订购批量为经济订购批量，可由公式推导求得。

$$TIC = OC + HC = \frac{D}{Q}C_0 + \frac{Q}{2}C_H$$

将 TIC 对 Q 求一阶导数，并令其等于零，即得经济订购批量 Q^* 为：

$$Q^* = \sqrt{\frac{2DC_0}{C_H}} \tag{12-20}$$

即：经济订购批量 $= \sqrt{\dfrac{2 \times 年需要量 \times 每次订购费用}{年单位库存保管费}}$

如果将上式代入总库存费用公式,可得最小总库存费用(TIC^*)计算公式:
$$TIC^* = \sqrt{2DC_0C_H} \tag{12-21}$$
当D、C_0和C_H已知后,就可以确定Q^*和TIC^*。

【例 12-5】 某公司年需要某种材料D为 100000 单位,每次订购费用C_0为 300 元,库存年保管费C_H为 0.9 元/单位,试计算经济订购批量、相应的最小年总库存费用及年最优订购次数。

【解】 经济订购批量为:
$$Q^* = \sqrt{\frac{2 \times 100000 \times 300}{0.9}} = 8165(单位)$$

相应的最小年总库存费用为:
$$TIC^* = \sqrt{2DC_0C_H} = \sqrt{2 \times 100000 \times 300 \times 0.9} = \sqrt{54 \times 10^6} = 7348(元)$$

每年的最优订购次数为:
$$n = \frac{D}{Q^*} = \frac{100000}{8165} = 12(次)$$

从经济订购批量的计算公式可看出,要确定某种材料的经济订购批量,必须事先计算这种材料的每次订购费用C_0和单位库存保管费用C_H,这就需要进行大量的情况调查、资料收集和数据整理等工作。从图 12-7 可以看出,总库存费用曲线下凸的部分比较平坦,在Q^*左右范围内波动不大,这就说明即使C_0和C_H估算不十分准确,由此算出的Q^*对总库存费用的影响也不太大。一般C_0和C_H的误差达 10%,计算所得的经济订购批量Q^*仍有足够的参考价值。

(3) 保险储备定额的确定

保险储备或称安全库存是用来防止缺货风险的,它的大小应综合考虑仓库保管费用和缺货费用来确定。如果保险储备量大,则缺货的概率小,这将降低缺货费用;反之将增加。所以保险储备定额应使这两种费用之和为最小,其值决定于仓库保管费用、缺货费用和发生缺货的概率。由于缺货费用很难测定,故通常是根据统计资料计算确定保险储备定额。

1) 一般保险储备定额可采用保险储备天数法来求得,计算公式如下:
$$Q_B = RT_B \tag{12-22}$$

式中 Q_B——保险储备定额;
    R——平均每日需用量;
    T_B——保险储备天数。

保险储备天数可根据报告期平均误期天数,再结合计划期到货误期的可能性加以确定。平均误期天数是根据报告期实际供应间隔天数中超过平均供应间隔天数的那一部分,以加权平均的方法计算出来的。计算公式:

$$平均误期天数 = \frac{\sum(误期的供应间隔天数 - 平均供应间隔天数) \times 误期入库数量}{误期入库数量总和}$$

(12-23)

【例 12-6】 试按表 12-4 的有关资料计算保险储备定额。

【解】 平均误期天数 $= \dfrac{(43-38) \times 90.12 + (41-38) \times 88.43 + (48-38) \times 89.22}{90.12 + 88.43 + 89.22}$

$$=\frac{1608.09}{267.77}=6(\text{天})$$

如果平均每日需用量 $R=2.44\text{t}$，则保险储备定额为：

$$Q_B = RT_B = 2.44 \times 6 = 14.64(\text{t})$$

2) 保险储备定额还可根据计划需要量的标准偏差和最大订购间隔期及允许缺货的概率来确定，其计算公式为：

$$Q_B = \alpha\sqrt{T_{\max}} \cdot \sigma \tag{12-24}$$

式中 Q_B——保险储备定额；

$T_{\max}$——最大订购间隔期；

σ——需要量标准偏差；

α——安全系数。

安全系数取决于允许缺货的概率，两者关系见表 12-5 所列。

安全系数与允许缺货概率的关系　　　表 12-5

α 值	2.33	1.95	1.65	1.23
允许缺货的概率（%）	1	2.5	5	10

允许缺货的概率是考虑由于实际工作中偶然因素很多，要做到完全不缺货，就可能要求保险储备量过大，致使造成的经济损失超过缺货引起的经济损失。因此在规定保险储备量时，允许出现一个缺货不大的可能性。

需要量标准偏差可按下面公式计算：

$$\sigma = \sqrt{\frac{\sum_{i=1}^{n}(X_i - \overline{X})^2}{n-1}} \tag{12-25}$$

式中 σ——需要量标准偏差；

X_i——第 i 期的需要量；

$\overline{X}$——n 期的平均需要量；

n——期数。

【例 12-7】 某公司某种材料的需要量见表 12-6 所列，最大订购间隔期 $T_{\max}$ 为 2 个月，允许缺货概率为 5%，求保险储备量。

某公司某种材料需要量　　　表 12-6

月份	1	2	3	4	5	6	合计
需要量（t）	135	124	135	120	133	142	789

【解】 最大订购间隔期 $T_{\max}=2$ 个月，允许缺货概率为 5%，则平均月需要量为：

$$\overline{X} = \frac{789}{6} = 131.5(\text{t})$$

需要量标准偏差为：$\sigma = 8.07$

允许缺货概率 5% 时，$\alpha=1.65$，所以保险储备量为：

$$Q_B = 1.65 \times \sqrt{2} \times 8.07 = 18.83 \ (\text{t})$$

材料的经常储备定额和保险储备定额确定之后,两者之和即为材料的最高储备定额。而保险储备定额为最低储备定额。材料库存量应该在最高储备定额和最低储备定额之间变化,如图 12-8 所示。

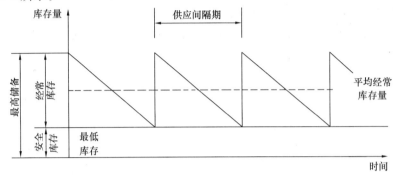

图 12-8　经常储备和保险储备

2. 库存控制方法

库存控制是指对材料库存量大小进行的控制,使之经常保持在最高储备定额和最低储备定额之间。如果库存量大于最高储备定额就超储积压,应设法降低库存;如果库存量小于最低储备定额就可能造成缺货,应立即补充库存。这样才能使得材料库存经济合理,既能保证生产的需要,又使得总库存费用为最小。库存控制方法最基本的是定量订购法和定期订购法。

(1) 定量订购法

定量订购法又称订购点法,就是库存材料由最高储备消耗降到最低储备之前的某一预定库存量水平时,就立刻提出订货。这时的库存量称为订购点库存量,简称订购点。定量订购法是一种不定期的订货方式,即订购的时间不定,而每次订购的数量则固定不变,如图 12-9 所示。

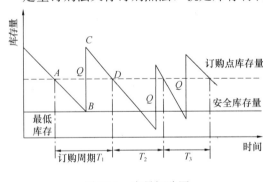

图 12-9　定量订购图

从图 12-9 可以看出,随着施工生产进行,库存材料逐渐消耗,当库存量下降到订购点 A 点时,就立即提出订货,订购数量为 Q。这批材料在 B 点时到达入库,库存量升到 C 点,以后继续使用出库,库存量逐渐减少,到订购点 D 时,再进行订货,订购数量仍为 Q,这样依次重复进行以控制库存。

采用定量订购法控制库存,一是要事先确定订购点,即库存量到达什么水平提出订货,也就是什么时间订货补充库存;二是需要确定每次合理的订购数量,即经济订购批量。

从图 12-9 可以看出,订购点库存量是由订购时间内的材料需要量和保险储备量所组成的,其计算公式为:

$$Q_0 = RT_m + Q_B \tag{12-26}$$

式中　Q_0——订购点库存量；
　　　T_m——最大订购时间；
　　　R——平均每日需用量；
　　　Q_B——保险储备量。

订购时间是指从材料提出订货到验收入库为止的时间，同订货提前期。为了保险起见取最大的订购时间。

【例 12-8】 某公司水泥年需要量为 3650t，订购时间为 10 天，每次订购费用 $C_0=600$ 元，保管费 $C_H=48$ 元/t·年，保险储备量 $Q_B=100$t。求订购点库存量和经济订购批量。

【解】 订购点库存量为：

$$Q_0 = \frac{3650}{365} \times 10 + 100 = 200 \text{ (t)}$$

经济订购批量为：

$$Q^* = \sqrt{\frac{2 \times 3650 \times 600}{48}} = 302 \text{ (t)}$$

这就是说，每当水泥库存量下降到 200t 时，就应立即订货，而每次的订购数量为 302t。

为了及时发现消耗到订购点的材料并提出订货，要求对材料进行永续盘点。在实际工作中，可采用一种能及时知道材料库存是否已经降到订购点的简便方法——双堆法或三堆法。双堆法是将库存某种材料最高储备量分成两堆（部分）存放，第一部分是订购点库存数量，第二堆是其余的数量。使用时先用第二部分，第二部分用完表示已经到达订购点，应开始订货。三堆法是把材料的最高储备量分成三堆存放，即从第一堆中把保险储备数量再分成一堆。这两种方法的好处是简便易行，便于识别订购点，可准时组织订货。

定量订购法由于订购时间不受限制，所以在材料需要量波动较大的情况下适应性较强，可以根据库存情况，考虑需要量变动趋势，随时组织订货，补充库存，这样保险储备量（安全储备量）可少设一些。但采用这种方法，要求外部货源充足，即供货单位能根据订货单位的需要随时供应，或在市场上随时采购得到。另外，要求对材料实行永续盘点，当到达订购点，就要单独组织订货或运输，这不仅加大了材料管理工作量，还可能增加订货费用、运输费用及采购单价。

一般定量订购法适用于高价物资，需要严格控制、重点管理的材料，以及需要量波动大的材料，不常用或因缺货造成经济损失较大的材料。

（2）定期订购法

定期订购法就是事先确定好订货的时间，例如每季、每月或每旬订购一次，到达订货的日期就立即组织订货，订货的周期相等，但每次订货的数量则不一定，如图 12-10 所示。

采用定期订购法控制库存，一是要事先确定订购周期，即多长时间订一次货，具体什么时间订货；二是需要确定每次的订购

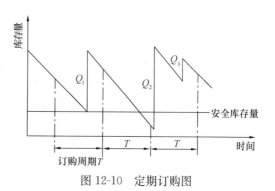

图 12-10　定期订购图

数量。

订购周期，即订购间隔时间。一般是先用材料的年需要量除以经济订购批量求得订购次数，然后用全年日历天数 365 天除以订购次数确定的，即：

$$N = \frac{D}{Q^*}$$

$$T_C = \frac{365}{N} = \frac{365Q^*}{D} \tag{12-27}$$

式中　D——材料年需要量；

　　　Q^*——经济订购批量；

　　　N——年最佳订购次数；

　　　T_C——订购周期。

订购的具体日期应考虑提出订购时的实际库存量高于保险储备量，并满足订购时间的材料需要量。

每次订购的数量是根据下一次到货前所需材料的数量减去订货时的实际库存量而定的，其计算公式为：

$$Q = R(T_n + T_C) + Q_B - Q_A \tag{12-28}$$

式中　Q——订购数量；

　　　R——平均每日需要量；

　　　T_n——订购时间；

　　　T_C——订购间隔时间；

　　　Q_B——保险储备量；

　　　Q_A——实际库存量。

【例 12-9】　[例 12-8] 中，若订购时的实际库存量 $Q_A = 120t$，订购时间 $T_n = 10$ 天，求订购周期和订购数量。

【解】　订购周期，即订购间隔时间为：

$$T_C = \frac{365}{N} = \frac{365Q^*}{D} = \frac{365 \times 302}{3650} = 30(天)$$

则订购数量为：

$$Q = 10 \times (10 + 30) + 100 - 120 = 380(t)$$

由本例可看出，订购间隔为 30 天，那么在通常的情况下，一次订购数量应为 $10 \times 30 = 300t$，即经济订购批量。而按照现在计算则为 380t，这是由于消耗速度增大，到订购日期时实际库存量已经多使用 80t，或者说到订购到货时使用了保险储备量 80t，所以订购数量应比正常消耗时多订 80t。

定期订购法由于订购日期是固定不变的，所以材料的保险储备必须考虑整个订购间隔期和订购时间的需要，不得不适当多留一些。

采用定期订购法不要求平时对材料严格实行永续盘点，只要到订货日期盘点实际库存量即可。另外，有些材料可以统一组织订货，这就简化了订货组织工作。再有，这种订货方式可以事先与供货单位协商供应时间，做到有计划地安排产需衔接，有利于双方实行均衡生产。

定期订购法适用于使用频繁、小量发放、平时不记账的材料，以及适合组织在一起运输的或低价的材料等。

五、材料管理评价

材料管理评价就是对企业的材料管理状况进行分析，发现材料供应、库存、使用中存在的问题，找出原因，采取相应的措施对策，以达到改进材料管理工作的目的。因此，材料管理评价是搞好材料管理的重要环节。材料管理评价一般分为三个部分，即供应情况、库存情况、消耗情况的分析和评价。

（一）材料供应情况分析

材料供应情况分析，又称材料收入情况分析。它按主要材料分类进行，并从供应数量、时间、品种规格的齐备情况分析入手，找出影响材料正常供应的问题所在。

1. 供应数量分析

要按一定时期的材料供应计划的需要量与该期的实际收入量比较，研究收入量不足的原因，是订货量不足，还是供货单位组织运输或发货时间延误的原因，然后针对原因，想办法及时解决，以便保证供应。

2. 供应时间分析

有时供应数量没问题，而是由于供应时间不平衡，满足不了施工进度的要求，这也要查明原因，采取措施解决。

3. 进货品种规格情况分析

主要分析进货品种规格是否齐全配套，一般用进货品种齐备率表示：

$$进货品种齐备率 = \frac{实际进货品种数}{计划进货品种数} \times 100\% \qquad (12-29)$$

（二）材料库存情况分析

库存情况分析的目的在于了解材料的周转情况和资金占用情况，以加速材料周转和减少资金占用。

$$年度材料周转次数 = \frac{12 \times 库存材料约需用量}{月末库存量} \qquad (12-30)$$

例如，某种材料每月需要 250t，月末库存量按月保持 500t，可供两个月使用，那么一年该材料周转 6 次。

库存资金占用情况用库存资金占用率来表示。资金占用率为年度施工产值与库存总值之比。它反映每完成一定的施工产值占用多少库存材料价值，可用下式计算：

$$库存材料资金占用率 = \frac{材料平均库存总值}{年度施工产值} \times 100\% \qquad (12-31)$$

材料库存总值可按全年月平均库存价值计算，或按各主要材料每一次最高库存价值计算，但要注意价格的波动因素。

（三）材料消耗情况分析

材料消耗情况分析要以定额为标准，按不同类型的消耗定额与实际情况进行比较，分析研究材料消耗超定额的原因，或找出节约材料的因素，作为改善材料消耗的依据。

材料消耗量直接关系到材料成本，材料价格变动也影响材料成本。所以在进行材料消耗分析时，应计算材料消耗的节约额或超支额，进行计划成本和实际成本的比较分析。

$$材料成本节约或超支额 = 材料预算成本 - 材料实际成本$$
$$= 材料计划用量 \times 材料预算单价 - 材料实际用量$$

×材料实际单价 (12-32)

由于材料耗用量减少和材料价格变动而产生的材料成本的节约或超支额也可用下面公式计算：

材料成本节约或超支额＝材料实际用量×（预算单价－实际单价）
＋（材料预算用量－材料实际用量）×预算单价 (12-33)

从上式看出，右端前面括号内是"价差"，后面括号内是"量差"。分析该式可知，降低材料成本的主要途径是，降低材料的实际耗用量和降低材料的实际价格。

复习思考题

1. 什么是机械设备管理？其内容和任务是什么？
2. 简述机械设备的损耗及其补偿形式。
3. 简述机械设备的磨损规律及故障变化规律。
4. 简述影响企业机械设备装备的各种因素。
5. 简述机械设备经济性分析的几种常用的方法。
6. 机械设备的合理使用应做好哪些方面工作？
7. 为什么要进行机械设备的租赁？
8. 为什么要进行机械设备的改造？
9. 什么是设备的自然寿命、经济寿命、技术寿命？
10. 如何确定机械设备更新的经济界限？
11. 简述设备综合管理工程学的概念及其特点。
12. 建筑企业材料管理的任务是什么？
13. 简述材料消耗定额的种类及其作用。如何搞好材料消耗定额管理？
14. 什么是材料库存的 ABC 分类法？对 ABC 三类材料应该采取什么管理对策？
15. 什么是材料储备定额？其作用是什么？
16. 怎样编制建筑企业的材料供应计划？
17. 在组织材料运输中应搞好哪些方面的工作？
18. 某种建筑材料的全年需要量为 36000 件，单价为 20 元，每次订购费用为 200 元，仓库保管费为 2 元/件·年，求这种材料的经济订购批量和年订购次数。

第十三章 建筑企业财务管理

第一节 建筑企业财务管理目标及内容

一、建筑企业财务管理的目标

财务管理是指企业合理地组织财务活动，正确地处理财务关系，从价值角度对资金运动进行科学的统筹安排，控制投入与产出、耗费与盈亏，使企业资产得以高效地运行。财务管理是企业管理的一个重要组成部分，其实质就是企业理财。

财务管理是有关资金的取得与有效使用的管理工作。财务管理的目标，取决于企业的总目标，并且受财务管理自身特点的制约。建筑企业管理的目标可以概括为生存、发展和获利。为实现建筑企业目标，就要求企业通过财务管理筹集建筑企业发展所需要的资金，通过合理、有效地使用资金使企业获利，力求保持以收抵支和偿还到期债务的能力，减少破产的风险，使建筑企业能够长期、稳定地生存下去，并以此来判断一项财务决策是否符合企业目标。

建筑企业财务管理的目标可以表述为股东财富最大化，或称企业价值最大化。股东创办企业的目的是扩大财富，它们是企业的所有者，企业价值最大化或表述为股东财富最大化。企业的价值在于它能给所有者带来未来报酬，包括获得股利和出售其股份换取现金。股票价格的高低代表了投资大众对公司价值的客观评价，反映了资本和获利之间的关系，反映了每股盈余及其风险的大小。

按照不同出资者的建筑企业形式，企业价值可以表述如下：①独资企业的企业价值可以表述为出资者出售企业可以得到的现金；②合伙企业的企业价值可以表述为合伙人转让其财产份额可以得到的现金；③公司企业的企业价值可以表述为股东转让其股份可以得到的现金，已经上市的股份公司，其股票价格代表了企业价值。总之，企业的价值是其出售的价格，而个别股东的财富是其拥有股份转让时所得到的现金。

二、建筑企业财务管理的内容

（一）投资管理

投资是指以收回现金并取得收益为目的而发生的现金流出。如购买国债、股票、公司债券、基金，兴办工厂，购置设备等。建筑企业都要发生货币性流出，并期望取得更多的现金流入。不论建筑企业进行直接投资或间接投资，还是进行长期投资或短期投资，财务管理部门都要会同有关管理者共同参与资金的投放，作出投资结构和组合的合理决策，以便更好地协调投资风险与投资收益，取得较高的投资效益。

（二）筹资管理

筹资管理要解决的问题是如何取得建筑企业所需要的资金，包括向谁、在什么时候、筹集多少资金。筹资管理和投资、股利分配有着密切的关系，筹资的数量多少要考虑投资需要，在利润分配时加大保留盈余，可以减少外部筹资。筹资管理的关键是决定各种资金来源在总资金中所占的比重,即确定资本结构,以使筹资风险和筹资成本相配合。

(三) 营运资金管理

营运资金管理是对企业如何通过投资将所形成的各项资产加以利用、调配、经营及运作、回收等过程的管理。通过资金运营,企业将形成必要的成本费用开支以及营运收入。营运资金管理的主要任务是短期资金的筹措和短期资金周转效率的提高。既要合理安排流动资产与流动负债的比例关系,确保企业有较强的偿债能力;又要加强流动资产回收管理,提高流动资金周转效率,确保企业短期资金周转畅通。

(四) 股利分配管理

股利分配是指建筑企业赚得的利润中,有多少作为股利发放给股东,有多少留存在企业作为再投资。企业进行股利分配体现了企业履行其承担的社会责任。股利政策的制定受诸多因素的影响,建筑企业应根据自己的具体情况确定最佳的股利政策。

三、建筑企业相关的税金

建筑企业相关的主要税种介绍如下。

(一) 流转税类

流转税是对商品生产、商品流通和提供劳务的销售额或营业额征税的各个税种的统称。主要在生产、流通或者服务业中发挥调节作用,包括增值税、营业税、消费税等。

1. 增值税

增值税是对在我国境内销售货物或者提供加工、修理修配劳务,以及进口货物的单位和个人,就其取得的货物或应税劳务的销售额,以及进口货物的金额计算税款,并实现税款抵扣制的一种流转税。

建筑企业从事多种经营,即在从事营业税应税项目的同时也从事增值税应税项目,如建筑企业从事建筑安装工程,同时从事建筑材料销售,这就需要区分不同的经营行为分别核算、申报、缴纳营业税和增值税。

2. 营业税

营业税是对在我国境内提供应税劳务、转让无形资产和销售不动产的行为为课税对象所征收的一种税。营业税的纳税义务人为在中华人民共和国境内提供应税劳务、转让无形资产或者销售不动产的单位和个人。上述应税劳务是指属于交通运输业、建筑业、金融保险业、邮电通信业、文化体育业、娱乐业、服务业税目征收范围的劳务。

营业税属于价内税,按照行业、类别的不同采用不同比例的税率。对于交通运输业、建筑业、邮电通信业、文化体育业,适用税率为3%;对于服务业、销售不动产、转让无形资产,适用税率为5%;对于金融保险业,适用税率为5%;娱乐业适用5%~20%的幅度税率。建筑企业从事建筑、修缮、装饰工程作业和其他工程作业(如代办电信工程、水利工程、拆除建筑物等工程作业),以及管道煤气集资费(初装费)业务等,应按其营业额的3%向企业所在地主管税务机关申报、缴纳营业税。

(二) 所得税类

所得税是以单位(法人)或个人(自然人)在一定时期内的纯收入额为征税对象的各个税种的总称。包括企业所得税、外商投资企业和外国企业所得税、个人所得税。主要是在国民收入形成后,对生产经营者的利润和个人的纯收入发挥调节作用。

企业所得税是指国家对境内企业生产经营所得和其他所得依法征收的一种税。企业所得税的纳税义务人是指在中国境内实行独立经济核算的企业或者组织，以其取得的生产经营所得和其他所得为征税对象，实行25%的比例税率。

企业在计算应纳所得税时，一般是在企业税前会计利润（利润总额）的基础上，根据所得税法的规定对税前会计利润进行调整，确定应纳所得税额。

（三）特定目的的税类

主要包括城市维护建设税、教育费附加、土地增值税、固定资产投资方向调节税（已停征）、筵席税、车辆购置税、耕地占用税等。主要是为了达到特定目的，对特定对象和特定行为发挥调节作用。

1. 城乡维护建设税

简称城建税，是国家对缴纳增值税、消费税、营业税的单位和个人就其实际缴纳的"三税"税额为计税依据而征收的一种税。是国家为加强城乡的维护建设，扩大和稳定城市维护建设资金的来源而采取的一项税收措施。城建税按纳税人所在地的不同，设置了7%、5%、1%三档地区差别比例税率。

2. 教育费附加

教育费附加是对缴纳增值税、消费税、营业税的单位和个人，就其实际缴纳增值税、消费税、营业税的税额为计算依据征收的一种附加费。分别与增值税、消费税和营业税同时缴纳。

3. 土地增值税

土地增值税是对转让国有土地使用权、地上建筑物及其附着物并取得收入的单位和个人，就其转让房地产所取得的增值额征收的一种税。土地增值税的纳税义务人为转让国有土地使用权、转让房地产并取得收入的单位和个人，包括各类企业、事业单位、国家机关和社会团体及其他组织以及个体经营者。土地增值税实行四级超率累进税率。

第二节　建筑企业资金筹集

一、筹资渠道与筹资方式

（一）筹资渠道

筹资渠道是指企业取得资金的来源，即资金从何处取得。目前我国建筑企业筹集资金的渠道主要有：①国家财政资金；②金融机构资金，包括银行信贷资金和非银行金融机构信贷资金；③其他企业、社会团体和事业单位资金；④职工和民间资金；⑤国外资金；⑥企业内部资金积累等。

各种渠道的资金在体现资金供应量的大小时，存在着较大的差异。有些渠道的资金供应量大，而有些渠道的资金供应量则较小。资金供应量的大小在一定程度上取决于财务环境的变化，特别是货币政策、财政政策。

（二）筹资方式

筹资方式是指企业取得资金的具体形式，即资金是如何取得的。目前我国建筑企业筹集资金的方式主要有：①吸收直接投资；②发行股票；③银行借款；④发行企业债券；⑤融资租赁；⑥商业信用等。

企业筹资管理的重要内容是如何针对客观存在的筹资渠道，选择合理的筹资方式来筹集资金。选择合理的筹资方式，并有效地进行筹资组合，降低资金成本，最大限度地回避筹资风险。

二、资本金制度

资本金制度是国家围绕资本金的筹集、管理以及所有者的责、权、利等方面所作的法律规范。

（一）资本金及其构成

资本金是指企业在工商行政管理部门登记的注册资本。按照我国企业法人登记管理条例规定，企业申请开业，必须有法定资本金。法定资本金是指国家规定开办企业必须筹集的最低资本金数额，即法定程序确定的资本。建筑企业筹集的资本金，按其投资主体可分为国家资本金、法人资本金、个人资本金、外商资本金等。

（二）资本金的筹集

在符合国家法律法规的前提下，企业可以采取国家投资、各方集资或发行股票等方式筹集资本金。投资者可以用现金、实物、无形资产等形式向企业投资；投资者缴付的出资额超出资本金的差额、法定资产重估增值以及接受捐赠的财产等计入资本公积；企业对筹集的资本金依法享有经营权，在企业经营期内，投资者除依法转让外，不得以任何方式抽回。企业筹集的资本金，必须聘请中国注册会计师验资，并出具验资报告，由企业据以发给投资者出资证明。

为了加强对企业筹集资本金的管理，建筑企业财务制度明确了资本金保全以及投资者对其出资所拥有的权利和承担的义务。

三、普通股筹资

（一）股票的种类及价值、价格

股票是股份公司为筹集自有资金而发行的有价证券，是股东按所持股份承担义务享有权利的书面凭证。股票是代表股东权利的有价证券，是一种票式证券，票面应记载规定事项，需由董事长签字和发行公司盖章，股东与股票的权利和义务不可分离。

1. 股票的种类

股票按股东的权利和义务不同，可分为普通股和优先股；按其是否记名，可分为记名股和不记名股；按股票是否标明金额，可分为面值股票和无面值股票；按其投资主体不同，可分为国家股、法人股、个人股和外资股；股票按其发行对象和上市地区，可分为 A 股、B 股、H 股和 N 股。

2. 股票的价值和价格

（1）股票价值。股票的价值主要有以下几种：①票面价值。即股票票面上所记载的金额。②设定价值。发行无面值股票时，根据核定股本和发行股数为股票设定的价值。③账面价值。即每股所代表本公司账面资产净值。④清算价值。公司破产清算时，每股所代表被清理资产的实际价值。⑤内在价值。筹资者或投资者对某种股票分析得出的估计价值。

（2）股票价格。股票价格实际上就是股票的市场价值，也就是在证券市场上买卖股票的价格。股票价格的高低取决于股票所能带来的收益的大小。

（二）股票的发行、上市、暂停与终止

1. 股票的发行

股份有限公司在设立时要发行股票筹资，公司设立之后，为了扩大经营，调整资本结构，仍需增资发行股票筹资。股票发行实行公开、公平、公正的原则，必须同股同权、同股同利。发行股票应接受国务院证券监督管理机构的管理和监督。

2. 股票上市

股票上市是指股份有限公司公开发行的股票经批准在证券交易所进行挂牌交易。经批准在证券交易所上市交易的股票称为上市股票。具备股票上市条件的股份有限公司经申请由国务院或国务院授权的证券管理部门批准，其股票方可上市。我国《公司法》规定，股东转让其股份，以及股票进入流通，必须在依法设立的证券交易所里进行。股票上市公司必须公告其上市报告，将其申请文件存放在指定的地点供公众查阅，并定期公布其财务状况和经营情况。

3. 股票暂停与终止

股票上市公司若公司股本总额、股权分布等发生变化，不再具备股票上市条件，或者公司不按规定公开其财务状况，或对财务报告作虚假记载，或者公司有重大违法行为，或者公司最近三年连续亏损等，应由国务院证券管理部门决定暂停其股票上市，后果严重的终止其上市。另外，公司决定解散、被行政主管部门依法责令关闭或者宣告破产的，应由国务院证券管理部门决定终止其股票上市。

（三）股票筹资的优缺点

1. 普通股筹资优点

与其他融资方式相比，普通股筹措资本具有以下优点：没有固定的利息负担；没有固定的到期日；增加公司举债能力；提高公司信誉等。

2. 普通股筹资缺点

普通股筹措资本具有以下缺点：普通股筹资资金成本高；公司增加了对社会股东的责任；可能会分散公司的控制权；降低普通股每股净收益，可能会引起股价下跌等。

四、长期负债筹资

（一）长期借款筹资

长期借款是指企业向银行或其他非银行金融机构借入的，使用期限在一年或一年以上的各种借款，主要用于固定资产投资和流动资金的长期占用。

企业可以根据不同的借款用途向提供贷款的机构和单位（如政策性银行、商业银行、保险公司等），借入用于固定资产投资、更新改造、科技开发和新产品试制等的借款。

借款合同是规定借贷双方权利和义务的契约。合同订立后，即产生法律效力，当事人在享受权利的同时，必须严格遵守合同条款，履行合同规定的义务。长期借款除根据借款合同的规定按期支付利息外，银行还会向借款企业收取其他费用。

长期借款筹资具有筹资速度快、筹资成本低、筹资弹性大及发挥财务杠杆的作用等优点。但同时，长期借款筹资具有财务风险高、限制条款多、筹资数量有限等缺点。

（二）发行债券筹资

债券是债务人为筹集资金而发行的，向债权人承诺在未来一定时期支付利息和偿还本金的一种有价证券。债券的基本要素主要有：债券的面值、债券的期限、债券的利率、债券的价格等。

长期债券按照不同的标志可分为不同的类别。按照债券上是否标记有持券人的姓名或名称，分为记名债券和无记名债券；按其有无指定的财产作担保，分为抵押债券和信用债券；按照利率的不同，分为固定利率债券和浮动利率债券；按照债券的偿还方式不同，分为一次到期债券和分次到期债券；按其能否上市，分为上市债券和非上市债券；按照债券的附加条件，分为优惠债券、收益债券、附有认股证债券和转换债券等。

债券可分为溢价发行、平价发行和折价发行。债券的发行价格的计算，如式（13-1）所示。

$$债券发行价格 = \frac{票面金额}{(1+市场利率)^n} + \sum_{t=1}^{n} \frac{票面金额 \times 票面利率}{(1+市场利率)^t} \qquad (13\text{-}1)$$

【例 13-1】 某公司发行每张面值为 100 元，每年付息两次，票面利率为 9% 的 4 年期公司债券，发行时市场利率为 10%，求该债券的发行价格。

【解】

$$债券发行价格 = \frac{100}{\left(1+\frac{10\%}{2}\right)^8} + \sum_{t=1}^{8} \frac{100 \times 9\% \times \frac{6}{12}}{\left(1+\frac{10\%}{2}\right)^t}$$

$$= 100 \times 0.6768 + 4.5 \times 6.463 = 96.76 \text{ 元}$$

公司发行的债券通常需要由债券评定机构评定等级。按国际通行的惯例，债券的等级分为三等九级，即 A、B、C 三等，每等分为三级。长期债券筹资具有资金成本较低，保障普通股的控制权，发挥财务杠杆的作用，筹资对象广，筹资数额大等优点。但债券筹资的财务风险高，限制条件十分严格。

（三）租赁筹资

租赁是指出租人在议定的期间内有偿地向承租人出租资产使用权的一种经济行为。

1. 融资租赁

融资租赁是指租赁公司（出租人）用资金购买企业（承租人）选定的设备，并按协议将其租给承租企业长期使用的一种融通资金的方式，又称为现代融资租赁。融资租赁的特点是融资与融物相结合。

融资租赁根据出租人购买设备的资金来源和付款对象来看，可分为直接租赁、转租赁、售后回租；根据出租人对设备的出资比例，分为单一投资租赁、杠杆租赁。

融资租赁的租金包括租赁手续费、利息及构成固定资产价值的设备价款、运输费、途中保险费和安装调试费等。

（1）后付租金。在我国筹资企业与租赁公司商定的租金支付方式，大多是租金于每年末支付一次，且各期数额相等。后付租金的计算如式（13-2）所示。

$$年租金 = \frac{固定资产价值}{(P/A, i, n)} \qquad (13\text{-}2)$$

（2）先付租金。筹资企业有时可能会与租赁公司商定，等额租金于每年年初支付，即采用先付租金形式。先付租金的计算如式（13-3）所示。

$$年租金 = \frac{固定资产价值}{(P/A, i, n-1)+1} \qquad (13\text{-}3)$$

2. 融资租赁的优缺点

（1）融资租赁的优点是：能够迅速获得所需资产；租赁筹资具有较大的灵活性；融资租赁的租金相对固定；分享国外出租人的税收优惠或加速折旧所获得的好处；租金在税前

扣除，有利于减轻企业所得税负担；免遭设备陈旧过时的风险；租金在整个租赁期内分摊，适当降低企业不能偿付的风险。

(2) 融资租赁的缺点主要有：资金成本较高；不利于改进设备；在国际融资租赁时，要承担外汇风险；不得已解除合同，承租企业要一次付清全部债款，压力较大；租赁期满不能获得设备残值，可视为企业的机会损失等。

五、短期负债筹资

短期负债筹资是公司筹措短期资金的主要方式，是企业为获得资金，解决临时性或短期资金流转困难而作出的举债承诺。

(一) 商业信用

商业信用是指在商品交易中由于延期付款或预支货款所形成的企业之间的信贷关系，是企业间的一种直接信用行为。商业信用是由商品交易中，钱与货在时间上分离而产生的，属于自然性融资。主要包括以下内容。

(1) 应付账款。应付账款是企业购买货物暂未付款而对卖方的欠账，即卖方允许买方滞后一段时间支付货款的一种信用形式。应付账款按其付款期限，折扣信用条件的不同，可分为免费信用、有代价信用和展期信用三种。

(2) 应付票据。应付票据是企业进行延期付款交易时，所开具的反映债权债务关系的带息或不带息票据。一般是由销货者或购买者签发，由承兑人（付款方或代理银行）承兑，期限最长不超过6个月。根据承兑人不同，可将应付票据分为商业承兑汇票和银行承兑汇票两种。

(3) 预收账款。预收账款是企业在交付货物之前向买方预先收取部分或全部货款的一种信用形式。相当于向买方借用资金，然后用货物清偿，可以缓解资金占用过多的矛盾。

商业信用融资具有自然性融资方便、不需成本或成本很低、灵活性高、限制条件少等优点；但商业信用融资的信用期限一般都较短，并且如果放弃现金折扣，要付出较高的资金成本。

(二) 短期借款

短期借款，又称为银行短期贷款，是指企业向银行或其他非银行金融机构借入的期限在一年以内的借款。短期借款是企业筹集短期资金的重要方式，按照目的和用途分为若干种，主要有生产周转借款、临时借款、结算借款等。

企业举借短期借款，首先必须提出申请，经审查同意后借贷双方签订借款合同，注明借款的用途、金额、利率、期限、还款方式、违约责任等，然后企业根据借款合同办理借款手续后，便可取得借款筹资。

短期借款融资可以随企业的需要安排，便于灵活使用，且取得较为简便，尤其对于季节性和临时性的资金需求，采用短期借款更为方便。但需要在短期内归还借款，特别是带有诸多附加条件的情况下更使风险加剧。

六、资金成本与资本结构

(一) 资金成本

1. 资金成本及其意义

资金成本是指企业为筹集和使用资金而付出的代价，包括筹资费用和使用费用。资金筹集费用是指企业为筹集长期资金而付出的各种费用，包括委托金融机构代理发行的股票、债券的注册费、代办费、印刷费、发行手续费、公证费、担保费、资信评估费、广告费等，以及向银行借款支付的手续费；资金使用费是指企业为使用长期资金而付出的各种费用，包括银行借款、发行债券的利息，发行股票的股利、股息等。

资金成本是企业财务管理中的一个重要概念，国际上将其列为一项财务标准。资金成本是比较筹资方式，选择筹资方案，进行资本结构决策的依据（个别资金成本用于选择某种资金来源方式，综合资金成本用于资本结构决策，边际资金成本用于追加资本结构决策）；资金成本是评价企业投资项目可行性的主要经济标准；资金成本是评价企业经营业绩的基本标准。

资金成本通常以相对数来表示。资金成本率是资金占用费与企业筹资总金额扣除资本筹集费后的净额之间的比率。如式（13-4）所示。

$$资金成本率 = \frac{资金占用费}{筹资总额 \times (1 - 筹资费率)} \times 100\% \tag{13-4}$$

2. 个别资金成本

个别资金成本是通过计算各种资金来源的资金成本率来表示的，主要包括长期借款成本率、长期债券成本率、优先股成本率、普通股成本率、留存收益成本率和商业信用成本率。

（1）长期借款的资金成本率

$$长期借款成本率 = \frac{银行借款年利息 \times (1 - 所得税率)}{银行借款总额 \times (1 - 借款手续费率)} \tag{13-5}$$

（2）长期债券的资金成本率

$$长期债券成本率 = \frac{债券年利息 \times (1 - 所得税率)}{债券发行总额 \times (1 - 筹资费率)} \tag{13-6}$$

（3）优先股的资金成本率

$$优先股成本率 = \frac{优先股年股息}{优先股发行总额 \times (1 - 筹资费率)} \tag{13-7}$$

（4）普通股的资金成本率

$$普通股成本率 = \frac{预计第一年年股利}{普通股发行总额 \times (1 - 筹资费率)} + 股利年增长率 \tag{13-8}$$

或

$$普通股成本率 = \frac{预计第一年每股股利}{普通股每股价格 \times (1 - 筹资费率)} + 股利年增长率 \tag{13-9}$$

（5）留用利润的资金成本率

$$留存收益成本率 = \frac{预计第一年年股利}{普通股发行总额} + 股利年增长率 \tag{13-10}$$

（6）商业信用成本率

若销货方的信用条件为"1/10，n/30"，表明信用期为30天，现金折扣期为10天，现金折扣率为1%。如果买方在规定的付款期内付款，就可以享受免费信用，否则就承担机会成本。商业信用成本的计算，如式（13-11）所示。

$$商业信用成本率 = \frac{现金折扣}{票面金额 - 现金折扣} \times \frac{360}{延期付款天数} \times 100\%$$

$$= \frac{现金折扣率}{1 - 现金折扣率} \times \frac{360}{延期付款天数} \times 100\% \tag{13-11}$$

【例 13-2】 某企业按"2/10，$n/30$"的条件购入货物，货款 50000 元。按信用条件，如果企业在 10 天内付款，就享受了 10 天的免费信用，并得到折扣 0.1 万元（50000×2%），免费信用额为 4.9 万元；如果企业放弃折扣，在 10 天后付款（但不超过 30 天），就要承受因放弃折扣而造成的商业信用成本率，试求该商业信用成本率。

【解】 商业信用成本率 $= \dfrac{2\%}{1-2\%} \times \dfrac{360}{30-10} \times 100\% = 36.7\%$

3. 综合资金成本

综合资金成本是通过计算各种资金来源的综合资金成本率来表示的。综合资金成本率是以各种来源资金占全部资金的比重为权数，对各种来源资金的个别成本进行加权平均计算而得到的，它是由个别资金成本率和加权平均权数两个因素所决定的。综合资金成本率的计算，如式（13-12）所示。

$$综合资金成本率 = \sum \left(\begin{array}{c} 某种来源资金占 \\ 全部资金比重 \end{array} \times \begin{array}{c} 该资金来源的 \\ 个别资金成本率 \end{array} \right) \quad (13\text{-}12)$$

【例 13-3】 某企业的资金总额为 10000 万元，目前的资金来源为银行借款 500 万元，借款成本率为 3.35%；债券 1500 万元，债券成本率为 4.16%；发行优先股 1000 万元，优先股成本率为 7.73%；发行普通股 5000 万元，普通股成本率为 10.81%；利润留存 2000 万元，留存收益成本率为 10.67%。试计算目前资本结构的综合资金成本率。

【解】 综合资金成本率 $= \dfrac{500}{10000} \times 3.35\% + \dfrac{1500}{10000} \times 4.16\% + \dfrac{1000}{10000} \times 7.73\%$
$\qquad\qquad\qquad + \dfrac{5000}{10000} \times 10.81\% + \dfrac{2000}{10000} \times 10.67\% = 9.1035\%$

（二）资本结构

建筑企业筹集的资金可以归结为权益资金和借入资金两大类，权益资金和借入资金的比例关系，称为资金来源结构，简称资本结构。

为了协调资金成本与财务风险，在筹资决策中，需要对借入资本和权益资本的比例进行合理安排。资金成本的高低是衡量资本结构是否合理的主要标准；资本结构的变化影响企业综合资金成本的高低。

为了进行筹资决策，确定最优资本结构，应计算各种长期资金来源的综合资金成本，选择综合资金成本最低的资本结构。企业综合资金成本最低时的资本结构与企业价值最大时的资本结构是一致的。因此，企业以加权平均计算的综合资金成本的高低作为确定最佳资本结构的衡量标准。

（三）财务杠杆与财务风险

建筑企业可以利用资金成本固定型的筹资方式筹集债务资金，进行负债经营，充分发挥财务杠杆的作用。杠杆利益是企业资本结构决策中的一个重要因素，企业进行资本结构决策时，应在杠杆利益与其相关的经营风险和财务风险之间进行合理的权衡。

1. 经营杠杆

经营杠杆，又称营业杠杆或营运杠杆，是指企业在进行经营决策时对经营成本中固定成本的利用。运用营业杠杆，企业可以获得一定的杠杆利益，同时也承担着营业风险。

经营杠杆系数（DOL），也称营业杠杆作用程度，是指息税前利润的变动率相当于销售额变动率的倍数。如式（13-13）所示。

$$经营杠杆系数(DOL) = \frac{息税前利润变动率}{销售额变动率}$$

$$= \frac{(单价-单位变动成本) \times 销售量}{(单价-单位变动成本) \times 销售量-固定成本} \quad (13\text{-}13)$$

影响企业经营风险的因素主要有产品需求的变动、产品售价的变动、产品成本的变动、产品成本结构的变动等。

【**例 13-4**】 某建筑企业生产单一产品，固定成本总额为 50 万元，变动成本率为 60%，试测算销售额为 500 万元时的经营杠杆系数为。

【**解**】 $$经营杠杆系数(DOL) = \frac{500 \times (1-60\%)}{500 \times (1-60\%) - 50} = 1.33$$

2. 财务杠杆

财务杠杆，又称融资杠杆，是指建筑企业在进行资本结构决策时对债务利息的利用。财务杠杆系数（DFL），又称财务杠杆程度，是指普通股每股税后利润变动率相当于息税前利润变动率的倍数。如式（13-14）所示。

$$财务杠杆系数(DFL) = \frac{每股利润变动率}{息税前利润变动率}$$

$$= \frac{息税前利润}{息税前利润-利息费用-\frac{优先股股利}{(1-所得税率)}} \quad (13\text{-}14)$$

一般情况下，当建筑企业资本总额和息税前利润不变时，企业资本结构中债务比重越大，财务杠杆系数就越大，企业面临的财务风险也就越大，但预期的普通股每股股利也就越高；相反，企业负债比率越小，则财务杠杆系数就越小，企业面临的财务风险就越小，同时普通股每股股利也越小。

【**例 13-5**】 某建筑企业全部资金为 100 万元，债务比率为 40%，债务成本率为 10%，当销售额为 500 万元时，其息税前利润为 150 万元，试计算该企业的财务杠杆系数。

【**解**】 $$财务杠杆系数(DFL) = \frac{150}{150 - 100 \times 40\% \times 10\%} = 1.03$$

3. 复合杠杆

复合杠杆，又称总杠杆或联合杠杆，是指对经营杠杆和财务杠杆的综合运用。复合杠杆系数（Degree of Combined Leverage，缩写为 DCL），又称总杠杆系数（Degree of Total Leverage，缩写为 DTL），是指普通股每股利润变动率相当于销售量变动率的倍数，也可以用经营杠杆系数与财务杠杆系数的乘积表示，如式（13-15）所示。

$$复合杠杆系数(DCL) = 每股利润变动率 / 销售量变动率$$

$$= 经营杠杆系数(DOL) \times 财务杠杆系数(DFL) \quad (13\text{-}15)$$

复合杠杆系数的作用体现在：运用复合杠杆能够估计由于销售变动对普通股每股利润的影响程度，同时能够了解经营杠杆和财务杠杆之间的关系，选择经营杠杆和财务杠杆的最优组合。

【**例 13-6**】 若上述企业经营杠杆系数为 1.33，财务杠杆系数为 1.03，试计算复合杠杆系数。

【**解**】 $$复合杠杆系数(DCL) = 1.33 \times 1.03 = 1.37$$

4. 财务风险的测量

财务风险是指由于利用财务杠杆而给企业带来的破产风险或使普通股每股利润发生大幅度变动的风险。财务风险可以通过期望权益资金利润率及其标准差来测量。期望权益资金利润率的计算,如式(13-16)所示。

$$\begin{matrix}\text{期望权益}\\\text{资金利润率}\end{matrix}=\left[\begin{matrix}\text{期望全部}\\\text{资金利润率}\end{matrix}+\frac{\text{借入资金}}{\text{权益资金}}\times\left(\begin{matrix}\text{期望全部}\\\text{资金利润率}\end{matrix}-\begin{matrix}\text{借入资金}\\\text{利息率}\end{matrix}\right)\right]\times(1-\text{所得税率})$$

(13-16)

公式(13-16)表明,当建筑企业经营状况良好时,期望全部资金利润率大于借入资金利息率时,企业资本结构中负债比率越大,期望权益资金利润率就越高,企业面临风险适当;若企业经营状况较差时,即期望全部资金利润率低于借入资金利息率时,负债比率越大,财务风险越大,期望权益资金利润率就越低。

(四)筹资的每股盈余(EPS)分析

筹资的每股盈余分析法是指利用每股盈余(利润)无差别点来进行资本结构决策的方法。每股盈余无差别点(EPS)是指企业筹资时每股盈余不受融资方式影响的销售水平,或是各种筹资方案下每股盈余等同时的息税前利润点,又称筹资无差别点。每股盈余(EPS)的计算如式(13-17)所示。

$$EPS=\frac{[S(1-b)-a-I](1-T)-D_p}{N}$$
$$=\frac{[EBIT-I](1-T)-D_p}{N} \quad (13-17)$$

式中 S——预计销售额;

b——变动成本率,等于变动成本除以销售额;

a——固定成本总额;

I——长期债务利息,等于长期债务面值乘以年利息率;

T——所得税率;

D_p——优先股股利,等于优先股面值乘以年股利率;

N——普通股在外发行股数;

$EBIT$——息税前利润,且 $EBIT=S(1-b)-a$。

根据每股盈余无差别点可以分析判断在何种情况下运用举债筹资,或采用股权筹资,采用何种资本结构。

计算出不同筹资方案的每股盈余 EPS_1、EPS_2,若令 $EPS_1=EPS_2$,从中解出表示两个不同筹资方案的每股盈余无差别点的销售额 S_0(或息税前利润 $EBIT_0$),确定各筹资方案的有利区域,以选择最优的筹资方案,进行筹资决策。

【例 13-7】 某企业原有资本 800 万元,其中债务资本 200 万元,年利率 12%;优先股资本 150 万元,年股利率 15%;普通股资本 450 万元,每股面值 100 元。现拟追加筹资 200 万元,扩大业务。有两种筹资方式可供选择:①发行普通股,每股面值 100 元,计 2 万股;②举借长期债务 200 万元,年利息率 13%。企业现有成本结构为:变动成本率为 60%,固定成本总额 180 万元,适用所得税率 25%。试运用每股盈余无差别点分析企业应如何选择筹资方式,确定资本结构。

【解】 计算各筹资方案的每股盈余分别为:

$$EPS_1 = \frac{[S_0 \times (1-60\%) - 180 - 200 \times 12\%] \times (1-25\%) - 150 \times 15\%}{4.5+2}$$

$$EPS_2 = \frac{[S_0 \times (1-60\%) - 180 - 200 \times 12\% - 200 \times 13\%] \times (1-25\%) - 150 \times 15\%}{4.5}$$

令 $EPS_1 = EPS_2$，计算两筹资方案的每股盈余无差别点的销售额 S_0 为：

$$\frac{[S_0 \times (1-60\%) - 180 - 200 \times 12\%] \times (1-25\%) - 150 \times 15\%}{4.5+2}$$

$$= \frac{[S_0 \times (1-60\%) - 180 - 200 \times 12\% - 200 \times 13\%] \times (1-25\%) - 150 \times 15\%}{4.5}$$

求得　　$S_0 = 796.25$ 万元

此时　　$EBIT_0 = 138.5$ 万元；$EPS = 9.75$ 元/股

两筹资方案的每股盈余无差别点分析图，如图 13-1 所示。

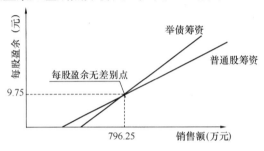

图 13-1　每股盈余无差别点分析图

第三节　建筑企业资产管理

一、流动资产管理

（一）流动资产及其内容

流动资产是指可以在一年或超过一年的一个营业周期内变现或耗用的资产，主要包括现金、可交易性金融资产、债权资产、存货等。

建筑企业的流动资产按着占用形态的不同，可以分为货币资产、可交易性金融资产、债权资产和存货等内容。企业应权衡风险和收益，根据各部分内容的具体特点加强管理，以便降低企业的风险，提高企业收益。

（1）货币资金。货币资金也称为现金，包括库存现金和银行存款以及银行本票、银行汇票、信用证、在途资金、外埠存款等其他货币资金。建筑企业持有大量现金将会增强企业的偿债能力，降低企业的财务风险，但同时也会降低企业的收益。

（2）可交易性金融资产。可交易性金融资产是指建筑企业资产中各种准备随时变现的有价证券及不超过一年的其他投资，其中主要是指有价证券。建筑企业进行短期的有价证券投资，一般要引起现金的减少，因此，将可交易性金融资产视同现金进行管理。持有适量的有价证券既能为企业带来较好的收益，同时又能增强企业资产的流动性，降低企业的财务风险。

（3）债权资产。债权资产是指建筑企业在生产经营过程中所形成的应收及预付的各种款项，包括应收工程款、应收账款、应收票据、预付账款、其他应收及预付款项等。建筑企业为增强市场竞争能力，增加工程结算收入或销售额，必然会发生各种债权，但同时会引起坏账损失和收账费用的发生，建筑企业必须权衡收入和赊账费用支出，制定科学的信用政策，以便增加收入、减少费用和损失。

（4）存货资产。存货是指建筑企业在建筑生产经营过程中为变现或耗用而储备的各种资产，主要包括原材料、在建工程、在产品、产成品、半成品、低值易耗品、包装物等。存货在流动资产中所占比重较大，而其流动性相对又较差，因此，合理地规划存货需要量，使存货保持在最优的水平上，加强存货控制是建筑企业财务管理的一项重要内容。

（二）现金资产管理

1. 现金管理的目的

现金是指可以直接用来购买商品或用来偿还债务的交换媒介或支付手段，即货币资金。包括库存现金，银行存款，各种银行票证，如：银行本票、银行汇票等。有价证券是企业现金的一种转换形式，有价证券变现能力强，可以随时兑换成现金，企业有多余现金时，可将现金兑换为有价证券，因此，可将有价证券视为现金的替代品，是现金的一部分。现金具有普遍的可接受性，可以直接投入使用，它是企业资产中最活跃的因素，是企业财务活动的主体。

建筑企业现金管理的目的在于保证企业正常建筑生产经营活动需要的同时，有效并节约地使用现金，并从闲置的现金中获取最多的利息、股息或投资差额收入。若企业现金持有量不足，将会影响其正常建筑生产经营活动；但如现金持有量过多，则可能会降低企业的收益。建筑企业进行现金管理，应力求保证正常交易所需现金，降低财务风险，同时又使企业不至于过多地闲置现金，以便于增加企业收益。

2. 现金管理的有关规定

按照现行制度，国家财政部门对建筑企业现金管理的有关规定主要有以下各项内容：

（1）库存现金的使用范围。库存现金的使用范围主要包括：①支付职工工资、津贴；②支付个人劳务报酬；③根据国家规定颁发给个人的科学技术、文化艺术、体育等各种奖金；④支付各种劳保、福利费用以及国家规定的对个人的其他支出；⑤向个人收购农副产品和其他物资的价款；⑥出差人员的差旅费；⑦现金结算起点（1000元）以下的零星支出；⑧中国人民银行确定其他需要支付现金的其他支出。

（2）库存现金限额。建筑企业的库存现金数量应由其开户银行根据企业的实际需要予以核定，一般应以企业3～5天的零星开支数额为限。

（3）企业不得"坐支"现金。建筑企业从日常建筑生产经营业务中取得的现金收入必须于当日或次日送存银行，而不得直接用于各种业务的现金支出。一般将由现金收入直接支付现金支出的行为称为"坐支"。

（4）企业不得出租、出借银行账户；企业不得签发空头支票和远期支票；企业不得套用银行信用。

（5）企业不得保存账外公款。企业不得将公款以个人名义存入银行和保存账外现金等各种形式的账外公款，俗称小金库。

3. 现金的日常收支管理

建筑企业在施工生产经营过程中，应按照国家《现金管理暂行条例》和《银行结算办法》中有关货币资金的使用规定处理现金收支，完善企业现金收支的内部管理制度，做好现金收支凭证的保管、现金收支的职责分工与内部控制工作。预测现金最佳持有量，制定现金预算，并按照预算安排现金收支。企业应及时清理现金，做到日清月结，确保账实相符，进行现金的日常控制，保证现金的安全完整。

（三）应收账款管理

应收账款是指建筑企业因对外承揽建筑任务、对外销售产品、提供劳务或其他服务而应向发包方、购货方或接受劳务单位及其他单位收取的各种款项。随着市场经济的发展，商品交易中商业信用的广泛推行，建筑企业应收账款也逐渐增多，因此对应收账款进行管理也就日益重要。

1. 应收账款管理的目的

应收账款管理的目的，主要是为了扩大销售额，增强企业竞争能力，降低应收账款投资成本，使企业提供商业信用、扩大销售所增加的收益大于因此而增加的各种费用，取得较多的利润。

2. 信用政策的制定

企业的信用政策又称为应收账款政策，是建筑企业财务政策的一个重要组成部分。企业进行应收账款管理，必须制定合理的信用政策，企业的信用政策主要包括信用标准、信用条件和收款政策。

（1）信用标准。信用政策是指顾客获得企业的交易信用所应具备的条件。企业在设定某一顾客的信用标准时，通常要评价其信用品质。可以通过"5C"系统来评价顾客的信用品质，即品质（Character）、能力（Capacity）、资产（Capital）、抵押（Collateral）和条件（Conditions）。

对于建筑企业来说，信用标准是企业同意向发包建设单位等客户提供商业信用而提出的基本要求，通常以预期的坏账损失率作为判别标准。企业确定信用标准时，既要考虑企业承担违约风险的能力，又要考虑同行业竞争对手所定的信用标准，使企业在扩大工程承包和产品销售的同时，尽可能地降低违约风险，提高企业的市场竞争能力。

（2）信用条件。信用条件是指企业要求顾客支付赊销货款的条件，主要包括信用期限、折扣期限及现金折扣。

对于建筑企业来说，主要是信用期限，即企业为发包建设单位等客户规定的最长付款时间。对客户提供比较优惠的信用条件能增加工程承包和产品销售量，增加企业收益，但同时也会带来额外的费用负担，如应收账款占用资金的利息或机会成本、管理费用、坏账损失和现金折扣成本等。因此，企业需要比较分析因调整信用期限而增加的收益与成本，选择较好的信用条件。

3. 应收账款的收账管理

企业应分析顾客拖欠工程款的原因，需要分析是工程项目竣工前拖欠，还是竣工后拖欠，即分析客户拖欠工程款的原因是由于投资缺口发生的拖欠，还是由于项目投产后经济效益的好坏，有无还款能力发生的拖欠。应区别不同的原因和期限，采用不同的收账政策。顾客拖欠货款的原因主要有以下两种。

（1）无力偿付。是指顾客因经营管理不善，财务出现困难，没有资金偿付到期债务。对于这种情况应进行具体分析，例如对过期较短的顾客不予过多地打扰；对过期稍长的顾客可以措辞婉转地写信催款；对过期较长的顾客应频繁地写信催收并电话催询；对过期很长的顾客，可以在催款时措辞严厉，必要时提请有关部门仲裁或提起诉讼等。

（2）故意拖延。是指顾客虽有能力付款，但因为本身利益而尽力拖欠，不偿付款项。对于这种情况，企业需要制定合理的催账方法，如采用讲理、恻隐术、疲劳战、激将和软硬兼施等方法，或者提请仲裁或诉讼等办理货款的回收。

企业在催收账款时要发生各种费用，一般说来，收账措施越有力，费用也就越大，可能收回的账款就越多，因此发生的坏账损失也就越少。因此，企业制定收账政策，应在收账费用和减少的坏账损失之间作出权衡，根据各收账方案总成本的大小加以选择。

（四）存货管理

1. 存货管理的目的

存货是指建筑企业在施工生产经营过程中为销售或者耗用而储备的物资，包括主要材料、结构件、机械配件、周转材料、燃料、低值易耗品、在建工程、在产品、半成品、产成品、协作件、商品等。企业在建筑生产经营过程中，总有储存存货的需要，并因此占用或多或少的资金。这种存货的需要出自以下原因。

（1）保证施工生产或销售的需要。实际上，由于市场供应情况及企业购货条件的限制，企业很少能够做到随时购入生产或销售所需要的各种物资，若不储备一定量的存货，一旦生产或销售所需物资短缺，生产经营将会被迫停工，造成停工损失。为了避免或减少停工待料、停业待货等事故，企业需要储备存货。

（2）出自价格的考虑。零星购货的价格往往比较高，而批量购货在价格上常有优惠。但存货储备过多，将会增加各项费用开支，增加存货成本。

存货管理的主要目的是既要控制存货水平，又要在充分发挥各项存货功能的基础上，降低存货成本，即要在各种存货成本与存货效益之间作出权衡，达到两者的最佳结合。

2. 存货成本

企业在购入及储存存货过程中要发生各种费用成本，与储备存货有关的成本主要有以下三种：

（1）取得成本。取得成本是指为取得某种存货而支付的成本，通常由两部分组成：即材料的订货成本和购置成本。订货成本是指为取得订单而发生的成本，如办公费、差旅费、邮费、电报电话费等支出。如果存货是从外部购入的，订货成本是指订货费用，如采购存货所花费的文件处理费、差旅费等；如果存货是企业内部自制的，则是指安排生产各种存货的生产准备成本。存货的购置成本是存货本身的价值，购置成本的大小是由存货采购数量的多少与采购单价的高低决定的。一定时期内的采购数量是根据企业自身的生产规模和生产计划确定的一个较为固定的量，所以，采购成本的变动主要受采购单价的影响。而采购单价除了受市场供求、供应商、产品质量等因素影响外，还受一次采购批量大小的影响。一般情况下，采购批量越大，企业可能享受到的价格折扣就越高，单价就越低；但是，采购批量越大，储存成本就越高。

（2）储存成本。储存成本是指为储存存货而发生的成本，包括存货占用资金应支付的利息、仓库存储费、保险费、仓库建筑物和机械设备的折旧费、仓库工作人员工资和办公费等。

（3）缺货成本。缺货成本是指由于存货供应中断而造成的各种损失，包括材料供货中断而造成的停工损失、产成品库存短缺造成的拖欠发货而发生的额外成本支出、丧失销售机会的损失及企业信誉因此所受到的负面影响等。

若用 D 表示年需要量、Q 表示进货批量、U 表示存货单价、K 表示变动订货成本、K_c 表示单位年均储存成本、F_1 表示固定订货成本、F_2 表示固定储存成本，TC_s 表示缺货成本，则企业储存存货的总成本可用式（13-18）表示。

$$TC = F_1 + \frac{D}{Q}K + DU + F_2 + \frac{Q}{2}K_c + TC_s \tag{13-18}$$

3. 存货控制

存货控制是指企业在日常生产经营过程中，按照存货计划的要求，对存货的使用和周转情况进行组织、协调和监督。企业进行存货日常管理的有效方法主要有经济批量控制、再订货点控制、巴雷特分析法（又称为ABC分析法）等。

在日常生产经营过程中，企业应按照存货计划的要求，对存货的使用和周转情况进行组织、协调和监督，实行分级归口管理，各归口的管理部门要根据具体情况将资金计划指标进行分解，分配给所属单位或个人。在经理领导下，由财务部门对存货资金实行统一管理，企业必须加强对存货资金的集中统一管理，促进供产销相互协调，实现资金使用的综合管理，加速资金周转。

4. 流动资金需要量的预测

流动资金需要量的预测是通过预测流动资产各项目资金的平均占用额来进行的，对于不同项目应采用不同的预测方法，主要有以下几种方法。

（1）资金占用比例法。又称为比例计算法，是根据预测期确定的相关指标，如净产值、营业收入、营业成本费用、营业利润等，按基期流动资金实际平均占用额与相关指标的比例关系，预测流动资金需用总量的一种方法。资金占用比例法适用于全部流动资金占用数额的测算。如式（13-19）、式（13-20）所示。

$$\text{预测期流动资金需用额} = \text{预测期相关指标} \times \text{基期相关指标流动资金率} \times \left(1 - \text{预测期流动资金周转加速率}\right) \tag{13-19}$$

$$\text{基期相关指标流动资金率} = \frac{\text{基期流动资金平均占用额} - \text{不合理资金占用}}{\text{基期相关指标}} \times 100\% \tag{13-20}$$

（2）因素分析法。又称分析计算法，是以基期实际存货资金占用数额为基础，分析预测年度各因素变动情况，加以调整后核定资金占用数额的一种方法。其计算如式（13-21）所示。

$$\text{预测期流动资金需用额} = \left(\text{基期流动资金平均占用额} - \text{不合理资金占用}\right) \times \left(1 + \text{预测期生产增长率}\right) \times \left(1 - \text{预测期流动资金周转加速率}\right) \tag{13-21}$$

因素分析法可以用来计算企业存货资金的占用数额，主要适用于产品品种繁多、规格复杂、价格又较低的辅助材料、机械配件、低值易耗品等的资金占用数额的确定。

【例13-8】 某企业上年度存货平均余额为1800000元，其中超储积压等不合理占用额为100000元。预测年度生产预计增长20%，存货资金周转加速10%。试计算该企业预测年度存货资金需用额。

【解】 存货资金需用额 = (1800000 − 100000) × (1+20%) × (1−10%)
= 1700000 × 120% × 90% = 1836000 元

（3）定额日数法。又称周转期计算法，是根据各种流动资产项目的平均日周转额及其资金周转天数来测算流动资金占用额的一种方法。其计算如式（13-22）所示。

$$\text{预测期流动资金需用额} = \text{流动资金平均日周转额} \times \text{流动资金周转天数} \quad (13\text{-}22)$$

式（13-22）中，流动资金平均日周转额是指某项流动资金平均每天从本阶段流出的资金数额，它直接影响着流动资金占用数额的大小；而流动资金周转天数即流动资金周转期，是指流动资金完成一次循环所需要的天数。

定额日数法一般应用于品种少、用量大、价格高、占用较多的流动资金项目预测，如原材料、在产品和产成品等存货项目资金占用数额的测算。定额日数法计算结果比较精确，但其计算过程复杂，并且费时费力。

二、固定资产管理

（一）固定资产及其管理的要求

1. 固定资产及其特点

固定资产是指使用期限在一年以上，单位价值在规定的标准以上，并且在使用过程中保持原有实物形态的资产。建筑企业的固定资产是从事建筑安装工程施工的重要物资条件，包括建筑企业的主要劳动资料和非施工生产经营用房屋设备等。企业投资于固定资产方面的资金具有以下的特点。

（1）固定资产投资数额大，回收期长。固定资产投资的数量取决于企业的生产规模的大小，其投资回收期取决于固定资产使用年限的长短。一般情况下，企业固定资产投资规模越大，其资金回收期限越长。

（2）固定资产投资是一次性投入的，其回收是分次进行的。企业用于购建和更新固定资产的资金是一次性集中投放的，而且投放量很大，但其资金回收是逐次通过销售过程实现的。

（3）固定资产投资的价值补偿与实物更新在时间上可以分离。固定资产的价值是随着其使用发生磨损，逐期计提折旧，计入当期成本费用，通过实现收入得以补偿的。而固定资产的实物更新则是在固定资产报废或不宜再继续使用时进行的。这就形成了固定资产投资价值补偿与其实物更新在实践上的不同步。

2. 固定资产分类与管理的要求

企业的固定资产管理根据不同的管理需要和核算要求以及不同的分类标准，可以进行不同的分类。按照固定资产的经济用途和使用情况综合地将固定资产分为生产经营用固定资产、非生产经营用固定资产、经营性租出固定资产、不需用固定资产、未使用固定资产、土地、融资租入固定资产等类别。企业可以根据各自的具体情况和经营管理、会计核算的需要进行必要的分类。

建筑企业的固定资产管理应根据固定资产的经济性质来组织，应满足以下几方面的要求：

（1）维持固定资产的再生产能力。企业必须建立、健全完善的固定资产管理制度，加强资金投放和使用的计划管理，包括竣工验收、调拨转移、定期清查和报废清理等；编制固定资产折旧计划，及时调配固定资产所需资金，保证固定资产的生产能力得以维持，保持企业的长久发展能力。

（2）正确地预测固定资产的需要量。企业应对固定资产的需要量及其占用资金情况进行准确的核定，取得资金调配的主动权，对企业一定时期的固定资产短缺或溢余进行及时的补充和适当的调整，有效地利用固定资产。

（3）提高固定资产的利用效果。企业应充分利用现有的固定资产，注重内部的挖潜革新，提高固定资产在单位时间内创造的生产成果。加强固定资产投资的回收，提高固定资产的完好率、利润率和生产效率等。

（二）固定资金需要量的预测

1. 施工机械设备需要量的预测

建筑企业在预测施工机械设备的需要量时，应先根据企业施工任务的特点，即工程结构、性质、建筑工艺、集中分散情况，以及以往年度历史资料，确定万元工作量的主要实物工程量，再根据工程任务计算主要工种工程实物量，最后根据各种施工机械设备单位能力年产量定额，计算完成工程量所需的施工机械设备，如式（13-23）所示。

$$\text{施工机械设备需要量} = \frac{\text{预测年度工种工程量}}{\text{施工机械设备单台能力年产量定额}} \quad (13\text{-}23)$$

预测各种主要施工机械设备需要量的同时，还要计算各种配套机械设备的需要量。

2. 生产设备需要量的预测

建筑企业附属生产单位，如机修厂、木材加工厂、混凝土构件预制厂等，其生产设备需要量的预测方法是将其预期的生产任务和生产能力相比较，在测定单台设备生产能力的基础上，求得与生产任务相一致的生产设备需要量。如式（13-24）所示。

$$\text{生产设备需要量} = \frac{\text{预测期生产任务（实物量或台时数）}}{\text{单台设备生产能力（实物量或台时数）}} \quad (13\text{-}24)$$

【例 13-9】 某建筑企业某项生产设备同时生产 A、B 两种产品，有关资料见表 13-1 所列。建筑企业预测期按日历天数 365 天计算，预计休班停工日数为 59 天，预计设备检修停工日数为 20 天，每天开工两班次，每班开工 7.5 小时。试测算生产设备需要量。

A、B 两种产品有关资料 表 13-1

项　　目	A 产品	B 产品
预计年产量（台）	500	800
单位定额工时（台时）	150	100
定额变动系数（%）	98	90

【解】 生产设备需要量 $= \dfrac{(500 \times 150 \times 98\% + 800 \times 100 \times 90\%)}{7.5 \times 2 \times (365 - 59 - 20)} = 33.92 \approx 34$ 台

3. 计算生产设备负荷系数

建筑企业预测出生产设备需要量之后，还应以预测的生产设备需要量与其现有数量相比较，计算生产设备负荷系数，以便预测出企业现有生产设备的不足或多余数量，及时地作出补充或调配固定资产占用的决策。其计算如式（13-25）所示。

$$\text{生产设备负荷系数} = \frac{\text{预测期生产设备需要量}}{\text{现有生产设备数量}} \times 100\% \quad (13\text{-}25)$$

或者将预期生产任务定额台时总数与现有生产设备有效台时总数相比较，计算生产设备负荷系数，如式（13-26）所示。

$$\text{生产设备负荷系数} = \frac{\text{预测期生产任务总台时数}}{\text{现有生产设备数量} \times \text{单台设备全年工作台时数}} \times 100\%$$

$$(13\text{-}26)$$

生产设备负荷系数等于或接近于 1，说明建筑企业现有生产能力与预期生产任务相一致，现有设备数量正合适；若生产设备负荷系数明显小于 1，说明企业现有生产能力有剩余，可以适当增加产量或减少生产设备数量；若生产设备负荷系数大于 1，说明企业现有生产能力不足，应增加生产设备数量。企业应首先挖掘内部潜力，其次再考虑筹措资金，安排购建或扩建固定资产。

【例 13-10】 某生产设备现有数量为 30 台，经预测该项设备需要数量为 34 台，试计算该生产设备的负荷系数。

【解】 生产设备的负荷系数 $=34/30=1.13=113\%$

（三）固定资产折旧的计提方法

建筑企业的固定资产由于受到有形损耗和无形损耗两个因素的影响，会发生价值损耗。这部分损耗价值，通过计提折旧费用，将其计入工程和产品的成本中，由当期取得的工程结算收入或产品销售收入予以补偿。正确地计提固定资产折旧，是正确计算工程成本和产品成本，保证固定资产简单再生产的前提。

建筑企业的固定资产中，应按使用中的固定资产计提折旧，未使用、不需用的固定资产则不提折旧，具体情况见表 13-2 所列。

计提固定资产折旧情况对照表　　　　表 13-2

允许计提折旧的固定资产	不允许计提折旧的固定资产
1. 房屋和建筑物 2. 在用的机器设备，仪器仪表，运输车辆，工具器具 3. 季节性停用和大修理停用的设备 4. 经营租出的固定资产 5. 融资租入的固定资产	1. 未使用，不需用的除房屋建筑物以外的固定资产 2. 经营租入的固定资产 3. 已提足折旧继续使用的固定资产 4. 单独估价入账的土地 5. 破产，关停并转企业的固定资产 6. 连续停工一个月以上的固定资产 7. 提前报废的固定资产

另外，由于生产任务不足，处于半停工状态企业的固定资产，除另有规定外，可减半提取折旧。固定资产折旧一般按月计提，月内投入使用的固定资产，当月不计提折旧，从次月起计提折旧；月内减少或者停止使用的固定资产，当月应计提折旧，从次月起停止计提折旧。

按照财务制度规定，建筑企业固定资产计提折旧一般应采用平均年限折旧法和工作量法。技术进步较快或使用寿命受工作环境影响较大的建筑机械和运输设备，经财政部批准，可采用双倍余额递减法或年数总和法计提折旧。

1. 平均年限折旧法

平均年限法，又称使用年限法，是指按照固定资产的预计使用年限平均分摊固定资产折旧额的方法。平均年限法计算的折旧额在各个使用年（月）份均相等，累计折旧额呈直线趋势，故称为直线折旧法。平均年限法计提的固定资产折旧额及其折旧率的计算公式如式（13-27）～（13-30）所示。

$$年折旧额 = \frac{固定资产原值 \times (1-预计净残值率)}{预计使用年限} \quad (13-27)$$

$$年折旧率 = \frac{(1-预计净残值率)}{预计使用年限} \times 100\% \quad (13\text{-}28)$$

$$月折旧率 = 年折旧率 \div 12 \quad (13\text{-}29)$$

$$月折旧额 = 固定资产原值 \times 月折旧率 \quad (13\text{-}30)$$

上式中，预计净残值率应按照固定资产原值的3%～5%确定，净残值率低于3%或者高于5%时，由企业自主确定，并报主管财政机关备案。

2. 工作量法

工作量法，是指按照固定资产建筑生产过程中所完成的工作量计提折旧的一种方法。这种方法弥补平均年限法之重使用时间，不考虑使用强度的缺点。采用工作量法计算折旧额，如式（13-31）、（13-32）所示。

$$某项固定资产月折旧额 = 该项固定资产当月工作量 \times 每一工作量折旧额 \quad (13\text{-}31)$$

$$每一工作量折旧额 = \frac{固定资产原值 \times (1-预计净残值率)}{预计总工作量} \quad (13\text{-}32)$$

例如，对于运输设备计提折旧时，按照行驶里程计算应提折旧额，如式（13-33）、（13-34）所示。

$$某项固定资产月折旧额 = 该项固定资产当月行驶里程 \times 单位里程折旧额 \quad (13\text{-}33)$$

$$单位里程折旧额 = \frac{固定资产原值 \times (1-预计净残值率)}{预计总行驶里程} \quad (13\text{-}34)$$

对于建筑机械设备计提折旧时，按照台班数计算应提折旧额，如式（13-35）、（13-36）所示。

$$某项固定资产月折旧额 = 该项固定资产当月实际台班 \times 单位台班折旧额 \quad (13\text{-}35)$$

$$单位台班折旧额 = \frac{固定资产原值 \times (1-预计净残值率)}{预计总工作台班} \quad (13\text{-}36)$$

3. 双倍余额递减法

双倍余额递减法，是在不考虑固定资产残值的情况下，根据每期期初固定资产账面余额和双倍的直线法折旧率计算固定资产折旧的一种方法。计算其应提折旧率和折旧额，如式（13-37）、（13-38）所示。

$$年折旧率 = \frac{2}{预计使用年限} \times 100\% \quad (13\text{-}37)$$

$$年折旧额 = 固定资产账面净值 \times 年折旧率 \quad (13\text{-}38)$$

由于双倍余额递减法不考虑固定资产的残值收入，因此，在应用这种方法时，必须注意不能使固定资产的账面折旧价值降低到它的预计残值收入之下。即实行双倍余额递减法计提折旧的固定资产，应当在其固定资产折旧年限到期以前两年内，将固定资产净值扣除预计净残值后的余额平均摊销。

4. 年数总和法

年数总和法，又称合计年限法，是将固定资产的原值减去净残值后的净额乘以一个逐年递减的年折旧率计算每年的折旧额。其计算如式（13-39）、（13-40）所示。

$$某年折旧额 = (固定资产原值 - 预计净残值) \times 某年折旧率 \qquad (13-39)$$

$$某年折旧率 = \frac{预计使用年数 - 已使用年限}{预计使用年限的年限总和} \times 100\% \qquad (13-40)$$

双倍余额递减法和年数总和法均为加速折旧法，也称为快速折旧法或递减折旧法，其特点是在固定资产有效使用年限的前期多提折旧，后期则少提折旧，从而相对加快折旧计提的速度，以使固定资产转移成本在其有效使用年限中加快得到补偿。

三、无形资产管理

无形资产是指企业为生产商品或者提供劳务、出租给他人或管理目的而持有的、没有实物形态的非货币性长期资产。无形资产分为可辨认无形资产和不可辨认无形资产。可辨认无形资产是指具有专门的名称，可以个别地辨认的无形资产，包括专利权、非专利技术、商标权、土地使用权等。不可辨认无形资产是指那些不能个别辨认的、存在于整个企业之中的无形资产，如商誉等。建筑企业的无形资产在取得时，应按取得时的实际成本计量。

无形资产的价值摊销，应当自取得当月起在预计的有效使用年限内分期平均摊销，计入当期管理费用或其他业务支出等项目。无形资产采用直线法平均计算每年的摊销额，无残值和清理费用，其年摊销额的计算如式（13-41）、（13-42）所示。

$$某项无形资产年摊销额 = \frac{无形资产的账面价值}{预计的有效使用年限} \qquad (13-41)$$

$$月摊销额 = \frac{年摊销额}{12} \qquad (13-42)$$

第四节 建筑企业收益管理

收益管理就是要通过制定合理的利润分配政策，利用财务手段，确保利润的合理归属和正确分配的管理过程。收益管理就是要尽可能兼顾各方面利益，处理好投资人的近期收益与企业长远发展之间的关系，协调分配政策与其他财务决策之间的关系，以便为谋求企业的未来发展和实现最佳经济效益服务。

一、建筑企业利润总额的构成

建筑企业在经营期内实现的利润，应根据企业所有权的归属及各权益者占有的比例进行分配。在进行利润分配之前，首先需要计算出建筑企业在一定时期内实现的利润总额，再扣减企业应向国家缴纳的所得税额，计算税后净利润。建筑企业利润是企业建筑生产经营成果的集中体现，也是衡量企业建筑经营管理业绩的主要指标。建筑企业利润总额是企业在一定时期内生产经营的最终成果，主要包括营业利润和营业外收支净额。而净利润则是由利润总额减去应纳所得税额之后计算所得。如式（13-43）、（13-44）所示。

$$利润总额 = 营业利润 + 营业外收支净额 \qquad (13-43)$$

$$净利润 = 利润总额 - 应纳所得税额 \qquad (13-44)$$

（一）建筑企业营业利润

建筑企业营业利润是企业在一定时期内实现的建筑生产经营所得利润，是利润总额的主要构成部分，由营业收入减去营业成本、营业税金及附加、销售费用、管理费用、财务费用，加上投资净收益计算而得，是由工程结算利润和其他业务利润组成的，如式

(13-45)所示：

$$营业利润 = 营业收入 - 营业成本 - 营业税金及附加 - 营业费用$$
$$- 管理费用 - 财务费用 + 投资净收益 \qquad (13-45)$$

其中，营业收入由主营业务收入和其他业务收入组成；营业成本由主营业务成本和其他业务成本组成。

1. 工程结算利润

建筑企业（含其内部独立核算的施工单位）已向工程发包单位（或总包单位）办理工程价款结算而形成的利润是工程结算利润，由工程价款收入扣减工程结算成本和工程结算税金及附加计算而得。如式（13-46）所示。

$$工程结算利润 = 工程结算收入 - 工程结算成本 - 工程结算税金及附加 \qquad (13-46)$$

式（13-46）中，工程结算收入是指建筑企业已完工程或竣工工程向发包单位结算的工程价款收入。工程价款收入的确认分别采用下列办法：①对采用按月结算工程价款的企业，即在月中按已完成部分项工程结算确认工程价款收入；②对采用分段结算工程价款的企业，即按工程形象进度划分的不同阶段（部位），分段结算确认工程价款收入；③对采用竣工后一次结算工程价款的企业，即在单项工程或建设项目全部建筑安装工程竣工以后结算确认工程价款收入。工程结算收入除包括工程合同中规定的工程造价外，还包括因合同变更、索赔、奖励等形成的收入。这部分收入是在执行合同过程中，由于合同工程内容或建筑条件变更、索赔、奖励等原因形成的追加收入，经发包单位签证同意后，构成建筑企业的工程结算收入。

工程结算成本是建筑企业为取得工程价款结算收入而发生的工程施工成本，包括工程施工中的材料费、人工费、机械使用费、其他直接费和分摊的间接费用。

工程结算税金及附加包括按工程结算收入计征的营业税及按营业税计征的城市维护建设税和教育费附加。

2. 其他业务利润

建筑企业的其他业务利润是企业在一定时期内除了工程建筑业务以外的其他业务收入扣减其他业务成本和经营税金及附加后的余额。

建筑企业的其他业务收入主要包括产品销售收入、机械作业收入、材料销售收入、无形资产转让收入、固定资产出租收入等；其他业务成本是企业为取得当期其他业务收入而发生的与其相关的各种成本，主要包括产品销售成本、机械作业成本、材料销售成本、无形资产转让成本、固定资产出租成本等。经营税金及附加包括按其他业务收入计征的营业税及按营业税计征的城市维护建设税和教育费附加。

（二）投资净收益

建筑企业的投资净收益是指企业对外股权投资、债权投资所获得的投资收益扣减投资损失后的净额。其计算如式（13-47）所示。

$$投资净收益 = 对外投资收益 - 对外投资损失 \qquad (13-47)$$

式中，投资收益包括企业转让有价证券所获取的款项高于账面价值的差额收入、债券利息收入、联营投资所分得的利润或到期收回投资高于账面价值部分，以及在权益法下，企业的股权投资在受资企业增加的净资产中按投资比例拥有的份额等。投资损失则包括到期收回投资或转让有价证券取得的款项低于原账面价值的差额，以及权益法下，企业的股权投资在受资企业减少的净资产中按投资比例应分摊金额等。

(三) 营业外收支净额

建筑企业的营业外收支净额是指企业所获得的与企业建筑生产经营活动没有直接关系的各项营业外收入减去各项营业外支出的余额。其计算如式 (13-48) 所示。

$$\text{营业外收支净额} = \text{营业外收入} - \text{营业外支出} \tag{13-48}$$

式中，营业外收入主要包括固定资产盘盈、处理固定资产净收益、处理临时设施净收益、转让无形资产收益、罚款收入、无法支付应付款、教育费附加返还、非货币性交易收益等。营业外支出主要包括固定资产盘亏、处理固定资产净损失、处理临时设施净损失、转让无形资产损失、计提的固定资产、无形资产、在建工程减值准备、公益救济性捐赠、赔偿金、违约金、债务重组损失等。

综上所述，企业的利润总额在数量上表现为企业一定时期全部收入扣除全部支出后的余额，它不但可以综合反映企业一定时期的经营业绩，同时也是评价企业理财效果和管理水平的依据，从而为企业分配利润奠定基础。

二、建筑企业年度经营亏损的弥补

(一) 建筑企业经营亏损的含义

建筑企业从事工程施工生产经营活动，其目标是尽可能获得利润。但在实际经营过程中，由于市场竞争会导致产品价格下降，由于管理不善会导致各项成本费用的上升，为了扩大销售或维持生产经营，会发生大量的财务费用、销售费用；甚至由于企业经营者私自转移资产、侵占企业资产、低价销售产品以及决策失误，也会导致大量的资产损失。在一定经营期间，当获得的所有收入小于为取得收入而发生的各项成本费用以及资产损失时，企业的经营成果就表现为亏损。因此，亏损是指建筑企业在一定经营期间内所取得的全部收入不能抵补全部成本费用及损失而出现的差额。

建筑企业产生的亏损，根据形成的原因大致可分为三类：一是由于企业自身经营管理不善造成的，称之为经营性亏损，它属于非故意性亏损。二是由于执行国家政策造成的，这类业务不一定以盈利为目的，发生的亏损，称之为政策性亏损。三是由于经营者恶意经营企业或者贪污侵占、擅自转移企业资产等违法行为造成的亏损，称之为恶意性亏损。从某种程度上说，这种亏损也属于经营性亏损，同时也属于主观造成的舞弊性非正常亏损。

(二) 建筑企业弥补经营亏损的规定

建筑企业作为市场经济的主体，投资者以出资额为限对企业承担责任，企业发生的经营性亏损，将会导致企业所有者权益的减少。因此，亏损弥补通常是指企业用现有的所有者权益或者以后年度实现的利润补偿以前年度发生的亏损（负收益）的财务活动过程。

根据《企业财务通则》第四十九条的规定，弥补亏损主要包括以下内容：

(1) 弥补的是经营性亏损。即企业用税前利润弥补的亏损应该是企业在经营过程中形成的亏损，对于政策性亏损，应当向国家申请财政补贴。

(2) 依照税法规定弥补。即依照税法的规定，企业发生的年度经营性亏损，可以用下一年度的税前利润弥补，下一年度的利润不足弥补的，可以连续 5 年用税前利润弥补，连续 5 年不足弥补的，用税后利润弥补。这里需要说明的是，5 年的税前利润弥补期限内，无论企业是盈利年份还是亏损年份，均作为亏损弥补期计算弥补年份。而对于 5 年的税前利润弥补期限内的任何一年发生的亏损，又都可以单独计算各自的亏损弥补期限。

（3）符合《公司法》的规定。依照《公司法》规定，法定公积金不足以弥补以前年度亏损的，在按规定提取法定公积金之前，应当先用当年利润弥补亏损。企业发生的亏损在税后利润不足弥补的情况下，通常可以用企业所取得的盈余公积加以弥补。但是，企业用盈余公积弥补亏损，应当由董事会提出弥补亏损方案，经股东大会或者类似的权力机构审议决定。

（4）按照规定的顺序和比例弥补。即企业在以前年度亏损未弥补完之前，不得向投资者分配利润。也就是说，企业的未分配利润如果是负数（未弥补亏损），企业就不得向投资者分配利润。其目的是防止企业将债权人的资产用来向投资者分配，从而损害其他利益相关者的利益。同时，企业用资本公积弥补亏损，应该经过股东（大）会的审批。盈余公积属于全部投资者所有，要使用这些资金，应征得全体投资者同意。

（三）建筑企业经营亏损弥补的程序

1. 税前利润弥补

企业本年度发生的亏损，可以用下一年度的所得税前利润来弥补，税前利润弥补亏损后有剩余的，剩余部分应该依法缴纳所得税。如果下一年度所得税前利润仍不足弥补亏损的，可连续弥补，但用税前利润连续弥补期限不得超过 5 年。

2. 税后利润弥补

企业本年度发生的亏损，当连续 5 年用税前利润弥补后，仍不足弥补的，从第 6 年起，应当用税后利润弥补。

3. 盈余公积弥补

企业发生的亏损，依照税法的规定弥补后仍未弥补的亏损，由董事会提议，经股东（大）会或类似权力机构批准，可以用所提取的盈余公积来弥补。

4. 资本公积弥补

企业的资本公积从其形成来源看，它不是由企业实现的利润转化而来的，本质上应当属于投入资本范畴。因此，它与留存收益有根本区别。在我国，资本公积用来转增资本，但在具体工作中因现实需要，经过国家批准，国有企业的资本公积可以用来弥补政策性重大亏损。

此外，由于国家政策或者在企业依法改制过程中发生的下列损失，可以依次用未分配利润、盈余公积、资本公积和实收资本进行弥补：

（1）企业重组过程中清查出来的价值减损；

（2）住房制改革过程中出现的损失和一次性的住房补贴；

（3）企业会计核算制度转换造成的损失；

（4）企业依照国家规定分离办社会职能以及主辅分离过程中，经批准核销的特定损失。

三、利润分配的顺序

企业年度净利润，除法律、行政法规另有规定外，按照以下顺序分配：

1. 弥补以前年度亏损

企业当年实现的净利润，首先应按照规定弥补以前年度发生的亏损，即将本年度实现的净利润与前期未分配利润或未弥补亏损合计，计算出本年累计盈利或累计亏损。需要说明的是，弥补的亏损是指超过了正常的弥补期限后，应当用所得税后利润弥补的亏损。企业实现的净利润在以前年度亏损未弥补完之前，不得提取法定公积金。

2. 提取10%法定公积金

经计算有本年累计盈利，按本年净利润抵减年初累计亏损后的余额，计提10%比例的法定公积金，累计提取的公积金总额达到注册资本50%以后，可以不再提取。需要说明的是，提取法定公积金的基数，不是累计盈利，也不一定是本年的税后利润。只有在年初没有未弥补亏损的情况下，才能按本年净利润计算提取数。

3. 提取任意公积金

企业提取法定公积金后，企业章程对提取任意公积金有规定的，按企业章程的规定提取任意公积金，可以根据股东（大）会决议的比例提取任意公积金。国有企业根据政府规定或主管财政机关及其他有关部门、机构核定的比例，计算上缴国家利润，其扣缴法定公积金和上缴利润后的剩余利润，全部作为任意公积金管理。因此，国有企业可以将任意公积金与法定公积金合并提取。

4. 向投资者分配利润

建筑企业以前年度未分配的利润，可以并入本年度利润一并进行分配。在充分考虑现金流量状况后，应当按照"同股同权、同股同利"的原则，向投资者分配。属于各级人民政府及其部门、机构出资的企业，应当将应付国有利润上缴财政。企业需要拿出多大比例的净利润用于向投资者分配利润，除了要有足够的累计盈余外，还要考虑企业盈余的稳定性、投资机会、债务需要和举债能力等因素，尤其是发放现金股利（利润），需要重点考虑企业的现金流量状况。股利分配一般有剩余股利政策、固定或持续增长的股利政策、固定股利支付率政策、低正常加额外股利的政策等常见的股利政策可供选择。

国有企业可以将任意公积金与法定公积金合并提取。股份有限公司依法回购后暂未转让或者注销的股份，不得参与利润分配；以回购股份对经营者及其他职工实施股权激励的，在拟订利润分配方案时，应当预留回购股份所需利润。

第五节 财务报表分析

一、财务报表及其结构

（一）资产负债表

资产负债表是反映企业在某一特定日期全部资产、负债和所有者权益等财务状况的报表。它表明企业在某一特定日期所拥有或控制的经济资源、所承担的现有义务和所有者对净资产的要求权。

通过资产负债表可以反映企业所拥有和控制的资源及其分布情况，以及企业的生产经营能力（资产）；反映企业所负担的债务及其偿债能力（负债）；反映企业所有者所拥有的权益，以及所有者权益在总资产中所占的份额及其构成情况（所有者权益）。资产负债表能够提供进行财务分析的基本资料，表明企业未来财务状况的变动及其变化趋势等。

我国资产负债表以"资产＝负债＋所有者权益"为平衡基础，按账户式反映。资产负债表的基本格式，见表13-3所列。

资 产 负 债 表 表 13-3

编制单位：　　　　　　　　　　　年　月　日　　　　　　　　　　　单位：万元

资产	年末数	年初数	负债及所有者权益	年末数	年初数
流动资产：			流动负债：		
货币资金	62.5	31.25	短期借款	75	56.25
交易性金融资产	7.5	15	交易性金融负债		
应收票据	10	13.75	应付票据	6.25	5
应收账款	497.5	248.75	应付账款	125	136.25
预付账款	27.5	5	预收账款	12.5	5
应收股利			应付职工薪酬	2.5	1.25
应收利息			应交税费	6.25	5
其他应收款	15	27.5	应付利息	15	20
存货	148.75	407.5	应付股利	35	12.5
			其他应付款	28.75	22.5
一年内到期的非流动资产	96.25	8.75			
其他流动资产	10	5	预计负债	2.5	5
			一年内到期的非流动负债	62.5	
			其他流动负债	3.75	6.25
流动资产合计	875	762.5	流动负债合计	375	275
非流动资产：			非流动负债：		
可供出售金融资产		56.25	长期借款	562.5	306.25
持有至到期投资			应付债券	300	325
长期股权投资	37.5		长期应付款	62.5	75
长期应收款			专项应付款		
固定资产	1547.5	1193.75	递延所得税负债		
在建工程（专项工程支出）	22.5	43.75	其他非流动负债		18.75
固定资产清理		15	非流动负债合计	925	725
无形资产	7.5	10	负债合计	1300	1000
开发支出			股东（所有者）权益：		
商誉			股本（实收资本）	125	125
长期待摊费用	6.25	18.75	资本公积	12.5	12.5
递延所得税资产			减：库存股		
其他非流动资产	3.75		盈余公积	125	50
非流动资产合计	1625	1337.5	未分配利润	937.5	912.5
			股东权益合计	1200	1100
资产总计	2500	2100	负债及股东权益总计	2500	2100

（二）利润表和利润分配表

1. 利润表

利润表是反映企业在一定时期内的经营成果及分配情况的会计报表。利润表将一定时期内的营业收入与同一会计期间相关的营业费用进行对比，以计算企业一定时期的净利润（或亏损）。

通过利润表反映的收入、成本费用、投资净收益等财务信息，可以分析企业盈利能力的强弱、投资收益率的高低、企业经营管理的水平和企业未来经营成果的变化趋势，了解企业投资者投入资本的完整性。

我国利润表是以"收入－成本费用＝利润"为平衡基础，采用多步式编制格式，反映企业的经营成果的。利润表的基本格式，见表13-4所列。

利 润 表　　　　　　　　　　　　　表 13-4
编制单位：　　　　　　　年度　　　　　　　　　　单位：万元

项　目	本年累计数	上年累计数
一、营业收入	3750	3562.5
减：营业成本	3305	3128.75
营业税金及附加	35	35
营业费用	27.5	25
管理费用	57.5	50
财务费用	137.5	120
资产减值损失		
加：公允价值变动收益		
投资收益	7.5	
三、营业利润	195	203.75
加：营业外收入	56.25	90
减：营业外支出	1.25	
四、利润总额	250	293.75
减：所得税	80	93.75
五、净利润	170	200

建筑企业不含其他业务的利润表格式，见表13-5所列。

利 润 表　　　　　　　　　　　　　表 13-5
编制单位：　　　　　　　年度　　　　　　　　　　单位：万元

项　目	本月数（上年实际数）	本年累计数
一、工程结算收入		
减：工程结算成本		
工程结算税金及附加		
财务费用		
管理费用		
加：投资收益		
二、营业利润		
加：营业外收入		
减：营业外支出		
四、利润总额		
减：所得税		
五、净利润		

2. 利润分配表

利润分配表是反映企业一定时期内对实现利润的分配或亏损弥补情况的会计报表，是利润表的附表，说明利润表上反映的净利润的分配去向。通过利润分配表，可以了解企业实现净利润的分配情况或亏损的弥补情况，了解利润分配的构成以及年末未分配利润的数额。利润分配表的基本格式，见表13-6所列。

利 润 分 配 表

表 13-6

编制单位：　　　　　　　　　　　　　　年度　　　　　　　　　　　　　　单位：万元

项　　目	本年累计	上年实际
1. 净利润	170	200
加：年初未分配利润	912.5	875
其他转入	−67.5	−50
2. 可供分配的利润	1015	1025
减：提取盈余公积	42.5	50
应付利润	35	62.5
3. 未分配利润	937.5	912.5

（三）现金流量表

现金流量表是以现金为基础编制的财务状况变动表，反映企业一定时期内现金流入和流出及其增减变动情况，说明企业的偿债能力和支付能力；分析企业未来获取现金的能力，企业投资和理财活动对经营成果和财务状况的影响。这里的现金是指广义的现金，即包括现金及现金等价物。现金流量表的基本格式，见表13-7、表13-8所列。

现 金 流 量 表

表 13-7

编制单位：　　　　　　　　　　　　　　年度　　　　　　　　　　　　　　单位：万元

项　　目	金　　额
一、经营活动产生的现金流量：	
销售商品、提供劳务收到的现金	3512.5
收到的税费返还	
收到的其他与经营活动有关的现金	12.5
经营活动现金流入小计	3525
购买商品、接受劳务支付的现金	2953.75
支付给职工以及为职工支付的现金	36.25
支付的各项税费	113.75
支付的其他与经营活动有关的现金	17.5
经营活动现金流出小计	3121.25
经营活动产生的现金流量净额	403.75
二、投资活动产生的现金流量：	
收回投资所收到的现金	5
取得投资收益所收到的现金	7.5
处置固定资产、无形资产和其他长期资产所收回的现金净额	15
处置子公司及其他营业单位所收到的现金净额	
收到其他与投资活动有关的现金	
投资活动现金流入小计	27.5
购建固定资产、无形资产和其他长期资产所支付的现金	461.25

续表

项　目	金　额
投资支付的现金	37.5
支付其他与投资活动有关的现金	
投资活动现金流出小计	498.75
投资活动产生的现金流量净额	−471.25
三、筹资活动产生的现金流量：	
吸收投资所收到的现金	
取得借款所收到的现金	337.5
收到其他与筹资活动有关的现金	
筹资活动现金流入小计	337.5
偿还债务所支付的现金	25
分配股利、利润和偿付利息所支付的现金	190
支付其他与筹资活动有关的现金	31.25
筹资活动现金流出小计	246.25
筹资活动产生的现金流量净额	91.25
四、汇率变动对现金及现金等价物的影响	
五、现金及现金等价物净增加额	23.75
加：期初现金及现金等价物余额	46.25
六、期末现金及现金等价物余额	70

现金流量表——补充资料　　　　　表13-8

编制单位：　　　　　　　年度　　　　　　　单位：万元

补　充　资　料	金　额
1. 将净利润调解为经营活动现金流量：	
净利润	170
加：计提的资产减值准备	
固定资产折旧、油气资产折耗、生产性生物资产折旧	125
无形资产摊销	2.5
长期待摊费用摊销	−13.75
处置固定资产、无形资产和其他长期资产的损失（减：收益）	
固定资产报废损失	
公允资产变动损失	
财务费用	137.5
投资损失（减：收益）	−7.5
递延所得税资产减少（减：增加）	
递延所得税负债减少（减：增加）	
存货的减少（减：增加）	258.75
经营性应收项目的减少（减：增加）	−265
经营性应付项目的增加（减：减少）	−3.75
其他	
经营活动产生的现金流量净额	403.75

续表

补 充 资 料	金 额
2. 不涉及现金收支的投资和筹资活动：	
债务转为资本	
一年内到期的可转换公司债券	
融资租入固定资产	
3. 现金及现金等价物净增加情况：	
现金的期末余额	70
减：现金的期初余额	46.25
加：现金等价物的期末余额	
减：现金等价物的期初余额	
现金及现金等价物净增加额	23.75

资产负债表、利润表和现金流量表分别从不同角度反映企业的财务状况、经营成果和现金流量。资产负债表反映企业一定时期内所拥有的资产、需偿还的债务以及投资者所拥有的净资产的情况；利润表反映企业一定时期内的经营成果，即利润或亏损的情况，表明企业运用所拥有的资产的获利能力；现金流量表反映企业一定时期内现金的流入和流出，表明企业获得现金和现金等价物的能力。

二、财务比率分析

（一）偿债能力分析

偿债能力是指企业对债务清偿的承受能力和保证程度。对企业债务清偿能力的分析主要包括短期偿债能力分析和长期偿债能力分析。

1. 短期偿债能力分析

（1）流动比率。是用于反映短期偿债能力的比率。一般情况下，流动比率越高，说明企业短期偿债能力越强，债权人的权益越有保证。流动比率的计算公式，如式（13-49）所示。

$$流动比率 = \frac{流动资产}{流动负债} \tag{13-49}$$

一般认为，企业的流动比率为 2∶1 较为适宜。影响流动比率最主要的因素是营业周期、应收账款数额、存货的周转速度。

（2）速动比率。是从流动资产中扣除存货部分，再除以流动负债的比值。如式（13-50）、式（13-51）所示。

$$速动比率 = \frac{速动资产}{流动负债} \tag{13-50}$$

$$速动资产 = 流动资产 - 存货 - 预付账款 - 一年内到期的非流动资产 - 其他流动资产 \tag{13-51}$$

一般而言，速动比率为 1 时是安全标准。如果速动比率小于 1，会使企业面临很大的偿债风险；如果速动比率大于 1，会因现金及应收账款资金占用过多而大大增加企业的机会成本。影响速动比率可信性的重要因素是应收账款的变现能力。

（3）现金流动负债比率。主要从动态角度对企业实际偿债能力进行考察。如式

(13-52)所示。

$$现金流动负债比率 = \frac{年经营现金净流量}{年末流动负债} \times 100\% \qquad (13-52)$$

该指标较大，表明企业经营活动产生的现金净流量较多，较能保障企业按时偿还到期债务。但比率过高则表示企业流动资金利用不充分，收益能力不强。

（4）现金比率。是企业现金类资产与流动负债的比率。现金类资产主要指货币资金和交易性金融资产（有价证券）。如式（13-52）所示。

$$现金比率 = \frac{货币资金 + 交易性金融资产}{流动负债} \times 100\% \qquad (13-53)$$

现金类资产是变现能力最强的流动资产，因此，现金比率越高，企业短期偿债能力越强；反之，越弱。但是，该比率过高可能说明企业现金持有量过高。

2. 长期偿债能力分析

（1）资产负债率。表明在企业资产总额中，债权人提供资金所占的比重，以及企业资产对债权人权益的保障程度。资产负债率越小，表明企业的长期偿债能力越强。如式（13-54）所示。

$$资产负债率 = \frac{负债总额}{资产总额} \times 100\% \qquad (13-54)$$

（2）产权比率。是衡量长期偿债能力的指标之一，也称为债务股权比率。产权比率越低，表明企业的长期偿债能力越强，债权人权益的保障程度越高，承担的风险越小，但企业不能充分地发挥负债的财务杠杆效应。如式（13-55）所示。

$$产权比率 = \frac{负债总额}{股东权益总额} \times 100\% \qquad (13-55)$$

资产负债率侧重于分析债务偿付安全性的物质保障程度，产权比率则侧重于揭示财务结构的稳健程度以及自有资金对偿债风险的承受能力。

（3）有形净值债务率。是企业负债总额与有形净值的百分比。有形净值是股东权益减去无形资产净值后的净值，即股东具有所有权的有形资产的净值。如式（13-56）所示。

$$有形净值债务率 = \frac{负债总额}{股东权益 - 无形资产净值} \times 100\% \qquad (13-56)$$

有形净值债务率指标实质上是产权比率的延伸，它更为谨慎、保守地反映在企业清算时债权人投入的资本受到股东权益保障的程度。从长期偿债能力来看，该比率越低越好。

（4）长期资本负债率。长期资本负债率反映企业长期资本的结构，是非流动负债占长期资本的百分比。如式（13-57）所示。

$$长期资本负债率 = \frac{非流动负债}{非流动负债 + 股东权益} \times 100\% \qquad (13-57)$$

（5）已获利息倍数。又称为利息保障倍数，是用于衡量企业偿付借款利息的能力。如式（13-58）所示。

$$已获利息倍数 = \frac{息税前利润}{利息支出} \qquad (13-58)$$

企业若要维持正常的偿债能力，从长期看，已获利息倍数至少应当大于1，且比值越高，企业长期偿债能力一般也就越强。已获利息倍数若较小，则说明企业承担的亏损、偿债的安全性的风险加大。

（二）营运能力分析

营运能力是指在外部建筑市场环境下，通过企业内部人力资源和生产资料的合理配置，对财务目标产生作用的能力。

1. 人力资源营运能力的分析

通常采用劳动效率指标对人力资源营运能力进行评价和分析。劳动效率是指企业主营业务收入净额（或净产值）与平均职工人数之间的比率。如式（13-59）所示。

$$劳动效率 = \frac{主营业务收入净额（或净产值）}{平均职工人数} \tag{13-59}$$

2. 生产资料营运能力分析

生产资料的营运能力，实际上就是企业总资产及其各个构成要素的营运能力。生产资料营运能力分析主要包括以下内容。

（1）营业周期。是指从取得存货开始到销售存货并收回现金为止的这段时间。其长短取决于存货周转天数和应收账款周转天数。如式（13-60）所示。

$$营业周期 = 存货周转天数 + 应收账款周转天数 \tag{13-60}$$

（2）存货周转率。是用于衡量和评价企业购入存货、投入生产、销售收回等各环节管理状况的综合性指标。如式（13-61）所示。

$$存货周转率 = \frac{营业成本}{平均存货} \tag{13-61}$$

用时间表示的存货周转速度的指标是存货周转天数。如式（13-62）所示。

$$存货周期天数 = \frac{360}{存货周转率} = \frac{360 \times 平均存货}{营业成本} \tag{13-62}$$

上述公式中的"平均存货"项目是由资产负债表中的存货项目的期初数与期末数之和除以2计算所得。

（3）应收账款周转率。是用于反映应收账款周转速度的指标。即为年度内应收账款转为现金的平均次数，它说明应收账款的流动速度。如式（13-63）所示。

$$应收账款周转率 = \frac{赊销收入净额（或营业收入）}{平均应收账款余额} \tag{13-63}$$

用时间表示的应收账款周转速度的指标是应收账款周转天数，也称为平均应收账款回收期或平均收现期。它表示企业从取得应收账款的权力到收回款项、转换为现金所需要的时间。如式（13-64）所示。

$$应收账款周转天数 = \frac{360}{应收账款周转率} = \frac{360 \times 平均应收账款余额}{赊销收入净额} \tag{13-64}$$

一般来说，应收账款周转速度越高，平均收现期越短，说明应收账款的收回越快。

（4）流动资产周转率。用于反映流动资产的周转速度。如式（13-65）、（13-66）所示。

$$流动资产周转率 = \frac{营业收入}{平均流动资产} \tag{13-65}$$

$$流动资产周转天数 = \frac{360}{流动资产周转率} = 平均流动资产 \times \frac{360}{营业收入} \tag{13-66}$$

在一定时期内，流动资产周转次数越多，周转天数就越短，表明以相同的流动资产完成的周转额越多，流动资产利用效果越好。

(5) 固定资产周转率。用于反映固定资产的周转速度。如式（13-67）所示。

$$固定资产周转率 = \frac{营业收入}{平均固定资产净值} \tag{13-67}$$

该比率越高，说明企业固定资产利用越充分，越能充分发挥效率；反之，若固定资产周转率越低，说明固定资产使用效率越低，企业的营运能力越差。

(6) 总资产周转率。用于反映资产总额的周转速度。如式（13-68）所示。

$$总资产周转率 = \frac{营业收入}{平均资产总额} \tag{13-68}$$

总资产周转率高，表明企业全部资产的使用效率高；如果这个比率较低，说明使用效率较差，从而影响企业的盈利能力。

（三）盈利能力分析

盈利能力是指企业的资金增值能力，通常表现为企业利润数额的大小和盈利水平的高低。企业盈利能力的分析，一般可根据以下几方面进行。

1. 收入盈利能力分析

(1) 营业收入利润率。是企业一定时期内营业利润与营业收入的比率。用于反映每一元营业收入（工程结算收入）所带来利润的多少。该指标越高，说明企业获利能力越强；反之，获利能力越差。如式（13-69）所示。

$$营业收入利润率 = \frac{营业利润}{营业收入} \times 100\% \tag{13-69}$$

(2) 营业收入毛利率。用于反映每一元营业收入（工程结算收入）扣除营业成本（工程结算成本）后，有多少可以用于弥补各项期间费用和形成盈利。如式（13-70）所示。

$$营业收入毛利率 = \frac{（营业收入 - 营业成本）}{营业收入} \times 100\% \tag{13-70}$$

(3) 成本费用利润率。用于反映净利润与为取得净利润所发生的各种费用的比率。如式（13-71）所示。

$$成本费用利润率 = \frac{净利润}{营业成本 + 营业税金及附加 + 营业费用 + 管理费用 + 财务费用} \times 100\% \tag{13-71}$$

(4) 资产利润率。是建筑企业一定时期内的净利润与平均资产总额的比率，用于反映企业资产利用的综合效果。该指标反映企业利用全部资产的盈利能力。指标越高，说明企业的盈利能力越强；反之，盈利能力越差。如式（13-72）所示。

$$资产利润率 = \frac{净利润}{平均资产总额} \times 100\% \tag{13-72}$$

(5) 净资产收益率。是反映企业所有者权益的投资报酬率，又称为净值报酬率或权益报酬率。如式（13-72）所示。

$$净资产收益率 = \frac{净利润}{平均净资产} \times 100\% \tag{13-73}$$

一般认为，企业净资产收益率越高，企业自有资本获取收益的能力越强，营运效益越好，对企业投资人、债权人的保证程度越高。净资产收益率是最具综合性与代表性的指标，它反映了企业资本营运的综合效益。

(6) 资本保值增值率。是用于反映企业所有者投入资本的保值增值情况的指标。如式

(13-74)所示。

$$资本保值增值率 = \frac{扣除客观因素后的年末所有者权益}{年初所有者权益} \times 100\% \quad (13-74)$$

2. 社会贡献能力分析

(1) 社会贡献率。是用于反映企业对社会贡献大小的指标。如式（13-75）所示。

$$社会贡献率 = \frac{企业社会贡献总额}{平均资产总额} \times 100\% \quad (13-75)$$

(2) 社会积累率。是用于反映企业上缴国家财政总额相对于企业对社会贡献的比率。如式（13-76）所示。

$$社会积累率 = \frac{上交国家财政总额}{企业社会贡献总额} \times 100\% \quad (13-76)$$

三、财务状况综合分析

财务综合分析是指将营运能力、偿债能力、盈利能力和发展能力等诸方面的分析纳入一个有机的整体之中，全面地对企业经营状况、财务状况进行解剖和分析，从而对企业经济效益的优劣作出准确的评价与判断。财务综合分析主要采用杜邦分析法。

杜邦财务分析体系是利用财务指标之间的内在联系，对企业施工生产经营活动及其经济效益进行综合分析评价的方法。杜邦财务分析体系如图13-2所示。

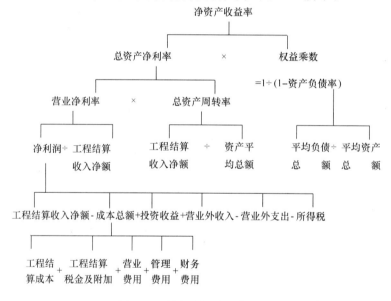

图13-2 杜邦财务分析体系图

复 习 思 考 题

1. 什么是建筑企业财务管理？简述财务管理的目标和内容。
2. 什么是筹资渠道和筹资方式？建筑企业财务活动中可采用的筹资方式有哪些？
3. 什么是资本金制度？企业可以采取什么方式筹集资本金？
4. 什么是资金成本？如何计算各种来源资金的资金成本？
5. 什么是资本结构？如何进行资本结构决策？
6. 什么是财务杠杆？什么是筹资风险？在企业财务管理中如何发挥财务杠杆的作用？

7. 什么是流动资产？简述流动资产的内容，并说明各类流动资产应如何进行管理。
8. 什么是固定资产？具有哪些特点？固定资产管理有何要求？
9. 建筑企业的利润总额由哪几部分组成？如何确定工程结算利润？
10. 按现行制度规定，建筑企业实现的利润应如何进行分配？
11. 什么是资产负债表？什么是损益表？根据财务会计报表可以了解到哪些财务信息？
12. 企业应如何进行财务比率分析？反映企业营运能力、盈利能力、偿债能力等的财务比率有哪些？

参 考 文 献

[1] 周三多. 管理学. 北京：高等教育出版社，2000.
[2] 中华人民共和国建设部. 建筑业企业资质管理规定. 2001.
[3] 田金信. 建设项目管理(第二版). 北京：高等教育出版社，2008.
[4] 刘伊生. 建筑企业管理(修订版). 北京：北方交通大学出版社，2007.
[5] 《建筑施工手册》第四版编写组. 建筑施工手册(第四版). 北京：中国建筑工业出版社，2003.
[6] 全国质量管理和质量保证标准化技术委员会秘书处，中国质量体系认证机构国家认可委员会秘书处. 2000版质量管理体系国家标准理解与实施. 北京：中国标准出版社，2001.
[7] 中华人民共和国国家标准. 建筑工程施工质量验收统一标准 GB 50300—2001. 北京：中国建筑工业出版社，2001.
[8] 田金信. 建设工程质量控制. 北京：中国建筑工业出版社，2003.
[9] 俞文青. 施工企业财务管理. 上海：立信会计出版社，2003..
[10] 关柯. 建筑企业管理学. 北京：中国建筑工业出版社，1987.
[11] 田金信. 建筑企业生产管理. 北京：中国建筑工业出版社，1993.
[12] 刘保策等. 建筑企业经营管理. 北京：中国建筑工业出版社，1993.
[13] 何万仲. 建筑企业经营管理. 北京：中国建筑工业出版社，1987.
[14] 杨文士，张雁. 管理学原理. 北京：中国人民大学出版社，1994.
[15] 秦子言，李文龙. 如何建立现代企业制度. 北京：经济管理出版社，1995.
[16] 田金信. 现代管理方法. 北京：中国建筑工业出版社，1996.
[17] 张玉华. 中国企业管理创新. 北京：中国发展出版社，2004.
[18] 王孟钧，陈辉华等. 建筑企业战略管理. 北京：中国建筑工业出版社，2007.
[19] 财政部注册会计师考试委员会办公室. 财务成本管理. 北京：经济科学出版社，2007.
[20] 全国建筑企业职业经理人培训教材编写委员会. 全国建筑企业职业经理人培训教材(试用). 北京：中国建筑工业出版社，2006.
[21] 中华人民共和国建设部. 施工总承包企业特级资质标准. 2007.
[22] 中华人民共和国建设部. 关于进一步加强建筑业技术创新工作的意见. 2006.
[23] 财政部企业司. 企业财务通则解读. 北京：中国财政经济出版社，2007.
[24] 中华人民共和国公司法. 北京：法律出版社，2005.